HISTOIRE DES VIKINGS

北极帝国

维京人500年征服史

一部有血有肉的人类极限生存史

700 A.D.
—
1200 A.D.

皮埃尔·鲍杜安——著

朱贤哲　李双燕——译

中国画报出版社
CHINA PICTORIAL PRESS

宇宙的中心是世界之树，它是“北欧宗教世界的一种表意符号”，与世界上所有力量相关：众神聚集在这里并召开会议，而混乱的力量也正是聚集在这棵树上以消灭世界。

弗德里希·威廉·海涅
《世界树》（1886 年）

在世界之树脚下是诺恩三女神，她们主管着人类个体的出生与死亡、命数与幸运。

路德维希·博格
《世界树下的诺恩女神》
（1882 年）

马滕·埃斯基尔·温格《托尔与巨人搏斗》（1872年）

奥丁的儿子托尔通常被描绘成一个强大而勇敢的神，他用他的锤子妙尔尼尔不懈地与巨人们作战。他还被公认为深受农民欢迎的神灵，因为他是雷和雨的主人，他的行为保护了物种繁殖，所以农民们对他表示敬意。最重要的是，在他与混乱力量的斗争中，他捍卫了世界的秩序，从而捍卫了繁荣。

路易斯·休阿德《矮人洞中的弗蕾娅》（1891 年）

弗蕾娅是为数不多的在公众崇拜中有着重要地位的女神之一，她是爱神，但同时又与战争活动和死亡相关联。

北欧神话中的三个主神：弗丽嘉、托尔、奥丁（从左往右）

老乌普萨拉的神庙（这座神庙供奉着伊西斯教的众神。它闪烁着金色的光泽，金色的屋顶上挂着一条金色的链子，它缠绕着整座建筑）

奥劳斯·马格努斯创作的剪贴画

《序言》

布伦希尔德派齐格弗里德去进行新的冒险

《第一部：莱茵的黄金》

瓦尔特罗德试图说服布伦希尔德归还齐格弗里德送给她的戒指

《第三部：齐格弗里德》

莱茵河的少女向齐格弗里德索要戒指

《尼伯龙根的指环》：一个由四部歌剧组成的系列，作曲和编剧是理查德·瓦格纳，创作灵感来自北欧神话《诸神黄昏》及日耳曼叙事诗《尼伯龙根之歌》中的故事及人物，特别是冰岛家族传说。该歌剧一共分为四部：《莱茵的黄金》《女武神》《齐格弗里德》《众神的黄昏》。

巴约主教奥多召集威廉公爵的军队

哈罗德国王在黑斯廷斯战役中去世

哈罗德的加冕典礼

巴约挂毯，原本长 70 米，宽半米，现存 62 米。其刺绣记录了黑斯廷斯战役，共出现 623 个人物，55 只狗，202 匹战马，49 棵树，41 艘船，超过 500 只鸟和龙等生物，约 2000 个拉丁文字。在当时被认为是“维京时代最珍贵和独特的文物之一”。

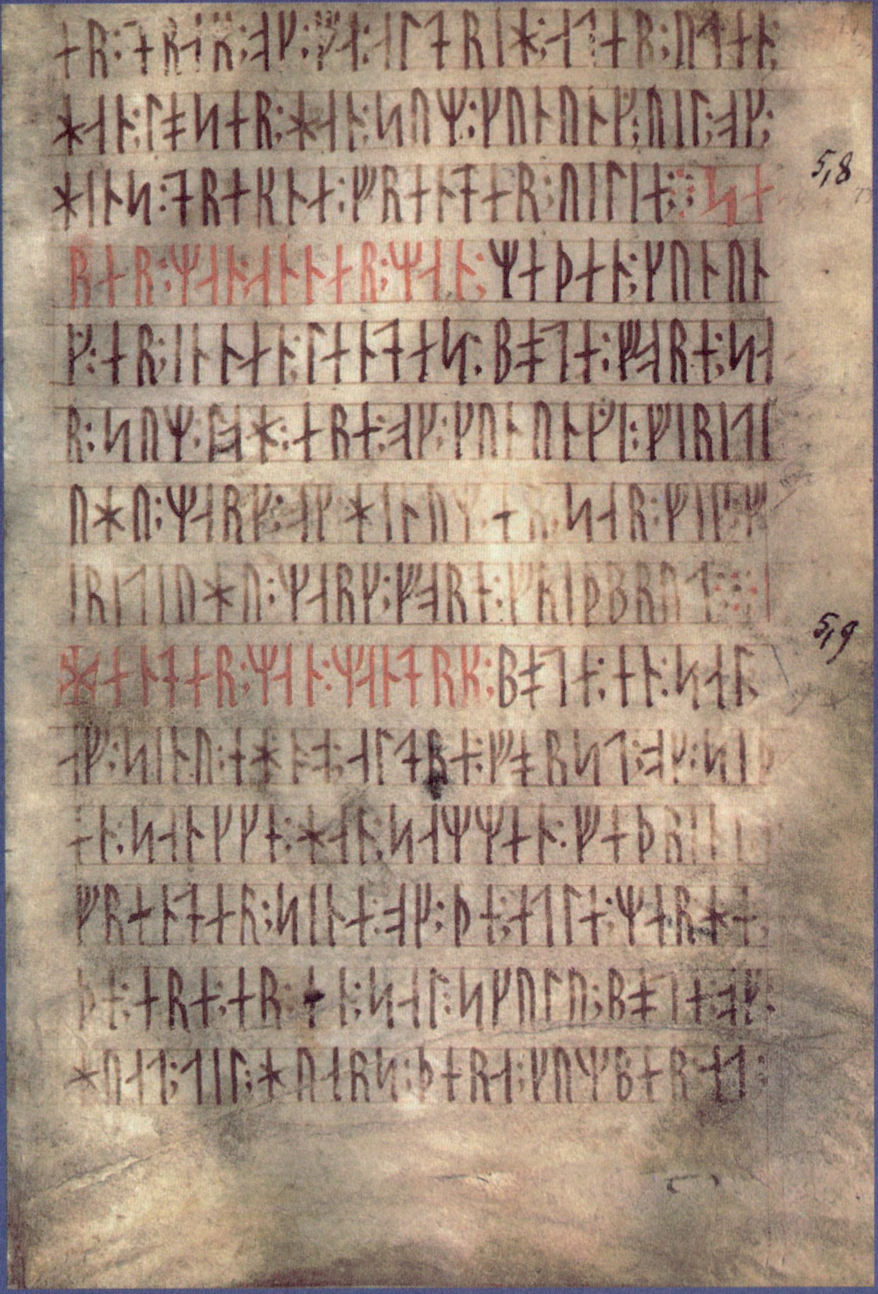

如尼字母手稿

《散文埃达》手稿的标题页，上面显示了奥丁、海姆德尔、斯莱普尼尔和其他北欧神话人物

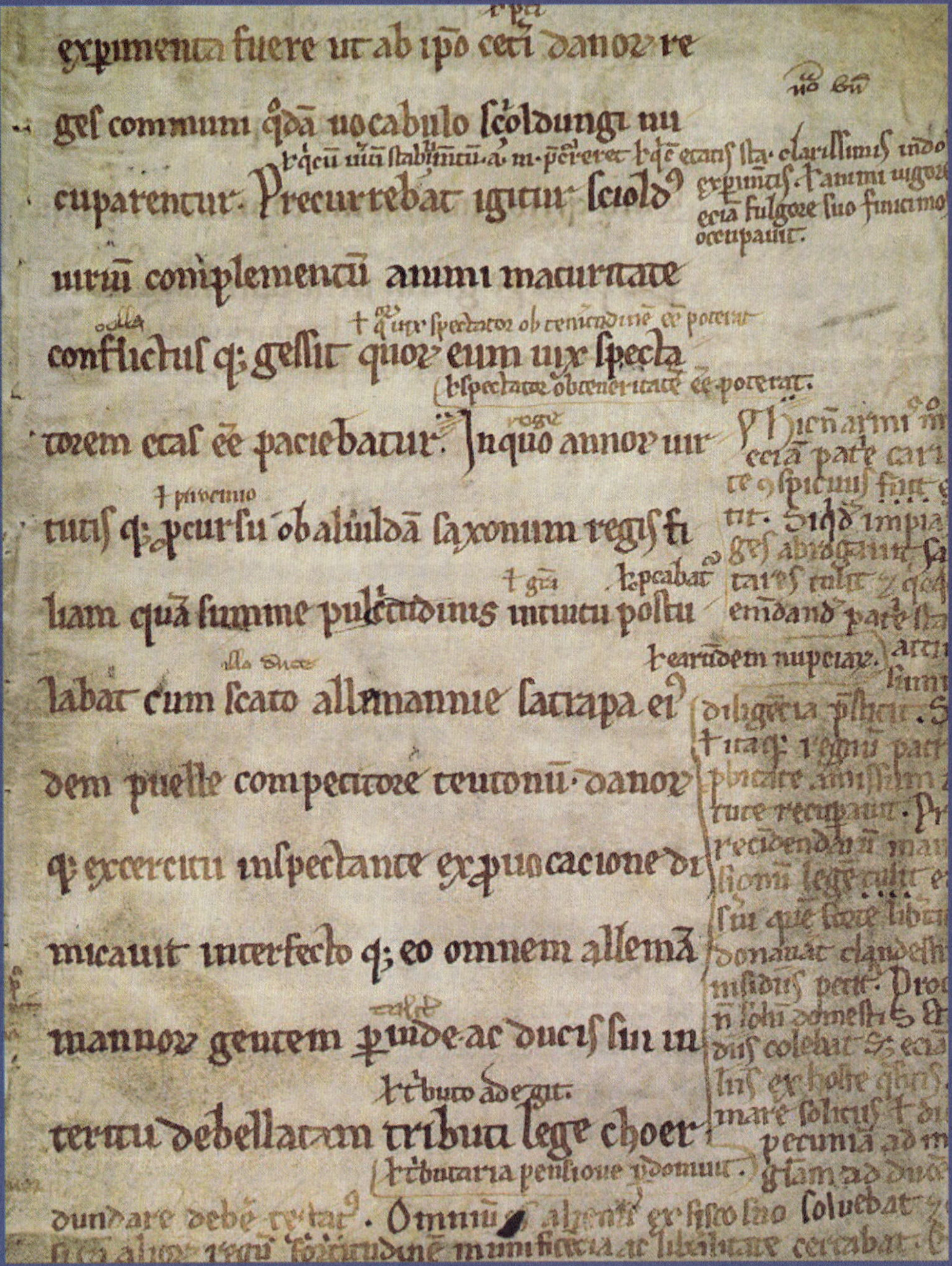

expimenta fuere ut ab ipo ceti danor re
ges communi qdā uocabulo scoldungi nu
cuparentur. Precurrebat igitur sciold
uirium complementum animi maturitate
conflictus q; gessit quor eum uix specta
torem etas ee paciebatur. In quo annor uir
tutis q; percursu ob alwildā saxonum regis fi
liam quā summe pulcritudinis intuitu postu
labat cum scato allemannie satrapa ei
dem puelle competitore teutonū danor
q; exercitu inspectante expugnacione di
micauit interfecto q; eo omnem allemā
nnor gentem pinde ac ducis sui in
teritu debellatam tributi lege choer

《丹麦人的事迹》原始羊皮纸页第一页

《丹麦人的事迹》是丹麦历史上的爱国作品，由 12 世纪作家萨克索·格拉玛提库斯创作的爱国作品，书中描绘了丹麦从起源到 12 世纪末的国家历史，并在他的记载中融入了从古代一直到 10 世纪中叶的神话或传说素材。

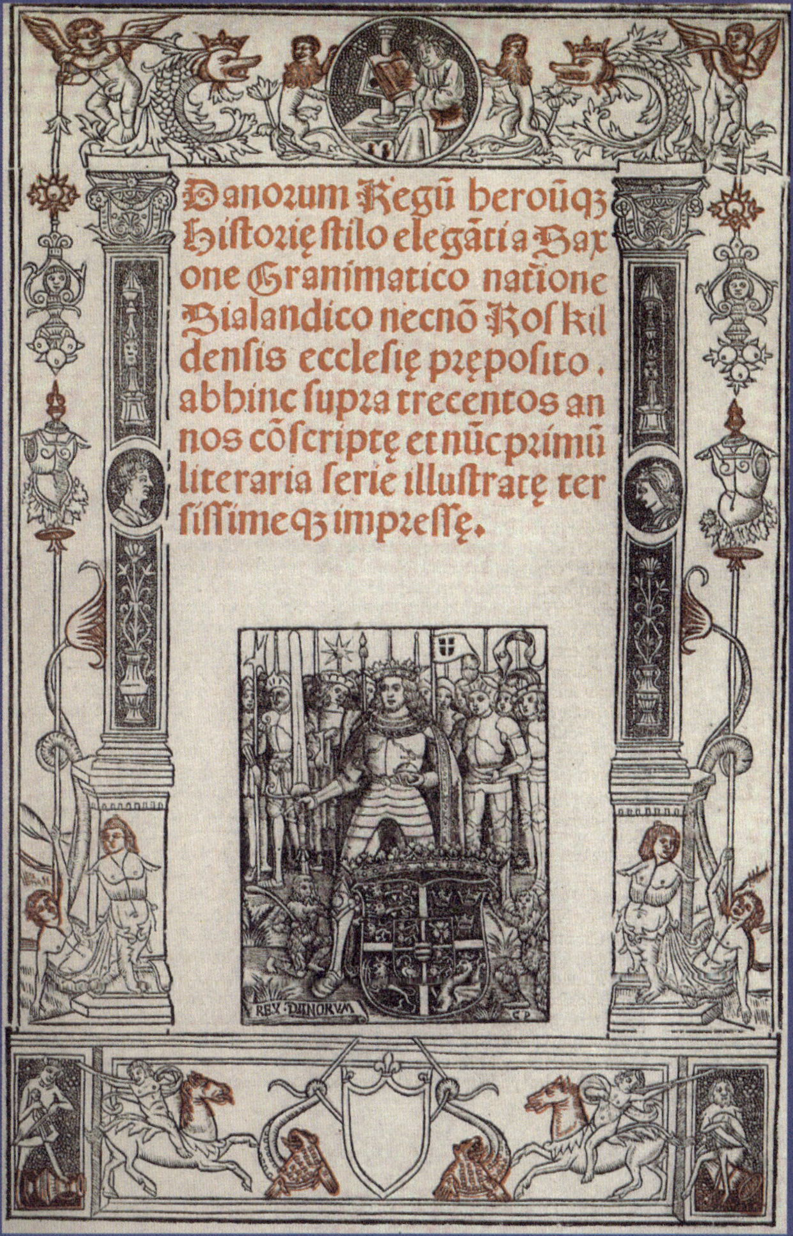

克里斯蒂安·佩德森于 1514 年整理编写的《丹麦人的事迹》的首页

由丹麦学者克里斯蒂安·佩德森重新整理编写的《丹麦人的事迹》取得了巨大的成功，并被数次重复发行，伊拉斯谟更是对作者的写作风格推崇之至。因而，该作品一方面满足了学者们对北欧的历史的好奇心，另一方面也为作家们的创造与想象提供了灵感，包括不久之后的莎士比亚。

海盗船在 845 年包围巴黎，19 世纪绘画

从 9 世纪 30 年代初开始，维京人的入侵规模不断扩大。过去甚至还发生过在同一年就发生了几次战争的情况，因此在 845 年，法兰克王国不得不面对维京人对汉堡、弗里斯兰、塞纳河谷和阿基坦公国发起的四场战争。维京人也毫不犹豫地顺着河流上游深入法兰克王国腹地。我们可以通过卢瓦尔河谷清楚地看到这一进展。

尼古拉斯·罗里奇《海外来客》（1901 年）描绘了维京人的突袭行动

彼得·尼古拉·阿博《斯坦福桥战役》（1870年）

1066年，英格兰王位的三个主要竞争者，分别是来自强大的盎格鲁-丹麦戈德温森大家族的哈罗德，还有诺曼底公爵威廉二世和挪威国王“无情者”哈拉尔，其中“无情者”哈拉尔在斯坦福桥与哈罗德·戈德温森作战时被杀，而哈罗德·戈德温森又在不久之后的黑斯廷斯一战中被诺曼底公爵威廉二世打败。

目 录

前 言

人们对维京人的研究热情高涨且充满疑问。因此，本书将探讨大众对这一研究的热情从何而来，并试图为读者答疑解惑。也许这样的研究目标野心极大，因为大量关于维京人的研究成果已然面世，而且每年都陆续有研究者表现出对这一主题的兴趣和好奇心。鉴于以上情况，像本书这样一部具有概括性的作品显得十分必要。在本书的引言部分，我们对具体研究方向进行了详细说明。

本书是我对维京人进行的长达二十多年研究的成果。之所以会致力于研究维京人，是因为我在研究诺曼底公国的起源和开端时，对维京人在纽斯特里亚建立的势力以及他们与法兰克王国的关系倍感兴趣。在那期间，法兰克王国当局正试图与在该王国活动的维京领导人达成协议，并对当时为鲁昂的第一批诺曼底公爵进入西法兰克王国提供助力的政治与社会环境进行了肃清整顿。

维京人的崛起与斯堪的纳维亚半岛内部发展之间的联系，各个国家与社会群体对维京人的到来产生的不同反应，维京人是否能成功融入西方基督教国家的政治体制和社会结构中，以及基督教化、语言交流及考古证据所揭示的维京人在西欧的文化适应过程，以上种种，都说明我们有必要将维京人在法兰克王国与在西欧建立的其他势力进行比较。维京人在每一个相关国家或地区活动的多样性，构成了我们全面研究维京人活动的第二个必要原因。因此在完成一个法俄项目之际，我扩大了在东欧的调查范围，并拓展了本书关心的问题，将其纳入深层的文化转移研究方向。还有些只是在近期讨论的关于维京人现象的起因研究中被加以概述或略有涉及的观点，在本书中都有提及。处于第一个千年的斯堪的纳维亚社会与其他各种群体交流往来如火如荼，曾被现当代历史学家称为“诺曼人的入侵”的维京人现象，在21世纪初又成为一种新的历史研究对象——“散居的维京人”，我们应将其视为一种对暴力以及身份的反思。

在研究维京人问题时，将其所处空间及时代背景也纳入进来的这种做法，使我坚信，通过逆推历史的方式来完成现在我们提出的这个概括性研究是十分必要的。在本书的体系结构中，我们也可以很容易地确定维京人问题逐步发展的路径，仿佛是那些已经做出的选择（必然有待讨论）一样。综上所述，本书虽非详尽无遗，也不是百科全书，但却是我极力推荐并愿意同大家一起分享的一本书。

引　言

“无论如何，曾经有过一个北方的民族，也就是诺曼人。这是一个因其随时准备烧杀抢掠其他民族且毫无节制，从而闻名于世的民族，他们习惯于沿着塞夫尔河，沿路杀死所有他们能遇到的人，并抢走他们的一切财产。人们在歌曲里唱道，很大一部分农奴就是死在诺曼人的剑下，而非在别人手里遭受了惨烈的屠杀。”皮埃尔修士在其于1067—1072年（或1073年）间撰写的关于修建处于普瓦图沼泽地区的迈勒泽修道院的文章里，描述了要建立修道院的岛上的风貌。此处是一片荒野，树木繁密，四周被沼泽包围着，只有一些惯常被农奴们捕捞的鱼类生活在这里。这些农奴脾气暴躁，不讲人情，残酷野蛮，更无宗教信仰可言，可以说，他们几乎毫无人性。该文章还讲述了来此地狩猎的阿基坦公爵“铁臂”威廉（963—995年）在岛上建造防御工事的事迹，因为“他不能无视诺曼人的疯狂”，于是他借此来“遏制他们的凶残行径”。不久之后，一个名叫戈斯塞尔姆的骑士前去追赶一头体形庞大、无人能将其抓住的野猪。后来他在一个教堂的废墟中发现了它的巢穴。面对野猪的时候，由于害怕，他向野猪扔了一块祭坛石。于是神因其亵渎行为而施以惩戒，他当场便双目失明，身体瘫痪了。于是，公爵的妻子——布卢瓦的艾玛劝戈斯塞尔姆弥补其罪过，并且与她的丈夫一致决定在该处修建一座修道院。

我们将在这里告诉大家一些与该修道院修建相关的传奇意象，但令人奇怪的是，关于该修道院修建的故事（在一片荒野上，人们通过一只野兽而发现了一座废弃的教堂）会让人联想到那些被修复的诺曼人的修道院的故事①。尽管我们不知道当时的真实情况以及发生在“农奴”与“诺曼人”之间的对抗时间，但9世纪，

① 如瑞米耶日修道院和丰泰内尔修道院（即圣·旺德里耶修道院）和费康修道院。

再到10世纪中期或者11世纪前期的维京人对该地区的威胁绝不能被排除在外。在阅读皮埃尔修士的书籍时，我们了解到“农奴”与“诺曼人”之间的对抗一直是民间传说故事的主题，即使到了笔者写作之时，这一主题仍然十分活跃。但最为引人注目的是皮埃尔修士对“农奴”的描述——“农奴”指的是那些处于被奴役状态的人，他们被贬低为一种与北欧袭击者没有区别的亚人类。然而，我们不应对此感到过于惊讶。那些处于恶劣状况中的人举起武器反抗维京人，这一点在其他资料中也在被强调：“因此，859年，生活在塞纳河和卢瓦尔河之间的平民们组成联盟，勇敢地抵抗‘丹麦人’。”但这些联盟构不成威胁。平民们的失败反而更好地突出了公爵的行动，公爵在接下来的行动中确保了对当地的保护，人们一直认为，在国家安全防卫和管理控制方面，相比农奴而言，公爵的行动更有效率。据推测，北方人（此处指“丹麦人”）可能被强权者们雇用，来管理一个显然尚无人控制的人群，但这可能会超出皮埃尔修士所说的范围。

让我们回到诺曼人这个话题。皮埃尔修士在其文中总结了维京人的一些行动特点和道德特征，如抢劫、纵火、掠夺、谋杀、疯狂、凶猛；而这些特征是经过对那些与“维京人入侵”处于同一时期的中世纪资料及之后各种资料的不懈研究所得出的结论，这些研究也有助于概括维京人在现代史学中的特点。我们之后还会继续回到现代对维京人的研究情况，但此处需要注意的是，现在这些关于维京人的描述主要来源于西欧的资料，而且主要是由那些遭受过维京人攻击的受害者或者那些害怕维京人的人所记载的。此外，这些资料的作者通常都是神职人员，而他们都居住在那些曾被维京人当作重点攻击目标的地方。尽管他们并不全是这些事件的直接见证人，但他们讲述了一些有关维京人攻击者的传言并将其广泛传播，因此，他们的文字充分证明了袭击对人民的影响以及对袭击本身的影响。

首先引人注意的是维京人的负面形象。维京人被刻画为一种“野蛮人”的形象，是异教徒、海盗，是残忍、贪婪、嗜血和凶猛的人。他们带来毁灭和不幸，以狡猾和欺骗的手段行事。他们掠夺、焚烧、毁灭、屠杀那些手无缚鸡之力的人，侮辱那些受害者，亵渎教堂，并攻击神职人员。有一些作者毫不吝惜将他们妖魔化，例如，9世纪末，圣日耳曼的阿邦使用了诸如“魔鬼之子”或“来自撒旦的种族”之类的表述来形容维京人。而这种凶猛且具有毁灭性的维京人形象在法兰克语和盎格鲁－撒克逊语的原始资料中也都随处可见。但我们必须提防将这种表述推向极端。此外，维京人的形象并不是一成不变的，而是根据不同作者以及时间的推移而演变的，如在9世纪下半叶或10世纪末期的英格兰，维京人的负面特质随着他们袭击的加强而加强。后来的叙述资料也夸大了维京人的暴行以及与北欧人有关的一些定型观念。北欧人还可能被当成一些玩笑言论的主题，而这些玩笑言论有时也是吸引那些与维京人为伍的基督徒的注意力的一种方式。尽管北欧人的形象没有那么常见，对他们的描绘通常用词也没有那么谨慎节制，但仍然有一些文章是以不那么消极的笔触来描述维京人的，如黑皮肤的艾尔莫杜斯[①]在他的《虔诚者路易之诗》中，对丹麦人这一民族的形象描述为相貌漂亮、脸蛋和身材匀称、行动敏捷灵巧，他们精于使用武器的名声也广为流传。其他资料也佐证了维京人的武器运用能力和胆识。在盎格鲁－撒克逊语的资料中，维京人既具有无可辩驳的野蛮特征，又由于其成功而具有无可否认的威望，这表现出了维京人既被排斥又被迷恋的矛盾吸引力。

但如果我们仅仅将这些西方写作者的文字形容为一种“夸张的诉苦”就有失妥当了。尽管他们对事实进行了夸张或扭曲，但他们的灵感毕竟是源自真实事迹——尽管他们放大了维京人引发的恐惧，但毕竟其恐惧也是十分真切的。资料中维京人这种形象的形成也必须重新考虑作者们的文化背景和意识形态，因为这一形象是那些阅读过《圣经》及受到过教父们冥想训练的教士的产物，而教士们是用一种基督教徒的世界历史观来解读其所处时代的历史，于是他们选择使用与《圣经》的写作者们相同的措辞来描述他们的不幸。他们还借助古代世俗世界的拉丁语文学来塑造自己的作品，以讲述当时的故事情景。根据吕西安·缪塞的说法，教士们并不那么在乎极其准确地描述真相，而是更热衷于将“书本上所有野蛮人的特征都施加在维京人身上”。

然而，这种解释不仅来源于那些受过良好文化熏陶的作者，也来源于那些与基督教历史观相融合的阐述模式。人们所遭受的厄运被解释为上帝所施的惩罚，所以人们必须耐心地承受这一切才能使神的愤怒得以平息。阿尔伯特·德海宁斯将此视为宿命论或是一种逆来顺受，但这种观点必须细化一点：事实上，当时的

① 艾尔莫杜斯，即厄莫杜斯·尼格卢斯，僧侣，阿基坦公国国王丕平一世资助的朝廷诗人。他曾因鼓动丕平一世对抗其父亲而被其父亲“虔诚者”路易流放，诗人试图通过写赞美路易的诗歌来挽回局面。

记述并不能反映教士们的消极态度，相反，他们呼吁他们的教友们忏悔赎罪，并试图唤醒他们的信仰和奉献精神。此外，教士们一方面认为上帝的惩罚使基督徒受苦，另一方面认为采取防御措施保护自己以免受攻击者的侵害是十分必要的，这二者之间并无矛盾。维京人不仅是人们要与之战斗的敌人，教士们还必须设法拯救他们中某些人的灵魂，并且要尝试通过转变他们的宗教信仰使其融入基督教社会。

在书面资料中，由于作者和语言的差异性，人们会用不同的名词来指代维京人（我们之后会重新讨论关于“维京人”这个词的问题），而这些名词则可以反映出维京人的起源、活动、宗教、文化或道德特征。如在拉丁语资料中，“维京人”常常被写作诺曼人，或者丹麦人（Dani，Danois），抑或海盗（pyratae，pirates）、异教徒（pagani，païens）；而在盎格鲁－撒克逊语的资料中，它被写作挪威人（Norðmenn）、丹麦人（Dene）或者异教徒（hæðene）。但在“诺曼人”（Normands）、“丹麦人”这几个词中，我们不要去管其中带有民族性的修饰含义。“诺曼人”（Normanni，Normands）这个词语中还具有“北欧人”的含义，而在后来的一些著作中，它甚至能够更具体地指代挪威人。因为在“北欧人”之中，法兰克人和盎格鲁－撒克逊人最常与丹麦人打交道，所以许多文章中都将“北欧人”等同于“丹麦人”。另外，在爱尔兰语的资料中，有时会使用“诺曼人”（Nordmanni）一词（尤其是在以都柏林为背景的情况下）来把外来移民（一直持续到820年）形容成“外国人”（gentils）（拉丁语：gentiles，古爱尔兰语：gentil），而该词在希伯来语中意为“异教徒”。从9世纪20年代末开始，随着维京人袭击的加剧，出现了“洋人”（gaill）一词，该词在9世纪、10世纪直至12世纪中叶都是至关重要的，在此期间人们偶尔还会对颇受争议的“黑发洋人”（Dubgaill）和“白发洋人”（Finngaill）以及“盖尔洋人”（Gall-Goídil）三个词汇有所区分。

有时，人们还会纯粹根据作战的武装力量来称呼维京人，例如《盎格鲁－撒克逊纪事》中的“异教徒大军”（grande armée，micel here）或者于865年起开始在英国作战的“异教徒大舰队”（magna paganorum classis），或者“舰队成员”（flotan，其衍生词为scipflotan，意为海上舰队成员），或者简单地称其为“军队”（here）。从9世纪30年代开始，维京人舰队或维京人团队的首领的名字先是在爱尔兰，然后很快在不列颠群岛的其他地区和欧洲大陆都得到了广泛的传播。这种摆脱匿名的现象既反映了维京人活动的扩张，又反映了他们对对方领土和人民内部事务更大限度的介入。该现象也突出表明了这些维京人团队都是围绕其首领组成的，而这些首领能够凝聚各种力量以实现共同目标——最初目标是发家致富，还能保持加入他们的成员的凝聚力（如果他们能取得作战成功的话）。

人们很少在资料中使用“viking”（维京人）一词，因为该词的起源是有争议的。它的常用词源是 wik（anse，baie，意为海湾），所以“viking”也有海湾的男人的含义。此外，该词还可能是“wic”（与拉丁语词“vicus”属于同一词源，意为街道、道路）的衍生词，可以用来表示商业区的意思，因此毗邻北欧海洋的几个港口地点因此而得名，如高卢北部的昆图科维奇港以及英格兰的汉维港或桑威奇。有时，“viking”还与“Vík”（如今写作“Viken”）一词联系在一起，而后者指的是奥斯陆峡湾地区；有时，它又与动词“víkja”相关联，而该动词指的是一种航海技术。关于这一点我们并不能得到确定的答案，而且（假定的）词源也不能解决可能与“viking”一词关联含义带来的问题。我们最早能找到的其相关词源“uuicingsceadan”“uuicingsceadae”“wicingscaeðan”是从 7 世纪开始在盎格鲁 - 撒克逊语的词典中发现的，此外，如果研究维京人活动的传统时间顺序，我们会发现，在维京人活动之前，这个词就已经与海上劫掠或海盗状态相关联了，用拉丁语来翻译则为“piraticam”或“piratici”，表示犯罪活动（scaeða，意为犯罪）的意思。然后，人们在盎格鲁 - 撒克逊语资料中使用了“wicing”一词，尽管很少被使用[①]，“wicing”保留了海盗的含义（在恩舍姆的奥弗里克的作品中），但比起用来表示维京军队的主力（如在《盎格鲁 - 撒克逊纪事》一书中），它更多的用来指代一些特定的群体，也具有更普遍的含义，用以指代北欧攻击者（如在《马尔登战役》一诗中）。当时的北欧资料（如用如尼铭文、吟唱诗歌）对古诺斯语中的阳性词“víkingr”（复数形式为“víkingar”，意为维京人）和阴性词“víking”做了区分。第一个词“víkingr”用来指代人物，也可以被当成专有名词，表示阳性含义，但更多的时候（尤其是在吟唱诗歌中），它是作为普通名词来表示“敌人”“敌对者”，

① 例如《盎格鲁 - 撒克逊纪事》中对 879 年、885 年、917 年、982 年的记载以及 10 世纪末期的诗集《马尔登战役》中都使用过该词。

或者是指那些无论如何都要小心提防的人。在使用该词的上下文中表明，维京人（víkingar，该名词通常以复数形式使用）在参与海盗行动或至少与海上行动有关的军事行为时都是团队作战。阴性词“víking”指的是这样性质的活动：当我们说“partir í víkingu”，通常是指出于贸易以及（或者）掠夺目的而进行的海上探险。尽管阳性词“víkingr”具有贬义的含义，但那些被定义为“víkingr”的人所从事的活动却被社会所接受。在维京时期之后的北欧文学中，尤其是从12世纪末期开始撰写的北欧传说中，阳性词“víkingr”和阴性词“víking”具有了一个更广泛的含义，但其含义也可能会因地理或文学背景而有所区别。在所有北欧资料当中，尽管“víkingr”一词常常与斯堪的纳维亚人联系在一起，但其实它并不是指代某一种特定的种族身份。前往东方道路上冒险的斯堪的纳维亚人通常被称为“罗斯人”（古俄语写作Rous或Rus’）或“瓦良格人”。第一个名词（希腊语写作Rhôs）最早于839年出现在西方的一本书籍《圣伯丁年鉴》当中，并且从9世纪中叶开始在阿拉伯或拜占庭的资料中得以证实。“Rous”最初是指代沿着东欧的贸易路线建立的团体，尤其指那些贵族精英及其随从，后来从10世纪起，则是用来指代居住在欧洲俄罗斯的居民（不论其血统来源如何）和这个国家本身。这个名词还可能表示一种出行方式，即划桨航行，后来用以指代那些在波罗的海水域航行并且来自斯堪的纳维亚半岛的人。此外，这个词借用了芬兰人的用语，因为芬兰人很早就与斯堪的纳维亚半岛人取得了联系。现代历史学家经常使用“Varègues”（瓦良格人）一词，而这一词语在不同语言的资料中都能得以证实，如在俄语中是“varjagi”，在希腊语中是“varangoi”，在阿拉伯语中是“warank”，在挪威语中则是“væringjar”。人们通过使用“Varègues”一词以便能更好地区分那些在欧洲大陆西部活动的维京人。该名词后来在10世纪被用来指代那些为俄罗斯王公贵族或拜占庭王室服务的斯堪的纳维亚人，这也许是为了能更好地将这些人与那些已经斯拉夫化的罗斯人移民加以区分（如外国雇佣兵或商人）。另外，在使用带有民族标签的术语时，保持谨慎小心的态度比较好。

基于自19世纪以来“viking”一词的语义发展和使用状况，上文最后一句话显得尤为重要，关于该词的语义发展和使用，我们将在下一章中重新探讨。事实上，使用“viking”一词来指代维京时期与斯堪的纳维亚有关的人口、领土、活动或文明特征，这在当时是十分普遍的情况。这种等同性通常与名词“Viking”（带大写字母）的大写字母相关联，但现在却越来越有争议，特别是当这种等同性使群体或人群具有了种族含义的情况下，然而这些群体的凝聚力却并不是基于其种族特性。因此，“viking”一词的当今含义中，包括了人们赋予该词的一种“文化标签”，一种跨国特征，甚至还有一种“迁徙者”的特征——用来更贴切地表达那些为了发财致富而进行海上运输活动的维京人的含义，但这些含义并不矛盾。关于前文提到的这一争议并不是传闻逸事，因为它源于一种愿望，即不使维京人本质化，甚至希望在“viking”一词的拼写过程中，都能使其嵌入一些为绝大多数历史学家所认可的真理，并且这些真理有时只包含积极方面的含义，即斯堪的纳维亚人并不全是维京人，维京人也并不全是斯堪的纳维亚人，世界上并不存在“维京人民族”。我们选择对本书的“viking”一词使用小写字母“v”，就对这一问题做出了解答。但这种拼写方式并不符合将维京人简单地带回到他们对“í víkingu”活动的选择，因为维京人也是诞生于维京时期并在随后得以发展的文化记忆中的一部分，然而，在近期的史学辩论中，如在围绕着“维京人聚居区”这一主题讨论时，人们强调突出“维京人”的文化含义，但其实在很大程度上人们讨论的范围远远超出了维京人的生活方式或活动。

在不到半个世纪的时间里，主题的主导取向已从对“诺曼人的入侵”转变到“散居各地的维京人”，并且从2000年开始发展至今，维京人已经成为一个复杂的研究对象，本章对此已经阐释得十分清楚。而本书的写作目的是对融合了多个发展方向的维京人研究做出一种解读研究，本研究将包括五个部分。

维京人是欧洲文化记忆的一部分。今天，受到维京人的历史及其象征的吸引力影响的远不只欧洲大陆，那些从未因其扩张而受到直接或间接影响的（国家）文化也深受其吸引。因此，我们要了解维京人的形象在近代和现代社会是如何构建的，这一点十分重要。这有助于我们了解维京人的历史知识是如何形成的，尤其是了解民族传统和史学流派的重要性，以便确定它是如何影响我们对维京人的认知。这种知识的构建还取决于能否找到可用的资料，与维京人有关的这些资料在不同国家与地区之间会有所差别，所以我们需要通过对这些资料的呈现来补充这种史学观，而对维京人知识建构的呈现要先于对维京人时期进行的概要介绍，后者将作为后续各章研究因素的框架。

我们可以反驳基于种族的本质主义形式，并且可以肯定的是，在我们这个时代的第一个千纪，进入北欧地区的方法不会受到现代国家边界的困扰，但这并不意味着斯堪的纳维亚半岛长期以来都是一个没有过渡空间和界限、同质的文化空间。事实上，在了解维京人现象时，需要将其代入在第一个千纪长期发展演变的北欧社会，否则一切都是空中楼阁。考虑到远早于 8 世纪末期就已经开始的斯堪的纳维亚半岛与欧洲大陆之间的关系，人们对 8 世纪末期西欧资料中突然涌现的维京人形象的印象也会减弱。在丹麦的霍比曾经出土了一套前所未有的、数量众多的公元元年后初期的罗马酒具。这一罗马历史的见证物也使我们能够将北欧社会发展置于一个历史长时段当中。也正是通过了解当初人们迁徙运动的发展，我们才得以了解维京人现象的早期情况。此外，通过了解北欧社会的运作形式，我们才可以思考和解释维京人活动的某些特征。

追踪人们的迁徙运动推动了本书第三部分的进展，并激发了一些最近已经有了新发展的问题的讨论。第三部分将分为两个主轴，这两个主轴在某些方面存在交叉重叠，并将主导章节的发展。其中一个主轴将集中于交通、路线、“道路”、网络和贸易中心。而另一个主轴将以男人和女人为问题中心，并强调维京时期同时也是一个迁徙和殖民化的时期，包括在那些人迹从未抵达、未曾被开发的土地上。近些年来，探讨维京时期还将涉及一些与“维京人散居”相关的事实以及一些需要放在上下文中阐述清楚、细致表达的术语和表述。

这就是为什么必须考虑另外两个看似矛盾的方面，一个是暴力问题，另一个是同化问题，它们将分别构成第四部分和第五部分的开篇。在当代社会看来，维京人时代是一个充满暴力的时代。此外，维京人的暴力与贸易机制相融合，并且作为其中一种贸易方式出现。但谈论战争、暴力、掠夺以及和平，并不会导致人们回到“破坏性的维京人”这一刻板印象中，反过来，也并不会否认战争事件所带来的毁灭性影响。问题是，我们要思考这种暴力是如何形成的，为什么人们会觉得这是暴力，从而导致对衡量这种暴力的准则（而不论这些准则是否被认可）及其形式、局限性和结束方法的思考。

同化、文化迁移和融入将构成第五部分的主线内容。这些概念将指导我们去探索斯堪的纳维亚半岛自 10 世纪下半叶起在基督教化和基督教君主制建立的影响下发生的转变，并且思考经历了该过程的斯堪的纳维亚人是什么样子的。我们现在明白，在这一过程中的斯堪的纳维亚人比我们一直以来所以为的都要更活跃，更富有创造力。此外，这些概念还将被用于研究维京人的各种经历。我们还将通过五个案例来研究维京人，尽管这些案例并非详尽无遗，但通过群体同居和身份形成的问题，我们将能重现每种情况的独特之处，而这有助于我们对维京世界的了解更加丰富多元。

第一部分　维京人形象的建立

在不同的环境和背景下，人们可以通过多重的表现形式来指代维京人。它可以是一个词语、一幅图像、一种措辞，但都或多或少地被不同的个体或群体进行过加工、阐述、理解或阐释。维京人曾经被作为身份认同的原因，而现在人们热衷于研究维京人，是为了重获其身份认同，或者与之相反，是为了摆脱其身份认同。而维京人之所以备受欢迎，部分原因在于他们能够将通过艺术想象（如文学、绘画或电影作品）建构出的另一种形式重现出来，或者说，岁月长河所带来的距离以及依旧附着在维京人身上的野蛮和残暴的色彩，能使维京人表现出一种非常贴切甚至令人熟悉的“他者”形象。

但仅仅像上文说的那样看待他们未免过于简单，并且这样的言论极其不尊重人们为分析和理解维京人现象所耗费的巨大努力。然而，无论学者和研究人员投入多少心力，重要的是要将他们的言论置于产生这些言论的认识论背景之下。人们的知识结构是基于学术传统和历史流派的，而维京人研究其实也就是研究关于维京人的知识结构，所以我们应该探讨二者发展至今的范围和意义。

能带领我们了解维京人的资料以及历史学家对维京人所做的研究，都反映了一些人们必须注意的思考方式和表达方法。关于这一方面，维京时期并没有什么新奇特殊的东西，我们要注意的是，当时大多数关于维京人的书面文献都来自那些斯堪的纳维亚半岛以外的见证者，而那些由北欧国家作者撰写的资料则主要是从 12 世纪以后才出现的。

从史学中产生的历史化范畴以及从文学作品或艺术作品的角度上来讲，维京人是如何成为历史学的研究对象的？从公元第一个千年结束到今天，维京人形象的建立是一个长期的过程。本章的重点部分（“神话、图像和形象”“创造维京人的历史”“来源及其构建”）将带我们追溯历史——从当下回到中世纪。但以上所谈论到的这三点之间并不存在明显的边界。维京人的神话和形象会从那些对它们产生影响的原始资料中（有时甚至是通过史学）汲取养分，并且原始资料通常是其神话和形象的起源。如果说史学能够推翻某些神话，那么它也有助于创造新的神话，有时这些神话还会以现代形式的模式出现。维京人形象的建立就是依赖于以上要素结合起来的一个整体。通过在不同时间和空间范围上（欧洲范围甚至国际范围、国家范围与地区范围）突出关于维京人思想和图像的传播、接受和适应，维京人形象的建立为文化传播问题提供了一个恰到好处的切入点。

第 1 章　神话、影像和形象

进入当代维京人象征世界的方法之一是去看看那些与广告、漫画、电影、电视连续剧以及音乐作品依附在一起的名称、形象或符号。大多数互联通信的忠实用户都对被称为“蓝牙”① 的数据交换规范较为熟悉（于 1996 年创建，并于 1998 年采用），“蓝牙”一词的英语形式来自丹麦国王“蓝牙王”哈拉尔，他在 10 世纪 70 年代统一了丹麦，并在位于耶灵皇家遗址的著名如尼铭文中声称“为他自己赢得了整个丹麦”。“蓝牙”技术的发明人吉姆·卡戴斯阅读了一本 1941 年出版的小说——弗兰斯·贡纳尔·本特松的《长船》。作为 20 世纪最著名的小说之一，这本书将维京人作为主角，在阅读过程中，他想到了用“蓝牙”这个名字命名新技术。蓝牙品牌的标志是在蓝色背景上的两个如尼文字字母，代表“蓝牙王”名字的两个首字母缩写，所以这一标志会让我们回想起这位久负盛名的历史先人。而之所以使用这个标志，是因为它是联合的象征（设备间的连接以及创建数据交换标准的公司间的联合），出于广告目的，该标志也被重复使用。它是一种联合，一种联系，也是某种现代性的标志，对这一名称的使用能让人们瞬间将其与相关历史串联在一起，以及对其关系网络进行即时分析。这二者在近年来的维京人史学研究中备受青睐。通常来说，维京人史学研究表明维京人的历

① 蓝牙符号取自如尼文字。蓝牙是由相当于罗马字母 H 和 B 的如尼文字ᚼ和ᛒ构成的。

史为世人所看重，以至于能够被加以利用并成为旨在推广产品或品牌的一种积极象征；但这并不是什么新鲜事。早在1920年，一艘维京船“维京号”就出现在了一辆新车的散热器盖上，这是当时现代性的另一种象征，因为“维京号”结束了漫长的文化复兴进程，为维京人带来了一系列极其正面的形象，所以可以借用这些正面形象来突出一个汽车品牌。当今社会，与维京人相关的名称和图像十分常见且引人注目，这样的现象不只出现在那些与斯堪的纳维亚人扩张有历史联系的国家或地区中。2018年年初，法国国家知识产权局（INPI）数据库进行了一次“维京人”关键词的搜索，搜索结果涉及约350种国际、地区和法国品牌，并且还没有将那些体育俱乐部的数量计算进来——不论何种体育项目。此外，尤其是那些与北欧国家地区的象征相关的项目或者协会（包括那些斯堪的纳维亚移民的后代）会选用“维京人”作为名称。在没有对该主题进行详尽研究的情况下，我们将只注意那些将“维京人”这一修饰语与运动、位移、天性、某些形式的舒适、冒险或征服相结合的活动。还有一点要提醒的是，“维京人”同时还被美国国家航空航天局（NASA）用来命名于1975年实行的探索火星计划以及该次发射的两架航天器。

1.1 影像神话

从20世纪50年代开始的图像艺术、电影和电视，使许多自中世纪或者说是自19世纪以来的与维京人相关的刻板印象深深扎根在了人们的心里。尽管与维京人有关的第一批电影诞生于20世纪初[①]，但一直到1950—1960年间，“维京人”才成为电影人物，并且相关的电影制作主要是在美国，其次才是在欧洲。另外，好莱坞之所以制作关于这类题材的电影，是因为当时的电影制作发展倾向于以一些宏大的历史事件为主题并将其搬上荧屏，主题或背景通常为圣经时代、古典时代、基督教创教初期以及欧洲中世纪。而且好莱坞热衷于这类主题，至少有一部分原因是，对一个历史无从考据的国家来说，这种历史传奇能产生一些浪漫因子。尽管其中有几部电影做到了脱颖而出：首先是理查德·弗莱彻导演于1958年拍摄的《维京人》，这归功于演员柯克·道格拉斯和托尼·柯蒂斯，以

① 如《维京人新娘》《古诺斯人的故事》《撒克逊人的最后一刻》，后两部电影都是由詹姆斯·斯图尔特·布莱克顿制作而成。

及布景、场景复原和彩色电影技术支持。但其他电影则落于俗套，并在 20 世纪 60 年代逐渐走向衰落。荧幕上的维京人形象体现出了人们心中对其固有的刻板印象，如其身体上的特征为：长发，胡须，肌肉发达，身材丰腴；再如其精神上的特点：勇敢却又狡猾，残酷，野蛮，无情，粗犷，过分活跃。许多电影成功地重现了维京人的冒险行动及其海上功绩，如理查德·弗莱彻的《海盗》或杰克·卡迪夫于 1964 年执导的电影《长船》。还有些电影中描述战斗场景和宴会场面的故事情节，节奏较为欢快，有时是基于中世纪北欧文学的作品或人物进行的改编，如电影《海盗》便是取材自关于著名的海盗领袖拉格纳·洛德布罗克的《拉格纳·洛德布罗克的传奇故事》。但"维京人电影"并没有形成一种独特的体裁。人们对维京人的刻板印象还成为人们滑稽模仿创作的题材，如在特里·琼斯的电影《海盗埃里克》以及英国六人喜剧团体蒙提·派森的作品中都有所体现，后者作品中的主角决心终结他充满谋杀、入侵和掠夺的生活。1992 年，该电影中的某一个片段还被《经济学人》周刊用来表明丹麦对《马斯特里赫特条约》提出的否决票。北欧人热衷于英雄主义的幻想，从马库斯·尼斯佩尔于 2007 年执导的电影可见一斑，该电影的英文名译作"征服者"，法语名译作"战士的血"。有的电影则表现出了北欧人沉浸于传说和神秘的大自然之中，如罗伯特·泽米吉斯于 2007 年执导的电影《贝奥武夫》。还有的电影在故事情节中会将科幻小说与野蛮冒险结合在一起，如霍华德·麦克凯恩于 2008 年执导的电影，其英文名译作"魔兽战场"，法语名译作"外乡人"。还有的电影具有暴力和悲怆的色彩，如尼古拉斯·温丁·雷弗恩于 2009 年拍摄的电影《维京英灵殿》。1950—1960 年，维京人形象在荧幕、游戏机上大放异彩，此后，维京人相关主题又被冷淡搁置了一段时间。但之后，人们对迈克尔·赫斯特编剧、加拿大与爱尔兰联合制作的系列剧《维京传奇》的狂热则表明：荧幕、游戏机上的维京人形象还在继续吸引着众多观众。该系列剧自 2013 年开始播出，讲述了由拉格纳·洛德布罗克领导的维京人取得了卓著功勋的故事。

维京人在当代小说和艺术创作中的形象、表现形式和地位本身已经成为研究的主题。虽然这些作品中经常提到由雷吉斯·博耶为法国文学精心营造的"维京神话"，但重点应该在于要强调其主题、分析和材料的多样性，而这些分析和材料会通过类似金属音乐、青年文学、漫画或历史小说的方式表现出来。创作并不是在原有作品的基础上加以修饰，而是对其进行丰富补充，并增加其处理方式，同时为某些政治、文化和社会现实提供诠释要素。幽默和滑稽模仿于 20 世纪 60 年代首次在漫画界强势崭露头角——漫画《北海小英雄》自 1963 年起由努勒·强森出版，其主人公是一个害羞而又聪明的反英雄人物（该漫画很快就在国际上大获成功）；1967 年，勒内·戈西尼和阿尔伯特·乌德佐合著的《阿斯泰里克斯历险记》也取得了成功，在这本漫画中，除了一系列关于维京人成见的喜剧保留节目（如喝酒的头骨，有角的头盔，对恐惧一无所知到力图了解恐惧），又加入了对名称的文字游戏，如该漫画中的角色名高斯巴夫、巴代夫等。这部漫画还用一些具有地域性特色的形象作为背景，如诺曼底的苹果烧酒变成了一种魔法药水，再如诺曼底特有的用奶油做饭的烹饪方法以及吕特西安的洒脱不羁。这本漫画的背景还具有时代错位性（动漫中的人物是恺撒时代的诺曼人，所以是将两个不同时代放置在了一起）。哈加尔·杜诺[①]，他身体强壮，衣衫褴褛，胡子拉碴，头戴角帽，性情粗暴，喜欢参加宴会，沉迷于攻击城堡，他身上具有维京人的特点，并且其冒险故事的喜剧性来源于与压力重重的日常生活做斗争以及把对家庭角色的讽刺放在了过去的时代背景下。最近对那些设定在维京时代的瑞典小说进行的一项研究（通常情况下有充分的文献记载作为支撑）表明，一些作者通过对过去的意识形态进行重新解读的方式对当代现象进行反思，如贾恩·弗里德高德作品中的社会不平等和阶级斗争，达格玛·埃德奎斯特作品中的女权主义，以及卡塔琳娜·马泽蒂作品中的文化与性别方面的包容性和多样性。同样的道理，某些金属民谣团体多次用一种理想化的笔调来塑造一个勇敢、不惧死亡、具有荣誉感和团队感的战士形象，来表达对社会的有力抨击。自相矛盾的是，他们利用社会的技术进步来表达对社会的批评。

1.2 维京人的诞生

正如我们即将看到的那样，尽管 19 世纪初是维京人现代形象构建中的一个重要时刻，但我们还是应该追溯到更久远的过去以找到它的开端。当时的维京人并没有形成一个历史化的范畴，仍然常常被视为北欧民族中一个无法被准确定义的群体。

① 出自美国动漫《可怕的哈加尔》，该漫画由迪克·布朗于 1973 年创作出版。

1514年，在巴黎人文主义者乔斯·巴登的出版社中，由萨克索·格拉玛提库斯撰写于大约1200年的《丹麦人的事迹》出版面世，这标志着北欧古代文化在欧洲精英知识分子中的传播进入重要阶段。由丹麦学者克里斯蒂安·佩德森整理编写的这部作品取得了巨大的成功，并被数次重复发行（1534年巴塞尔版本，1576年美因河畔法兰克福版本），伊拉斯谟更是对作者的写作风格推崇备至。因而，该作品一方面满足了学者们对北欧历史的好奇心，另一方面也为作家们的创作与想象提供了灵感，包括不久之后的莎士比亚，他于1601年创作的《哈姆雷特》在读者中取得了热烈反响。实际上，由丹麦国王克里斯蒂安二世委托并由丹麦主教支持出版的《丹麦人的事迹》不仅响应了人文主义的号召，同时，在丹麦支持的卡尔马联盟存续的最后几年间，该书还是丹麦与瑞典历史对抗的表现之一。这部著作歌颂古代丹麦人的功绩，尤其歌颂他们在与瑞典人对战时所取得的胜利，以便让公众们了解他们曾经的丰功伟绩。此外，在这本书中，瑞典人被塑造成了臣服于他们强大的南方邻居——丹麦人的形象。至于瑞典的史书创作，以瑞典的第一本国史《哥特纪事》为例，它的作者是埃里库斯·奥莱，写于1470年左右，该书支持主教乌普萨拉的见解，具有强烈的主教文化气息和反丹麦立场，并且将瑞典视为古代哥特人的摇篮。该书不遗余力地展示瑞典的力量，因此约翰·马格努斯和奥劳斯·马格努斯两兄弟对该书极为赞赏。在此我们不讨论这些作品创作期间的复杂背景——当时瑞典与丹麦相互斗争，宗教改革初期宗教分裂应运而生，并且以瑞典国王古斯塔夫·瓦萨为代表的新君主制备受批评——而是更应该强调这些作品在各自国家史学上以及在北欧国家斗争中更广泛的影响。约翰·马格努斯对哥特式血统的强调推翻了哥特人在欧洲历史中的角色，并且弥补了哥特人作为罗马帝国掘墓者的地位。通过将哥特人描绘成充满智慧的、受人尊敬的、有文化的、高尚的战士，就可以借此理所应当地宣称北欧人在那些因罪行累累而国力减弱的希腊人和罗马人面前具有至高无上的地位。哥特人的这一命运也在奥劳斯·马格努斯于1555年撰写的《北方民族概况》一书中得到了更好的体现。在他的笔下，瑞典是一个为上帝所偏爱的国家，拥有丰富的资源，恶劣的生活环境使瑞典人民变得性情急躁但吃苦耐劳，他们过着自由而独立的生活。马格努斯兄弟的作品，特别是奥劳斯的作品，被翻译成多种语言，在欧洲广泛传播。在瑞典，由于人们对古斯塔夫·瓦萨君主制的批评，他们的作品最初有一段时间因此受挫，但随后取得了成功，并滋养了哥特式主义——一种服务于斯堪的纳维亚君主制的权力意图，尤其是17世纪和18世纪初的瑞典扩张主义的思想派系。而哥特式主义的狂热者之一奥洛夫·鲁德贝克在其出版于1679—1702年的著作《亚特兰蒂斯》中宣称："我们应该承认柏拉图所说的亚特兰蒂斯就位于古代瑞典。"终于，北欧国家可以为拥有像欧洲南部那样古老而辉煌的过去而感到自豪，其昔日的居民在艰苦的自然环境中，锻造出了勇气、坚忍、爱和自由的美好品质。

对历史的这一重新发现也经历了学术传承、资料收集以及资料编写的过程。例如，在资料收集方面，我们会想到冰岛学者阿尔尼·马格努松的行为，他努力收集了构成如今阿尔尼·马格努松收藏馆的大部分的冰岛手稿。而在资料编写方面，有的资料是被翻译成了拉丁文，因此可供欧洲知识分子阅读，还有一些是中世纪北欧国家的墓志铭和文学铭文，如奥勒·沃姆于1636年发现的如尼铭文，佩德·汉森·里森于1665年编写、翻译的古冰岛诗集《埃达》，还有瑞典学者奥劳斯·韦雷留斯于1666年和1672年出版的第一版传奇故事。1697年，约翰·佩林斯基翻译的《挪威王列传》，这是一部吟唱诗集，也是一部在这些资料中占有重要地位的历史著作；同样重要的历史作品还有冰岛历史学家索莫德·托尔福斯于1711年所写的《挪威历史》。还有一些资料集和一些工具书，如词汇书、字典。学者们努力将其中的一些资料翻译成不同的欧洲语言，促进了这些资料的传播，能体现这一点的有：18世纪下半叶由保罗·亨利·马利特撰写的《丹麦历史导论》，1756年的《凯尔特人和尤其是古代斯堪的纳维亚人的神话和诗歌的纪念碑》，还有托马斯·珀西写于1763年的《五首如尼文诗》，以及保罗·亨利·马利写于1770年的《北方古物》（该书在1809—1902年先后再版六次）。人们对古代斯堪的纳维亚人或者说更多的是对日耳曼人倍感兴趣，这也得益于欧洲各国那些出版如历史学家塔西陀所代表的古代文学和中世纪文学著作的大出版社，不过对这些关于当时史学和文学的作品进行分析和理解超出了本书的范围。但另一方面，对古代斯堪的纳维亚人形象的演变过程做一个简短的回顾也是十分重要的。

随着启蒙运动的到来，北欧人保留了从中世纪编年史家那继承下来的强烈的冷酷和野蛮气息。提到孟德斯鸠通常就让人想起他的环境决定论，而关于这一论点，在他之前早有先驱。在《论法的精神》一书的第十四章，拉布雷德男爵解释了环境对人们生理和道德品质的影响：如果在气候寒冷的地方，人们会充满活力与自信，具有勇敢、坦率等品质。当作者不是要为人类等级制度辩护，而是要阐述以自然原则为基础的管理理论时，这些观点便大行其道。孟德斯鸠著作中的其他段落内容则与诺曼人的入侵以及定居于后来成为诺曼底的地方的新移民有关。这个部分的主题虽然比重不是特别大，但其重要性却不可忽视。在此，诺曼人入侵得到了一种合理的解释，虽然这与历史的神学观点相违背，因为后者将前者视为神的惩罚，但也绝不排除是将其视为对偶像崇拜的复仇的一种宗教解释，即针对查理曼大帝用武力强制人们皈依基督教所犯暴行的赎罪。诺曼人入侵使欧洲进入历史上动荡不安的时期，是欧洲大陆经历的四大动荡之一。它与其他征战联系在一起，像是在欧洲南北方之间形成了一种钟摆效应，并与欧洲4—5世纪的征战相呼应。北欧人的传说也涉及其中，他们举止粗鲁，但热爱自由，反抗奴役，在加洛林王朝衰落和法兰克世界内部分歧加大之际，北欧人的传说给世界带来了新生。海盗们乘坐着"筏子或小船只"去抢劫，他们的掠夺行为被淡化为一种"反对教会的奇怪野蛮行为"或者说终结了法兰克人之间的争论的"奇怪的破坏"（《论法的精神》）。被征服的人们没有被奴役，也没有任何预先的妥协：新移民们保留了他们的习俗，并且建立了一种使斯堪的纳维亚人传统与法兰克人丢失的传承重新联系起来的秩序。因此，北欧人被视为欧洲历史上的重要一环，他们是北欧和南欧之间动荡的参与者，同时还与为政治建设奠定基础的自由理想联系在一起。

日内瓦人保罗·亨利·马利在其著作《丹麦历史导论》中向《论法的精神》的作者孟德斯鸠致敬，因为后者知道如何评估"北欧国家对欧洲的各种事件的影响"。马利将日耳曼人当成凯尔特人造成了种种混乱（早在他之前已经有其他人引发了此类混乱），他虽因此而备受批评，但马利仍然是在传播北欧的思想和知识方面的一个有趣的例子。马利在日内瓦接受培训，然后被丹麦国王聘为法语教师，他不仅与丹麦学者和外国学者保持密切往来，还时常出入国家档案馆和国家珍奇屋①，就像20世纪奥勒·沃姆②所打造的那个珍奇屋一样。马利用法语将不

① 珍奇屋：15到18世纪间，欧洲贵族用于陈列稀奇物品和珍贵文物的屋子，是博物馆的前身。

② 奥勒·沃姆（1588—1654年）：丹麦医生，自然历史学家和古董收藏家。

同地方（如巴黎、日内瓦、哥本哈根）的知识综合起来编写成书，由于法语是当时精英阶层的通用语言[①]，所以这确保了他的作品得以广泛传播，后来他的作品还被翻译成多种语言。他之所以一直享有盛名，还因为他提议翻译《埃达》和其他挪威经典著作，而他作品的成功和接受度也取决于他向读者提供了一种对北欧历史的新型阐述模式，即一种结合了欧洲风情和对自由的鲜明倾向的阐述模式。这种欧洲视角将北欧看作是欧洲大陆历史发展的中心。马利还在其著作《丹麦历史导论》的序言中写道："历史告诉我们没有任何民族在欧洲引起过比斯堪的纳维亚人更大、更突然、更多的革命。"之后他还表明斯堪的纳维亚人是他那个时代的欧洲风俗习惯的"主要源头"。马利坚决拥护北欧是某一个民族的摇篮的观点，而这一民族的影响扩展到欧洲其他地区，后来由于气候变化，南方的自然环境发生改变，欧洲人民在习俗、法律和风俗方面也开始情况各异，然而在那些北欧国家，它们的"第一特性"仍然保持不变。而欧洲各国的这一共同起源，用一个表达最完整的词语就是"凯尔特宗教"，即我们所说的欧洲基督教诞生之前的宗教，而基督教只是通过武力强加于人们的异物。此外，马利还认为北欧国家是欧洲的自由之源，他还参与了当时（尤其是在法国）关于自由起源和政府模式的辩论，这样的辩论模糊了哥特人、日耳曼人和凯尔特人的界限，将他们看作同一起源的民族，以便拉近他们的关系。但在模糊这三个民族区别的问题上，马利并不是唯一的代表——有一个胡格诺派的柏林人名叫西蒙·佩洛蒂埃，他在马利之前就已经对这三个民族的区别进行了模糊处理，这种模糊处理产生了持久的影响。马利似乎是最早结合了维京人后来被刻画的形象中的某些主要特征的人之一，而且其描绘方式独出心裁，这一点在他的作品《丹麦历史导论》中可见一斑：（维京人）热衷于武器和战争，尽管这并不是什么新发现。同时，他们还是具有宿命感和使命感的海上冒险者。"当王子到了 18—20 岁时，他的父亲就会送给他一些船，让他和他的客人一起乘船踏上追寻荣耀和战利品的道路。"这样，我们就离刻在维京人骨子里、代表其形象的浪漫特质不远了。

在浪漫主义和民族思想的诞生，以及多种相互作用和丰富的表达方式共同存在的背景下，维京人形象出现了，且该形象在 19—20 世纪绝大部分时候都处于

① 马利在序言中写道："我打算出版一本新的关于丹麦历史的书，并且用一种最合适的欧洲语言来回应外国读者的热切要求。"

统治地位，至今仍然能引发人们的共鸣。尽管维京人形象是基于“维京神话”的一系列特点，但我们还是要重点强调维京人形象在持久性和不稳定性之间所表现出的可塑性及其在不同场景或特殊情况下的适应性，在这些特殊情况下，维京人的形象既令人熟悉又十分奇异。作为一个想象中的社群，维京人形象诞生于19世纪初，接下来让我们来看看维京人形象是如何诞生的。

矛盾的是，苏格兰吟游诗人莪相在这方面充当了一个非常好的开端。詹姆士·麦克菲森于1760—1765年间假托莪相之名“发现”并出版了据传为喀里多尼亚（苏格兰的古名）诗人莪相创作于3世纪的作品，该作品随后在欧洲迅速获得了巨大成功。另外，这些作品不只包含为浪漫主义所吸收的感性，它们在读者中引发的热情也证明了从古希腊罗马正统文化向其他原创传说的转变，而那些深受古典文化教育影响的博学精英人士则对这些原创传说采取回避态度。这一点在面世于该时期（指上文的1760—1765年）不久之前的保罗·亨利·马利的作品和该时期不久之后发表的托马斯·珀西的作品中都已得到了说明。凯尔特人、北欧人、日耳曼人的诗歌（当这些诗歌对应的是同一领域范围的情况下）可以作为一种新的文化参照物，它们具有古典的色彩，同时又更好地呼应了现代的感性，更好地反映了人们的民族志向和对自由的追求。这一看法出现转变的迹象之一是在1800年哥本哈根大学的一场考试中提出的一个问题，该问题要求学生阐述用古斯堪的纳维亚神话来代替古希腊罗马神话的好处。北欧已经成为人们创作灵感的源泉,并且将北欧从终结了罗马帝国统治的原始污点中解放出来也变得更容易，就像恩索的雅各布·格拉伯格在其出版于1822年的作品上所题的书名那样令人回味——《斯堪的纳维亚半岛洗雪关于曾经作为野蛮民族摧毁罗马帝国的指控》。但这并不是说我们要否认北欧地区古代居民的野蛮特征，而是说这种野蛮其实传达出一种带有纯粹、美德和力量的光环，并且在这些光环中，我们也许能发现衰落的南欧得以复兴的因素，另外也许还能了解骑士精神的发端。

法国历史学家安妮·玛丽·泰瑟斯创建了一个名为“构建国家身份的宜家（IKEA）系统”，它包含了一系列基础类别（这一系统使得此后不同类别的组合成为可能），如：历史、英雄、语言、文化古迹、民俗、高地、典型风物、官方形象（如赞美诗、国旗）、别致的标识（例如通过服装）。在19世纪，大多数欧洲国家或多或少具备了这一套体系，从而也决定了他们的民族遗产以及后来传播宗教信仰的手段。这个体系里没有一个统一的模型，而是描绘了在欧洲范围内形成了一种确立民族意识的普遍趋势的社会背景，并且每个国家程度不一。对斯堪的纳维亚半岛来说，对拿破仑时期的动荡不安做一个回顾尤为重要。1809年，瑞典割让芬兰给俄国；1814年1月14日，《基尔条约》为丹麦（不幸作为拿破仑的盟友）与挪威两国联盟画上了终止符号，并提出将挪威割让给瑞典（除了挪威的三个旧属地冰岛、格陵兰岛和法罗群岛，这三者将继续处于丹麦的监管之下）；1814年的春天，在与瑞典联合之前，挪威王国获得短暂独立，并一直处于共主邦联[①]体制之下，直到该国于1905年取得独立。在丹麦，亚当·戈特洛布·奥伦施拉格[②]和尼古拉·格朗德维格的作品均取材于英雄故事和神话故事，他们在作品中赞扬异教徒时代的伟大：如奥伦施拉格于1814年创作的《赫尔格》里汇集了一个维京人英雄的特征——他离开故土直面大海，踏上海外掠夺的道路，声名横扫北欧各国。而在不久之前，经历了割地创伤的瑞典于1811创立了哥特联盟[③]，目的在于激发爱国主义，宣传北欧历史并鼓励关于北欧历史的民族艺术创作。在瑞典哥特联盟的《伊杜纳期刊》的第一期中，埃里克·古斯塔夫·格蒂赫尔[④]于同年出版了他的著名诗作《维京人》，该作品后来被翻译成多种语言。这首诗普及了“viking”（维京人）一词以及与之相关的一系列形象。在一首十六节诗中，他描述了一个15岁时就离开故乡、摆脱了家园和家人桎梏的年轻人，毫无束缚地走向了海上世界。“我手握着父亲那锈迹斑斑的剑，誓要征服海上王国。”这个男孩在登上一艘船之后，杀死了那个嘲笑他脸颊上没有胡须的维京人，后来他成为了海上之王，在作战中赢得了城堡、战利品和女人，然后与他的同伴重新回到海上，过着像风一样随性自由的生活，一直持续到他20岁的时候，他才终于结束了他虽短暂却十分充实的一生。他被海浪带进了深渊，只留下一段关于一个勇士的回忆。年轻、冒险、战斗、海洋、无边无际的

① 共主邦联：指两个或两个以上主权国家共同拥戴同一位国家元首，遵循同样的法律所组成的特殊的国与国关系。

② 亚当·戈特洛布·奥伦施拉格（1779—1850年）：丹麦国歌作者，丹麦诗人和剧作家。

③ 哥特联盟：于1811年由许多瑞典诗人和作家创建，作为瑞典学者进行文学研究的社交俱乐部。

④ 埃里克·古斯塔夫·格蒂赫尔（1783—1847年）：瑞典作家，历史学家，诗人，哲学家和作曲家，其著作促进了瑞典民族浪漫主义的发展，他也是一名极具影响力的自由主义倡导者。

空间、兄弟义气、终究离世却赢得名声与自由，这些都将维京人塑造成了一个浪漫主义的英雄。同样地，哥特联盟的另一位成员埃塞亚·特涅尔于1825年出版了《弗里硫卓夫的北欧传说》（基于中世纪冰岛的一篇文章而写成）一书，讲述了一个骄傲的冒险家的故事。为了得到丹麦英格堡公主的爱，主人公勇敢地直面无数危险，并为自己和他的同伴建立了一个“维京密码”。由于该作品的广泛传播，这一“维京密码”对维京人形象产生了极大的影响。不久以后，该书便以插图版本出版，其中最著名的版本之一是由瑞典画家奥古斯特·马姆斯特罗姆于1868年制作完成的。

19世纪和20世纪期间，人们在关于维京人的这些主题上不停发挥想象力和创造力，这些主题仍然以熟悉的方式引起我们许多当代人的共鸣。雷吉斯·博耶和安德鲁·沃恩已经很好地确立了维京人“神话”的特征，在此无须重新详细介绍一遍：如冒险、跨越海洋、在海上以实现功绩——其功绩包括对北美洲新大陆的发现，还成为了丰富的文学和艺术作品创作的主题（克里斯蒂安·克罗赫格[1]的那幅创作于1893年的著名画作便证明了这一点。这幅画作如今展出在奥斯陆国家美术馆，画作的内容是著名探险家维京人莱夫·埃里克松[2]在掌舵时，手指指向新大陆）——勇敢、难以抑制的鲁莽、歧视懦弱、坦然笑对死亡、具有自由的灵魂。雷吉斯·博耶说，“维京人‘极其野蛮’的特点完全吸引住了19世纪的人们的目光”，包括那些人们难以为维京人辩解捍卫的方面，如维京人的愤怒、暴戾、凶残、狡猾，等等，人们认为这些特征都是因为维京人过分有勇气、有力量以及拥有过度的宗教狂热……但并不是要为维京人开脱，而是要把罪过算在所有那些加入维京人的队伍行劫掠之事的海盗身上。米什莱[3]说：海盗中的那些“北方人”（或“海盗”），通常是一些被放逐流亡的人，是那些因为饥荒而被驱逐的“狂暴的狼群”，而且他们迅速接纳那些违反驱逐令的其他逃犯来壮大他们的队伍。“通常，北欧人的愤怒及其残暴的野蛮行为，其原因更多的是为了替

① 克里斯蒂安·克罗赫格（1852—1925年）：挪威自然主义画家、插图画家、作家和记者。

② 莱夫·埃里克松（约970—1020年）：著名的北欧维京探险家。他比哥伦布早500年抵达美洲，被认为是第一个发现北美洲的欧洲探险家。

③ 儒勒·米什莱（1798—1874年）：法国历史学家，被誉为“法国史学之父”，擅以文学风格的语言来撰写历史著作。

农奴复仇以及出于对叛教者的愤怒，而不是对奥丁神过度的宗教狂热。”人们笔下描绘的海盗更加愤怒——因为人们后来不再听任维京人假借洗礼的名义来搜刮财产了，然后海盗们乘着他们的龙头或蛇头长船沿河而上，四处劫掠，散布恐慌，甚至到了“塞纳河和卢瓦尔河之间的森林越来越拥挤……野兽们占领了法国”的地步。对这些现象的描述是为了更好地痛斥君主、主教、教士们大难前的临阵脱逃、疏忽大意以及可耻的政治交易。

在一些欧洲国家，维京人备受欢迎，而与之相关联的一连串形象也奠定了维京人的特征。在英国，沃尔特·司各特[①]的作品为“历史小说”类型在欧洲取得成功做出了很大的贡献。“历史小说”就是指在一段进展良好的小说情节中插入真实的历史事件，从而充当一种用全新的视角去看待历史的媒介。于1819年创作了长篇历史小说《艾凡赫》的作者沃尔特·司各特，在1821年又出版了《海盗》一书（该书次年被译成法文），该小说的故事情节发生在17世纪末的苏格兰设得兰群岛，但作者根据自己的亲身经历和阅读经验，重建了一些濒临消失的挪威人风俗和传统，而挪威人的过去又深深扎根于海上之王维京人的世界。

在维多利亚时期，人们对古代北欧颇有兴趣，于是，埃塞亚·特涅尔于1825年出版的《弗里硫卓夫的北欧传说》，苏格兰人约翰·佩林斯基于1697年翻译的《挪威王列传》以及乔治·达森特[②]于1861年翻译的《尼亚尔萨迦》[③]，这三部作品的英文译本成了当时的人们可以接触到的与北欧有关的重要作品。《弗里硫卓夫的北欧传说》的成功（直到1914年，该书的英文版已经再版了15次！）可能是因为“莪相主义”、骑士精神主题（骑士精神可以与传奇故事的情节相结合）备受欢迎以及人们对前往苏格兰奥克尼群岛探险的殷切盼望。同时，它的成功也在传播与维京人有关的肖像画方面发挥了重要作用，大到装饰有盾牌的大厅绘画，小到兽角酒杯，特别是自1839年起出版的该书的插图版，用大量篇幅向大众普

① 沃尔特·司各特（1771—1832年）：18世纪末苏格兰著名历史小说家及诗人。

② 乔治·达森特（1817—1896年）：英国民间传说翻译家。

③ 《尼亚尔萨迦》是冰岛萨迦中最长，可能也是最出色的作品之一，描绘了960—1020年间的事件。故事情节是有血缘关系的一些人为过去受过的伤害而复仇。作品中有两位英雄，巩纳尔和尼亚尔，前者是勇敢、诚实、慷慨的青年，后者是一个聪明、谨慎的人，并具有先知的天赋。

及了维京人龙头长船的图像(远远早于1880年的“戈克斯塔德”号[①]和1904年的“奥塞贝格”号[②]的考古发现)。一位名叫威廉·斯特朗的温莎牧师于1833年翻译了该书，并在维多利亚公主即位前四年献给了她——传奇小说的女主人公英格堡可以作为维多利亚公主的榜样。因为《弗里硫卓夫的北欧传说》被人们翻译成多种语言，后来甚至吸引了德意志皇帝威廉二世的目光，所以该书热度席卷的范围不仅限于英国。这激发了诗人凯瑟尔的创作灵感，写了一首以北欧海神命名的诗《埃吉尔之歌》。1896年，威廉二世还用“埃吉尔”一词命名了一艘军舰。

在20世纪初期，弗里硫卓夫和他的追随者都拥有代表维京人的所有标志性配件：如金色的头发，带角的头盔，闪闪发光的佩剑，当然，还有他们的“长船”。北欧人还走进了教学之中。乔治·达森特翻译的英文版《尼亚尔萨迦》被改编成适合不同读者的多种版本，甚至可以用于教育，其中就包括作为儿童读物版本，由艾伦·弗伦奇[③]于1905年编写的《冰岛英雄》。由赫伯特·马林在1917年改编的《尼亚尔和贡纳尔：古代冰岛的故事》则被引入了印度的芒格洛尔政府学院，并充当了大英帝国学生们的阅读书籍。从19世纪中叶起一直到20世纪60年代，法国学校对维京人历史的教育来源于奥古斯丁·蒂埃里[④]、弗朗索瓦·基佐[⑤]、儒勒·米什莱和亨利·马丁[⑥]的作品，而且其重点在于以下四个关键时刻：维京人“长船”蜂拥而入；维京人入侵及其造成的破坏；维京人围困巴黎[⑦]（885—886年）；《埃普特河

---

① “戈克斯塔德”号：是一艘9世纪的海盗船，于1880年发现于挪威西福尔郡的戈克斯塔德墓地。

② “奥塞贝格”号：是在挪威奥塞贝格农场的一个大型墓穴中发现的保存完好的维京船。

③ 艾伦·弗伦奇（1870—1946年）：美国历史学家和儿童读物作家。

④ 奥古斯丁·蒂埃里（1795—1856年）：法国历史学家。

⑤ 弗朗索瓦·皮埃尔·纪尧姆·基佐（1787—1874年）：法国政治家和历史学家，1847—1848年间任法国首相。

⑥ 亨利·马丁（1810—1883年）：法国历史学家。

⑦ 885年，大批丹麦维京人在抢劫了鲁昂之后，乘船直驱巴黎，与法国军民之间开始了历史上著名的巴黎保卫战，最后法国人保住了巴黎，但法兰克国王查理三世无法战胜维京人，被迫与维京人签订和约并支付赔偿金。

畔圣克莱尔条约》[①] 收尾，从此维京人定居诺曼底。由于“以法国文化为尊”的态度，人们在面对新移民“诺曼人”的文化时，只会对维京人旅行和冒险的行为有共鸣，但对维京人带来的异教文化和野蛮习俗始终兴趣寥寥——尽管罗洛 [②] 及其追随者积极融入法国文化的努力已颇见成效，但这一段历史是民族国家对侵略者发起抵抗的象征，我们还要注意到凡尔赛宫战争画廊（于1837年揭幕）中，介于《帕德博恩的查理曼》和《布汶战争》两幅油画之间的油画就是让·维克托·施耐兹 [③] 创作的《厄德伯爵对战诺曼人守卫巴黎》。

维京人或多或少地与一系列关于日耳曼人和斯堪的纳维亚人的传统融合在了一起，他们还激发了文学、音乐、绘画、装饰艺术和建筑等各个领域的艺术创作。以北欧历史为灵感参照既适用于各种含义解释，也可以作为传统和现代性的象征，还可以达到形式和体裁的创新，表达对源头的追溯，对浪漫主义的呼应，对自由的渴望以及对民族性的传播。我们不会勾勒出这些艺术创作的概貌，甚至不会做一个简单的概括，但我们要注意到一些名词、运动或趋势。如在安德烈亚斯·汉嫩的《维京人哈拉尔》，欧内斯特·赖耶的《西格鲁德》，伊曼纽尔·查布里尔的《格温多林》，威廉·彼得森·伯杰的《安纽特》等剧作家创作的一系列抒情作品中，最著名的一部歌剧当数理查德·瓦格纳于1874年创作完成的歌剧《尼伯龙根的指环》[④]，这部歌剧同时表明了人们通过北欧历史来建立文化认同的心愿，或者其文化认同在各个国家不同国情下的适应。从19世纪上半叶开始，哥特联盟就宣扬一种真正的民族艺术，倡导异教文明和古代斯堪的纳维亚人的生活方式，尤其是从19世纪60年代起，“新哥特式主义”飞速发展，并且很快

① 《埃普特河畔圣克莱尔条约》是查理三世与维京首领罗洛于911年签订的和约。从此法兰西西北部成为诺曼人的领地，即诺曼底地区。

② 罗洛（约846—932年）：第一位统治诺曼底（法国地区）的维京人，人们时常称呼他为“诺曼底第一公爵”。

③ 让·维克托·施耐兹（1787—1870年）：法国学院派画家，因其历史风俗画而广受好评。

④ 《尼伯龙根的指环》：一个由四部歌剧组成的系列，作曲和编剧是理查德·瓦格纳，创作灵感来自北欧神话《诸神黄昏》及日耳曼叙事诗《尼伯龙根之歌》中的故事及人物，特别是冰岛家族传说。该歌剧一共分为四部：《莱茵的黄金》《女武神》《齐格弗里德》《众神的黄昏》。

就被发掘和考古发现的增加以及它们在博物馆或展览中的普及所带动。这种新哥特式装饰的主要特征就是龙，其灵感来自如尼石碑、考古文物或挪威木板教堂[①]的装饰。在19世纪末和20世纪初，“龙风格”装饰在北欧盛行，瑞典和挪威两国尤为流行，它们在此演变成了一种北欧新艺术风格[②]。这种“龙风格”同时也在建筑以及应用艺术或次要艺术[③]（如家具、图形艺术、纺织品、银器、玻璃器皿、陶瓷）中充分发展。“龙风格”还被应用在了那些能展现昔日维京人生活的器具上（例如兽角酒杯，就像1911年诺曼底千禧年庆典之际被挪威巴黎学会赠与鲁昂市的那一只兽角酒杯；再如高基座，那些像如尼石刻的基座），或者作为装饰物应用在那些与维京人无关的物件上（如咖啡壶、啤酒杯、糖罐等）。

维京人穿越了历史和国家的想象，在不同的国家或地区以不同的方式、在不同场景下出现。在维多利亚时代的英国，人们可以像赞美英国人的德行一样去赞美北欧人的德行，并且可以将英国在19世纪的进步和创业精神与曾经的维京人做一个类比。1851年，丹麦学者詹斯·雅各布·阿斯姆森·沃尔萨亚认为诺曼人具有十分杰出的殖民天赋，而现代英国人似乎已经继承了这一天赋。在创作于1889年的《维京时代》一书中，法裔美籍探险家保罗·贝洛尼·杜·查鲁将英国殖民地扩张的成功和英语世界的扩张归因于英国人的北欧血统。1820—1830年，诺曼人因其北欧血统而表现出的优越性也在奥古斯丁·蒂埃里和蒂奥多·里奎特的作品中得到了充分的展现，后来又在历史学家亨利·普伦特以及费迪南德·罗特的作品中以一种表达更为细腻的方式出现。费迪南德·罗特在其作品中高度赞扬了那些将诺曼人“推向法国和法国文明先锋”的“诺曼人”精神——冒险、征服、进取。在1870年以后发展起来的整个区域文学的广大作品中，人们常常会对前文所提到的这些要素夸大其词，但我们对此都并不觉得奇怪。费雷特在其于1902年创作的作品《尊贵的诺曼底》中着重强调该书是“献给维京人的子孙”，

① 木板教堂：一栋中世纪的木制基督教教堂，在西北欧曾经很常见。该名称源于该建筑的柱和柱梁结构，这是一种木构架类型，在古挪威语中，承重的松树柱被称为“stafr”。大多数幸存的木板教堂都在挪威。

② 新艺术风格的特点在于创造力、节奏感、色彩，以及受启发于树木、花卉、昆虫、动物的装饰，将感性引入日常装饰中。

③ 次要艺术：这个名称表示既不是绘画、雕塑，也不是建筑的所有形式的形象艺术。

这部作品近乎狂热地宣扬诺曼底人的种族优势，但同时又增强了所谓的科学理论的支撑。

对那些用极端理论来解读维京人的作家们来说，从优越性到超人类性（作为证明人类群体统治地位和等级的要素）来看待维京人，他们还只迈出了一步。因在1853年发表《人种不平等论》而为人所知的作家约瑟夫·阿蒂尔·德·戈比诺，在他的其他作品中，更是毫不掩饰他对北欧人的赞赏，并自称是北欧人的后代。他在1838—1849年间撰写的未完成作品《曼弗雷丁》，还有1879年出版的《挪威海盗奥塔尔·贾尔——诺曼底及布赖地区的胜利者——及其后代的故事》中，也都表达了他这一观点。然而，他的《人种不平等论》在法国的受欢迎程度明显不如在德国，这一点在许多地方都可见一斑。如在德国，理查德·瓦格纳是戈比诺的忠实仰慕者之一，路德维希·舍曼①还于1894年创立了戈比诺学会。他的理论也在某些区域主义作家的作品中得到了响应，但我们始终无法断定这些作者的响应是源于一种意识形态支持，还是源于一种极端的爱国主义形式。

在此之前，研究者们运用了史无前例的方法来发掘史前和原始史学期的“日耳曼人”的源头（自1935年起研究者们就开始组织考察队前往斯堪的纳维亚半岛，以研究那里的岩石雕刻艺术及其符号传达的意义）以及让那些作为斯堪的纳维亚历史的杰出见证者的遗址重见天日，如自1935年起人们便重启了海泽比②商业中心的挖掘工作。因此，尽管其他德国机构也曾采取过行动，但祖先遗产学会③在法国占领区的唯一任务便是——委托海泽比的考古学家和党卫军军官赫伯特·扬库恩在1941年6—7月间对巴约挂毯④进行观察和摄影记录活动。根据任

① 路德维希·舍曼：德国翻译和种族理论家。他提倡反犹太主义，在将戈比诺主义推向德国方面发挥了重要作用。

② 海泽比：日德兰半岛南端附近的重要的丹麦维京时代贸易定居点，现在位于德国石勒苏益格－荷尔斯泰因。

③ 祖先遗产学会：纳粹德国1935—1945年的国家智库。它主要研究和宣传希特勒及纳粹党种族主义教条。尤其是支持现代德国是古雅利安人的后代，因而认为德国人从生物学上比其他种族更加优越。

④ 巴约挂毯：也译作贝叶挂毯，又称作玛蒂尔德女王挂毯，创作于11世纪。挂毯上详细描述了整个黑斯廷斯战役，其中包括于1066年出现在空中的哈雷彗星。

务要求，这份刺绣除了毋庸置疑具有讲述征服英格兰的故事的用处外，在当时还被认为是“维京时代最珍贵和独特的文物之一”。确实，对巴约挂毯的研究是战前由祖先遗产学会在1939年7月的一份文件中建议的，该文件强调，在11—12世纪，“北欧国家的维京人遗产和习俗以相对纯粹的形式在诺曼底得以继续保留”。以前的研究工作有助于证明德国向东扩张的理由，德国历史研究的一位大家——东欧研究的灰衣主教[①]阿尔伯特·布拉克曼——试图根据语言学、考古学和种族研究方面的书面资料来证明维京人是波兰国家的真正奠基人（出自《波兰的维京人及其开端》）。在挪威，由维德昆·奎斯林创立的国民议会变成了一个军事化组织，并且该组织的名字为“希德”，指的是古代战士所着的套装。该组织还在象征该国维京时代历史的地方举行了年会，如斯蒂克莱斯塔、博勒等地。尽管以上这些理论在1945年之后完全丧失声望，但由于意识形态上被重塑的“新右派”的支持，这些理论并没有完全消失，甚至在1970年有所回温。当我们在考察“泛斯堪的纳维亚主义”在诺曼底的发展变化时，可以发现这些理论对地区主义运动的影响尽管非常微弱但确实存在。在一些欧洲国家，特别是在一些斯堪的纳维亚半岛的国家，维京人的形象在极端右派和民粹主义的言论中也占有重要地位。尽管维京人没能逃脱被历史工具化的命运，但现在我们将要探索的是从历史文献中诞生的维京人的形象。

第2章　创造维京人的历史

维京人形象形成的背景并不仅限于文学或艺术想象中所描绘的场景，而是远远超出历史记载的范围，维京人形象形成时，历史记载的方式和对象发生了重大变化，还出现了学术制度化的现象。我们将花几页来探讨关于维京现象的一些主要史学方向，这是一个挑战。我们并不会对这一主题做详尽无遗的剖析，但可以通过一些示例稍做阐述。

① 灰衣主教：指的是拥有很大权力的决策者或顾问，他们在幕后操纵决策，或以非官方的身份进行决策。

2.1 “维京时代”和“诺曼人入侵”

瑞典考古学家奥斯卡·蒙特利乌斯被认为是运用相对年代法的先驱之一，他认为有必要对考古对象和藏品进行分类，并在19世纪70年代将“维京时代”与随后的铁器时代联系在一起。[①]这还是第一次，维京时代被单拎出来，并且按照编年史的顺序排列，这被视为斯堪的纳维亚地区史前时期的终点。奥斯卡·蒙特利乌斯的这种分类法传播开来，却未被人们广泛接受，维京时代的时间也并不总是被划分在相同的时间段。法裔美籍人类学家保罗·贝洛尼·杜·查鲁也借鉴此说法来命名他插图丰富的著作《维京时代》。该书出版于1889年，讲述的是关于挪威古代文化的内容，书上共有1386幅图，其中有几幅图像是有关成书日期9年前在挪威戈克斯塔德发现的维京船葬墓。查尔斯·弗朗西斯·基里在之后不久（1891年）对该书的时间顺序内容进行了一番研究，并倾向于将维京时代的时间范围缩小至789—888年，他指出，之所以这样划分，是因为这时候斯堪的纳维亚国家还尚未出现。在哈肯·谢特利格的笔下，林迪斯法恩修道院于793年被洗劫，所以他认为这一年是维京时代开始的征兆。而在此之前，威廉·格申·科林伍德便已经认为，维京时代对英国来说是开始于8世纪末期。从19世纪末开始，“维京时代”一词便被广泛使用，尽管这一译法并非北欧国家研究者的唯一选择，乔珀托斯·史汀史翠普和索尔基尔德·拉姆斯库两位学者就选择使用“诺曼时代”一词来表达相同含义。而法语国家和德国长期以来都一直使用一个更传统的说法——“入侵”，尤其是“诺曼人的入侵”，该名称表示该时期是战争时期，也表明了这是古代晚期的“第一波”入侵。维京时代作为对斯堪的纳维亚地区以及欧洲部分地区这一时期历史的参考，仍然与一系列历史特征（斯堪的纳维亚各王国的形成和统一，海外扩张，基督教化的开始）以及使这一时期特殊的文化特征相关联，从而证明了我们可以将维京人纳入历史文化或历史文明的狭小圈子当中，就像人们对埃及人或玛雅人所做的那样。这些观点受到当今许多学者的批评，因为他们在讨论维京时代的起止时间时，强调需要参考一个更大的时间范围，甚至对“维京时代”这种表达方式所代表的泛斯堪的纳维亚共同文化的观念提出了质疑。早在1962年，彼得·索耶就曾质疑过“维京时代”这一说法，并指出

① 700—1100年为铁器时代；后来，维京时期的时间范围缩小到800—1050年。这个分类法出自弗雷德里克·斯万贝格的作品《维京时代的去殖民化》。

“维京时代是人为制造的”，认为这是同时代人们对一种被夸大现象的观点，而那些没有对原始资料进行严格考证的现代史学家，都赞同对这一现象的夸大处理。这些都是我们即将探讨的要点，现在要注意的是，即使研究人员已经更新了“维京时代”这一表述的内容，它仍然是近期（自19世纪末以来）的一种历史结构，也可能是影响最深远的历史结构之一。

2.2 民族历史记载中的维京人

维京人在一个地区、一个国家或一个民族的历史记载中所占的地位并不相同，这种情况的出现不仅取决于它们与斯堪的纳维亚半岛的距离，还关系到历史话语所赖以建立的政治、社会和思想背景条件。虽然民族主义自1945年以后退潮，但它早在20世纪20年代就已经在一些流派中留下痕迹。所以民族主义的衰落并不意味着国家框架的消失，而国家框架也仍然是历史学家们不断提出质疑，并研究其意义的主题内容。

在斯堪的纳维亚半岛和冰岛，国家建立与历史记载之间的联系会根据相关国家的政治依赖（或独立）情况以及在国家身份形成过程中给予国家或人民的地位情况而有所差别。瑞典和丹麦长期以来一直是主权国家，具有强势的政治和外交历史，并且是一个多民族的国家框架，而丹麦则是一个殖民帝国。丹麦对战普鲁士的失败（1864年）对丹麦的历史学产生了深远的影响，这使得丹麦的历史学转变成了研究丹麦民族的历史，从严格意义上来说，已经不再仅仅是丹麦一个国家的历史。在挪威，历史和语言都参与了挪威民族身份的建构，人们必须表现出挪威民族过去的伟大及其古老性，而对挪威民族来说，政治独立一度是一种希望，一直到20世纪初他们才终于得以实现民族独立。此外，以鲁道夫·凯泽和彼得·安德烈亚斯·蒙奇为代表的“挪威历史学派”坚持认为，要把挪威移民和挪威历史的独特性与丹麦和瑞典两国明显区分开来。丹麦学者后来宣称，像《埃达》和北欧传说一类的北欧文物并不属于现代斯堪的纳维亚国家共有遗产的一部分，而是属于挪威和冰岛的一种特有的传统。“挪威历史学派”还认为这些北欧文物还涉及展示中世纪挪威王国的力量，从维京人扩张（如维京人在冰岛、法罗群岛、奥克尼群岛、设得兰群岛、赫布里底群岛、马恩岛、格陵兰岛的扩张）到对海外领土的政治霸权的建立就说明了这一点，而挪威国王也在12—13世纪逐渐在这些领土上恢复或确立其权威。在冰岛方面来看，挪威的统治（从1814年起丹麦开始统治冰岛）似乎是一个衰落时期，而对挪威和冰岛之间的关系或冰岛过去的辉煌时期所进行的研究，在一定程度上是出于用一种持久的方式来证明国家独立合法性的目的（1944年冰岛才获得国家独立），因为一直到20世纪50年代，这种国家独立的论调才得以在部分冰岛史学研究中出现。

在斯堪的纳维亚国家，维京人的历史记载最早是在某一个民族框架内的，即古代丹麦人、挪威人或瑞典人记载的维京人历史，从而可以证明这些国家的历史从古延续至今。维京人的历史有赖于人们对遗址的发掘或著名的考古发现，这些遗址后来被提升为国家级别的历史古迹，有时甚至可以与古代的书面资料联系起来。例如，由考古学家亚尔马·施托尔佩发掘的位于瑞典的比约克岛，经考证为比尔卡城市，这一点在《安斯凯尔生平》中也有提及。再如瑞典老乌普萨拉的三大陵墓（分别发掘于1846年、1847年、1874年），而老乌普萨拉对瑞典早期历史的重要性在不来梅的亚当或斯诺里·斯图鲁逊的作品中都可见一斑。丹麦的耶灵墓地和挪威维京船葬墓的挖掘（如1852年的博勒船葬墓；1867年的图奈船葬墓；1880年的挪威戈克斯塔德船葬墓；尤其是1904年出土的奥塞贝格船葬墓，是十分具有纪念意义的出土物），都能不断证明着其民族历史的伟大。关于书面资料文物的争论还涉及了与人民表达创造天赋的相关问题，即围绕“自由散文”与“书卷散文”双方支持者之间的对立进行了一番争论。其中后者发展于19世纪中叶，与冰岛民族情感的兴起联系在一起。“书卷散文”派认为北欧传奇故事是一种知识分子型文化的产物，而该类型文化在挪威统治冰岛之前曾在冰岛蓬勃发展。有时，我们可以使用一些术语来表达斯堪的纳维亚半岛的扩张，而这些术语又来源于那些与殖民相关的文章，就像在丹麦历史学家乔珀托斯·史汀史翠普或后来的瑞典人比尔格·内尔曼的笔下，我们都能发现这样的术语。

然而，这些著作可以满足对整个斯堪的纳维亚人群体功绩的颂扬。因此，詹斯·雅各布·阿斯姆森·沃尔萨亚在研究维京人在不列颠群岛留下的痕迹这一开创性工作中，他将丹麦人与挪威人（以及瑞典人）明显地区分开来，并且经常提到“斯堪的纳维亚人”。面对他那个时代的斯堪的纳维亚国家的局势，他的作品中难免带着悲伤的笔调，同时，他又对斯堪的纳维亚人的美德充满信任，所以他以对斯堪的纳维亚人过去行为的有力辩护结束了他的作品。

斯堪的纳维亚主义指的是支持斯堪的纳维亚各国家之间合作与团结的一种意识形态，并且它还影响了19世纪下半叶的一些历史学家的作品，如挪威的埃恩斯特·萨尔斯。从实证主义到历史唯物主义（尤其是在挪威），再到年鉴学派，斯堪的纳维亚主义史学容纳了各种不同的思想潮流。而这引发的重大后果之一是，从1870—1880年开始，由于主要受到德国和法国的启发，人们对原始资料的批评方法取得了很大的发展，而这一批评方法在挪威历史学家古斯塔夫·斯托姆、丹麦历史学家克里斯蒂安·埃尔斯列夫，尤其是瑞典历史学家劳里兹·维布尔和柯特·维布尔两兄弟的作品中都产生了深远的影响。但激进的批评导致了人们不认可北欧传奇故事作为维京时期历史参考资料的可靠性。此外，哈尔夫丹·科特坚持认为，北欧传奇故事首先反映了它们写作的时期，并且深受意识形态的强烈渗透。对这些北欧传奇故事记载的不信任对维京人的研究产生了持久影响，促使历史学家们放弃了这一研究领域，而考古学家则更多地投入了北欧传奇故事的研究当中，此外，在历史著作中对北欧传奇故事的引用也大受限制，这一现象一直持续到了20世纪70年代。

有可能只有在俄罗斯，我们才能更好地了解史学争论的问题和后果，而史学争论的尖锐性又因意识形态的矛盾对立而被强化。18世纪中叶，俄国皇帝彼得大帝实施了国家开放政策，正值此时，关于斯堪的纳维亚人在古代俄罗斯国家和民族形成过程中所起的作用的争论在德国学者（西奥菲勒斯·西格弗里德·拜耳、吉拉·穆勒）和俄国学者们（以米哈伊尔·罗蒙诺索夫为代表）之间展开。所谓的“瓦良格人问题”引出了出身为俄罗斯人和被称为瓦良格人的两种情况的问题。如果要回答这个问题，对俄罗斯人来说就是要有支持建立自己国家的能力以及从一开始就具备掌控自己国家历史的能力。因此，两个对立的系统得以建立（后来被称为“诺曼理论”和“反诺曼理论”），一种理论是“诺曼理论”，它将俄罗斯国家的社会和政治发展主要归功于斯堪的纳维亚人；另一种理论则认为俄罗斯是一种本土起源，其起源首先是斯拉夫人，然后是罗斯人。“诺曼理论”影响了尼古拉·卡拉姆津的作品，并继续加剧了这两种理论的对立。而且从1840年开始，在恩斯特·库尼克、维尔赫姆·汤姆森等文献学家的作品中，这两种理论的对立又有了新的发展。在19世纪下半叶，考古学研究的兴起又提供了新的文献基础，这些文献基础论证了维京时期斯堪的纳维亚人在俄罗斯的存在和作用，其中包括图雷·阿恩著于1914年的作品《瑞典和东欧》，该书强调了斯堪的纳维亚人与俄罗斯人对彼此的重要性，并注意到了两者对对方都已经形成了十分重大的影响。

诺曼理论在20世纪初期占据的这一主导地位在苏联时期受到了挑战。尽管起初人们认为俄罗斯人的起源问题不那么重要，但反诺曼理论的观点从20世纪30年代就被确立为苏联历史学的教旨，例如鲍里斯·格列科夫和后来的弗拉基米尔·马夫罗丹就是当时的苏联历史学的拥趸。这一观点立场弱化了斯堪的纳维亚人的作用，强化了东斯拉夫人的作用，而东斯拉夫人的社会发展被认为在瓦良格人到来之时已经较为进步，后来苏联与纳粹入侵者的斗争进一步加强了反诺曼理论这一思想潮流。在20世纪60年代，相对缓和的氛围和国际合作的兴起——尤其是苏联和北欧考古学家之间的合作——扩展了新的前景。里奥·克莱恩的反诺曼理论的尝试，考古发掘的结果和格勒布·勒布德韦和叶夫根尼·诺索夫等人对长途贸易在俄罗斯城市发展中的作用以及俄罗斯城市与北欧贸易场所类比的关注，这些都让人们重新思考斯堪的纳维亚人对古代罗斯的经济、社会和政治发展的影响以及他们在斯拉夫和芬兰社会中的同化作用。苏联解体后，这种趋势更加明显，同时，强调古代俄罗斯文化融合或多民族特征以及新的罗斯民族形成的复杂性的说法也更加突出。时至今日，尽管关于诺曼理论与反诺曼理论的争论已经缓和了许多，但它并没有完全停止影响人们对罗斯早期历史的构想，也没有引起人们对重新回到反诺曼理论立场的恐惧。

1845年，本杰明·索普在其翻译修订的德国学者约翰·马丁·拉彭伯格的《盎格鲁－撒克逊国王统治下的英国历史》一书中，一方面强调丹麦人在英国的历史尚未成为人们深入研究的主题，另一方面他用消极的笔触表达了诺曼人对英国“压制性和破坏性的”的影响。直到19世纪中叶，维京人似乎都还停留在英国的历史之外，只有在强调一些与侵略者做斗争的伟大民族人物时，才会出现维京人的踪影，其中首推的便是反抗维京人侵略的威塞克斯国王阿尔弗雷德大帝（871—899年）。而随着盎格鲁－撒克逊语原始资料的出版和北欧著作译本的诞生，情况可能慢慢发生了变化，这其中包括前文提到的学者、北欧神话研究专家本杰明·索普所做的努力，以及于1852年诞生的詹斯·雅各布·阿斯姆森·沃尔萨亚的《英格兰、苏格兰和爱尔兰的丹麦人和挪威人的故事》英文译本的影响，后者让人们能更积极地看待丹麦人和挪威人对不列颠诸岛历史所做的贡献。爱德华·奥古斯都·弗里曼在其关于诺曼人征服英格兰的历史巨著的第一卷中，将“丹麦人的入侵”（尤其是最后一次入侵，发生于10世纪末11世纪初）与“征服者威廉”的入侵直接联系在一起，并且把“丹麦人的入侵”划分为三个阶段。尽管他把威塞克斯王国与丹麦人的对战看成是一场民族战争，而且视英雄阿尔弗雷德大帝为“历史上最完美的人物”，但他还是强调，丹麦人在英格兰地区定居有助于英格兰王国的巩固。

维京人对英格兰历史的参与得以证实，这得益于人们对过去斯堪的纳维亚人在英格兰所留下的证据日益增长的兴趣，尤其是语言、艺术（如雕刻作品文物）和考古方面的证据，而这些通常是在古董商和当地学会的促成下得以实现的。在1908年，威廉·格申·科林伍德出版了《斯堪的纳维亚时期的英国》一书，该书概括介绍了人们在大不列颠不同地区所进行的关于斯堪的纳维亚半岛的研究，如丹麦区、挪威人定居的威尔士地区、英格兰西北部、苏格兰群岛、马恩岛。北欧历史是与当代英国地区以及由其引发的文化融合形式的衔接要素之一，而不再仅仅与英国对维京人的防御有关：“如果我们钦佩撒克逊国王的英勇防御，我们就不会忘记，对组成英国民族的我们中的大多数人来说，我们的血液中不止有一点点维京人血统。”科林伍德是艺术家、古董商，还发表了许多著作（如历史书，小说《小托尔斯坦——一个北欧人在莱克兰的传奇故事》以及旨在帮助读者了解北欧传奇故事的冰岛插图游记，还有一些旅游指南，等等）。虽然他是当今这些引路人当中最有名的，但他既不是唯一的也不是第一个致力于将斯堪的纳维亚人引入到英国历史的人，不过通常来说，斯堪的纳维亚人其实是参与了英国某一区域的历史。因此，正是通过与斯堪的纳维亚人的存在相结合，才使得书面资料、机构，语言、地名和人名、考古学和艺术史等领域的研究得以确认，人们才得以完整书写这段时期的历史。弗兰克·史丹顿爵士于1943年在《盎格鲁－撒克逊的英格兰》上发表的综合报告，是对一个世纪以来获得的知识及该书作者自1920年以来发表的关于该主题类文章的集合。这项工作的创新点之一是运用地名学来评估斯堪的纳维亚移民对英国的重要性。史丹顿爵士支持大规模移民的观点，并坚称英格兰北部和东部某些社会和行政结构的独创性源于本地机构在“外国殖民”的影响下发展的中断。从20世纪50年代末开始，彼得·索耶对这些想法提出了质疑，他在《维京人的时代》一书中对维京现象进行了修正，他认为在重新看待维京现象时，应该降低北欧殖民在英国的密度（人口集中程度）和影响力：除了北欧居民在此建立的定居点以及他们对语言和某些法律或行政术语也有一定的影响之外，“斯堪的纳维亚人似乎并没有在英国留下什么明显的印记”。然而人们在过去的20年中所做的工作已经大大地否定了这些结论，不过关于斯堪的纳维亚人定居点在英国的数量、密度和影响的争论在英国的历史学研究中仍然占据非常重要的位置。在这里我们就不再详细介绍不列颠群岛的其他区域（如苏格兰、威尔士、马恩岛、爱尔兰）。很显然，史学争论的范围、可用的原始资料以及历史学家们对它们的使用都以极其不同的方式塑造了维京时代英国的历史。

在法国，许多重要的历史出版物在1820—1830年间面世，如奥古斯丁·蒂埃里、乔治·德平、蒂奥多·里奎特等人的作品，这些作品还介绍了一些源自北欧旧文本的资料。长期以来，“诺曼人入侵”的灾难性画面和双重视角一直贯穿法国历史，而这一双重视角正是国家的建立和诺曼人袭击对加洛林王朝发展的影响相交之处。亨利·马丁是法国共和党历史学家，他也是后来坚持将7月14日定为法国国庆日的捍卫者。在他的笔下，巴黎保卫战（885—886年）使巴黎彻底成就了法兰西民族：“巴黎赢得了新民族的首都的头衔，这个新民族刚通过逼退外族来彰显自己，又将通过自立一个国家领导人——未来的法兰西王国国王厄德伯爵——而使自己光明正大地得到人们的认可。巴黎已经开始了它伟大命运的序章！从此它便是法国的头颅和心脏。”而北欧人的进攻则是法兰克王国衰落与灭亡的诱因。

因此，北欧人的入侵成为了法兰克王国加洛林王朝的陷落和封建世界两个时期之间的桥梁。在努马·德尼·甫斯特尔·德·库朗日的作品中，北欧人的入侵是对法兰克王国君主专制事实的检验，从而表明下层社会已经接受了封建制度。[①] 在加百列·莫诺德看来，诺曼底公国的建立“可以说认可了封建制度的合法存在……也加速了加洛林王朝君主制向封建社会的转变”。于是，诺曼底公

① 参考努马·德尼·甫斯特尔·德·库朗日的《古代法国机构的历史》：“诺曼人入侵的主要结果是向所有人展示君主制的缺陷。诺曼人入侵是对君主制的考验……人们只看到一件事，那就是他们的入侵没有得到辩护。”

国的建立也构成了入侵事件中令人满意也令人欣慰的一个结果：在保持斯堪的纳维亚人强烈烙印的同时，诺曼人改信基督教并被法国人同化。更妙的是，他们为这个以自己的名字命名的国家（指诺曼底公国）注入了新的生命，他们的君主们也尽早成功地建立了权威，并为众人所服从。至于诺曼底公国的建立对法国和欧洲历史的重要性，这是一个人们反复研究的主题，如我们可以在爱德华·奥古斯都·弗里曼或更晚的查尔斯·荷马·哈斯金斯等历史学家的作品中发现这一主题的踪迹。而且在爱德华·奥古斯都·弗里曼看来，诺曼底公国的建立是10世纪上半叶最重大的历史事件。

如果说维京人现象最具有爱国主义色彩的方面在1918年后消失，那么很长一段时间以来，有关维京人袭击对法兰克王国内部发展的影响、世俗和教会“统治阶层的倒台”、面对侵略者的抵抗防御或王室的妥协（如通过支付“丹麦赋税”求和），以上这些问题都持续带来灾难，而这些灾难又为封建时代的到来铺平了道路。另外，我们还要记得英国和挪威历史学家之间的联系。挪威历史学家马克·布洛赫在说到关于入侵的话题时指出，入侵带来的“打击不仅是摧毁性的”。他向仍然带有政治化和军事化倾向的史学研究增加了对斯堪的纳维亚人入侵过程（从突袭到征服）、原因及其结果的反思，他还运用了比较研究法和多领域开放性研究法，如精神状态、乡村历史和社会结构历史，并且查阅了语言学、专名学或法学方面的证据资料。但一直到1950—1960年才等来了对维京人现象这一问题的重新研究，尤其是吕西安·缪塞和阿尔伯特·德海宁斯为此付出了很大的努力。吕西安·缪塞作为“中世纪斯堪的纳维亚半岛历史在法国的引导者”，提出了要对维京人现象做一个整体的历史分期，他还考虑到了维京人的整个活动范围。如斯堪的纳维亚半岛与西欧之间的贸易关系与相互影响，特别是在宗教和文化层面以及对诺曼底与丹麦区之间做比较有助于拓宽思路，而其他著作则引起了关于加洛林王朝的纽斯特里亚区域与诺曼底公国之间是否存在连续性的争论，而这一争论将在公国的当代史学研究中留下永恒的一笔。另外，比利时历史学家阿尔伯特·德海宁斯的研究则旨在评估入侵的“实际范围”，但同时又倾向于限制斯堪的纳维亚人所发起攻击的毁灭性影响，此外，他还对当代书面著作提出了更为激进的批评意见，因为他认为它们本应该传达一种“哀叹的言论”。这一重新研究所带来的最为恶劣的影响——尤其是其倾向于极力弱化袭击所造成的破坏及其对法兰克王国统治所造成的混乱——尽管已经得到及时纠正，但它们并未完全消失。

2.3 “维京人世界”的广阔视野

如果仅仅从传统的民族历史或学术历史研究的角度来解读维京人，显然过于夸张。维京人研究是一块沃土，研究时间开始较早，并涉及许多学科领域，如历史、考古学、文献学、语言学、文学、艺术史等方面，而这些至今仍然是维京人研究领域的特征。关于维京人研究的研究中心、研究计划以及国际会议都成倍增加，其中包括一些定期召开的会议，如自 1950 年起开始举行的维京代表大会以及自 1971 年起开始举办的北欧传说国际大会。

20 世纪 60 年代，对维京人的研究要求提高了，推动与维京人有关的研究取得新的发展，其中包括彼得·索耶和阿尔伯特·德海宁斯所做的研究。维京人的历史则发生在一个较大的框架范围之内，涵盖了铁器时代末期北欧社会的各个方面以及维京人的所有扩张方向。法国的雷吉斯·博耶用综合概括的方式对维京人研究的进展做了定期总结，而这是研究工作的增加、研究新方向的出现、考古数据的惊人增长以及对书面原始资料的出版和翻译工作的持续进行所必需的。彼得·富特和戴维·威尔逊于 1970 年出版了《维京人的成就》一书，该书对中世纪早期斯堪的纳维亚半岛的社会和文化进行了全面详尽的描述（该著作副标题对此予以点出）。另外，该书还着重强调那些使整个文化具有连贯性的要素，但这一观点此后一直备受批评。越是深入挖掘古代斯堪的纳维亚人社群之间的交流和相互影响，越是能发现斯堪的纳维亚人所做的重大贡献。埃尔斯·罗斯达尔在其于 1987 年出版的一本关于维京人研究的经典著作中（该书于 1992 年被翻译成英文），将斯堪的纳维亚半岛与维京人扩张的地区进行了比较，强调了斯堪的纳维亚半岛文化传统在外部环境影响下发生改变的方式，反过来，又展示了这一变化对那些与北欧人产生交集的社群的影响。因而，维京人成为了一种更为复杂的形象，他们的活动也带有了“万花筒式”的特征。作者为这本书的结论部分起了一个意味深长的标题，名为“维京人世界”，但这并不是一个新颖的表述，因为自 20 世纪 60 年代末以来，这一表述就经常出现了。虽然人们对这一含义的理解有所区别，但至今它都能引起人们广泛的共鸣。

维京人是否已被列入欧洲议程？1992—1993年，人们在巴黎、柏林和哥本哈根举行了一项重大展览，名为“维京人……斯堪的纳维亚人和欧洲”，该展览的目的是“复兴深深植根于我们文化中的民间神话”。这一展览是由包括欧洲委员会和北欧理事会在内的著名机构赞助发起的，而当时欧洲联盟成员国正在对是否支持加入《马斯特里赫特条约》举行投票，在1992年6月，丹麦人民在组织第二次全民公投之前拒绝签署该条约，但又在1993年选择支持该条约。在那些支持聚焦于维京人研究的新观点中，人们提出了两个主要原因：现有研究所取得的进展以及在地理上（美洲、东欧）和时间上扩大该主题研究的必要性，以便能将“北欧地区融入基督教欧洲”。几年后，即2004年，人们在巴黎举办了一个名为“维京人，最早的欧洲人？”的座谈会，其议事录后来于2005年得以发表。在20世纪90年代和21世纪初期，关于北欧和欧洲的会议和项目成倍增加，这一现象在北欧国家尤其突出，并由此使人们对“欧洲一体化”概念或者欧洲大陆的“周边国家”进行了思考，其中罗伯特·巴特利特对“欧洲一体化”这一概念尤为重视。因此，2001年，在奥胡斯举行的“中世纪的北欧国家和欧洲”会议上，作为替代方法，珀尔·恩格斯曼和托马斯·林德克维斯特提出了斯堪的纳维亚人“自我欧洲化”的想法：作者们抛弃了从前加洛林王朝从领土出发扩散影响力的观点，而是以欧洲化进程中的参与者为出发点，并且辩称北欧国家并不是被动接受来自外界的影响，而是积极地利用制度、思想和文化元素来推动自身的发展。从那以后，许多研究作品都倾向于以一种更平衡的角度去评估政治和文化形势方面所发生的变化，并试图再现出局部地区社会所发挥的积极作用。

如今，这种欧洲化的观点似乎已经被一种更为全球化和世界化的维京人历史观所取代，紧随其后的则是最新的研究潮流。在2008年，斯蒂芬·布林克和尼尔·普赖斯联合出版了《维京人世界》一书，踌躇满志地在该书中涵盖了维京人研究的所有领域。除了对斯堪的纳维亚半岛的介绍及其进入欧洲舞台之外，该作品还花了大篇幅来介绍维京人各种形式和范围的扩张。编辑们没有解释该书的标题，这也许与该书出版集的编辑项目有关，但尼尔·普赖斯在一次于奥斯陆举行的跨学科研讨会上建议将“维京人世界”这一称呼改成复数形式（该次会议的议事录于2015年发表）。而索伦·迈克尔·辛德贝克和雅典娜·特拉卡达斯在同一时期联合出版的《维京时代的世界》显然更符合全球化和联系化的历史观，因为它着重强调了支持维京人现象的网络系统——尤其是海上网络，及其与世界其他地区（如拜占庭或印度洋）的比较。2013—2014 年，人们在哥本哈根、伦敦和柏林举行的关于维京时代末期的另一次大型展览——“维京人，生活和传奇”是围绕核心部件——所谓的“罗斯基勒 6 号”沉船所展开的。该沉船是人们于 1996—1997 年在罗斯基勒发现的维京时代的最大的船只（长 37 米）。此外，该展览还着重突出了维京人的联系网络和文化互动主题。

可以肯定的是，建立维京人历史这一事业，在过去的 30 年中发生了很大的变化。除了前文所提到的要点以外，维京人的历史还涉及诸如社交联系、权力仪式、象征和形象、构成形式或仲裁协议形式、移民和“散居各地的维京人”、“文化接触”，还有相异性、种族性、身份、融合或适应现象以及对过去的记忆和传承等其他问题。而这些问题都被研究者们提上了日程，在此我们无须对所有的问题都进行详细介绍，但我们将在接下来的内容中对此进行更全面的讨论。至于维京代表大会的主题，虽然它们仍然以突出举办会议地点为特征，但也会表明研究问题的发展：如 2009 年的主题是“维京人身份与记忆”，2013 年的主题是“维京人身份与传统”，同年的大会主题还有“维京世界”。北欧传说国际大会也是同样的情况，在近期的会议中，除了对文学体裁方面的研究以外，2012 年该大会选择的主题是“北欧传奇故事和对历史的运用”，而 2015 年的主题是“北欧传奇故事和空间”。研究者们主要针对欧洲大学中（也包括美国和澳大利亚的大学）于 2010—2015 年间进行答辩的 91 篇博士论文进行了调查，并提出了关于维京人主题研究发展现状的想法。这些论文中，有将近三分之一的论文是关于文学领域主题（如文本的体裁、形式、发行、传播）以及宗教领域主题（如神话、崇拜、皈依、死亡及冥世），并且文学主题的论文主要是关于维京时代之后的原始资料——其中文学领域主题相关的论文有 16 篇，宗教领域主题相关的论文有 13 篇。而关于军事战争方面和船只方面研究的论文有 4 篇，关于征服或登陆形式的研究有 2 篇，还有一些是长期以来一直占据维京人研究内容的关于权力的出现或组织的研究论文。其余的论文则属于难以定义的类别，因为它们将不同领域的知识组合在了一起。生产和贸易相关主题的论文数量有 7 篇，其中关于资源管理的论文有 3 篇，关于市场、商业中心和城市的论文有 4 篇；有关移民、居住地、空间组织的论文数量有 7 篇，其中对空间表达或象征性景观分析的论文有 5 篇；

对维京人身份研究的论文数量有6篇，其中有些是关于习俗研究的，如庆祝活动、馈赠、食物等，还有一些是关于社会等级制度的研究；性别研究的论文数量有5篇，但有时又会涉及到人工制品。对不同社群之间关系进行研究的论文有4篇，对文化交流研究的论文有3篇，但这两者的存在感其实比这个微弱的数字要多得多，因为它们构成了许多答辩论文中背景的一部分。另外，这些论文还对原始资料进行了重新解读，这也是以后我们需要注意的部分，即对原始资料做更多研究与思考。

第3章　来源及其构建

关于维京人的研究，如对他们的象征以及他们历史的解读是基于各种各样的原始资料。得益于自17世纪以来人们对书面原始资料的编辑和翻译，以及过去几十年里众多考古发现和研究成果的面世，研究人员可资利用的资料已经大大增加。而维京人研究的主要特征之一就在于，由来自斯堪的纳维亚半岛国家以外的作家编写的关于维京人的当代著作，与在维京人现象之后的北欧作家编写并流传下来的作品，这二者之间存在差异性。二者的差异使人们对这些资料作为历史数据来源的产生、传播、使用，甚至地位等状况都开始反思，有些批评者甚至会毫不留情地将这些资料归类为小说。尽管关于这些文本的争论由来已久，即使是对我们通过书面资料以外的其他途径得到的一些资料，争论也如影随形。最后，对资料来源的研究也为介绍维京世界某些文化方面的知识提供了素材，而关于维京世界的文化方面，稍后我们还会继续深入探讨。

3.1 斯堪的纳维亚国家以外的当代证据

当代书面资料首先是来自斯堪的纳维亚国家以外的研究者。得益于西欧的纪事、编年史和传记故事提供的宝贵指引，我们了解到了斯堪的纳维亚人作战行动的时间顺序，当时的当权者与斯堪的纳维亚人签署的和解条约，斯堪的纳维亚人的进攻所引发的恐惧，以及当时的人们所经历的不幸与苦难。

在法兰克王国时期，诞生了一套在王宫（王室年鉴，其记录时间一直持续到829年）或者在一些或多或少与皇权关系亲密、主要以修道院为主的宗教中心撰写的编年史，可能是位于法国北部和日耳曼地区（其中有关圣伯丁、圣瓦斯特、圣旺德里耶、富尔达以及克桑滕地区的编年史），或者是在那些更偏远的受到维京人袭击影响的地区，如阿基坦地区。而一些传记、诗歌、文章又很好地补充了这套编年史：在传记方面，有艾因哈德和9世纪末期的"口吃者"诺特克所著的关于查理曼大帝的传记，以及匿名作者"天文学家"和蒂根所撰写的"虔诚者"路易传；在诗歌方面，有"黑皮肤的艾尔莫杜斯"于826—828年所写的《虔诚者路易之诗》，他在该诗歌中讲述了丹麦国王哈拉尔·克拉克来法兰克王国访问并接受洗礼的故事，还有圣日耳曼的阿邦所写的《诺曼人围困巴黎》，还有《路易之歌》，该诗歌用法兰克语对西法兰克王国国王路易三世在881年于索维昂维梅乌战役中取得的胜利表达了祝贺；在书信集方面，有8世纪末期查理曼大帝的顾问盎格鲁－撒克逊人阿尔琴以及9世纪中期的卢普斯·塞瓦特斯的书信集；在传记文章方面，有弗勒里修道院的阿德雷瓦尔德所著的《圣保罗的奇迹》，埃尔门塔里的《圣菲利贝尔的转移和神迹》。到了10世纪，有普兰的雷吉农所著的持续至906年的《纪事》，弗洛多德自919—966年间编写的《年鉴》以及《兰斯教堂的历史》，兰斯的里歇尔于996年所撰的《历史》以及科维的维杜金德所写的《撒克逊人的事迹》。诺曼底公国的建立也带动了历史学的发展，历史学发展的主要代表人物有11世纪初期的圣康坦的杜东，以及半个世纪后的瑞米耶日的威廉。在1012—1018年间，梅泽堡的蒂特马尔编撰了《纪事》一书，11世纪20年代后半期，夏巴纳的阿德马尔又为阿基坦地区撰写了编年史，而勃艮第僧侣拉尔夫·格拉伯的《历史》一书则展现了维京人在欧洲大陆发起的最后几次袭击，并记录了他们与法兰克世界的融合。

至于不列颠群岛，关于英格兰的主要原始资料是用古英文所写的一系列编年史（或者是古英文和拉丁语的双语版本，"F"版本的《盎格鲁－撒克逊纪事》便是如此），即《盎格鲁－撒克逊纪事》，创作于9世纪90年代初期威塞克斯国王阿尔弗雷德的宫廷，其写作背景也可能是在维京人对该国发起了一轮新的攻击之后：作品主要核心部分覆盖的时间范围为公元前60年—公元891年，另外保留了七份手稿（另加一段残章），于是便出现了我们所知的对原作进行了补充的不同版本，而其中的“E”版本则是将编年史的记载时间范围一直延续到了1154年。大约在893年，威尔士人阿瑟用拉丁文撰写了《阿尔弗雷德国王的故事》，该作品部分改编自《盎格鲁－撒克逊纪事》。在书中，作者阿瑟塑造了一个形象丰富立体的国王，他与维京人交战，是一个睿智而有修养的君主，他极具创造才能，又饱受苦难。在10世纪末期，埃瑟尔沃德也大量借鉴了《盎格鲁－撒克逊纪事》一书，并将其翻译成拉丁语用以撰写他的纪事（约创作于975—983年间）。而《圣卡斯伯特的历史》则讲述了圣卡斯伯特修道院从林迪司法恩到诺勒姆，再到切斯特勒街以及最后的达勒姆这一路所见证的苦难和流亡，同时，该书也为维京人在诺森布里亚王国的定居提供了一些宝贵的信息。与维京人的斗争还为10世纪的两首盎格鲁－撒克逊诗歌提供了创作灵感：一首是关于发生于937年，被写进了《盎格鲁－撒克逊纪事》的布鲁南布尔战役。另一首是关于发生于991年的马尔登战役，该诗歌颂了埃塞克斯郡长拜赫特诺思，及其败于维京人的下属们的英雄主义。最后，一名弗朗德勒僧侣写了一部作品献给他的资助者——诺曼底的艾玛，即英格兰王国国王“决策无方者”埃塞尔雷德的遗孀，随后她又成了克努特大帝的妻子。这部作品可能创作于1041—1042年，旨在歌颂克努特大帝和占据英格兰王位的丹麦王朝的功绩。另外，关于不列颠群岛的凯尔特人地区的资料记载并不一致，但北欧人在不列颠群岛上的持续存在则远远超过1100年。至于爱尔兰岛，岛上的众多修道院编有一系列编年史，如《阿尔斯特年鉴》《克朗马克诺伊斯修道院年鉴》《因斯法伦年鉴》《泰格纳克编年鉴》《塞内湖年鉴》《四家年鉴》和《苏格兰纪事》。我们能看到的这些版本的纪事与所载事件发生时间的距离相隔甚远，然而在这些纪事中，那些记录发生于911年之前事件的文本部分似乎都是建立在一个共同的原始文本的基础之上，即如今早已失传的《爱尔兰纪事》。另外，这些纪事还对有关维京人突袭以及各方之间的协议或同盟有非常简短的介绍。其后，一本创作于12世纪初期的书籍《爱尔兰人与外敌之战》记载了维京人实施的进攻和掠夺，以及由爱尔兰“至尊王”布赖恩·博鲁所领导的对战维京人的事迹，该书一方面旨在合法化布赖恩·博鲁的继任者们对王朝统治的主张，另一方面对他们获得爱尔兰“至尊王”头衔的要求予以正当化。至于威尔士的情况则可以在一本编年史编集《威尔士年鉴》中找到资料。马恩岛及群岛王国的情况介绍则主要记载于《马恩岛及群岛国王纪事》一书中。相比之下，除了爱尔兰和盎格鲁－撒克逊的那些纪事所提供的资料外，我们很少能找到关于维京时代苏格兰的书面记载信息。

当时所写的许多西方作品都是出自于神职人员之手，而神职人员又是侵略者的主要加害对象，所以前者倾向于妖魔化后者，或者把后者的行为重新放在一个神化的领域内，甚至会对君主或世俗领导阶层的行为加以评判。由此而产生的常常是人们对维京人的刻板印象，使我们了解到了神职人员中的一部分精英是如何看待维京人的，因而现代评论家对这些神职人员提供的证据资料提出了怀疑，因为这些证据资料有可能将事实夸大成一种“哀叹的修辞学”。所以，在对维京时期形成一种更为公正平衡的看法之前，历史学家们必须摆脱这一“哀叹的修辞学”。但很少有作者试图去了解维京人行为的动机，更别说会对斯堪的纳维亚社会及其政治发展产生兴趣，除非其政治发展与作者们所生活的国度有一定关联：从这个角度看，作为加洛林王朝邻国的丹麦正是因此而受到法兰克王国年鉴编者的青睐。

但有些文本给人们提供了不可替代的见证。在 9 世纪 90 年代，有位名为奥瑟尔的挪威首领访问了威塞克斯国王阿尔弗雷德的宫廷，并讲述了他在斯堪的纳维亚半岛和白海的旅行见闻和活动，这些都被保卢斯·奥罗修斯用古英语翻译并记录在《对抗异教徒的故事》一书中，该书还讲述了旅行者沃夫斯坦在波罗的海海域，即海泽比和特鲁索（今波兰埃尔布拉格附近）之间的航行经历。在 865—888 年间，兰伯特——安斯加尔不来梅总教区大主教一职的继承者——将传教士们在斯堪的纳维亚半岛上的活动记录于《安斯凯尔生平》一书中。其后，约 1075 年，不来梅的亚当又编写了汉堡总教区大主教们的《汉堡大主教史》，也为这些宣教国家带来了一些新信息。但这些文字记载也提供了一个有关其作者的复杂论述以及将他们引向传教意图的相关例子。根据这两部著作，我们可以看出这些意图在不同程度上结合了复杂的神学背景，对古代文学形式和人种志模式的适应，对北欧土地和民族的不可否认的好奇心，以及对建立不来梅总教区作为大主教府所在地的权力或捍卫其审判权的渴望。

对东方来说，人们更是要向斯堪的纳维亚半岛以外的目击者求助，以便能收集当时的记载，尤其是通过阿拉伯人和拜占庭人。阿拉伯学者和地理学家在他们的著作中，或多或少地详细介绍了关于斯堪的纳维亚半岛的情况，如斯堪的纳维亚商人在前往东方道路上所选取的地点和路线，但关于这些情况的证言有些是后来的编译者所写的。大约在870年，波斯籍邮递员伊本·胡尔达兹比赫撰写了《道里邦国志》一书，在书中他提到了古罗斯商人，他将其描述为一群“萨卡里巴”。从俄罗斯北部到里海，再到巴格达，这些古罗斯商人从事着皮革、剑、宦官和奴隶的商业贸易。而伊本·胡尔达兹比赫的同胞——来自伊斯法罕的伊本·鲁斯塔，他是《珍品集》一书的作者。该书最晚完成于903年。伊本·鲁斯塔曾前往罗斯，并为世人留下了对古罗斯人的一番赞美之辞。而该书中最有名的叙述部分是有关直接见证人伊本·法德兰的，他于921—922年因外交任务被哈里发[①]穆克塔迪尔派往伏尔加保加利亚，在那里他遇到了很多古罗斯人，将他们的一些习俗带回了自己的国家，并对古罗斯人的一位首领的葬礼进行了详细说明。他的其他证言则提供了关于斯堪的纳维亚人的活动和活动地点的一些详细信息。历史学家和环球旅行者马苏第，原籍巴格达，是如今已失传的《历代史》一书的作者，但在他的另一部作品《黄金草原》中有介绍《历代史》一书的摘要。马苏第提及有许多古罗斯勇士为可萨汗国[②]可汗效力，此外，这些勇士和一些古罗斯商人都居住在伏尔加河两岸的阿得水。在965年左右，西班牙犹太裔旅行者亚伯拉罕·本·雅各布游历了北欧和东欧的部分地区，留下了对海泽比城市的一番描述，并讲述了居民们的一些习俗以及基督教社区。而一些阿拉伯人（如伊本·哈克瓦尔、伊本·伊达里和伊本·艾西尔）留下的原始资料则记载了维京人在9—10世纪对地中海地区以及对安达卢斯发起的袭击（发生时间为844年、859—861年、964—966年、971年），还有一些人（如伊本·密斯凯维、侯赛因）的资料则记载了古罗斯人在10世纪时期侵犯里海和高加索地区的往事。

在拜占庭方面，有关古罗斯人袭击的最古老的资料来自《圣阿玛斯拉的乔治生平》一书，其中提到了古罗斯人于9世纪30年代对拜占庭帝国发起的第一次进攻，另外主教佛提乌在其讲道中也讲述了古罗斯人于860年对君士坦丁堡发

① 哈里发：穆罕默德去世以后，伊斯兰阿拉伯政权元首的称谓。是伊斯兰政治、宗教领袖。源于阿拉伯“继承”一词音译，原意为“代治者”“代理人”或“继承者”。后演化成阿拉伯帝国元首之意。

② 可萨：即唐代史料中数次提及的突厥可萨部。8—10世纪，这支突厥化的部族东邻花剌子模，西接拜占庭帝国，向北征服了斯拉夫部落，向南扩展到高加索地区，建立了强大的可萨汗国，位于伏尔加河口的首都伊铁尔成为丝绸之路“北道”上的重要中转站。

起的攻击。后来，在10世纪中叶，拜占庭皇帝“紫衣贵族”君士坦丁七世在其《论帝国的统治》一书中也描述了古罗斯商人从基辅一直到君士坦丁堡的活动和旅程。另外，在10—11世纪的希腊原始资料中也提到了与古罗斯的接触以及拜占庭精英部队瓦良格卫队参与的行动，该卫队主要从斯堪的纳维亚半岛或古罗斯雇佣兵那里招募部队成员。在斯堪的纳维亚人被斯拉夫化和基督教化很久以后，即在很晚以后的11世纪与12世纪相交之际，俄罗斯国家起源的历史传统在基辅的《往年纪事》中得以被收集和总结。另外，该书还是关于斯堪的纳维亚人在欧洲俄罗斯定居和留里克王朝权力发展的主要叙述性资料，该书使留里克王朝政府统治得以合法化。

3.2 如尼铭文、吟唱诗歌和埃达诗歌

从12世纪开始，关于斯堪的纳维亚人的书面资料就变得丰富了起来，我们能接触到的最早的、用拉丁文字书写的历史记载就是这一时期编写的。而关于维京时期的资料，则大部分是基于如尼石刻和吟唱诗歌的。如尼文字（又名fuþark，以如尼文字前六个字母命名）自3世纪开始传播，以日耳曼语转录文字。约800年，这一文字系统在斯堪的纳维亚世界中从24个标记（对盎格鲁－撒克逊人的如尼文字来说，标记更多一些）演变为只有16个标记的变体（新弗萨克，约800—1050年），比不能再记录的古弗萨克更适应语言发展，而且这一文字系统在11世纪下半叶又经历了一次新的发展。在整个中世纪时期甚至更长的时期中，如尼文字都一直为人们所沿用，一直到10世纪末期，拉丁文字母才开始与之抗衡。拉丁文字母最初用于货币的铭文，其后作为教堂的新记录载体——羊皮纸资料和书籍的书写文字。如尼文字特别适合在不同材料上雕刻以作不同的用途，例如石头、金属、木材、树皮和象牙类材料，但维京时期的大部分铭文都出现在以纪念为目的而竖立的石碑上。在那些急于公开宣布亲人离世的消息，并歌颂其死后名声的逝者的家人、朋友或同伴的要求之下，人们会用一种简单的表达形式，“‘X’刻在石头上用来表示立碑（刻文）的赞助者，而用来表示纪念的纪念碑则用‘Y’来表示”。这一基本结构中通常还伴随着其他要素，这些要素有时会用一些虔诚恭敬的话语来表明石刻赞助者与逝者之间的关系，还有逝者的身份或头衔，关于所要纪念的人的家庭、同伴、活动以及其离世的情况（十之有九是

这样的情况）。另外，这些如尼石刻通常还带有一些装饰元素，如动物形图像、神话场景以及基督教象征，而这些装饰元素的风格作为推定石刻日期或年代的一种珍贵要素，甚至比石刻的语言更为重要。如尼石刻记录了维京人活动的社会联系、亲属关系和传承、宗教皈依以及道德等各个方面。根据记录，大多用新弗萨克记录的超过 6000 多条铭文中，有将近 3400 条是维京时期的，主要是在 10—11 世纪时期，这些如尼石刻位于斯堪的纳维亚半岛以及那些维京人活动扩张和定居的国家，如不列颠群岛、冰岛、格陵兰、俄罗斯，再到君士坦丁堡和比雷埃夫斯。而且，在斯堪的纳维亚半岛，如尼石刻在瑞典、丹麦和挪威三国之间的分布十分不均匀。瑞典如尼石刻的数量大约占据了石刻总量的 90%，特别是乌普兰集中了该国将近一半的石刻，其他石刻则分布在南曼兰、东约特兰以及西约特兰。在丹麦，如尼石刻则主要集中在日德兰半岛北部和斯科讷。如尼石刻的繁盛时期则是在 950 年后，在丹麦，挪威和瑞典南部持续了 80 年。在乌普兰（和丹麦的博恩霍尔姆岛），如尼石刻一直持续到 12 世纪初。在其繁盛时期，当时的斯堪的纳维亚半岛正处于社会、政治和宗教深刻变革的时期，而这些纪念碑也正好体现了这一变革。

吟唱诗歌作为历史原始资料的作用常常能得到人们的认可。这些诗歌是由吟唱诗人创作的，吟唱诗人指的就是那些被雇来服务于某一个有权势的人物的诗人，他们用一种极其精致讲究的方式来纪念这些权贵所做的重大事迹以换取报酬。这些诗歌类型多样，有单节诗或多节诗，通常都是即兴创作的，并且诗节之间彼此独立。“vísa”，指的是那些创作更广泛且没有叠句的诗歌，通常用来纪念特定的事件，如战争或旅行。“flokkr”与前一个词“vísa”几乎没有区别，只是具有更多的赞美歌颂特征。“drápa”，指的则是通过一个或多个叠句形成富有节奏、引人入胜的长诗。这些诗歌极其严格地遵循着决定诗节创作的规则（例如头韵或重音的规则），选择使用复杂的句法结构，而句子中单词的顺序则无关紧要，另外，对那些不了解诗歌规则、意象以及隐喻的神话背景的人们来说，句中词汇的顺序也会使他们难以理解这些诗歌。因此，吟唱诗人会避免直接用事物名称来命名，他们往往会有意使用改名法（heiti，又名 dénomination，能表达相同含义价值的单词或表达方法）以及迂回法（kenningar，如用“战场上的树”来指代“战士”）。这种诗歌如同拉丁文诗歌一样具有教育作用，同时也具有宗教和政治意义。首领或国王们的形象和行为需要由吟唱诗人来塑造、传颂以传承后世，而首领或国王们也正是吟唱诗人们作品的主要资助者。诗人们最喜欢使用的格律是“dróttkvætt”，这是战争组诗（王室）格律或者说是“宫廷格律”，这一格律也提醒听众，这类极其工整的作品是面向听众的。这种诗歌起源久远，但在9世纪得以大力发展，这可能与王侯或皇家开始兴起对这种艺术的欣赏有关，先是在挪威，然后在奥克尼和冰岛，吟唱诗歌的创作在这些国家一直持续到了14世纪中叶。尽管该类诗歌具有明确的形式特征，但体裁并不固定，作者们也对诗歌不断进行调整，以适应斯堪的纳维亚世界不断变化的政治和宗教环境。这类诗歌是通过口头传播的，所以我们只能通过极少的如尼石刻（如位于瑞典厄兰岛上的卡列维的如尼石刻）、后来的文本——尤其是北欧传奇故事，还有斯诺里·斯图鲁逊的《散文埃达》，来了解这些诗歌，另外，传奇故事的作者们也将这些吟唱诗歌作品作为了解古代的原始资料来源。因此，我们能了解到的吟唱诗歌作品首先是中世纪作家选择的结果，从段落到文字所承载的文化，中世纪作家们将这些诗歌融入他们的作品中，但文字所承载的文化使人不得不调整其写作方法，以重现吟唱诗歌的节奏和音调。吟唱诗歌的内容较为刻板，很少会表现出确切事实，而其复杂性也会导致人们对其解读存在分歧。但它为那些在当时的书面资料中记载较少的领域提供了一些宝贵的信息，并对维京时代的文化、价值观和思想做了一番出色的概括。最后，我们还要着重强调一下吟唱诗歌语义内容的丰富性。

埃达同时还是了解古代斯堪的纳维亚人的思想和信仰的重要资料来源。《诗体埃达》一书由30多篇神话诗和英雄诗组成，主要收录于《皇家手稿》中，该手抄本大约诞生于1270年，但这些材料的编写工作可能开始得更早，大约是在1200年。事实上，人们很难确定这些诗歌作品的诞生日期和地点，另外，尽管诗歌内容取材于异教徒的传统，但在某些作品里，我们注意到了基督教对其传统的影响。至于《散文埃达》一书，则是由斯诺里·斯图鲁逊于1220年左右撰写的作品，其写作目的在于向年轻的吟唱诗人们解释修辞手法、表达方式、文字符号的起源和用法，因为如果读者对神话没有深刻的认识，便无法理解它们。因此，该书是我们从中世纪时代斯堪的纳维亚半岛继承下来的最完整、最连贯和最易懂的北欧神话文集。在基督教被接纳两个多世纪之后，基督徒作家斯诺里·斯图鲁逊创作了《埃达》，其作品毋庸置疑受到了《圣经》的影响，但同时又从作者十分熟悉的异教传统中汲取了灵感，所以人们对斯诺里·斯图鲁逊的作品已经进行了重新评估。

3.3 历史文学与法律

基督教的胜利、拉丁字母以及新的书写载体——羊皮纸和手抄本的被采用都为斯堪的纳维亚半岛书面资料的发展提供了有利条件。起初，为了实现宗教和行政目的，教会和皇权极力鼓励传播书面文字和创作文学作品，在文学创作中，历史类作品占据着十分重要的地位。正是在新的基督教文化已快将古老的斯堪的纳维亚传统驱逐到历史中去时，历史的这种魅力才得以发展。所以作者们希望用挪威语或拉丁语把古老的斯堪的纳维亚传统记载下来，让它们从被遗忘的处境中脱困。从某种意义上来说，在北欧（以及东欧）那些新近改宗的国家中产生的历史故事可以看作人们对向新宗教过渡所面临的挑战的回应：因为这些文章所面向的读者正是同时代的人。那要如何向同时代人讲述那些深深植根于异教时代的历史，同时又不贬低这些同时代人的祖先和他们所做的事情呢？诚然，有几位作者似乎想回避异教时代——就像阿尔诺特什或《罗斯基勒纪事》的匿名编者所做的那样，但在斯堪的纳维亚半岛，历史写作却在“1125年的转折点”（阿尔班·戈蒂埃）之际不断发展，这一时期，斯堪的纳维亚半岛历史的象征在欧洲各个地区都发生了深刻的变化，并被重新纳入了民族历史进程。此时提起斯堪的纳维亚半岛作家的叙事策略会使我们偏离我们的主题，因为在不同文本中叙事策略也会有所不同。通常来说，斯堪的纳维亚半岛的作者们倾向于参考其本地传统，而非古典历史——不论是古罗马还是特洛伊的历史。异教的神被介绍为古代的国王，然后又被尚未领受神的启示之光的人们所神化。我们会强调指出包括异教徒在内的某些国王的立法和行政行为以及他们在改宗中的作用，还会将在异教徒国王领导下开始的国家统一与基督教化联系起来，因为这两者都是在传教士国王，甚至是圣人国王的主持下完成的。因此，国家统一与宗教改宗之间的联系是通过斯诺里在挪威第一位国王“金发”哈拉尔和圣奥拉夫二世之间所建立的联系而形成的。

从11世纪起，大量的拉丁文历史作品在丹麦和挪威面世。这一现象在丹麦开始得略早一些，当时的作品有教士阿尔诺特什所撰写的献给国王斯文二世·埃斯特里德森和他的儿子们，尤其是克努特四世的作品——《国王斯文德·马格努斯的事迹》《罗斯基勒纪事》以及《杰里纪事》，还有斯汶·奥吉森所写的历史作品《丹麦国王简史》（约1185—1189年）。但丹麦拉丁语史学的主要人物是萨克索·格拉玛提库斯，他在共有16册的《丹麦人的事迹》（约1188—1208年）中，描绘了丹麦从起源到12世纪末的国家历史，并在他的记载中融入了从古代一直到10世纪中叶的神话或传说素材。至于挪威的拉丁语历史著作，《挪威历史》（成书于12世纪下半叶，大概是1150—1175年）一书则讲述了挪威一直到圣奥拉夫二世统治时期的国家历史。僧侣西奥多里克的《古代挪威国王的历史》（该书著于大约1180年，也可能是1177—1188年）中的记载则截止于1130年。而用土著语写成的《挪威国王简史》（写于大约1190年）一书中的记载则一直追溯到了大约860年“黑面”哈夫丹的去世。

当时所有斯堪的纳维亚人作家都是基督徒，其中有一些是教士，曾在欧洲大陆或英国学习或生活过，例如，阿尔诺特什来自英格兰坎特伯雷。斯汶·奥吉森像他的同胞萨克索·格拉玛提库斯一样，可能在法国北部学习过，而跟他同时代的僧侣西奥多里克则经常与巴黎圣维克多修道院（Saint-Victor）的奥斯定会[①]会士来往，然后从他们的馆藏作品中汲取灵感并用于自己的创作。根据《冰岛人之书》，曾在法国生活过的冰岛学者塞蒙德在12世纪初用拉丁语写了一本关于挪威国王历史的书（已失传），后来有资料表明他曾在巴黎学习过。因此，在这些文本当中，我们会发现它们受到了欧洲大陆或岛屿的文本或模式的影响就不足为奇了。作者们会将资料加以改编以适应自己的作品，而《殖民之书》的叙事则以对史学家、神学家比德的影射作为开始，因为比德的死亡日期是该书标示出的第一个日期。萨克索·格拉玛提库斯回忆说，他使用了古代丹麦人的文章，尤其是他们“用母语写的歌曲”，他说他在“石头和岩壁上发现了（这些歌曲的）痕迹，借助了一些充当他们语言的字符”。萨克索·格拉玛提库斯还借鉴了《冰岛居民》一书，而对冰岛的人们来说，“发现并讲述所有民族的历史……真的是一件乐事”。他还提到了比德、圣康坦的杜东和执事保罗，比德更是“基督教文学的典型代表

① 奥斯定会：天主教托钵修会之一。一译奥古斯丁派。原指遵从奥古斯丁所倡守则的天主教隐修士。

人物”。此外，他还借鉴了蒙茅斯的杰弗里、不来梅的亚当的作品，以及沙蒂永的瓦尔特的中世纪拉丁史诗《亚历山德列斯》。

我们能接触到的最早的白话历史作品是于12世纪初期在冰岛写的。首先是《冰岛人之书》，该书由牧师智者阿里于1122—1133年创作而成，并被保存在17世纪的两份手稿中。该书追溯了冰岛被发现和被殖民化的过程，及其国家的组建，尤其是其居民的改宗和基督教教会一直到12世纪初期的发展，其中重点介绍了斯考尔霍特主教们的历史。由科尔斯克格（约1120年）和智者阿里（1130年）创作的第一版《殖民之书》已经失传，但在后来的版本中得以保存（两个主要版本分别是大约在1275—1280年诞生的《斯图拉之书》以及诞生在1306年左右的《豪克尔之书》）。这本书以略刻板的概述形式列举了来冰岛上定居的第一批移民、他们定居的土地及其后代，并且或多或少提供了这些人的生平和冒险经历的详细信息。《冰岛人之书》和《殖民之书》还为后来面世的那些北欧传奇提供了素材，反过来，《殖民之书》后来的版本又借鉴了北欧传奇故事中的素材。

毫无疑问，北欧传奇故事是斯堪的纳维亚世界对中世纪文明最有创造力的贡献之一。“saga”①一词源于动词“segja”，其意为“说，讲述”。雷吉斯·博耶将“saga”定义为“一种冰岛作品，带有或者不带有吟唱诗歌诗节，甚至整首都是吟唱诗歌的一个散文故事——这一点至关重要，而且北欧传奇故事大部分是在12世纪末至14世纪中期之间由作家、教士或受教会教育的人士所创作，并且创作者几乎一直是处于匿名状态”。北欧传奇故事是一种文学作品，它们通常以真实或假定的事件为出发点，以简明扼要的方式说服读者，而在某些文本中声称的讲故事和写作的乐趣使我们也可以把北欧传奇故事归类于娱乐文学范畴。北欧传奇故事作者的技巧恰恰在于他们能将历史事件与文学想象融合在一起，而当他们向同时代的公众讲述古代英雄的功绩时，这一行为

① Saga：萨迦，一种北欧故事文体，可译为北欧传说或者北欧传奇，主要包括家族和英雄传说，基本被收集在一部《萨迦》的集子中。“萨迦”意为“话语”，实际是一种短故事。它是13世纪前后被冰岛和挪威人用文字记载的古代民间口传故事，包括神话和历史传奇，主要反映了古代斯堪的纳维亚人战天斗地的事迹，表现民族社会生活、宗教信仰、精神风貌等，歌颂贵族英雄人物，有些内容还有传记、族谱和地方志的特点，这种文学风格同神话文学《埃达》一样，对北欧和西方文学有很大影响。

往往与北欧传奇难以区分。人们通常根据所针对的主题或年代顺序来区分北欧传奇，但这两个要素又经常交叉重叠：“fortiðarsögur”指的是远古时代，而“samtiðarsögur”指的则是当代人的传奇，通常是由所描述事件的同时代人撰写的。但我们可能很难将北欧传奇故事归类到编辑者想不到的类别中，尤其是这些作品证明了传奇故事彼此之间，以及传奇故事与来自斯堪的纳维亚半岛或其他基督教欧洲地区的《圣经》参考文献、史学作品、圣徒传记作品、文学作品之间都存在一种不断发挥作用的互文性。

皇家传奇故事以国王为主题，主要是挪威国王，也不乏丹麦国王。最享有盛名的无疑是《挪威王列传》（自1697年以来“挪威王列传”这个名词就已经存在了，它来源于这本书开篇的第一个词，意为“世界的球体”）。该书由斯诺里·斯图鲁逊于13世纪30年代创作，致力于讲述从神话起源到1177年雷城之战期间“挪威国王的历史”——这是北欧作家引用该作品的标题之一，被数个版本或翻译本保留。还有创作于12世纪20年代的概要记述文章也附属于这些皇家传奇故事，如《腐烂的羊皮纸》和《美丽的羊皮纸》，它们也都是献给挪威国王的。而《奥克尼伯爵传奇故事》《法罗群岛传奇故事》《约姆斯堡维京人传奇故事》则更加难以分类，因为它们不是用来献给国王的，而是要献给地方精英并讲述其与统治者的关系。其中，《奥克尼伯爵传奇故事》一书讲述了持续至1200年左右的奥克尼伯爵们的生涯；《法罗群岛传奇故事》讲述的则是对抗法罗群岛家族的私人复仇的故事，以及当地贵族与挪威国王之间的冲突，最后一部作品《约姆斯堡维京人传奇故事》则讲述了约姆斯堡要塞的建立，以及维京人团体在10世纪时期在此展开作战的成就。

“Íslendingasögur”，既名“冰岛人萨迦”，又名“家族传奇”，讲述了生活在10—11世纪的冰岛名人或家族的成就和功勋。许多故事都是沿着血统追溯家族的命运，在涉及复仇和荣誉、冲突及其解决的故事背景下，这些传奇故事也可能与整个地区的历史有关。故事的构成要素指的是1世纪的冰岛社会以及英雄故事发生的假定环境，从而将他们的历史与冰岛人的共同过去联系在一起。韦斯坦·奥拉松表示：“《冰岛人萨迦》显然是属于一个致力于创造“冰岛人的历史”的更大项目的一部分。”这一记载历史的过程始于《冰岛人萨迦》以及那些关于冰岛殖民化最早的记载文章，后来出现的众多与冰岛历史紧密相关的传奇故事使得这一进程得以深化，仿佛冰岛人的历史是一个更大的故事，而这些传奇是该故事的一个个缩影一样。

“Fornaldarsögur Norðurlanda”，即《远古时期北欧国家的故事》，或者更常称作《英雄传奇》，该作品由于地理环境（在冰岛之外，位于斯堪的纳维亚半岛或在欧洲大陆）、时间顺序（在冰岛被殖民化之前）及内容方面的差异，而与之前的北欧传奇故事区分开来。其实该作品的传奇故事中有许多都涉及神话和英雄时代（例如《沃尔松格萨迦》），而这与源自日耳曼传统的其他作品有很多相似之处，如《贝奥武夫》《希尔德布兰特之歌》以及《尼伯龙根之歌》。而其他传奇故事则发生在维京人世界中，例如，《拉格纳·洛德布罗克的传奇故事》（拉格纳·洛德布罗克，即“毛裤子”拉格纳）。另外，在故事叙述中，现实主义很容易让位于奇妙和荒诞的成分。

我们甚至不用强调传奇故事文学中收集的其他文章，只需强调这些文本的形式、结构以及内容的多样性即可。同时，我们还很犹豫是否要将传奇故事划分到历史资料中去：在12世纪下半叶至14世纪末期所撰写的传奇故事，一方面充当了当时冰岛社会的见证者，另一方面其作者对过去冰岛社会进行了刻画描述，所以对这一时期来说，传奇故事属于历史资料，但是否应把它们应用于对维京时代的研究至今仍有争议。长久以来，人们都认为传奇故事不能被用来充当历史原始资料，但自20世纪80年代以来，尤其是在社会科学和考古学数据的研究更加开放的影响下，人们开始对传奇故事进行部分合理的“名誉平反”。确实，尽管我们很难区分小说与历史，但这并不意味着人们就应该将传奇故事归类于小说。通常，我们要特别注意那些与维京时代有关的重大事件的信息，例如君主制建设的阶段、冰岛的殖民化或者斯堪的纳维亚半岛的改宗。反过来，对某些历史学家和考古学家来说，传奇故事为他们走进一些需要长期评估其稳定性或连续性的领域提供了可能性，例如心理状态、价值观和社会行为、政治游戏规则以及日常生活或社会组织的某些特征。最后，传奇故事成为了维京时代在冰岛人和挪威人的“文化记忆”中所代表的含义的强大见证，从而使得传奇故事超越了历史学家施加给维京时代的传统的时间障碍，并成为了维京时代的一种象征。

在维京时代之后，被保存下来的法律文本也被写成文字记载了下来。根据《冰岛人之书》的说法，冰岛人大约是在1117—1118年的冬天开始起草他们的法律的。

法律条文的撰写可能始于 11 世纪末期，但大多数法律文献集是在 12—14 世纪之间编写的，而且一直到 13 世纪上半叶才有手稿保留了斯堪的纳维亚半岛的法条。这些文章中可能包含古代的规则或章程，人们也可以在维京时代的资料中找到它们的痕迹，如如尼石刻，但这种比较只有在极少数情况下才有可能。在这一范围之内，难点在于要分辨出斯堪的纳维亚半岛法律的不同时间层次，因为其法律文本可能受到起草时期的背景以及教会立法的影响。在 20 世纪 80 年代末期，人们对能了解到斯堪的纳维亚半岛 13 世纪之前的法律的可能性表示严重怀疑。但自那以后，这些怀疑就在有关农村世界或法律史的各种著作中有所减弱，因为这些著作强调指出了至少可以追溯到 10 世纪初的保守立法和某些法律实施的迹象。根据我们目前所了解的情况，瑞典海尔辛兰刻有近 250 个如尼文字的福沙戒指被认为是斯堪的纳维亚半岛现存最古老的法律文本（9 世纪）。从对 10 世纪时期《罗斯－拜占庭条约》中所包含的司法规定进行分析作为出发点，马丁娜·施泰因－威尔克舒斯提出，人们后来从斯堪的纳维亚半岛地方法律中获知的某些规定其实在维京时代就已经存在了。最后，在结束有关书面原始资料的这一章节时，我们不应忘记，维京时代的斯堪的纳维亚世界是由口述主导的，人们用口语传播了曾经的法律习俗和文学传统，例如价值观和信仰体系。

3.4 考古和语言资料

考古已经成为人们了解维京时代的主要信息来源，甚至几乎可以说是唯一能提供新的文献证据的信息来源。考古的发展有赖于公众对其日益增长的关注度，而有关维京时代主题的大型展览，博物馆的发展，实验考古学的重建，1903 年奥斯陆峡湾以西的奥塞贝格号的惊人发现，1999 年在瑞典哥得兰岛上被发现的斯皮灵斯宝藏，2008 年人们在爱沙尼亚萨雷马岛上的萨尔梅发现的两个船葬墓，以及 2014 年在丹麦西兰岛的东海岸、克厄附近发现的特雷勒堡型营地（type Trelleborg），以上种种都对考古发展具有促进作用。另外，人们还在丹麦防御工事地点进行了大型考古发掘行动（如丹麦墙、特雷勒堡、费卡特、阿格斯堡），其他考古发掘地点还有人们近期才发现的过冬场所或维京基地（如爱尔兰的伍德镇、林肯郡的托克西），北欧维京时代的商业聚集地（如海泽比、里伯、考邦、比尔卡），或同一时期俄罗斯的商业聚集地——旧拉多加，还有不列颠群岛的城市遗址（如约克、林肯、都柏林）、城市居民区（如日德兰的沃巴森）、中心地区和王室领地（如莱尔、齐斯湖、丹麦的耶灵、挪威的博格、瑞典的老乌普萨拉），或者墓葬地点（如瑞典的瓦尔斯加德、挪威的博勒）。[①]考古发掘、时而特殊的文物保护条件、对所发现物品进行的适当处理，以及实验室技术的使用，这些都使得人们可以收集到大量有关斯堪的纳维亚半岛的物质文化、习俗、信仰、经济、社会和政治发展以及斯堪的纳维亚人与其他民族来往的数据资料。因此，有关商业贸易的进度和地点，斯堪的纳维亚半岛社会的等级制度以及王权的主张等问题都找到了可喜的答案，但考古证据也引出了一些亟待解释的问题，即处于人们争论核心的移民问题、社会同化过程以及诞生于维京时代的身份的问题。

前文这一看法对语言学研究也是具有价值的，而语言学研究其实已升级为维京时代专家关注的第一焦点。在斯堪的纳维亚半岛，通过地名索引我们可以发现11世纪下半叶移民的发展演变。如果一个词语带有如下词根，如 -stad（ON，staðr），-by /-bö，-land，-säter/ -set，其中一些通常是被用来指代农场或小村庄的，而最后两个词根则代表耕地和草地，但在不同的地区情况又会有所差异。其他一些词根（如 -torp，-rød，-þveit）则表明了人们在开垦或建立第二批定居点之后移民情况的最新扩展。还有一些词根是用来指代那些与贵族精英或皇家有关联的地方（如 tuna, husa，似乎经常与皇家“宅邸”、大厅或贵族礼堂有关）。“带有神灵的名字”指的是用北欧神话中神灵的名字来命名，例如，丹麦的欧登塞是借用了奥丁神的名字，而瑞典的乌利维则是借用了冬神乌勒尔的名字。这些名字都体现了异教神灵崇拜扩张和地区差异。还有一些词根（例如 vi /v é ; hov / hof）似乎也与宗教祭祀场所有关，但其含义可能已经脱离原义，用来指代贵族居住地（如 hof）。在维京人定居的土地上使用了许多这些词根的这一事实表明，即使当他们定居在不列颠诸岛、诺曼底或大西洋以北的土地上时，他们仍然使用了这些词根来命名地名。因此带有词根“-by”（意为“农场，栖息地”）的词语代表了在英格兰北部和东部最常见的具有北欧渊源的一系列地名。“Þveit”（意为“已清理的采伐之地，开垦”）这一词根广泛存在于挪威（如 -tveit，-tveid，-tvet）和丹麦（如 -tved）的词语中，同时还以“-thwaite”的形式出现在英格兰西北部、

① 在本书的各个章节中，我们还会重新讨论以上这些地点中的大多数。

苏格兰和丹麦区，并以“-tuit”的形式出现在诺曼底。在斯堪的纳维亚人定居很长一段时间后，甚至在斯堪的纳维亚人已经使用当地居民的惯用语言后，一些构词形式仍然常常被人们继续用来命名这些地区。

在斯堪的纳维亚人新殖民的地区（例如冰岛和法罗群岛）和曾经被凯尔特人占领的土地上（例如设得兰群岛和奥克尼群岛），北欧语言扎根了很长一段时间，而且，设得兰群岛和奥克尼群岛的北欧语言变体方言——诺恩语——一直到18世纪都为人们所使用。源自北欧语的英语借词很多，包括日常用语，但这些借词在诺曼底地区法语、凯尔特语和斯拉夫语中的使用更加有限。这种斯堪的纳维亚印记影响的存在或者缺失，不仅和现有的语言基础或移民者的数量有关，还与新移民的地位及其与当地居民共同居住的情况有关。这种影响在人名和地名中也很明显，这引发了许多关于移民的地理和社会起源的问题，移民的时间顺序和方式问题，以及移民与土著居民关系的问题。人们已经对具有北欧元素的地名进行了统计，尤其是不列颠群岛和诺曼底地区的地名，但通常我们很难准确推断出这些地名形成的日期。后来的文献资料也证实了北欧元素对许多地名的影响，最新资料证明，例如1086年的《英国土地志》，该书面世于维京人在英国北部和东部建立第一个定居点的两个世纪之后，而且地名的形成跨越的时间范围可能也相对较长。同样，人们的争论不仅限于斯堪的纳维亚人移民的数量和密度，还涉及国家结构的演变、新移民定居的经济和社会特征（农民迁徙、妇女的存在和作用的重要与否）以及文化和社会背景，另外，从地名分布图可以看出，文化和社会背景形成了一种文字隐迹。

二十多年来，另有一些调查研究为人们带来了数据或疑问，但每种研究都有其支持者和反对者。第一个问题涉及金属探测器对金属物体的发现，欧洲立法界以及考古界对这种形式的考古设施——即使是在有限范围内使用——的接受程度，在一个国家与另一个国家之间明显不同，如在英国和丹麦比在法国或瑞典更为开放，因为法国和瑞典更倾向于强调保护收集考古资料的考古环境。在使用这种考古形式的地方，我们可以以英格兰和威尔士的《便携式古物计划》为例，这一计划增加了人们对家具的发现及其数据统计，并且能充当一个可供大规模研究的数据库以供人们使用，例如简·克肖在英国进行了为期几年的关于耶灵和博勒风格女性服装（主要是衣物的扣钩）手工艺品的统计和研究：在大约485个研究对象中，近90%的物品经金属探测后已经出土。

出于伦理学和科学结论等多方面原因，人们为了达到历史学研究目的，用同样备受争议的遗传学来研究人口的流动及其构成，特别是男人和女人在人口迁移中各自的地位，或者用来确定埋于陵墓中的个体之间可能存在的生物联系。

其他调查也会需要人类或动物的遗体。如同位素分析是对稳定同位素进行的分析，而稳定同位素就是说这些同位素在个体死亡之后也不会有任何改变，而同位素分析使我们可以通过碳、氧、氢、氮或锶[①]等标记物来确定元素的化学性质。实际上，同位素在我们的生活环境中随处可见，它们通过沉积物和水渗入植物，通过进食、饮水和呼吸进入动物的身体组织。另外，骨骼和牙齿是研究者们对人体或动物遗骸进行同位素分析最多的组织。一方面，骨骼是不断更新的，但其更新速度很慢，因此骨骼可以提供有关个体生命最后阶段的信息。另一方面，牙釉质不会自我更新，因此牙齿对确定个体早年（牙齿形成时期）的生活环境十分有用。因此，通过计算不同元素的同位素比率可以得到更多信息：如通过计算碳元素，可以确定一个人所居住的环境类型以及其饮食习惯，氢和氧是水的组合成分，它们在我们的生活环境中随处可见，所以二者有助于表明人们居住过的地方，而锶的比值在不同的地理区域之间会有所变化，因此可以用来帮助确定一个人在何处成长或生活了较长的时间。因此，尽管同位素不能直接识别一个人或一群人，但对同位素的分析可以帮助思考人们的地理起源以及其在新环境中可能发生的迁移或适应情况。2009年，在多塞特韦茅斯附近的里奇威山，人们在一座被确认为死刑犯公墓的墓中先是发现了十几具骨骼，并对其进行了分析，结果能够确定最终被发现的五十余人是在970—1025年一个未知的日期被人屠杀，他们可能来自北欧，所以人们推断他们可能是在10世纪末和11世纪初对英格兰采取军事行动后被处决的维京人。对在挪威弗拉克斯塔发现的维京时期的两个双葬墓和三个三葬墓进行考古挖掘之后，人们进行了遗传（通过线粒体DNA分析）和同位素的交叉分析，其分析结果表明，部分墓穴中的一些人是被斩首的，因此这一分析结果证明了奴隶作为主人的陪葬品这一现象的存在。

① 锶：一种常见的金属，主要存在于岩石和火山沉积物中。

最后，我们应该记住，这些资料并不能掩盖我们对维京世界的不同部分了解程度不一的事实，因此，我们不能从单一类型的资料中获取不同方面的信息：（因为同一类型的资料）对于不同地区空间的描述角度是截然不同的。这一道理也适用于文献资料的情况，文献资料能使我们描绘出维京现象的概况，而现在我们要做的，就是对维京现象的大致情况进行分析。

第 4 章　概况

由于北欧人的扩张，8—11 世纪之间形成了一个维京世界，所以现在我们将简单追溯维京世界的形成。但我们不是要确定细节的问题，而且这些细节问题在那些可以接触到当时书面资料的地区可谓是众所周知的。我们接下来要做的是勾勒出维京世界的分水岭事件，这将使读者对此拥有一个整体框架，并且，在接下来的章节中，我们将重点分析维京人运动，而不再对整体框架进行回顾。其社会背景仍然依赖于文字资料，总体来说文字资料中传播的是维京人的负面形象，尤其是资料中还保留了一些历史上激烈的对抗事件。

4.1 对西欧的第一次袭击

西欧的书面资料里记录了维京人的第一次袭击。维京人乘坐几艘船对海岸边的裸露目标——教堂和贸易场所——发起了攻击。这是一次快速袭击，其主要目的在于抢夺战利品或人口。继波特兰岛（789 年）被维京人袭击之后，林迪斯法恩也在 793 年遭到了袭击，苏格兰海岸（如赫布里底群岛上著名的爱奥那修道院）和爱尔兰（如离都柏林不远的兰贝岛上的拉斯林岛）也在 795 年遭到攻击，其后，在 798 年维京人又卷土重来。很快，袭击者又来到了阿基坦大区的海岸，学者阿尔琴便曾经提到过于 799 年发生在此处的一次海盗袭击——可能是对旺代海岸发起的攻击。到了 810 年，弗里斯兰海岸也遭到了袭击，并且丹麦人还向那里征收贡税，这一行为激怒了查理曼大帝，但此次袭击也只是丹麦国王戈德弗里德和查理曼大帝之间更大规模交锋中的一次而已。

前几次入侵导致麦西亚国王奥法自792年起开始在肯特组织防御。在800年，查理曼大帝巡视了法兰克王国的北海岸，以防止海盗所带来的威胁。然后，他下令建立舰队，并于811年在布洛涅和根特视察该舰队。根据《法兰克皇家纪事》，在820年，有13艘维京海盗船出现在佛兰德，然后又出现在塞纳河入海口，但他们在此处被负责海岸防御的部队击退。这次战争发生在维京人掠夺旺代的布安之前，维京人想掠夺此处可能是受到了该区域采盐这一暴利活动的吸引。在前一年，离布安不远的地方，即位于努瓦尔穆捷岛上的圣菲利贝尔修道院院长曾抱怨维京人的入侵威胁了他的修道院，并从法兰克国王"虔诚者"路易那里获许在圣菲尔贝德格朗略建造一座建筑充当避难所。尽管维京人最初的袭击只是零星针对英格兰，但在9世纪初，维京人对苏格兰和爱尔兰的袭击最为严重。例如，在802年，维京人再次将苏格兰爱奥那岛洗劫一空，并于806年屠杀了68名僧侣。该修道院自804年起在爱尔兰凯尔斯获得了一些土地，后来在此避难，以在赫布里底群岛上得以生存，也正是在赫布里底群岛上，僧侣圣布莱斯马克于825年被杀，这使得圣布莱斯马克成为最早死于异教徒维京人之手的烈士之一。《爱尔兰纪事》当中记载了9世纪20年代每年的入侵事件，在此期间，人们对爱尔兰海岸定期进行勘察——首先是在阿尔斯特的东北部和该国的西部，然后是在爱尔兰海的沿海地带。这些反复发生的袭击表明，维京人已经开始以稳定持久的方式定居在直通西方的苏格兰群岛上，但尚无考古证据证实维京人早已在此定居。而人们对在都柏林发现的一些维京人墓进行碳-14分析之后，推断其时间为9世纪初期，这一发现表明那里可能存在着一群定居时间足够长的战士，他们是按照其习俗被埋葬的，而这一墓葬习俗的创立远远早于9世纪40年代初期，并且发现地点是离都柏林很近的"船营"。

4.2 维京人的高强度施压

从9世纪30年代初开始，维京人的入侵规模不断扩大。资料记载了由几十艘船组成的维京人袭击阵容，如维京人于836年在萨默塞特发生的袭击中有35艘船，于843年对南特发起的攻击中有60多艘船。到了840年以后，袭击阵容达到了上百甚至几百艘船：845年，在塞纳河谷地的战争中，维京人出动了120

艘船，同年对战汉堡时出动了600艘船；850年，在泰晤士河口则是350艘船。这些数据资料的真实性尚存疑问，但即使是数量较小的舰队持续地发起攻击，船只规模的变化也是显而易见的。过去甚至在同一年就发生了几次战争，因此在845年，法兰克王国不得不面对维京人对汉堡、弗里斯兰、塞纳河谷和阿基坦公国发起的四场战争。维京人也丝毫不再犹豫，顺着河流上游深入法兰克王国腹地。因此我们可以通过卢瓦尔河谷清楚地看到这一进展。836年，圣菲利贝尔的僧侣们决定离开努瓦尔穆捷岛上的赫里奥修道院（他们在830年之前曾为赫里奥修道院建筑了防御工事），最终加入了位于欧洲大陆上的圣菲尔贝德格朗略修道院，但到了858年，僧侣们又离开了此处前往屈诺（位于昂热和索米尔之间），在此之后不久的875年，他们又到达了普瓦图的梅赛、奥弗涅的圣普尔桑和勃艮第的图尔尼。南特于843年受到波及，主教及部分人口也被维京人杀害，随后是853年受到维京人侵犯的图尔，854年的布卢瓦，856年的奥尔良以及865年的卢瓦尔河畔弗勒里。841年，在塞纳河上，维京人纵火烧毁了瑞米耶日和鲁昂，到了845年，他们又长驱而入直抵巴黎。后来，维京人的舰队大大拓宽其行动范围，一直到了伊比利亚半岛、北非和地中海。在844年，维京人沿着加龙河而上一直到图卢兹，又扬帆朝加利西亚航行，掠夺里斯本，火烧卡迪和阿尔赫西拉斯，抵达摩洛哥海岸，攻占塞维利亚，后来才被埃米尔[①]阿卜杜勒－拉赫曼二世的军队击败。大约在859—862年，据信，由哈斯泰因和“勇士”比约恩率领的又一次远征是首次穿越直布罗陀海峡的远征。在加利西亚和阿斯图里亚斯的海岸上碰了一番运气之后，维京人继续他们的征途一直到了塞维利亚，并攻击了卡迪、阿尔赫西拉斯以及摩洛哥海岸，然后又回到了西班牙，入侵了安达卢西亚、穆尔西亚、巴伦西亚，并攻击了巴利阿里群岛，然后是纳博讷，到了859年，维京人的舰队在卡马格过冬停航，次年又抵达尼姆和阿尔勒，然后又沿着罗讷河谷而上，在瓦朗斯才被击败。他们从那里又到达了意大利，进攻比萨，并沿阿尔诺河而上，夺取奥尔托诺沃，意图进攻罗马（关于这一点我们稍后会谈论）。在返回时，维京人再次越过直布罗陀后，其大部分舰队都被安达卢西亚的舰队歼灭，幸存者最终返回了卢瓦尔河口。一些法兰克语、阿拉伯语和加利西亚语资料用碎片化

① 埃米尔：某些阿拉伯国家的酋长、王公、统帅的称号，穆罕默德子孙的尊称。

的记叙方式记载了这次远征，使得它为世人所知，并且引发了读者不同的解读（可能此次远征中有两支维京舰队）。这次远征给人们留下了深刻而持久的印象，在资料记载中还伴随着一些带有传奇色彩的描述（关于哈斯泰因和比约恩夺取奥尔托诺沃的故事），所以有时我们很难将历史与虚构区分开来。

因此，从9世纪30年代开始，维京人的高强度施压无处不在。在英格兰，谢佩岛于835年遭到维京人袭击，威塞克斯国王埃格伯特分别在836年和838年两次与维京人作战。罗切斯特和伦敦也在842年被袭击。后来，在850—851年的冬季，维京人在定居赛尼特岛之后，又攻掠了肯特，袭击了坎特伯雷和伦敦，使得麦西亚国王在被威塞克斯国王击败并在桑威奇失去部分舰队之前便落荒而逃。在完成对爱尔兰海岸的探险之后，维京人将其活动扩展到了该岛的腹地，并于832年洗劫了阿马修道院。自836年起，维京人沿着爱尔兰境内主要河流行进，如博因河、利菲河和香农河，并在沿途发起了大规模袭击，然后维京人开始在那里就地过冬，并建立了“船营”，这些营地可以在一到几个季节建成，既作为他们的基地，又用来保护他们的船只，到了9世纪40年代，人们对“船营”的提及次数也越来越多。

在848年，维京人多次被爱尔兰人击败。也正是在这种情况下，新的维京人群体形成了，这一群体就是9世纪中叶的资料记载（例如，852年的《阿尔斯特年鉴》）中的“黑暗的外国人”或“异教徒”，这一称呼是与“光明的外国人”相对立的，后者可能是指在古代便在爱尔兰定居的斯堪的纳维亚人——关于这一点尚有争议。维京人于851年占领了都柏林，两年后，由奥拉夫率领的另一批人也抵达了爱尔兰。资料记载将奥拉夫视为雷弗莱国王的儿子，而雷弗莱是爱尔兰地区以外的争议地区（它可能是苏格兰北部的岛屿，位于赫布里底群岛，也可能是挪威的某一个地区——可能是韦斯特福勒，也可能是像罗加兰一样的挪威西南部某一个地区）。奥拉夫和他的兄弟伊瓦尔建立了对爱尔兰维京人的控制，并在接下来的几年中与几位爱尔兰国王敌对作战，并见证了都柏林王国的诞生。然后奥拉夫和他的继任者伊瓦尔（死于873年）先后统治了都柏林，并率军在苏格兰和英格兰作战。

在欧洲大陆上，大型商业中心多雷斯塔德在834年、835年、836年和837年都曾被洗劫过，这迫使“虔诚者”路易重新调整了国家的海防设施。还有几次袭击则是针对弗里斯兰（分别是847年，857年，863年）和莱茵河盆地（如对战克桑滕的战争，发生于863年或864年）。在“秃头”查理在任时期，鲁昂于841年被烧毁，次年，昆图科维奇港也遭受重创，很快南特（843年）、图卢兹（844年）、巴黎（845年）、阿基坦公国（845—849年、852—853年、855年、857年）、布列塔尼（847年、852年）、塞纳河谷（851—853年）、卢瓦尔河（853—856年）都先后遭到了维京人的攻击。在二十多年的时间里，西法兰克王国没有得到一丝喘息的机会，到了856—862年的“大入侵”更是达到了顶点——我们稍做停顿，对此略做介绍。

856年夏天，西德罗克的舰队沿塞纳河航行到皮特雷，并很快在那里与比约恩的船队会合。维京人在塞纳河和卢瓦尔河之间蹂躏了整个法兰克王国，然后在奥索卢斯岛上定居下来——也可能是在鲁昂附近的瓦塞勒——并于当年12月底袭击了巴黎。次年，维京人又劫掠了博斯、沙特尔和埃夫勒。西德罗克离开塞纳河谷，并没有给法兰克王国留下喘息的机会。丰泰内尔修道院继而在858年1月被烧毁，随后巴约市也难逃厄运，而袭击者们在复活节那天（858年4月3日）从他们的墓地开始大胆地帮助那些与圣日耳曼德佩修道院和圣丹尼修道院敌对的人，圣丹尼修道院的路易神父最终被捕。国王“秃头”查理在其侄子洛特海特的帮助下，试图夺回奥斯塞勒斯，但在尝试失败之后必须破除敌人的封锁。于是，“秃头”查理不得不面对部分贵族的反抗及其兄弟“日耳曼人”路易入侵叛乱的企图。而维京人则趁着“秃头”查理陷于困境之际，在塞纳河盆地拓展势力。859年，他们在塞纳河和卢瓦尔河之间展开作战行动，于859年6月杀死了博韦主教，并在不久之后夺取了诺永。同年夏末，由韦兰指挥的另一支舰队在索姆河口登陆，先后纵火烧毁了圣瓦勒里修道院和亚眠，然后又向“秃头”查理索要3000法国古币的赔款，作为其离开塞纳河的条件（860年）。然而，不久之后，又有一伙人从艾泽尔河口而来，他们掠夺了圣奥梅尔，占领了圣伯丁修道院，洗劫了泰努瓦斯河沿岸地区。861年，维京人又纵火烧毁了巴黎和圣日耳曼德佩，然后又攻打了默伦。韦兰在861年春末返回塞纳河后，复核了赔款数目并要求将赔款提高至5000镑，然后如约执行与国王达成的合约，并将维京人封锁在奥索卢斯岛的基地中。这一举动迫使那些被围困的人来处理合约内容并支付大笔款项——6000镑的黄金和白银——

来拯救自己的生命并离开法兰克王国。但威胁并没有就此结束。其他攻击者从他们位于圣莫代福塞的基地出发，沿着马恩河而上，于862年1月占领了莫城，随后在离莫城不远处的特里尔巴杜被法兰克人击败。经过六年的艰苦考验，卢瓦尔河和塞纳河流域的国家才终于重获相对平静的局面。这时，韦兰的舰队重新沿塞纳河而下，顺便在瑞米耶日维修船只。首领韦兰向法兰克国王毛遂自荐，然后与其家人一起受洗，但他不久之后因斗殴而丧命。为了应对来自诺曼底的威胁，"秃头"查理在塞纳河上的皮特雷和卢瓦尔河上的莱蓬德塞（位于昂热附近）建立了封锁河道的防御工事。尽管突袭影响了塞纳河谷（865年，876年）、卢瓦尔河谷（866年，872—873年）、阿基坦公国（863—865年，868年）以及布列塔尼（869年，875年），但法兰克王国直到879年都经历了相对平静的一段时期。的确，因为直到那时，丹麦人的精力主要集中在英格兰而不是法兰克王国。

突袭范围的扩大表明了与其同步进行的维京人战略的改变，这一改变也是此后他们作战行动的持续时间和范围所要求的。斯堪的纳维亚人至少从9世纪30年代末开始就在爱尔兰就地过冬，如839—840年便在内湖过冬。其后不久，他们又在阿基坦海岸附近的一个小岛上过冬（843年），然后是在英格兰（850—851年是在位于泰晤士河口的赛尼特岛上过冬）以及塞纳河谷（851年）。当时撰写纪事的人注意到了这种新变化，正如《盎格鲁－撒克逊纪事》（A版）中所写到的那样："这是异教徒们第一次过冬"。再如丰泰内尔的第一部纪事写道："从851年10月13日一直到852年6月5日，他们在塞纳河共停留了287天。"斯堪的纳维亚人还在海岸或河流旁边建立了营地或基地，以海岸附近的基地为例：阿克洛，836年；都柏林和安娜加桑，841年；利默里克，845年；科克，848年；沃特福德，860年；在阿基坦公国附近海域的一个岛上——也许是在努瓦尔穆捷岛——则是始于843年，或者更早。以河流附近的基地为例：塞纳河谷的奥索卢斯岛、瓦塞勒和约福斯，9世纪50年代；卢瓦尔河上、索米尔附近的格洛纳山的圣弗洛朗修道院，853年；瓜达尔基维尔河上的伊斯拉迈奥尔，844年。维京人在这些基地上作战，有时甚至持续几个季度。维京人在844年和858—862年在伊比利亚半岛或地中海进行的远征表明，他们有足够庞大的基地，可以召集船只发动重大突袭：在以上这两种情况下，他们的出发点似乎都是卢瓦尔河。从9世纪中叶开始，为了扩大其行动范围，维京人使用了从当地得来的马匹。因此，维京人于858年从瓦塞勒，更可能是约福斯的基地出发，用骑兵部队发动了针对巴黎地区修道院的袭击（如圣丹尼修道院、圣日耳曼德佩修道院）。

维京人劫掠的主要动机仍然是获得财富、战利品和俘虏，并将俘虏作为奴隶或被绑票者出售。因此，在841年5月，圣丹尼修道院的僧侣以26镑的总价买回了68名俘虏。后来，在858年，维京人获得了一笔巨额资金（686镑金和3250镑银）作为释放圣丹尼修道院院长兼"秃头"查理的国务大臣和近亲路易，及他的兄弟高兹林的条件，这两人都是在一场针对圣丹尼修道院的轰动一时的偷袭中被捕的。9世纪末期，一名生活在欧洲大陆上的爱尔兰人写作《圣人芬丹的一生》，讲述了在830—840年，来自伦斯特省的一名年轻人芬丹在其姐妹被维京人抓走之后，经其父送出，并在一名翻译的帮助下，与维京人谈判，解救其姐妹的故事。起初他也被抓获了，但最终得益于异教徒[①]的干预，而被释放，因为维京人认为强行拘禁一个来爱尔兰赎买其他俘虏的人是不合适的。如果说从9世纪初开始确实就已经有了缴纳贡税的做法，那么这一做法在840年以后就流传开来了，这是因为宗教团体急于维护其教会，而公共权力机构也从中找到了一种阻止海盗行为进一步发展，即收买攻击者并让其离开的方法。

4.3 走向定居

尽管快速致富仍然是维京人行动的强大动力，但这不再是他们的唯一诉求，他们还想要能够定居的土地。而当他们控制了一片领土之后，某些情况下，一旦双方达成条约，维京人的领土控制权就得到了王国当权者的承认。随着斯堪的纳维亚半岛或维京世界其他地区移民的永久定居，较为稳定持久的政治基础正在出现。这一过程在苏格兰开始得更早——群岛的殖民化可能是在9世纪中叶之前开始的，但一直到900年左右才终于形成奥克尼伯爵领地——自9世纪40年代初以来，维京人就经常居住在爱尔兰的基地，但此处的基地最初并没有真正对领土进行界定。在爱尔兰，奥拉夫和伊瓦尔从853年起就在都柏林奠定

①　此处指维京人。

了爱尔兰－斯堪的纳维亚王国的基础，并成功地在该岛上大部分的维京人之中树立了权威，并在大不列颠发动战争。《阿尔斯特纪事》为了向伊瓦尔的地位致敬，在他去世时（873 年）称其为“爱尔兰和布列塔尼的诺曼人的国王”。到了伊瓦尔的下一代，尽管都柏林表面看上去很繁荣，但继任者们试图巩固自己的地位，却又苦于家族斗争和爱尔兰国王的敌对行为，家族斗争使得都柏林王国四分五裂，爱尔兰国王则利用了这一家族斗争。在 902 年，都柏林的两个主要敌人联合起来驱逐维京人的首领们。维京人暂时被剥夺了在爱尔兰扩张的希望，于是便拓展了其在爱尔兰海域及其东部区域的活动范围。有一些人定居在马恩岛和英格兰西北部，如兰开夏郡和坎布里亚郡，其他人则继续在苏格兰沿海及以外的地区进行突袭。在 910 年左右，维京人对布列塔尼再次发起的突袭可能就是其在爱尔兰的情况发生了变化的结果。总之，自 873—914 年，爱尔兰经历了一段时间的喘息，但这一短暂的平静后来又被由伊瓦尔、西特里克·凯奇[①]和罗格瓦尔德的后代所领导的新一代维京人给打破了。这新一代的维京人也开始在爱尔兰定居，并于 917 年在都柏林重新站稳脚跟。

4.4 英格兰“维京大军”与丹麦区的诞生

从 865 年开始，维京人针对英格兰的行动使得他们征服了多个盎格鲁－撒克逊王国，也导致了许多新来移民在英格兰定居。865 年，出现了一支“异教徒大军”，后来被称为“维京大军”，这支军队由伊瓦尔和他的兄弟哈夫丹（尽管后来才得以证明属实）带领。该军队在得到作为和平休战条件的马匹之后，出现在了东盎格利亚并在那里扎营过冬。实际兵力备受争议的“维京大军”似乎主要是由以前在爱尔兰和法兰西作战的人组成，而不是直接来自斯堪的纳维亚半岛。866—869 年，“维京大军”在诺森布里亚王国、麦西亚（在该处的战争中，两个敌对派系也发生了冲突）和东盎格利亚王国经历了几次战争，而在诺森布里亚的战争中，国王奥斯贝赫特和埃拉之间的对立使得军队内部分裂。维京人自 866 年起便夺取了约克，他们的干预导致诺森布里亚王国于 867 年垮台，到了 869 年，在圣埃德蒙国王战争失败、离开人世之后，东盎格利亚王

① 西特里克·凯奇：都柏林（917—921 年）和约克（921—927 年）的国王。

国也走向了覆灭。自此以后维京人开始稳定地扎根于东盎格利亚，并于870—871年间对威塞克斯发动了首次进攻，然后占领了麦西亚的一大块领土，到了873—874年，又在他们建筑了防御工事的雷普顿王室营地过冬，并迫使麦西亚的国王伯格雷德逃难到了罗马（874年），除此之外，维京人还让"傀儡王"塞奥武夫二世登上了王位。然后，"维京大军"一分为二，一部分由哈夫丹率领，回到了诺森布里亚王国，并于876年在那里建立了由丹麦人统治的约克王国。而军队的另一部分则驻扎在剑桥（874—875年），并从那里出发，第二次入侵了威塞克斯（875—877年），这迫使阿尔弗雷德国王（871—899年）筑垒固守位于萨默塞特的阿塞尔纳沼泽地。在重新召集了一支军队之后，阿尔弗雷德国王又发动了进攻，并在爱丁顿[①]击败了维京人，不久之后的878年又将他们围困在奇彭纳姆。在此次战败之后，丹麦人古特仑才终于同意与阿尔弗雷德和谈并接受洗礼，然后古特仑返回了东盎格利亚王国，在那里他组织了该国的殖民活动。但部分维京人却离开该国前往欧洲大陆。

以上事件对英格兰的影响是十分巨大的。"维京大军"定居英格兰东部和北部标志着丹麦人在该国长达两个世纪的存在的开始，他们所居住的地方后来被人们称为"丹麦区"。在英格兰方面，此后盎格鲁－撒克逊人的抵抗是由威塞克斯的国王们领导，他们在10世纪上半叶通过征服丹麦区，建立对盎格鲁－撒克逊其他小王国的统治，从而成功统一了整个英格兰。在当时，阿尔弗雷德重组了他的舰队和他的军队，并通过在全国居民点网络建筑防御工事以实行分区控制，这就是防御点。这些有力的措施使得盎格鲁－撒克逊人大约在886年收复了伦敦，并成功抵抗住了892—896年丹麦人发起的新进攻。

9世纪80年代，阿尔弗雷德和古特仑之间签署的《韦德莫尔和约》终于批准了丹麦人在英格兰定居。人们保留了该条约的文本内容，该条约不仅许可维京人首领在东盎格利亚的定居，还防止丹麦和英格兰双方之间可能出现的分歧。

① Ethandun或者Edington，位置不确定。参考瑞安·拉维尔的《阿尔弗雷德的战争》。

4.5 在欧洲大陆：879—892 年的袭击——诺曼底的成功和布列塔尼的失败

从 879 年开始，维京人恢复了对欧洲大陆的进攻。当时，一部分来自英格兰的“维京大军”越过大海，洗劫了圣伯丁修道院，抵达了斯海尔德河谷，并在圣巴夫修道院定居，然后又劫掠了那些位于斯海尔德河和索姆河之间的国家。在 881 年 8 月 3 日，西法兰克国王路易三世在萨科特昂维梅乌大败侵略者们，《路易之歌》歌颂了这一战的胜利。事后维京人回到了默兹河谷，并将营地安在了阿斯克洛哈或哈斯劳（也可能是鲁尔蒙德附近的阿塞尔特）。他们纵火烧毁科隆和亚琛，洗劫了位于艾费尔山中的普兰修道院，然后沿着摩泽尔河而上一直到了特里尔。882 年，东法兰克国王“胖子”查理在围困阿塞尔特之后与丹麦人首领戈德弗里德进行了和谈，戈德弗里德同意接受洗礼，条件是东法兰克王国要同意割让弗里斯兰的土地，并给予他们一笔丰厚的赎金。戈德弗里德很快介入了加洛林王朝的争端——因为他娶了洛塔林尼亚国王洛泰尔二世的女儿吉斯拉为妻，但他在 885 年被杀，所以这一和平时期十分短暂。维京人用了几年的时间榨干了法兰西北部和莱茵兰之后，离开了鲁汶并前往塞纳河谷。西格弗里德的舰队占领了鲁昂，并于 885 年 11 月围攻了巴黎的西岱岛，当时的西岱岛的守城人是巴黎厄德伯爵（“强人”罗伯特之子，在 866 年与维京人对战中被杀）和高兹林主教——圣日耳曼的阿邦在讲述此次围城的一首长诗中，歌颂了厄德伯爵和高兹林主教的英勇事迹。一年之后，即 886 年 10 月，“胖子”查理经过一次成功的尝试，终于强行冲破了对巴黎的封锁。他亲自登上蒙马特高地，向被围困者提供援助，但他更愿意支付赎金以使围城者们撤退，并允许他们去勃艮第过冬，但不久之后，围城者们又围困了勃艮第的桑斯。由此“胖子”查理名誉尽失，又由于他的健康状况，他无法再继续统治王国，于是被废黜罢免，其侄子阿努尔夫——卡洛曼的私生子——登上了王位，887 年 11 月，阿努尔夫又登上了日耳曼尼亚的王位。888 年 1 月，在“胖子”查理死后，加洛林王朝解体，王国也不再由加洛林王朝的后人所领导。因此，在西法兰克，上流社会推选了巴黎的守卫者厄德伯爵成为国王。888 年，法兰克王国在蒙特福孔取得胜利后，维京人于 889 年又重新返回攻打巴黎，因此新国王被迫支付了一笔赎金给维京人。于是维京人又去布列塔尼碰运气，自 886 年以来，维京人利用波赫尔伯爵朱迪凯尔和帕斯切韦滕的孙子瓦讷伯爵阿兰之间的争权斗争，对布列塔尼进行了一次次变本加厉的袭击。面对危险的维京人，两人放下争端取得和解，与他们共同的敌人作战并取得了胜利，但在此期间朱迪凯尔不幸身亡。到了 890 年，来自塞纳河谷的维京人攻占了位于布列塔尼王国边界上的圣洛的古罗马兵营，并杀死了库唐斯的主教利斯塔和一部分居民。阿兰大帝终于成为了唯一的布列塔尼国王，于是便想将维京人驱逐出境。在经历过两次胜利的战争（890 年）之后，阿兰大帝终于将维京人成功赶出了布列塔尼王国，一直到他国王任期结束为止（907 年）。被布列塔尼人击退之后，维京人再次袭击法兰克王国北部和洛塔林尼亚。然而，891 年，维京人在鲁汶被阿努尔夫击败，次年又抵达英格兰。随后维京人还对塞纳河谷（896 年）、勃艮第（898 年）和图尔（903 年）进行了一些零星的袭击，但在勃艮第，维京人两次都被勃艮第公爵理查击败。

900 年左右，维京人也许已经开始在塞纳河口定居并控制该地区，甚至也许有法兰克王国和教会权贵的默许。但到了 911 年，当罗洛的军队摧毁了纽斯特里亚侯爵罗伯特的领土并围困了沙特尔时，这一和平局面终于被打破，也是在沙特尔，罗洛的军队被法兰克王国诸侯联合击败。“糊涂王”查理三世决心解决诺曼人问题，于是不久之后，他便开始了会谈，这一次会谈也促成了他对埃普特河畔圣克莱尔的访问，以及在纽斯特里亚侯爵罗伯特的支持下达成协议。为了换取包括埃普特河和大海之间以及鲁昂和塞纳河下游地区的领土割让权，罗洛接受了洗礼，并成为了国王的忠实追随者，并承诺会“保护王国”，并且首要的是要阻止那些可能沿塞纳河而上的斯堪的纳维亚人团伙。而后来成为诺曼底公国的王国则被证明是一个持久的政治体。

斯堪的纳维亚人后来在高卢西部建立了第二个定居点，但持续时间更为短暂。907 年，布列塔尼国王阿兰大帝的去世为维京人在布列塔尼的扩张带来了新的希望，恰逢当时维京人在爱尔兰的地位也受到了削弱。913 年，位于奥尼河口的朗代韦内克修道院被烧毁。该修道院不仅是一个著名的宗教中心，而且在 9 世纪下半叶，它还是一个具有防御工事，能为国防提供支持的要塞。不久之后，布列塔尼似乎已经成为了一个足够活跃的作战行动基地，可以容纳由奥瑟尔和赫罗德两位伯爵所指挥的舰队集结在此处，而根据《盎格鲁 - 撒克逊纪事》一书的记载，我们了解到，这两支舰队于 914 年出现在了塞文河口并摧毁了威尔士海岸。

在919年，编年史作者弗洛多德讲述了一次大规模作战行动，该行动“摧毁了位于高卢边界处濒临海洋的整个布列塔尼区域，布列塔尼人不是被劫持、出售，就是被大规模驱逐”。这种情况使得纽斯特里亚的侯爵罗贝尔站出来，对抗那些牢牢扎根于南特卢瓦尔河流域的诺曼人。921年，侯爵罗贝尔围攻南特长达五个月，但都没有成功，于是他被迫将“已经被维京人摧毁了的布列塔尼和南特”让与他们（维京人），以换取人质和宗教皈依。侯爵罗贝尔的承认证实了一个已经存在数年的事实，也表明了纽斯特里亚侯爵是以其个人名义行事，而没有再提及国王。

维京人的永久定居导致部分布列塔尼精英和神职人员流亡到了高卢的不同地区——特别是受罗贝尔家族控制的地区以及英格兰。也是在英格兰，盎格鲁-撒克逊国王埃塞尔斯坦接待了波赫尔的伯爵马图伊多伊和他的儿子布列塔尼公爵阿兰二世（阿兰大帝的外孙）。927年，法兰克人试图再次夺回南特，而在931年，由布列塔尼公爵阿兰二世煽动的针对布列塔尼国家新领导者的起义则动摇了科努瓦耶，但很快该起义又受到了卢瓦尔河一带维京人的威胁。局势发生了变化，这使得布列塔尼公爵阿兰二世回到了布列塔尼，代价是布列塔尼王国被部分肢解，此外，波赫尔王室在国王埃塞尔斯坦和法兰克王国的权贵们（为首的便是于格大帝，纽斯特里亚的侯爵，也许还有“长剑”威廉）的支持下还剥夺了阿兰二世的国王头衔。936年，阿兰二世回到了他的国家，并在布列塔尼北海岸击败了维京人，次年又占领了南特。939年，布列塔尼人在靠近布列塔尼公国的多勒的地方（也或许是在特朗拉福雷），取得了又一次胜利，这一次胜利标志着斯堪的纳维亚人在布列塔尼的占领终于结束了。

4.6 喘息的时间？

在10世纪30年代，维京人在欧洲大陆和英格兰的扩张似乎停滞不前，而位于英格兰威塞克斯的国王开始征服丹麦区。布列塔尼公爵阿兰二世的成功终结了维京人对布列塔尼的占领，尽管后来格鲁瓦岛上的船葬（大约10世纪下半叶[①]）表明维京人首领们仍然经常在布列塔尼水域出没。在诺曼底公国，由罗洛

① 根据莉莉安·塔鲁的《格罗瓦岛上的船葬（莫比恩）》，这一推定日期似乎比那些更早的日期更为可取。

创始的王朝则追求将诺曼底公国融入法兰克世界，但一直到 11 世纪初，诺曼底公国才偶尔能得到斯堪的纳维亚人首领们的帮助以抵抗敌人。而发生在法兰克王国和不列颠群岛的变化有可能在一段时间之内引导维京人试图朝伊比利亚半岛扩张新领土：在 10 世纪初，维京人在加利西亚的图伊的活动还并不活跃，但到了 960—970 年则越来越活跃。966 年，他们到达了里斯本以及今天的葡萄牙南部的阿尔加维：也许他们加入了诺曼底公爵理查一世[①]于 10 世纪 60 年代初期招募的军队，然后在公爵没能成功使这些维京人改宗皈依之后，军队转而又朝向新的地方出发。968—969 年，加利西亚发生了一些破坏性更强的袭击，圣地亚哥－德孔波斯特拉的主教西斯南多二世被杀，等到了 971—972 年，杜罗河谷和阿尔加维也遭遇了同样的情况。

4.7 英国人对丹麦区的征服（917—954 年）

在 10 世纪初期，由于来自爱尔兰的斯堪的纳维亚人（从 902 年开始）的大量聚集和国家内部斗争，约克王国的国力有所削弱，在此期间，三位敌对的国王于 910 年去世。阿尔弗雷德国王的继任者——“长者”爱德华（899—924 年）——开始了征服丹麦区的征程，经过四十多年的努力，威塞克斯国王的王朝终于对盎格鲁－撒克逊英格兰民族实现了政治统一。917 年，东盎格利亚的大部分地区都被“长者”爱德华所征服，不久以后，诺森布里亚王国的丹麦人也屈服于爱德华的姐姐埃塞尔弗莱德，即“麦西亚人的女领主”，她在兄弟的支持下统治英格兰的麦西亚。但在稳定其威信之前，埃塞尔弗莱德便于 918 年去世了。伊瓦尔的孙子罗格瓦尔德利用这一混乱的局面在 918 或 919 年占领了约克。[②]而爱尔兰－斯堪的纳维亚人几乎没有时间巩固自己的势力，在 927 年被盎格鲁－撒克逊国王埃塞尔斯坦（924—939 年）驱逐出境，而埃塞尔斯坦本人则在苏格兰领导作战。到了 937 年，都柏林的国王奥拉夫・古斯弗里特生与康斯坦丁二世以及斯特拉斯克莱德王国的布列塔尼人联合起来对抗埃塞尔斯坦，但盟军在布鲁南博尔（也可能是位于柴郡维拉尔半岛的布兰博罗）一战中被击败。盎格鲁－撒克逊国王（939

① 诺曼底公爵理查一世。

② 关于这一推定日期，可参考克莱尔・道纳姆的《维京人国王》，罗格瓦尔德于 921 年去世，因此其亲属西特里克成为约克国王。

年）去世后不久，奥拉夫·古斯弗里特生成功占领了约克。

斯堪的纳维亚约克的最后15年在政局动荡之中起伏不断。而奥拉夫·古斯弗里特生则成功地将自己的统治范围扩大到了诺森布里亚王国北部，然后又夺回了麦西亚的一部分领土。当奥拉夫于941年去世时，他的继任者们发生了争执，而盎格鲁－撒克逊国王埃德蒙一世（939—946年）则夺回了丹麦五区（942年），然后又占领了约克（944年）。而四年之后（948年），维京人又重新来到了约克定居，但由于都柏林国王“凉鞋”奥拉夫[①]和可能是都柏林王国伊瓦尔另一个后裔的埃里克[②]之间的对抗，约克王国的国力被削弱了。埃里克于954年遭到伏击并被杀，而约克王国也被盎格鲁－撒克逊国王埃德雷德（946—955年）征服。英格兰王国自此统一为威塞克斯国王的王朝，此外，自埃塞尔斯坦开始，威塞克斯国王都自称 “盎格鲁－撒克逊人和丹麦人的王”。

4.8 维京人国王的权力在爱尔兰的顶峰和衰落

902年，维京人的首领们被驱逐出爱尔兰，于是从914年起，他们重新开始在他们建立的商业中心（如沃特福德）经商。伊瓦尔的孙子西特里克·凯奇和罗格瓦尔德于917年占领了都柏林，又于919年击败了爱尔兰王国联盟。都柏林王国的国王们试图将霸权强加于爱尔兰、约克以及爱尔兰岛上的其他斯堪的纳维亚人商业中心，此外，都柏林王国与利默里克在920—930年间发生了激烈的竞争，维京人也三次来到约克王国定居（分别为918—927年、939—944年、948—952年）。10世纪下半叶，爱尔兰－斯堪的纳维亚城市的商业化得以高速发展，城市结构也得到了重建，尤其是都柏林和沃特福德，这些城市在爱尔兰人生活中的参与度越来越高。在“凉鞋”奥拉夫（945—980年，“凉鞋”奥拉夫任都柏林国王，941—944年和949—952年任约克国王）在任期间，维京人越来越融入爱尔兰的政治生活，也越来越介入爱尔兰岛的权力斗争以试图统治它。“凉鞋”奥拉夫从约克回来之后，便致力于通过战争以及向爱尔兰王国的国王们（尤其是伦斯特的国王们）妥协来巩固其自身在爱尔兰的地位，980年，都柏林的维京人在塔拉山

① “凉鞋”奥拉夫：西特里克·凯奇的儿子和奥拉夫·古斯弗里特生的继任者，944年，他曾被驱逐出约克王国。

② 埃里克经常被错认为挪威国王“金发”哈拉尔的儿子“血斧”埃里克。

被击败，所以必须向爱尔兰人缴纳贡税；“凉鞋”奥拉夫退居爱奥那修道院，并于同年去世。都柏林王国的政治独立性其实已经宣告结束，此外它还面临着与沃特福德王朝的竞争，它们两相斗争，受益的则是南乌伊尼尔的国王梅尔·塞克莱恩，他趁机对沃特福德发起了攻击，提高了港口征税数额，并在 995 年夺取了都柏林的王权。999 年，都柏林人再一次被打败，1000 年 1 月 1 日，都柏林这座城市都被洗劫一空，港口也被布赖恩·博鲁烧毁。到了 1014 年，都柏林国王“白胡子”西特里克参加了由伦斯特王国的爱尔兰人和奥克尼王国伯爵西格尔德·赫德维尔森组成的联盟军，该联盟军旨在对抗芒斯特国王兼爱尔兰“至尊王”布赖恩·博鲁，及其在米斯的爱尔兰人盟友和利默里克的维京人盟友。最终该盟军于 1014 年在克朗塔夫被击败。我们不用过分夸大此次战争对爱尔兰－斯堪的纳维亚人的直接影响：布莱恩·博鲁以及芒斯特的主要首领都已被杀，而他们的竞争对手则对此加以利用；至于都柏林国王西特里克，则统治王国一直持续到 1036 年。后来克朗塔夫一战被看作是爱尔兰人抵抗“外来者”取得的民族胜利，它对爱尔兰人之间力量的平衡产生了影响，但对爱尔兰岛上维京人的政治力量几乎没什么影响，因为在此之前，后者的力量已经被削弱了。继利默里克（968 年）和沃特福德（1035 年）之后，都柏林也必须承认爱尔兰的权威，并在 1052 年直接接受爱尔兰“至尊王”的统治。

4.9 维京人袭击的反复和结束

10 世纪末期，大规模的维京人侵略活动卷土重来，原因尚不为人所知，不过这也许与他们寻求扩张的愿望有关，而且在 965 年之后，维京人开始不太支持向东部扩张，以及在斯堪的纳维亚半岛建立君主制国家。但事实上，维京人“第二波袭击”（出自吕西安·缪塞）的背景与 9 世纪时期维京人发起袭击的背景大有不同。但这第二波袭击对欧洲大陆造成的后果的严重性远远小于 9 世纪时期：弗里斯兰的港口于 1006—1007 年受到袭击；11 世纪的前二十几年中，阿基坦公国仍然常常遭受袭击，苦不堪言。当时的编年史家夏巴纳的阿德马尔曾讲述过利摩日的子爵夫人在前往耶尔姆地区的圣米歇尔朝圣时被捕，以及阿基坦公爵威廉（即威廉五世，又称威廉大帝）与维京人作战但最终败战而归的故事。伊比利亚半岛的情况也是如此，大约是在 1008 年，加利西亚被维京人袭击，而杜罗河地区，先是在1015—1016年受袭，被维京人占领了几个月——这也是伊比利亚半岛地区唯一一次被攻占——在1026年伊比利亚又被维京人袭击。还有发生于1022年之前的一次维京人的袭击——尽管没有太多证据，但它摧毁了图伊，并且此次突袭与未来的圣奥拉夫有关。而其他传闻中的作战行动则是在约1028—1032年发生于加利西亚，并且与维京人最后几次袭击有关。此外，袭击也发生在圣地亚哥－德孔波斯特拉主教克瑞斯康尼修斯在任期间（1037—1066年）。

维京人的主要目标其实是英格兰。来自爱尔兰或斯堪的纳维亚半岛的维京人针对英格兰西部和南部沿海地区的袭击更是从980—981年起余烬复燃。起初袭击规模较小，但在990年后又变本加厉。991年，由奥拉夫·特里格维松（未来的挪威国王）（可能还有丹麦国王“八字胡”斯韦恩）率领的一支由93艘船组成的舰队，抵达了位于英格兰东南部的福克斯通，并赢得了战争的胜利。盎格鲁－撒克逊人在马尔登战役中被击败，被迫向战胜方支付10000镑的贡税，被要求缴纳的“丹麦赋税”总额也一直在增加。事实上，英格兰经常遭到维京人袭击，如诺森布里亚王国（993年）、伦敦（994年）、南安普敦（维京人舰队过冬的地方，994—995年），其他地区也分别在997年、998年、999年遭到过袭击。所以1002年，国王“决策无方者”埃塞尔雷德（978—1016年）在圣布里斯日（11月13日）下令屠杀居住在英格兰的丹麦人。但该措施可能更多是针对那些新来的迟迟未离开该国的战士，而不是那些很久以前就定居在此的移民者后代。根据流传下来的马姆斯伯里的威廉的说法（其真实性存疑），此次屠杀政策的受害者中包括丹麦国王“八字胡”斯韦恩的妹妹，而“八字胡”斯韦恩本人则摧毁了威塞克斯王国和东盎格利亚（1003年）。有望发财致富的前景也吸引了其他维京人首领——如托斯蒂格（1006—1007年），还有“高个子”托鲁克尔，后者在1009—1012年袭击了英格兰东南部。1011年，坎特伯雷被围攻，此次战争也因此达到高潮，被捕的坎特伯雷大主教埃尔夫赫亚克在拒绝勒索之后被杀害。次年，军队在获得一笔高额的赎金（48000镑）之后解散了队伍，但拥有45艘船的“高个子”托鲁克尔却开始听命于“决策无方者”埃塞尔雷德的差遣。而“八字胡”斯韦恩则决心征服英格兰，也许也是为了提防“高个子”托鲁克尔的野心，因为“八字胡”斯韦恩担心他会成为一个难缠的对手。于是，“八字胡”斯韦恩于1013年夏天登陆桑威奇，然后向丹麦区进发，因为在那里他更有希望获得部分人的支持。“决策无方者”埃塞尔雷德和他的家人不得不在该年年底离开英格兰，并向诺曼底公爵理查德二世寻求庇护，因为后者是盎格鲁－撒克逊国王的连襟。而“八字胡”斯韦恩在刚被承认为英格兰国王不久，便去世了（1014年2月3日）。于是丹麦人军队便任命了“八字胡”斯韦恩的小儿子克努特来接替他在英格兰的统治，但英格兰人却召回了流亡在外的“决策无方者”埃塞尔雷德。克努特只好又回到了丹麦，并准备进行一次新的远征。当克努特于1015年返回英格兰时，他率领他的舰队先到桑威奇，又到威塞克斯，再到丹麦区，一直到约克，最后他终于回到了伦敦，并于1016年春天围困伦敦。而“决策无方者”埃塞尔雷德（1016年4月去世）的儿子——“刚勇者”埃德蒙[①]则坚决抵抗克努特的攻击，在阿辛登被击败并身受重伤（1016年10月）。两位国王最终签订了和平协议，两个人对英格兰王国分地而治，但不久之后“刚勇者”埃德蒙便去世了（1016年11月30日），于是盎格鲁－撒克逊人终于承认克努特为英格兰国王。随后，克努特娶了“决策无方者”埃塞尔雷德的遗孀——诺曼底的艾玛，但她的儿子们都继续流亡在外。到了1018年，局势已然稳定，于是丹麦军队解散，来换取72000镑的贡赋，并从伦敦人手中又拿了10500镑。克努特一直统治英格兰直到他去世那一年（1035年）。在随后的30年中，英格兰又迎来了争夺王位的激烈政治斗争。在经历了克努特的两个儿子——“飞毛腿”哈罗德和哈德克努特的短暂统治之后，英格兰王位又落入了“决策无方者”埃塞尔雷德的儿子之一——“忏悔者”爱德华（1042—1066年）之手。

1066年，英格兰王位的三个主要竞争者，分别是来自强大的盎格鲁－丹麦戈德温森大家族的哈罗德，还有诺曼底公爵威廉二世和挪威国王“无情者”哈拉尔（1046—1066年），其中“无情者”哈拉尔在斯坦福桥与哈罗德·戈德温森作战时被杀，而哈罗德·戈德温森又在不久之后的黑斯廷斯一战中被诺曼

① “刚勇者”埃德蒙：约989—1016年，英格兰国王“决策无方者”埃塞尔雷德的儿子。他同意分裂英格兰，与维京人克努特大帝共同统治。

底公爵威廉二世打败。丹麦人在1069—1070年支持英格兰人对诺曼底公爵威廉二世的叛乱，然后又于1075年返回英格兰骚扰约克郡海岸。后来，丹麦国王克努特四世（1080—1086年）计划对英格兰进行一次大远征，就在此时，丹麦发生了内部叛乱，克努特四世被杀害（1086年），从而也使他的远征计划无疾而终。

4.10 北大西洋的土地

维京人是最早在法罗群岛和冰岛永久定居的欧洲人，不过很可能在此之前，四处游历的凯尔特隐士就已经经常来往于这些地方了，只是我们没有确凿的考古证据可以证明这一点。

维京人最早的定居地点，是在设得兰群岛西北部约320公里处，位于挪威和冰岛之间的法罗群岛，但他们来此定居的时间尚有争议，所以无法确定。爱尔兰人迪库伊可能提到了这些维京人的早期定居点，大约在825年，他提到了一些爱尔兰隐士居住的岛屿，但这些隐士随后被一些诺曼人强盗所驱逐，到了后来，人们才发现了这些隐士居住过的痕迹。《法罗群岛传奇故事》一书大约写于1200年，该书将维京人定居法罗群岛的时间设定在"金发"哈拉尔统治时期，但实际上他们在此处的定居可能早在9世纪的前几十年就已经开始了。法罗群岛是通往冰岛的中转地，而对冰岛的探索和移民始于860—870年。根据《法罗群岛传奇故事》的记载，第一个来冰岛定居的人是一个名叫格里姆·康本的人，他的凯尔特语绰号表明也许有一些移民是来自爱尔兰或苏格兰群岛的，语言学和专名学线索以及遗传分析也支持了这一观点，此外遗传分析还表明，很大一部分冰岛女性人口是来自不列颠群岛或爱尔兰的。

在《冰岛人之书》一书的开头，智者阿里对冰岛移民的开始时间进行了精确的年代推测——大约870年后，而这一时间也与当今历史学家研究得出的结果非常吻合。根据《殖民之书》一书的说法，纳多德、加达·斯马维尔森和"渡鸦"弗洛基·维尔格达森是最早发现冰岛的斯堪的纳维亚人，这几个人分别为冰岛起名为"Snaeland"（意为"雪之国"），"Garðarhólmr"（意为"加达小岛"），以及Ísland（意为"冰之国"）。我们可以推测人们对冰岛的探索很有可能是发生在850—860年，也许是发生在一次船只改变航向驶往西北方向的事件之后，考虑到爱尔兰隐士在冰岛的存在，所以也可能是人们通过从不列颠群岛的凯尔特人那里收集到的资料了解到了冰岛。挪威人英格尔夫·阿纳尔松在现今的雷克雅未克地区定居之后，冰岛的移民活动便于9世纪70年代拉开了帷幕。根据智者阿里的说法，这一移民活动在将近60年后才得以完成。《殖民之书》一书列出了一份大约430人的名单，这些人被认为是12世纪初来到冰岛居住的第一批移民者。这些移民中大多数人来自挪威，其中很大一部分人又与英格兰和爱尔兰有关系，还有些人带着凯尔特人妻子和奴隶一起来到冰岛。总之，此次移民活动的主要发起者是一些地方首领或富裕商人、农民，他们乘船带着他们的家人和孩子来到了此处。

根据北欧传统故事的记载，“红发”埃里克是斯堪的纳维亚人移民定居格陵兰岛的主要发起人。该名男子被冰岛人驱逐出境，于是他前往西方的一块土地试图碰碰运气。据说那是多年以前被一个名叫贡比约恩的人所发现的，于是他发现了一个国家，并给它取名为格陵兰，意为“绿色国家”，“因为他说，如果这个国家有一个漂亮的名字，人们就会非常想去那里”。回到冰岛之后，“红发”埃里克又在约985年开始了远征。这些移民主要定居在该国西海岸的两个地区，该国西海岸位于法韦尔角和北极圈之间，也是最受移民喜欢的地区。而最主要的居住地区被称为“东部定居点”，位于最南端的卡科尔托克地区。

对文兰的发现是格陵兰移民现代化的开端。《格陵兰人传奇》一书将发现了未知新大陆的功绩归于巴尼亚，他是赫约尔夫的儿子兼“红发”埃里克的同伴，他在试图前往格陵兰岛时，航向偏向了西南西，于是发现了新大陆。但在《“红发”埃里克传奇》一书的记载中，则是“红发”埃里克自己的儿子莱夫·埃里克松在1000年左右第一个踏上了这片土地。随后又发生了几次远征，远征次数在不同资料中有出入。这些远征中就包括由索尔芬·卡尔塞夫尼（约1010年）率领的一次远征，他们试图在文兰定居。后来，不来梅的亚当在其一部关于冰岛传说的独立作品中，以丹麦国王斯韦恩二世所言为事实基础，提到了文兰的存在，之所以称此处为“文兰”，是因为葡萄树在那儿自然生长。只有一个居民点无可争议地与斯堪的纳维亚人在北美的存在有关，该居民点位于纽芬兰岛北端的兰塞奥兹牧草地。对北美沿岸的探索并没有让人们在那些已经人口稠密的土地上长久定居，而且冰岛移民已经大大扩展了其居住范围，直到陆地的尽头。

4.11 向波罗的海南海岸和向东部

斯堪的纳维亚人与住在波罗的海南部和东部沿岸居民之间的联系由来已久。人们在博恩霍尔姆岛或哥得兰岛上的考古发现表明了这些岛屿上的居民组成具有多民族性。在5—8世纪，还有一些波罗的语族人居住在这些岛屿上，岛民们和普鲁士沿海地带琥珀海岸的居民们之间存在着贸易及婚姻关系。另外，在波的尼亚湾入口处的奥兰群岛上也有类似的情况，从6世纪开始，斯堪的纳维亚半岛对此处的影响力不断增强，该处居民与芬兰居民保持着密切的联系。人们还在与波罗的海东部接壤的地区发现了一些可追溯至6世纪的斯堪的纳维亚半岛的物品，而在8世纪，瑞典中部的东部区域和芬兰之间的贸易也有所发展；同时，在芬兰和爱沙尼亚，人们也发现了一些可能是途经斯堪的纳维亚半岛而被带来的西欧武器。

从7世纪开始，这些不同地区之间的联系以及斯堪的纳维亚人向波罗的海南部和东部的迁徙，都促进了贸易中心的发展。位于拉脱维亚的格罗比尼亚和不久以后的特鲁索（靠近波兰的埃尔布拉格）也是这样的情况。其他商业中心则分列在斯拉夫或波罗的海地区，如吕贝克、雷里克[①]、吕根岛上的拉尔斯维克、门兹林以及朱尼[②]也是这样的情况。这些商业中心的出现也同步参与了斯堪的纳维亚半岛原始城市中心的发展，并与后者保持着往来，例如海泽比。有时，某些贸易城市也可以作为军队的基地，就像承载了维京人半传奇历史的约姆斯堡（也可能是朱尼或者沃林）那样。但这些城市之间也有过不和平的往来，出现了一些海盗行为，或激发了各种活动家的政治野心。在9世纪初，丹麦国王戈德弗里德攻击了法兰克人的盟友阿博德利人。808年，戈德弗里德袭击了他们的商业中心雷里克，还把那里的商人带到了海泽比，并于次年杀害了阿博德利人的王子恩雷斯克。后来，在838年，霍里克一世国王试图重建丹麦对这个民族的影响。丹麦人和瑞典人还试图强制库尔兰的居民纳贡。《安斯凯尔生平》一书还记载了9世纪中叶，丹麦远征队的失败以及比尔卡国王奥洛夫的成功，后者还领导了对西伯格（也可能是格罗比尼亚）以及位于格罗比尼亚东南部的普利亚的胜利进攻，又像以前瑞

① 雷里克：现在的梅克伦堡。
② 朱尼：现在波兰的沃林，位于奥得河口。

典人所做的那样，强制该地居民纳贡。

到了 8 世纪中叶，斯堪的纳维亚人开始在今俄罗斯北部建立稳定定居点。该定居点起初被证实是位于拉多加湖下游沃尔霍夫河盆地上的旧拉多加，斯堪的纳维亚人大约在 750 年来到此处定居。从 780—800 年开始，该地区就利用了其地理优势，在波罗的海与伏尔加河之间的地区，以及朝更远的哈里发沿途进行商业和手工业活动，同时该地区还可能是收集毛皮的探险队的落脚点。到了 9 世纪，则出现了其他的一些商业中心，贸易路线也朝着俄罗斯内部发展，延伸到了伊尔门湖附近的留里克沃·格罗迪什切，然后又发展到了离该城市不远的大诺夫哥罗德，而诺夫哥罗德最终从 10 世纪中叶起被确立为俄罗斯北部的主要政治中心。自 9 世纪中叶起，斯堪的纳维亚人便开始向其他地区迁移，如向西南方（如普斯科夫）以及伏尔加河东部和上伏尔加河盆地，而蒂梅雷沃也正是在上伏尔加河盆地得以发展了起来。第聂伯河的中上游是通往黑海和拜占庭的重要通道。从 9 世纪末开始，位于第聂伯河的上游、斯摩棱斯克以东的格涅兹多沃便成为了一个大型的贸易中心，而位于第聂伯河中游的基辅和位于杰斯纳河上的切尔尼戈夫，尽管斯拉夫人之前就已经在这些地方建立了定居点，但这两个城市都经历了重大变革，同时留里克王朝的人们——留里克的后代也来到此处定居，留里克正是中世纪俄罗斯的奠基人。

罗斯人——请注意，这个词最初是指在东方道路上冒险的斯堪的纳维亚人——很早就与拜占庭帝国建立了贸易和外交关系，却于 860 年试图对君士坦丁堡发动突袭。留里克王朝在第聂伯河流域的扩张导致其与拜占庭王国的联系日益紧密。很快，拜占庭王国便与留里克王朝确认缔结条约（907 年，911 年）为罗斯商人与拜占庭进行贸易提供便利条件，但二者之间的关系并不总是十分融洽。941 年，一支罗斯人舰队来到黑海，大肆破坏了拜占庭沿海的城市，但后来拜占庭皇帝（巴西琉斯[①]）的舰队将这一舰队摧毁。不久之后，在 944 年，双方缔结了新的《罗斯 - 拜占庭条约》，10 世纪下半叶，拜占庭皇帝多次请求基辅的君主们能给予军事援助。而双方都信仰基督教这一点更是有助于加强二者的联系，

① 巴西琉斯（βασιλεύς）：是希腊语中对君主的称谓之一，视乎上下文可译为“国王”或“皇帝”。历史上这一称呼在古典时期被某些希腊城邦的君主使用，在拜占庭帝国（东罗马帝国）被罗马皇帝使用，在近现代被希腊民族国家的立宪君主使用。

自 944 年起，在那些宣誓忠于与拜占庭签署的条约的罗斯人中，就有一些是基督徒。而到了 988 年，终于迎来了决定性的阶段，为了加强多种族混居国家的凝聚力，弗拉基米尔决定信仰基督教。而当罗斯人在向东欧扩张期间，他们也遇到了斯拉夫人部族和其他对手，例如可萨人、佩切涅格人和伏尔加保加利亚人。另外，罗斯人还数次对阿拉伯世界的领土发动了进攻，如 913 年在里海以南的战争，和 943 年在对巴尔达（今阿塞拜疆）的一次大规模突袭，罗斯人占领了巴尔达为期几个月，但一场流行病席卷此地，他们被迫放弃了这座城市。

与阿拉伯世界贸易的脚步的放缓使得瓦良格人对前往东方贸易路线的意愿不再如同以前那般热忱。大约在 1041 年，以英瓦尔为首的来自瑞典的一群人企图远征到俄国以外的“塞尔克兰”，此次远征以失败告终。但斯堪的纳维亚半岛与俄罗斯及拜占庭王国之间的人员流动并没有因此而突然结束。瓦良格人也继续作为俄国王储或拜占庭皇帝的雇佣兵，在这两个国家之中穿梭。这些雇佣兵构成了瓦良格卫队的主体部分，而瓦良格卫队是 10 世纪末期由巴西尔二世皇帝建立的拜占庭军队的精锐部队。这一卫队成员中，还包括后来成为挪威国王的“无情者”哈拉尔，他在逃离祖国之后，曾在基辅王子雅罗斯拉夫尔的卫队中服役过一段时间，并因此收获了名望与财富。但“无情者”哈拉尔的功绩和英瓦尔的远征都标志着斯堪的纳维亚人向东方远征的绝响已然奏起。从 11 世纪上半叶起，游牧民族战斗人员开始趋向于取代俄国诸侯军队中的斯堪的纳维亚人雇佣军，而瓦良格卫队也允许其他新人进入——尤其是那些于 1066 年以后来到拜占庭的英格兰流亡者。

第二部分　变化中的社会

维京人现象体现出欧洲北部海域沿岸社群更为广泛的部分扩张运动。这一假设要求我们不仅要考虑到这些社群在全球范围内的发展，如在欧洲，甚至在阿拉伯世界和拜占庭王国的发展，同时还要考虑它们在地区范围内的发展，如在斯堪的纳维亚半岛，但同时，也绝不排除社群内部还存在着地区性差异。此外，我们还需要注意斯堪的纳维亚半岛与欧洲基督教派或异教派之间以多种方式表现出来的相互影响。在维京时代之前，斯堪的纳维亚半岛长久以来都被认为是一个孤立的地区，远离欧洲所经历的诸多变革，或者被认为像是位于罗马帝国边缘，却保留着引入基督教前欧洲的日耳曼传统的一个收藏馆。关于北欧社会的一个顽固而陈旧的看法也由此流传了下来，一直到西方资料开始记载维京人对欧洲的初次突袭时，北欧社会才终于进入了欧洲历史。这些关于北欧社会的老观点早已得到纠正，包括在那些对北欧社会成见最深的领域，甚至是对在基督教传播之前的异教派，人们现在也已经对其发展有了更好的了解。

同样，斯堪的纳维亚世界经历的变革也可以解释为一种来自扩张主义进程末期外部世界的刺激，而这一进程也使得北欧人成为了被动角色，或者说使得古代斯堪的纳维亚社会成为了外部影响的接受者。但当我们强调北欧社会参与自身变革时的积极性以及它们重新诠释一些“事物”和来自其他地方习俗的能力时，以上表述自然被有力反驳。“事物”在此处也应取其广义，即包括了那些非物质层次的维度。另外，我们还必须增加一个关于时间顺序的维度，该维度的表现形式十分简单：1000 年的维京人不再是 800 年的维京人，更不是后来的维京人所表现出来的样子。在这里，我们不会再对维京时代做一个历史分期，只是强调一下，交流和相互影响的过程有助于塑造斯堪的纳维亚社会，而且斯堪的纳维亚社会与“他者”的关系既不是线性关系也不是同时关系，更不是以一种无差别的形式来影响不同的空间和社会群体。

我们不会简单地将斯堪的纳维亚社会当作维京人运动的开始，尤其是随着时间的流逝，有许多并非直接来自斯堪的纳维亚半岛的男女都参与到维京人运动当中。这第一种研究角度没有详尽完整的陈述，只限于给出一些有用的要素，并通过强调发生社会变革的要素以正确地认识某一要素，但关于社会变革，我们应该从一个长远的时间背景，如从罗马帝国铁器时代开始，以及从那些能在某一方面或另一方面解释社会变革的动因来看待它。

第 5 章　铁器时代社会

在许多方面，维京时代都见证了在此之前数个世纪以来社会的变革和发展。为了了解斯堪的纳维亚社会的变革及其与罗马帝国和其他野蛮欧洲王国之间的相互影响，在这里我们有必要短暂地回顾一下古罗马铁器时代（1—400 年）和古日耳曼铁器时代（400—750 年）。要通过铁器时代来了解斯堪的纳维亚半岛，就必然会说到维京时代——斯堪的纳维亚半岛史前史的最后阶段。

5.1 斯堪的纳维亚半岛和罗马帝国

在斯堪的纳维亚半岛南部——丹麦罗兰岛上的霍比城，人们发现了一座陪葬丰富的罗马铁器时代墓葬，陪葬品中包括有一套意大利制造的酒具（除此之外，还有一对饰有《伊利亚特》场景的银制杯具，一个中心绘有维纳斯图案的大托盘），这也是迄今为止人们在古罗马帝国以外地区发现的最完整的一套酒具。目前我们尚不清楚这一套酒具到底是在什么情况下出现在丹麦群岛的，但这些杯子上还有制作工匠的名字，如艺术家柴瑞索布斯以及也许是同名的一位罗马贵族西柳斯，而该贵族之所以为人所知，是因为 14—21 年他在日耳曼担任过军事指挥，即在由瓦卢斯领导的在莱茵河以外进行的一场灾难性战争发生（9 年）的几年之后。人们对此提出的一种假设是，这些珍贵文物的存在是外交往来的结果，同时附赠斯堪的纳维亚半岛的还有一份丰厚的礼物，目的是使罗马帝国与斯堪的纳维亚半岛这一地区的地方首领之间建立或正常化关系。

像霍比城这样的情况并不是特例，在公元元年后的几个世纪，有几个地方都出现了外来物品[①]，这些物品通过外交联系、商业贸易以及在罗马军队的辅助部队中招募斯堪的纳维亚勇士而出现在了这些城市，并见证了它们与罗马帝国的关系。此外，这些出土文物还反映了北欧精英阶层对来自罗马帝国的物件的欣赏品味。在北欧社会，拥有这样的进口手工艺品，代表着其所有者拥有了大部分同时代人无法企及的商品购买能力。因此，在与罗马帝国的交流中，某些空间或地点变得尤为重要，特别是在丹麦群岛，在菲英岛，在西兰岛（斯泰温斯半岛），在博恩霍尔姆岛以及在丹麦的其他地区，这些地区促进了酋长权威的树立，而酋长权威也能确保对进口物品的掌控与再分配。

这些进口物品也是复杂的经济和文化交流活动更为广泛的一部分。尽管这些物品带有某些古希腊罗马文化的元素，但其他元素却在新的物质和象征环境中得以改变和改造（例如，人们发现坟墓中的人体胸部或嘴部有人为损坏的玻璃碎片，可能是用来当作护身符的），所以这些元素不仅仅是对罗马模式生搬硬套的模仿。另外，如尼文字的起源也受到争议，尤其是拉丁文字母对这种书写系统的影响，但如尼文字文学从3世纪初开始在斯堪的纳维亚半岛的出现和传播一方面有可能反映了罗马习俗的影响，另一方面也可能对应了与罗马帝国扩张相关的一种拉丁文字。致力于生育崇拜的梅拉伦湖上的赫尔格教堂，便是源于3—4世纪曾在罗马帝国军队中服役的日耳曼士兵从罗马帝国带来的宗教影响。不久以后（5—6世纪时期），最早期的圆形黄金饰片便是受到罗马帝国皇帝君士坦丁和4世纪他的继承者们铸造金币的启发，但后来却演变成了一种反映精英战士和北欧宇宙论意识形态的装饰品，再然后演变成反映战士精英和北欧宇宙论思想的场所。6世纪中叶，约达尼斯在其关于斯堪的纳维亚半岛（约达尼斯在其书中将“斯堪的纳维亚半岛”命名为“斯堪的泽岛”）的描述中提道，“在商业贸易往来与无数国家的支持之下，日耳曼部落瑞典人向罗马市场提供宝石蓝色的皮草”。

①　例如，在丹麦，斯坦格鲁普、埃斯珀、尤林格、多勒鲁普等地都出现了罗马早期铁器时代的墓葬；晚些时候的诺德鲁普、瓦尔佩列夫、瓦勒比、霍格鲁普和希姆林格的那些墓葬；还有在丹麦的博恩霍尔姆岛，瑞典的厄兰岛和哥得兰岛上的墓葬。

当时丹麦大部分的奢侈品都是从罗马帝国进口的，并且在将其重新分配给斯堪的纳维亚半岛北部和波罗的海沿岸地区的过程中发挥着关键作用。这些进口物品的重要性不仅体现在商业上，也为罗马维持了和平局面，维系了罗马与一些当地精英贵族的同盟，甚至还能使这些当地贵族彼此抗衡。此外，罗马人的武器备受追捧，并且人们还在斯堪的纳维亚半岛上发现了大量的罗马武器，特别是生产制作于罗马铁器时代末期（约 200—400 年）的武器，也是在这期间，大量的武器烧制所在泥炭地和斯堪的纳维亚半岛南部的湖泊地区得以发展。在中日德兰大区的伊莱鲁普·阿达尔，人们在一个重要的武器烧制所（约 200 年）发现了大约 150 柄进口双刃剑（可能进口自高卢），其中有几把刻有描绘古罗马神话人物的镶嵌纹饰，但有些相关配饰（剑柄、剑鞘、剑扣）则是在北欧制作的。

5.2 好战和等级制社会的确定

为感谢异教徒取得战争胜利而献祭给异教神灵的武器沉积物[①]使我们注意到，罗马铁器时代末期的社会曾经历过激烈的政治和军事斗争，而斯堪的纳维亚半岛南部也因此而受到了影响，尤其是日德兰半岛和菲英岛。3 至 5 世纪期间，在伊莱鲁普·阿达尔，曾经有过四次武器献祭，见证了一些由斯堪的纳维亚半岛不同地区发起的作战行动。在维莫斯沼泽地（位于丹麦的菲英岛），最主要的兵器沉积物可追溯到 3 世纪初，现已发现了 1000 多个矛头，一些弓、箭、剑和铠甲。有时，这些沉积物是伴随着船只一起出现的，例如在日德兰半岛南部的尼达姆沼泽地就出土了三艘小船的遗骸（主船的推定年代为 325 年左右）。因此，当时的势力团队聚集了数百名士兵（在伊莱鲁普·阿达尔的那次重要献祭中也许有上千名士兵）进行了一些名副其实的军事远征，有时还会有骑兵，发现的出土物也证明了这是一个等级森严的军事组织。在罗马铁器时代晚期和移民时期（约 400—530 年），防御工事成倍增加，如在挪威南部、瑞典中部的厄兰岛和哥得兰岛上便存在众多防御工事，其建造目的是保护人民，或者是守卫与外界的联系通道。

我们目睹了士兵精英阶层的晋升，而他们之中最强大的领袖人物则在自己

① 指人们将武器沉积在水中。

的周围聚集了一批勇士，有能力组建真正的军队，参与竞争以掌控范围较广的领土、人员和资源。这种情况的表现之一是一些被当作“皇家”权力中心的机构组织得以发展。这种情况最早发生于3—4世纪菲英岛上的古德梅镇，该镇的结构揭示了此处存在两个大厅，其中一间面积惊人——长47米，宽10米，是这段时期斯堪的纳维亚半岛上最大的建筑，其位置靠近为该建筑供应进口货物和手工产品的伦德堡港口所在地。[①]古德梅镇从许多方面都表现出了后来如雨后春笋般冒出的“中心地点”（或者说“中心区域”）原型的特点，特别是从6世纪开始出现的那些城市，但其他的一些地方（例如，博恩霍尔姆岛上的索特·穆尔德市，400年以后在斯堪尼亚诞生的乌普克拉市）则反映了中心城市超区域性层次所带来的辐射力量。这些政治和社会组织的发展基于首领与他所维系的士兵团体之间的关系。这些机构组织需要控制货品的供应，才有可能建立和维持联盟关系与忠诚度，这很有可能便是贡税制度的体现。另外，人们在农村住房中观察到的变化与社会不平等的发展有关：200年以后，在罗马铁器时代初期也曾出现过这种社会不平等趋势，反映集体空间的这些机构逐渐退化，每户人家也都有了自己的家庭农场。例如，对日德兰半岛的沃巴森之类的村庄来说，人们观察到住所重组计划表现出当时的权力机构对其更严密的控制，权力机构十分关心如何才能更好地控制人员和生产。

5世纪后献祭武器的供应减少，可以被认为是政局稳定和精英势力得以巩固的一种标志（但这不一定是自相矛盾的），又或者是由于宗教改革使得礼仪习惯发生了变化，因为人们发现在500年左右发生了宗教改革。通常来说，在湖中和沼泽地中的献祭仪式随着人们开始在住所当中实施祭祀仪式的传播而停止。正如我们在古德梅镇所看到的一样，有时人们会在大厅门柱的位置举行仪式。这种演变可能反映了社会精英们对宗教崇拜仪式的控制更加密切，而异教也体现出其他深刻转变的迹象，并见证了英灵殿中某些神灵——尤其是阿萨神族——的升迁。乐天·赫迪格尔将这一宇宙学领域的突变与4世纪末和5世纪前，中期匈人入侵给欧洲造成的冲击联系在一起，其影响表现在奥丁作为神的

① 参考安妮·尼森的《西北欧的精英，空间和权力（3—12世纪）》，古德姆大约在200—550年，其规模、财富、建筑安排以及与港口所在地的独特联系都超过了北欧的其他地方。

形象确立，而奥丁这个神极有可能脱胎于一个历史人物：匈人领袖、“上帝之鞭”阿提拉。夏洛特·法贝奇还提到了在5世纪中叶至6世纪中叶出现的新战士精英，他们的权威建立在他们参与了5世纪时期的欧洲战争（尤其是与匈人作战的战争）中所获得的作战经验基础之上。而这一新战士精英群体的出现，将促使斯堪的纳维亚半岛南部在激烈竞争的背景下形成一批新的政治实体。

从5—6世纪开始，野蛮的欧洲精英们共享的权力意识形态和社会优越性意识形态表现得愈发明显。圆形黄金饰片——通常为金色，是一种用来当作吊坠的纪念章，正面绘有浮雕图案。它的生产大约开始于5世纪中叶，一直持续到了530—570年，并且充当了一种政治语言的媒介。已知这样的圆形黄金饰片样品有上千个，分为几类，有三分之二是在北欧，这些圆形黄金饰片在北欧的生产中心似乎是菲英岛，特别是古德梅镇，此外在英格兰和欧洲大陆，甚至远至匈牙利和乌克兰也有该物品的生产中心。它们最初的灵感来自4世纪的罗马金币，当时的罗马金币以皇帝肖像为图案，这些圆形黄金饰片还包含了一些意识形态价值得到明确认可的、表示罗马权威的象征符号。[①] 对这一来源于古罗马的象征意义的解读引发了人们的争论，但皇帝与神性的关系可能促成了异教肖像画被转移到圆形黄金饰片上，许多圆形黄金饰片上的肖像画是奥丁神，他也成为了这些圆形黄金饰片肖像的主要人物，其他肖像画则是北欧英灵殿的其他人物或符号，如战神提尔、光明之神巴德尔，还有一些动物的象征物，如马、龙。因此那些社会精英家庭可能会宣称其家族与这些神灵存在血缘关系。后来（日耳曼铁器时代晚期），“金箔护身符”——一些压印着一两个图案的小金属薄片，它们大约有3000块，主要发现地址为博恩霍尔姆岛上的索特·穆尔德，但在古德梅和其他地区也发现了这些小金属薄片，尤其是在瑞典。此外，这些“金箔护身符”提供了一种不同的图像记录，这些图像也反映了当时权力的象征：如神、地方首领、夫妇（有时也被解释为生育之神弗雷尔与女巨人葛德的婚姻，其婚姻象征着权力与土地的结合）、具有法律含义的手势。将这些物品用作贵族厅堂地基上的献祭物（如在赫尔格岛、乌普克拉市；瑞典哈兰省斯勒英厄；挪威的博格），将再次凸

① 参考安妮·尼森的《西北欧的精英，空间和权力（3—12世纪）》，“选择最古老的帝王肖像，这说明帝国权威使统治精英群体为之着迷并激发了他们的灵感，这也是在最大的敞厅（古德梅）的一个洞杆中发现的一个镀金银王冠所体现出来的”。

显这些场所及其居住者作为与宗教崇拜功能相关的权力中心的地位。从6世纪起开始传播的“指环剑”——其名字来源于装在剑柄上的指环，它也是体现首领与士兵关系的战争文化元素之一。指环剑和头盔已被解释为王室成员身份的象征物，也是在北欧大多数日耳曼王国中普遍存在的战争组织和意识形态的体现。

这种通过动物来表达意识形态的方式（斯堪的纳维亚I型动物风格或者尼达姆风格始于5世纪初；斯堪的纳维亚II型动物风格则始于560—570年），也是北欧对中世纪艺术的最独特的贡献之一，它们也被传播到了欧洲其他地区，甚至远至伦巴第。在斯堪的纳维亚半岛，斯堪的纳维亚II型动物风格似乎与王国的建立紧密相关（首先是在斯堪的纳维亚半岛南部），又成为了一种皇家象征，后来还传播到了瑞典，再到英格兰和欧洲其他地区。社会精英们已经开发出了一种书面媒介——如尼文字，因此他们能够推广一种象征性语言，尤其是通过植根于异教世界中的一种动物风格来实现自我表达。而那些蛮族（指不信仰基督教的民族或人群）王国的精英阶层则有可能拥有一种汇集了许多共同特征的权力意识形态，这种现象至少持续到8世纪末，从这一时期开始，在那些已经信仰基督教的欧洲地区建立一种基于这些象征符号的合法形式已经不可能了。

在发展一些原始表达形式时，斯堪的纳维亚半岛仍然与欧洲的蛮族保持着密切的联系。北欧的神话和英雄诗歌将事件和人物相结合，而其中有些事件还在后来的一些北欧传奇故事中有所发展，同时，它们也都是移民时期的重要事件，我们也能在日耳曼人（如《尼伯龙根之歌》）和盎格鲁－撒克逊人（如《贝奥武夫》《浪游者》）的史诗中找到这些事件的痕迹。斯堪的纳维亚I型动物风格在各个民族之间广泛传播——例如哥特人和伦巴第人，他们都凭借早期的记载，声称自己与斯堪的纳维亚半岛有着非常古老的联系。而指环剑可能是受6世纪中叶法兰克人或盎格鲁－撒克逊人的武器模型的启发，因为这种武器最早便是存在于这一时期的。此外，人们还在斯堪的纳维亚半岛的几个地点都发现了一些源自5—8世纪时期的、像书（可能是《圣经》）一样的垂饰或带有十字架的圆形黄金饰片，这表明即使在异教文化的背景下，斯堪的纳维亚半岛仍然对来自基督教欧洲的影响持开放态度。根据比约恩·迈赫的说法，斯堪的纳维亚半岛南部的社会似乎吸收了不少来自欧洲大陆或英格兰的基督教王国的文化元素，并从中汲取灵感，从而发展出了新的社会和政治组织形式。人们还注意到，斯堪的纳维亚半岛与日耳曼欧洲部分地区（例如图林根州）也存在着紧密联系，它们彼此之间是以移民形式以外的家族联盟形式来维持关系，正如东盎格利亚王国的沃芬加斯家族以及乌芬加斯家族（所建立的王朝的名字）一样，此外，乌芬加斯家族可能定居在瑞典西部或挪威东南部。还有一些考古资料也表明了6世纪和7世纪东盎格利亚王国与斯堪的那维亚半岛的家族之间的关系，正如欧洲最为富丽堂皇的日耳曼式墓葬之一——萨福克的萨顿胡庄园墓葬、文德尔墓葬和位于瑞典中部的瓦尔斯加德墓葬所揭示的那样。然而，基督教从8世纪末开始向日耳曼地区扩张，法兰克王国的君主们和盎格鲁-撒克逊传教士们也对基督教加以传承，此外，基督教的扩张可能也突出了文化差异或加剧了对抗，如圣波尼法爵便在一封信中谴责了怪兽和蛇的形象（也许是影射动物风格），这一事件也引发了一定的社会反响。

5.3 核心要塞的增加

这种权力主张最显著的表达方式之一就是建立核心要塞，在这些核心要塞地点，还要建一个或多个厅堂，其中最早的一些厅堂在前文中已有提及。这些厅堂从5世纪初开始成倍增加，建造厅堂这一现象在维京时代的丹麦也一直延续了下去。在丹麦建有厅堂的地方有：菲英岛的古德梅；博恩霍尔姆岛上的索特·穆尔德、莱尔、齐斯湖、托夫特加德、博斯博斯隆讷；西兰岛上的约尔伦德、丹基尔克、德比耶格、卡尔马格德、北斯内泽、斯塔文萨格；日德兰半岛的斯丁廷。在瑞典建有厅堂的地方有：斯勒英厄、赫尔格、乌普克拉、韦城、老乌普萨拉、霍格姆。在挪威建有厅堂的地方则有：奥克、考邦、阿瓦尔斯内斯、哈马尔、博格。以上这些地方的突出特点之一便是其地理位置靠近交通干道；其二是其地势通常处于较高的位置；其三是集多种功能于一身——如指挥、宗教崇拜、生产专供社会精英阶层使用的手工产品；其四是其作为具有一个（或多个）厅堂的建筑物或建筑物群的存在；其五是人们在这些地方都发现了一些具有极高的市场或象征价值的珍贵物品，特别是进口商品；其六，有些地方靠近那些能确保稀有产品供应的商业场所。在这种情况下，人们对厅堂[1]产生了特别的关注，研究人员们（如弗兰兹·赫兴德，以及莉迪亚·卡斯滕斯）都试图对厅堂的特征加以定义。在此我们不做详细说明，只需要强调这些厅堂建筑物代表一种象征性交流的形式，并能突出其所有者的权力。此外，人们通常将厅堂建立在地势最高的位置，它代表主人的崇高地位，不仅要在当地居民心里树立威望，还要给来访者和潜在的攻击者心理形成一种威慑。厅堂的入口是两扇大门，有时甚至会有更多的门，但这些门的具体作用至今还难以确认：一个门可能是为其主人而设，其他的门可能是为随从或尊贵的客人而设。如果其中有一些陪同其首领来此处的人在厅堂内找不到地方时，他们就会被安排在厅堂外的地方接待。厅堂是举行宴会以及宗教活动的地方，此外人们还会在附属建筑里（如在古德梅、乌普克拉）、在围墙里（如齐斯湖、托夫特加德）或临近的礼拜场所（如赫尔格岛）组织宗教崇拜类活动。后来的北欧记载中经常提到厅堂着火，人们还挖掘出了几座被烧毁的厅堂（维京时期以前或维京时期的厅堂），其中有一些显然是被人为故意烧毁的。在某些情况下，当人们不再使用厅堂时便会纵火将其烧毁；但在另一些情况下，则是有些人为了达到故意打击敌对阵营的目的，便放火烧毁敌对者权力的象征物——厅堂。

人们已经证明，早在600年前的老乌普萨拉，就已经有了精英人士的存在，而人们自2010年初以来一直在进行的考古发掘可以确认这些厅堂所在地的时间顺序及其始于6世纪末期的建筑过程。老乌普萨拉的厅堂都建立在人口稠密的地区，而在那些地区存在着数个大墓地。这一建筑群首先以五个大型土丘（三个“皇家”坟冢，一个举行“庭[2]”的土丘，最近又新增了第五个土丘）而著称，它在北欧南部和东部划定了贵族建筑群的空间，而对其中两处被发掘的皇家土丘，一个应该是建于6世纪下半叶，另一个则是建于575—625年。在西部和北部，此建筑群分别被众多坟墓共同汇集的区域、一面大墙或一条道路分隔开来。从6世纪末开始，人们通过建立三个甚至四个人造露台来作为纪念性建筑的地基。首先，在场地的最高处，主楼建有一座50米长的厅堂，墙体弯曲，其屋顶由

① 厅堂：halle。“salr”（大厅）——用于构成名词，如考邦或乌普萨拉之类的名词，而对“Höll”（宫殿）一词的使用被证实是从961年开始的，随后不久得以广泛传播。

② 庭：Thengmota。议会。

高耸的柱子支撑，使建筑物升至很高的位置。此外，双层墙（内墙和外墙）、一个宽敞的主入口、各类装饰元素（墙上涂有石灰、长矛、铁螺旋——使人联想到在船上发现的那些铁螺旋）使厅堂更具震撼力。支撑着建筑物的至少还有两个露台，其中一个长 40 米，并且似乎是手工的，用鹿骨头、金属、石榴石、珍珠而制成。在 800 年左右，主厅被人为烧毁了，可能还举行了一番精心准备和执行的仪式（考古学家因此说这是为厅堂所做的“火化”）。该地点应该像是一种半岛形状或者说像是“陆地向外延伸的舌头”，被河流、沼泽和如今已经干涸的湖泊所包围（旧地图上我们仍然可以看到湖泊曾经的痕迹），它们也许是一种神圣的空间。对大型土丘的建造（体积为 10000 立方米，最大的土丘甚至有 12000 到 15000 立方米，需要一百多名工人历时整整三个月才能完成这一工程[①]）以及露台的布置证明了在 7 世纪初此处曾有酋长或国王，并对该地区拥有巨大权力。这些酋长或国王通过对景观的塑造以及与安眠于附近的祖先的联系表明这种权力。老乌普萨拉由于不来梅的亚当对其异教神庙的描述（但迄今为止尚未得到考古学的正式证明）而为人所知，而斯诺里·斯图鲁逊则将老乌普萨拉描述成弗雷尔神的住所和传说中的伊林格王朝的发源地。

莱尔（位于罗斯基勒附近的西兰岛上）如今是一个出土了 50 多个源自不同时代（6—10 世纪）的建筑物的小村庄。在被发现的房屋中，有几个大型的木制厅堂分别位于小村庄的南部和北部，其中最大的一个厅堂长 50 米，宽 11.5 米。而在被发现的众多物品中，有一些属于贵重物品，如珠宝、法兰克和盎格鲁 - 撒克逊的玻璃器皿、马具、银锭和青铜锭，这些都表明了贵族精英的存在。此处可能曾经还生产金银器（因为此处存在生石榴石）。这些地方还被证实有祭祀饮食的习惯以及作为祭祀设施的大堆烧焦的石头（霍格[②]），而这些石头可能与祭祀宴会和献祭有关。该遗址还包括几处丧葬纪念碑，其中一个大型的菱形排列让人联想到同一时期某一个大型厅堂的平面图，所以这些丧葬纪念碑可能具有很高

① 在实地考察地址时，约翰·容格维斯特（J. Ljungkvist）和尼尔·普赖斯（N. Price）做出的估算。

② 霍格：祭拜场所，大部分是用石头堆的。

的象征价值。[①] 根据 11 世纪初期梅泽堡的蒂特马尔的说法，莱尔曾经是异教徒的礼拜场所，在那里人们用人和动物作为祭品进行祭祀仪式。在一些传说当中（如 12 世纪的丹麦编年史、北欧传说），莱尔成为了皇家住所的所在地，而在盎格鲁－撒克逊史诗《贝奥武夫》的描述中，它有时也被认为是赫罗斯加国王的皇宫大厅（“鹿厅”）。莱尔还与奥丁神后裔所建立的斯科约登格王朝相关。它也是丹麦群岛最重要的政治和宗教中心。莱尔在 6 世纪的消失可能与罗斯基勒的新权力中心发展有关，这一权力中心正是在 10 世纪末期由丹麦国王“蓝牙王”哈拉尔所扶持的。安妮 · 尼森提出莱尔是王室争夺之地，“因此，摧毁与异教徒宗教崇拜紧密相关的、宏伟的王室住所，是人为消灭斯堪的纳维亚半岛南部最大的异教权力和宗教崇拜场所之一的结果”。

上面的示例还显示了维京时代与其之前的历史时期之间巨大的连续性：有一些厅堂是在先前有建筑物的位置上重建的，而其他厅堂则是在新位置上所建，但都保持着相同的建筑特征。厅堂的布局变化不大，甚至趋于统一，它们也一直是贵族之间社交的地方。维京时代的遗址很少遭受大火袭击，这可以解释为当时权力结构得到巩固和稳定的迹象。但厅堂的宗教崇拜功能似乎得到了加强（在 8 个经证实为与厅堂相关的宗教祭祀设施中，便有 6 个可追溯到维京时代），这也许表明精英阶层在他们实施或控制祭祀活动中的作用有所强化，在其为满足精英阶层需求的手工制作方面也是如此。

5.4 走向土地重组的形式

领土以区域或超区域规模扩张的一类大国的出现，历来是人们争论的主题，特别是关于其时间顺序的问题，尽管人们已经达成共识，确认这一进程在斯堪的纳维亚半岛南部出现得更早。有些人认为这一扩张进程早在罗马铁器时代末期就已经开始，因为在当时，斯堪的纳维亚半岛大部分地区已经被五个前国家实体控

---

① 参考安妮 · 尼森的《西北欧的精英，空间和权力（3—12 世纪）》，在该书 103 页提到，在本特 · 德拉比的研究之后，安妮 · 尼森指出两个古建筑之间的巧合——大小相似，房屋墙壁的曲率接近法兰克王国的船舷的曲率。通过将厅堂平面图与排列图叠加，我们还注意到墓地位于壁炉的位置，最重要的站立石的位置与支撑大厅的主要柱子一样。这两座纪念碑似乎具有强烈的象征意义。

制。但其他人则认为这一进程在更后期才开始，并且主要发生在日耳曼铁器时代，甚至在此之后。物质文化的更大统一性一方面与那些和权力中心联系在一起的第一批商业场所的兴起有关，另一方面与政治稳定程度提高的迹象有关，另外，它也因此证明了小王国的稳定，这是更大规模政治实体聚集的前兆，由此诞生出了那些始于维京时代的斯堪的纳维亚王国。

有几位作者提到了在6世纪居住在斯堪的纳维亚半岛的人民。约达尼斯引用了北欧的28个民族，其中包括“将赫鲁利人赶出了他们的土地”的丹麦人，以及可能占据了当今挪威部分领土的其他民族（如格拉尼人、奥甘齐人、鲁吉人和阿罗奇人），这些民族分别用不同的郡名为“挪威”命名（如格伦兰、罗加兰、阿格德尔、霍达兰），而根据考古证据的观察结果，这些名字又与一些“酋长国”或非常古老的领土实体（300—550年）的名字相吻合。在7—8世纪，挪威地区似乎有了一些权力中心，这些权力中心大多位于该国的沿海地区，靠近滨海地带或峡湾，并一直延伸至高纬度地区。因此，在位于罗弗敦群岛的韦斯特沃格于上的博格，在北极圈以外，一个更大的房子（7—10世纪；83米长，其中一间房是厅堂）替代了之前的一个大房子（5—6世纪），而第二座房子也许具有不同的功能，如政治、经济和宗教功能，被发现的物品也清楚地表明了它曾经被贵族精英成员占领，这些贵族精英与斯堪的纳维亚半岛南部、不列颠群岛和欧洲大陆都保持着往来。后来的资料（如吟唱诗歌《挪威王列传》）将位于塞姆、阿瓦尔斯内斯、菲恰尔、阿勒克斯塔德、乌特施泰因的一系列皇家住所与挪威第一位国王“金发”哈拉尔（约870—930年）联系起来，这些皇家住所位于霍达兰与罗加兰之间，沿着一条海上路线排列——而该国也因这一海上线路取同名为“挪威”（“Norðvegr”，这一点于9世纪末被证实），此外，拥有这些住所对控制这条航行路线具有重要意义。阿瓦尔斯内斯长期以来一直是精英阶层的居所（约200—600年），并且在离该地不远处的一些坟墓里，人们发现了建造于770—780年的斯托豪格和格伦豪格的船只。这些权力中心的存在，彼此相对遥远的距离以及酋长们之间的竞争（有时丹麦国王也帮助维系这一竞争关系）长期以来阻碍了中央权力的确立。然而，我们却还是看到了一些超地区政治实体的出现。在斯堪的纳维亚半岛上已知最大的墓葬群（与老乌普萨拉一起）位于韦斯特福勒的博勒，人们从7世纪初开始使用此处的墓地，一直持续到近900年。

九个庞大的土丘（直径 32—45 米，高 5—6 米）——可能每一代人对应一个墓葬——被人们认为是一个皇室家族陵墓群，而该家族的权力深深扎根在位于挪威东南部的该地区。该家族还控制着通往奥斯陆峡湾的交通以及一条从挪威南部到丹麦的路线。另外，在可能创作于 9 世纪下半叶或大约 900 年的《伊林格大全》一书中以及在斯诺里·斯图鲁逊的笔下，博勒也被认为是伊林格王朝两任国王陵墓的所在地。

乌普兰的老乌普萨拉也在北欧文学中与伊林格王朝联系在了一起，而在这里竖立起来的大型土丘也显然与博勒最早期的坟墓和萨顿胡的坟墓属于同一时代。在离乌普兰不远处，人们已经发现了几个大墓地，其中最著名的便是文德尔墓葬地（自 550 年—8 世纪下半叶的瑞典史前时期，也由此被命名为文德尔时期）和位于瑞典中部的瓦尔斯加德墓葬地，而且在公元元年之前人们便开始将后者作为墓葬地使用，到了 6 世纪得以发展，并在维京时代一直持续被人们使用。这些大墓地因其丰富的陪葬品而极其突出，特别是它们的军事装备陪葬品，包括“指环剑”和头盔。在瓦尔斯加德墓葬地，迄今陪葬品最丰富的 7 号墓为可追溯到 7 世纪（675 年前）的一个船葬（该船葬与这个大墓地中的其他 15 座坟墓一样，主要来自维京时代）。这些陪葬品中包括一些兵器（一柄带有肩带的完整的剑，一柄直剑，三把法兰克人用的短刀，51 支箭，还有一个放在墓床上或旁边的头盔）、献祭的动物（在船外有四匹马，一头牛，一头种公猪，一只来自北极地区的雪鸮），还有一些个人物品——包括一些玩具，一套酒具，一套厨具，总共大约有 160 件物品为死者陪葬。而该地区的其他墓葬也因这种奢靡的陪葬而闻名，例如里克比陵墓（该墓地位于乌普兰的瓦伦蒂纳市，建成时间大约为 600 年）便证明了当时的精英阶层生活——包括猎鹰训练术[①]，和他们通过控制自然资源或源于自然资源的产品（如铁、动物皮毛、皮革、驼鹿的鹿角）所获得的财富，以及他们在梅拉伦湖地区和波罗的海地区对资源进行再分配。这说明了该地区的精英阶层与英格兰或萨米人所在地区之间曾建立了经济和文化联系——有时甚至是距离很远的交集。在 8 世纪甚至可能更早以前，这些精英曾将目光投向了波罗的海的南海岸和东海岸，以寻求新的致富机会。

① 在里克比陵墓的动物献祭品中，有一只雀鹰、一只苍鹰、两只游隼。

如果说老乌普萨拉在文德尔时期似乎是主要的政治中心，那么梅拉伦湖上的赫尔格岛（“圣岛”）便是首屈一指的宗教中心，在5—6世纪，赫尔格岛还具有手工生产功能，并因在此发现了大量用于首饰和服装装饰的模具碎片而为人所知。“圣岛”在经历5世纪时期的大规模扩张之后，人们在6世纪末又建造了两个厅堂，这些厅堂似乎主要具有宗教和仪式功能，圣殿也一直被保留到了10世纪。在其中一幢建筑物内，人们会举行宗教仪式和民间仪式，还会举行使用昂贵的进口酒杯的宴会，因为我们在现场发现了许多进口酒杯的碎片。这幢建筑物内还装有一些极具“异国情调”的家具，包括一尊来自印度西北部的青铜佛像，爱尔兰制造的一尊末端弯曲的搪瓷青铜主教像（8世纪末至9世纪初）和一柄科普特基督教徒礼拜仪式用的长柄大汤勺，这些都证明了将这些独特物品放于此处的人极具威望。

墓葬的奢侈不仅代表该处有一个控制资源和人员的权力实体的存在，那也是一个王朝成功的标志。就像在此之前的献祭武器（200—500年）或金器沉积（6世纪上半叶）一样，墓葬的奢侈可以表现出动荡不安的社会背景，以及地方首领或家族之间争夺权力和财富所引起的社会压力。相反，政治相对稳定的时期会使得人们在墓葬中炫耀陪葬品的必要性有所降低，这也是7世纪斯堪的纳维亚半岛南部丧葬习俗变化的原因之一。无论如何，在8世纪初，我们可以看出将势力扩展到了日德兰半岛一部分地区（也可能扩展到了更远的地方）的丹麦表现出了最明显的王室权力的迹象。

最早关于丹麦人的记录可以追溯到6世纪。在6世纪末期，都尔的额我略在其作品中讲述了丹麦国王克洛奇莱丘斯大约在525年对弗里斯兰发起的一次突袭，而克洛奇莱丘斯后来被莱茵河下游的法兰克人击败并杀害。此外，克洛奇莱丘斯与《贝奥武夫》中的著名人物国王海格拉克十分相似。一直到两个世纪过后，书面资料上才终于又提到了另一位丹麦国王。大约在796—797年，阿尔琴在其编写的作品《威利布罗德生平》中毫无保留地描绘了安根泰尔国王的形象——安根泰尔是其斯堪的纳维亚名字“Angantyr”的拉丁化形式，我们后来在丹麦王室家谱中找到了这个国王：

就像我们所说的，安根泰尔统治着那里（丹麦），他比任何野兽都更野蛮，比任何石头都更强硬，然而，他是承上帝的命令，忠实地将预言当作真理。但传教士威利布罗德发现他是一个铁石心肠的人，沉迷于偶像崇拜，毫无皈依宗教的可能，于是威利布罗德带走了丹麦的三十个年轻人，并赶紧回到上帝所选择的法兰克王国人民中去。一路上，威利布罗德以基督教信仰教导他们，并将他们的心灵净化成生命起源时的样子；他害怕看到他们处于危险境地，因为漫长的航行会带来危险；这些国家的野蛮居民可能会伏击他们，于是他通过增强这些接受圣事的灵魂来防止他们旧敌的阴谋诡计。

《威利布罗德生平》一书首先讲述了威利布罗德在弗里斯兰的传教事业。威利布罗德于 690 年到达欧洲大陆，当时丕平二世试图制服弗里斯兰人。到了 695 年，威利布罗德成为了乌得勒支主教，后于 739 年去世。故事插曲发生在威利布罗德在尝试将弗里斯兰人的国王拉德博德改信基督教失败之后，他终于决定来为“丹麦野蛮民族”传福音。也许这本书充斥着阿尔琴的传教思想，而阿尔琴也担心在萨克森犯下的错误再发生。阿尔琴笔下的丹麦国王安根泰尔深受刻板印象影响，但事实上，后者合乎礼仪地欢迎传教士威利布罗德的到来，并让威利布罗德实现其宣教的目标，还让威利布罗德与 30 个丹麦的年轻人一起离开，以对他们进行基督教信仰教育。尽管确实发生了这一事件，但威利布罗德的传教尝试没有了后文。直到“虔诚者”路易统治时期，法兰克人才认真地考虑对斯堪的纳维亚半岛进行传教活动。尽管没有实据，但有时人们会把安根泰尔和一系列能将我们带回到 8 世纪初期且创作时间接近的重要作品联系起来。至于里伯商业中心，它自 704—705 年起建立于西日德兰半岛，最初是作为季节性场所，在 8 世纪中叶之前都可能是常设场所。很快，人们便在具有经济功能的里伯划分了一小块土地。而在里伯这个商业中心区域内部或附近还有一个铸造小银币的地方（西塔），这表明此处存在一个依赖政治权力机关的货币作坊。丹麦墙（“丹麦人的防御工事地点”）是一个在不同时间建造的城墙系统，保护了日德兰半岛南部 30 多公里的区域，因此保护了丹麦边界（沿埃德向南延伸 20 多公里）。而丹麦墙最早建立起来的防御工事部分建于 7 世纪下半叶或大约 700 年，在 737—738 年防御工事又得到了巩固加强。而位于萨姆斯岛（位于卡特加特海峡和大贝尔特海峡之间，将菲英岛与西兰岛分隔开来）上的坎赫芙运河的建立时间则可以精确追溯到 726 年，它似乎是出于战略目的而建——为了能够更好地控制卡特加特海峡和斯堪的纳维亚半岛南部海域之间的航运。我们无法确定安根泰尔是否是这些防御工事的发起者，但这些防御工事表明了一种足够强大的权力机构的存在，它足以承办重大工程，并能够组织动员劳动力，能建立一种控制交通和交流的形式。如果这些防御工事都是来源于同一个权力机构的，这就表明了丹麦王国在日德兰半岛和丹麦群岛的部分岛屿上的扩张。但我们仍然不能确定这些工程是否由同一个王室权力机构实施和控制。我们现在应该研究的是这些领土实体在 9—10 世纪的形成及其结构演变。

第 6 章　王国、王权和酋长（9—10 世纪）

征服弗里斯兰（734 年），特别是征服萨克森（772—804 年），以及在这些地区的传教活动，都使得法兰克人的影响力范围沿着北海海岸一直延伸到了易北河口。从那以后，法兰克人对斯堪的纳维亚半岛的国王，尤其是与加洛林王朝相邻的丹麦国王的研究更感兴趣了。西方文献从 8 世纪末期开始记载维京人的袭击，而从 8 世纪 20 年代起，人们开始对北欧进行初期的传教活动，这二者都使得斯堪的纳维亚半岛众王国的发展走出了阴影。而这些我们都可以通过一些资料加以证明。但这些有关斯堪的纳维亚王国的信息非常不均衡，我们在这里将简单地讨论斯堪的纳维亚王国发展持续到 10 世纪中叶时期的主要特征，以及斯堪的纳维亚国王改信基督教的初期阶段。但我们应该记住的是，尽管斯堪的纳维亚王国转变为基督教君主制是其发展演变的一个转折点，但这丝毫没有抹杀其转变为基督教君主制之前的传统。

6.1 在抵抗中崛起上升的斯堪的纳维亚半岛诸王国

在维京时代末期及之后，史学研究显示，那些后来成为斯堪的纳维亚王国的国家出现了君主制。但这绝不是一个直线发展的进程，也不是一个提前准备就绪的配置。

历史学家们对维京时代（甚至更早以前）存在“一个还是多个丹麦王国”这一问题看法不一，其答案可能会根据所考虑的时期（例如，是关于9世纪初期还是末期，抑或是10世纪中期）或权力形式（根据集权程度——只要“集权程度”这一表述对我们这个时期有意义即可）不同而有所差别。一种中间立场认为，有一个丹麦王国走过了整个维京时代，同时强调王国内部存在明显的区域性差异，并且认为至少一直到11世纪为止，这个王国都没有成为一个足够强大的社会融合的环境，只有一小群精英可能实现了整体融合。一个能作为连续的政治实体的丹麦民族的构建，可能是源于法兰克人对其北部邻居的论述，或者是丹麦居民对加洛林王朝在9世纪的前几十年的扩张威胁所做出的回应。

正是在撒克逊人战争之际，人们再一次提及了丹麦人。法兰克《皇家年鉴》指出自777年起丹麦国王西格弗里德接待了撒克逊叛军。艾因哈德所记载的资料以及他在讲述丹麦君主与查理曼之间的战争时对戈德弗里德的形象描绘，使得西格弗里德的继任者戈德弗里德在804—810年之间的事迹更加知名。但关于戈德弗里德及紧随其后的继任者们在任时期的王国国土范围则备受争议。根据《皇家年鉴》的说法，人们提出，曾经存在一个控制了斯堪的纳维亚半岛南部、斯卡格拉克海峡和卡特加特海峡两岸，并一直到今瑞典的斯科讷和挪威的韦斯特福勒的“第一个丹麦帝国”（尼尔斯·伦德）的构想。有的人则认为，戈德弗里德王国的腹地分布在日德兰半岛和菲英岛地区，并且尽管戈德弗里德似乎有效地控制了其他一些地区，但这些地区都掌握在一些充分自治的精英群体中。戈德弗里德的野心不仅局限于斯堪的纳维亚半岛，还包括新近融入查理曼在任时期的法兰克王国，或与法兰克王国接壤的领土和人民。根据艾因哈德的说法，“戈德弗里德近乎疯狂地想要将整个日耳曼尼亚地区也置于他的统治之下，此外他也把弗里斯兰和萨克森当作自己国家的省份”。实际上，正是法兰克人向日耳曼尼亚地区北部的推进使当时的丹麦统治者（指戈德弗里德）感到担心，而丹麦统治者在日德兰半岛南部的利益似乎也受到了威胁。《法兰克王国纪事》记录了戈德弗里德与查理曼在804年的第一次对峙，当时查理曼大帝刚刚征服了萨克森。在那几年中，作战行动随之而来，作战方之间的谈判也穿插其中。丹麦国王戈德弗里德通过完善丹麦墙的防御工事来加强其领地的防御能力，9世纪初期在海泽比做出重大整治的倡议可能也是归于戈德弗里德。此外，法兰克人和丹麦人还在争夺对阿博德利人的控制权，阿博德利人是定居在易北河口与波罗的海沿岸地区（位于梅克伦堡西部和荷尔斯泰因东部）之间的一支斯拉夫民族。随着法兰克人对萨克森的征服，这种扩张受到了直接威胁：查理曼大帝与阿博德利人结盟，后者由此进入了法兰克王国的势力保护范围，并被安置在易北河以北地区。戈德弗里德奋起反抗并试图重新建立丹麦对阿博德利人的统治。808 年，戈德弗里德袭击了雷里克商业中心，然后把那里的商人驱逐到了海泽比；次年，他又暗杀了阿博德利公爵恩雷斯克。因此，阿博德利人在丹麦和法兰克王国两个大国之间摇摆不定，而丹麦和法兰克王国又轮流试图建立各自对斯拉夫人萨克森边界的影响。

810 年，戈德弗里德被他的一个随从所杀，他的死亡引发了长达近 20 年的时局动荡，在这期间，敌对的王室党派之间也发生了冲突。主要人物是戈德弗里德的儿子们。由于他们与哈拉尔·克拉克及其兄弟作对，在瑞典被流放了一段时间。这些斗争为法兰克王国君主提供了介入丹麦国家内部事务，并在 9 世纪 20 年代初向斯堪的纳维亚半岛发起传教的机会。因此，哈拉尔 · 克拉克也在 826 年来到“虔诚者”路易的宫殿时接受了洗礼。戈德弗里德的一个儿子霍里克一世在 9 世纪 20 年代末确立了其作为唯一国王的地位。而对其邻国法兰克王国，霍里克一世则奉行一种模糊不清的政策：一方面，他继承了父亲的野心，甚至在 838 年要求收回弗里斯兰和阿博德利；另一方面，他渴望通过惩罚那些袭击了加洛林王国的维京人，来与“虔诚者”路易和他的继任者们保持良好的关系。他还授权安斯加尔在他的王国，以及里伯和海泽比等主要贸易中心建立教堂。同样，在丹麦，霍里克一世的地位也受到了敌对派系的威胁。850 年，他不得不同意与他的两个侄子分享权力，并于 854 年在与另一位侄子的内战中被杀。然后权力便被转交到了霍里克二世手上，霍里克二世一直占据王位持续到 9 世纪 60 年代中期。873 年，《富尔达年鉴》提到了两位丹麦国王——西格弗里德和哈夫丹，他们分别派了一支代表使团给“日耳曼人”路易。这些竞争并非没有产生后果。一些丹麦君王或首领离开他们的国家前往国外开拓事业，如不列颠群岛或法兰克王国。他们中有一些人在这些地方定居，同时等待有利的机会返回丹麦并（重新）夺回在丹麦的权力。由法兰克王国在弗里斯兰扶持的维京领导人之一罗里克便至少有两次（分别是 855 年、857 年）回到丹麦碰运气。873 年，罗里克与“日耳曼人”路易结盟，而“日耳曼人”路易正好试图巩固自己在弗里斯兰的地位。这一联盟可能解释了同年丹麦国王对日耳曼尼亚国王的外交方式：显然丹麦的国王们担心“日耳曼人”路易会支持一个与他们敌对的危险对手。

我们对丹麦在大约900年后几十年中的政治局势几乎一无所知。奥瑟尔在其于889年后撰写的关于其前往海泽比旅程的描述中，将德内米尔克（斯科讷、哈兰，还有可能包括西兰岛）与他所谓的哥得兰（北日德兰）和西伦德（南日德兰）区分开来，即当时的丹麦很可能被北部丹麦人（准确地说是德内米尔克）和南部丹麦人划分而治。《奥罗修斯古英语史》一书中包含的地理描述记载也正是如此划分的。

根据不来梅的亚当的说法，在海泽比曾经建立了一个瑞典王朝，统治该地区达三代之久。这一王国的国土范围尚不得而知，但该瑞典王朝的存在得到了两块发现于海泽比，并可追溯至10世纪初期的如尼石刻的证实。铭文中还提到了王室成员努帕和他的儿子西格特里格的名字，而这两块石碑是努帕的妻子（可能是出身于日德兰半岛的某家庭）阿斯特丽德竖立的。科维的维杜金德也曾提到过努帕：根据《撒克逊人的事迹》（约968年）一书的说法，日耳曼尼亚国王亨利一世征服了丹麦人（约934年）和他们的国王奇努巴，并迫使他们信仰基督教。我们无法确认这一改宗事件的真实性。无论如何，这个瑞典王朝并没能继续掌权。到了936年左右，该政权落到了高姆老国王手中。他的统治尤其是他儿子“蓝牙王”哈拉尔的统治（约958或959至约986或987年）王权在整个国家得以确立，也因此，王权在丹麦的确立远远早于斯堪的纳维亚半岛上的其他王国。

斯诺里·斯图鲁逊将统一挪威王国归功于“金发”哈拉尔（约931—932年），而此前他在被国王霍达兰的埃里克之女吉达拒绝后便郑重宣誓信仰基督教：“让上帝为我作证，是上帝创造了我，是上帝掌管着一切——我宣誓在让整个挪威臣服于我的至尊权威之前、在得到所有税款和国库收入之前，我不会再剪自己的头发，也不会再梳理头发。此事不成，立志身死！”《撒克逊人的事迹》一书的后续部分表明，“金发”哈拉尔与一些小国国王和地方首领进行了一次又一次的战斗，并在哈弗斯峡湾战役中力挫对手联盟取得了辉煌的胜利，经此一役，他“在挪威没有再遇到任何抵抗”。他的敌人或四处逃窜，或异地放逐，许多人“离开了挪威，加入了维京人远征队向西而去”，但后来他们又返回侵扰挪威海岸边境。于是“很多贵族宣誓要效忠‘金发’哈拉尔国王，加入他的行列，并与他一起努力让国家更加强大富裕。‘金发’哈拉尔国王的权力自此便扩展到了整个挪威”。确实，这是一个奇怪的宣誓，因为这是一位异教徒国王在基督徒的上帝面前发的誓言，这一誓言预料到了国王奥拉夫·特里格维松（995—1000 年）以及奥拉夫二世·哈拉尔松（1015—1028 年）——未来的圣奥拉夫二世的成就，而这些国王也被认为是“金发”哈拉尔国王的后代——尽管我们没有真凭实据能证明这一点。因此，挪威王国的历史可以用线性的方式来描述，但并不是说其历史进程中没有曲折和起伏，其历史使得在圣奥拉夫二世时期实现的国家统一和基督教身份认同都深深扎根于比“金发”哈拉尔所取得的成功都要早一个半世纪的国家成就当中。但斯诺里·斯图鲁逊的意识形态偏见又经导致许多历史学家或多或少明确地否认了斯诺里·斯图鲁逊这一版本的挪威历史，所以很少有当代的资料会讲述它，只有《渡鸦之歌》是一个显著的例外。这是一首为纪念“金发”哈拉尔而写的吟唱诗，描述了据传是发生于 872 年的哈弗斯峡湾战役，但这场战役也可能是在“金发”哈拉尔统治后才发生的，此外，人们认为这一战役是“挪威历史上的第一个重大事件，并且对这一说法有相对可信的证据”（出自克劳斯·克拉格）。

我们不知道“金发”哈拉尔统治的具体时间（约 870—931/932 年），但可以肯定的是，就像是《奥罗修斯古英语史》（9 世纪末期）一书中奥瑟尔所记述的那样，“金发”哈拉尔统治时期正好是第一次出现用“北方之路”这一名称来命名“挪威”的时候。奥瑟尔在记述其旅行的文章中，将自己描述为“所有诺曼人（挪威人）中最北方的人”，还谈到了十分狭长的“诺曼人的土地”以及他一直走到位于挪威南部的考邦的旅行路线。这些细节表明人们意识到，至少挪威的沿海地区可能已经被视为一个地理实体，其居民被视为一个民族实体。我们对“金发”哈拉尔的初期阶段没有准确的了解，人们认为“金发”哈拉尔是挪威东部灵厄里克 - 哈德兰一个小国王的儿子，而这个小国王与挪威西部松恩的一个家族联姻，也有人认为“金发”哈拉尔是来自韦斯特福勒（奥斯陆峡湾以西）的一位王子，而他的一生是从作为一位丹麦国王的客卿开始的。无论如何，丹麦皇家权力在 9 世纪最后几十年的消失可能重新推动了丹麦众小国王之间的竞争，并促进了超区域性权力的崛起。我们能复原出来的那一点点“金发”哈拉尔的事迹主要涉及挪威的西部，尤其是西南部（霍达兰、罗加兰）。正如我们所看到的，“金发”哈拉尔正是在那里拥有了那些为他带来了挪威资源的产业，并被埋葬于那里的海于格松。也正是在挪威西南部，“金发”哈拉尔在哈弗斯峡湾战役中遭到了敌人的攻击。实际上，“金发”哈拉尔的直接权威似乎仅限于挪威南部和某些西部地区。至于斯诺里·斯图鲁逊所提到的贵族的忠诚，或许最好说成是国王与诸王公之间的合作，这可能隐隐约约伴随着人们对“金发”哈拉尔至高无上地位的承认，而“金发”哈拉尔也让那些王公在各自领土上享有广泛的独立性。而在挪威北部霍洛加兰首领奥瑟尔的叙述中，完全没有提到他在自己的国家可能服从于某一政治权力，也没有迹象表明“金发”哈拉尔利用丹麦当局在韦斯特福勒和考邦的撤退，以便对这一区域行使控制权，反倒似乎是博勒的伊林格王朝在这一地区受益。斯诺里·斯图鲁逊还谈到了“金发”哈拉尔用来巩固其权力的手段方法，特别是流放政策和修建海堤（斯诺里后来将组建修建海堤机构的功劳归于“金发”哈拉尔的一个儿子，即“好人”哈康）。冰岛传说中还流传，“金发”哈拉尔国王本想占有挪威的所有“土地”（世袭保留的祖传财产），并让每个人都缴纳土地税，这导致许多移民流离失所逃亡冰岛。实际上，要重现“金发”哈拉尔国王治理其王国的方式和他可支配的用于治理王国的资源是非常困难的。

斯诺里·斯图鲁逊还在记载中提到“金发”哈拉尔希望他众多儿子中的“血斧”埃里克能够继承他的王位，并讲述了发生在他儿子之间的冲突。在“金发”哈拉尔死后（约931—932年），“血斧”埃里克似乎也没有长期执政，而是离开去了英格兰，人们认为他就是10世纪中叶的约克国王，但关于北欧传说中的这一说法，有人提出了反驳。“血斧”埃里克的兄弟“好人”哈康（约934—961）最初由“金发”哈拉尔送往盎格鲁－撒克逊王国，并在国王埃塞尔斯坦的宫殿里被抚养长大，据说他在那里接受了洗礼，后来又从英格兰回来了。他将“血斧”埃里克从王位上赶了下来，但后来他又屈服于埃里克的儿子们，因为他们组建了一支获得丹麦人帮助，并由“灰袍”哈拉尔率领的军队。尽管“好人”哈康无法（或不愿）推行新宗教（指基督教），但这一时期挪威与英格兰的联系更加紧密，这可能就是由于“金发”哈拉尔的提倡以及基督教在挪威的持续传播。此外，此外，为了国防安全，“好人”哈康还组织征集了一支海军，被称为“雷当[1]”征兵制[2]，并奉行与拉德伯爵西格尔德·哈康松友好相处的政策，但王朝斗争造成的不稳定推动了那些最强大的酋长的独立，丹麦影响力也在强势复兴。在“灰袍”哈拉尔去世之后，支配挪威政治舞台的两大主要力量分别是丹麦国王和拉德伯爵。第一位著名人物被写在由丹麦“蓝牙王”哈拉尔竖立在耶灵（位于丹麦）的一块碑上，称其“为他自己赢得了整个丹麦和挪威”，并且直接控制了维肯。而拉德伯爵哈康·西居尔松（约965—995年）是特伦德拉格和霍洛加兰的首领，他最初似乎是为了丹麦国王的利益才控制了挪威西部地区，一直到发生宗教对抗时，他与丹麦国王的关系才开始恶化。刚刚改信基督教的丹麦国王与备受吟唱诗歌推崇的伯爵的统治及其异教信仰难以彼此将就，但丹麦也没有成功向伯爵发动远征战争。丹麦王国统一的进程由奥拉夫·特里格维松在11世纪之前开启了序章，但这一进程主要发生在11世纪。

瑞典王国的形成主要发生在维京时代以后。位于梅拉伦湖地区（包括乌普兰、西曼兰、南曼兰以及内尔彻的一部分）的日耳曼部落瑞典人的国家，以东约特兰平原和西约特兰平原为中心被茂密的森林将其与耶阿特人隔离开来。我们不知道这些王国是在何时形成政治实体的，也不知道它们是否真的存在政治实体。老乌普萨拉自文德尔时期开始便一直是王室的权力中心，在维京时代，其他更靠近梅拉伦湖沿岸的权力中心是位于阿德尔斯岛上的赫尔格和霍高尔登，距离比尔卡商业中心不远——可能当时有一个国王在控制着比尔卡商业中心的贸易往来。在兰伯特的《安斯凯尔生平》一书中出现了数位日耳曼部落瑞典人国王：先是比约恩，然后是奥洛夫热情地接受了安斯加尔在比尔卡的任务；而另一位国王阿南德则被他的人民罢免并被驱逐出境，流放于丹麦，也正是他建议丹麦人去掠夺比尔卡城市。我们不知道这些王国的幅员大小，但它们都与比尔卡有关，而在比尔卡，行政长官就代表着国王，有一个被称为“至尊王”的人有可能在日耳曼部落瑞典人王国中的其他小国王面前享有某种优势。奥洛夫成功领导了一场反对波罗的海沿岸航线上的库洛尼亚人的战争，而库洛尼亚人先是摆脱了瑞典的统治，随后又脱

---

① 雷当（古诺斯语：leiðangr，挪威语：leidang）：哈康在登上王位后，开始加强王权，他重新厘定了国家与船团间的关系，建立起被称为“雷当制”的征兵制。

② 这是一个备受争议的问题，我们之后会重新讨论这一点。参见斯维尔·巴格的《从维京要塞到基督教王国》，他认为在哈康统治时期引入雷当征兵制是合理的。

离了丹麦的统治。但奥洛夫最终再次向库洛尼亚人纳贡。兰伯特讲述的这一插曲既体现了国王在波罗的海以外的野心，也说明了日耳曼部落瑞典人与丹麦人在库尔兰海岸上的竞争关系。根据《安斯凯尔生平》一书的记载，日耳曼部落瑞典人“急于成为能行丹麦人之所不能行的人，因为库洛尼亚人曾经服从过丹麦人”。随后不久（9 世纪后期）在沃夫斯坦对他从海泽比到特鲁索，以及位于库尔兰以南的爱沙尼亚人的领地旅程的记载中，我们还可以看到关于日耳曼部落瑞典人与丹麦人之间竞争的另一种阐述。另外，《奥罗修斯古英语史》一书小心翼翼地准确区分了属于日耳曼部落瑞典人（布莱金厄、厄兰岛和哥得兰）的“土地”（实际上是土地和岛屿）和属于丹麦的土地。然后，一直到“胜利者”埃里克（约 995 年）上任，我们才对瑞典国王有了一点粗浅的认识，但有关这位国王的信息仍然少之又少且又相互矛盾。根据不来梅的亚当的说法，“胜利者”埃里克在重归异教崇拜之前，可能已经在丹麦改宗信仰了基督教。

6.2 基督教前时代的权力及其意识形态

《伊林格大全》一书中有一个小节讲述了传说中的国王丹茂德被杀害的故事：

丹茂德被夺去了生命
因为当时极其渴望丰收的瑞典民族
只能献祭
这位日德兰半岛人民的敌人。

斯诺里·斯图鲁逊从这首诗中汲取灵感，解释了这起谋杀案的情况——该案发生在瑞典遭受严重饥荒之时：第一年，瑞典人民将牛当作祭品；第二年，他们将人当作了祭品；到了第三年秋天，酋长们聚集在了乌普萨拉召开会议，并“一致认为他们的国王丹茂德是歉收的原因，因此，他们决定牺牲国王作为祭品来求得他们的丰收”。丹茂德的儿子多马“统治了很长时间，而且他的统治时代以繁荣与和平著称”。这一主题在《挪威王列传》一书中也出现过几次（在《散文埃达》中也出现过），因此，斯诺里·斯图鲁逊指出，在“金发”

哈拉尔的父亲——“黑面”哈夫丹逝世之际，因为“没有其他任何国王在任时能像他的统治时期那样繁荣昌盛了”，所以王国的贵族们都索要他的遗体。“所有人都认为，获得他的遗体的人都会拥有繁荣”，于是人们共同商议要将国王的遗体分成几部分，以便能将他的遗体埋在几个地方。10 世纪中叶，在拉德伯爵西格尔德举办的仪式宴会上，“组织宴会的首领……必须首先祝圣奥丁的圣杯——人们用这个圣杯来饮酒借以庆祝国王的胜利和强大——然后用尼奥尔德圣杯和弗雷尔圣杯来祝圣，分别用来预祝丰收与和平”。国王是繁衍、繁荣、和平与胜利的担保人，因而国王或酋长参加宗教崇拜仪式被认为是人们能获得这些东西的必需要素。在《挪威王列传》一书中关于“好人”哈康传奇故事的一个著名片段表明，在梅尔村庄，特伦德拉格的农民和酋长们强迫国王在向他致敬的一场宴会上进行异教崇拜仪式，尽管国王本人信仰基督教，而为国王的逝世所作的诗歌《哈康之歌》（约 960 年）则对英灵殿中的国王表达了敬意。在传说中，关于“好人”哈康国王的宗教政策和宗教态度相互冲突，也许，斯诺里·斯图鲁逊的叙述旨在通过揭露主角的宗教困境来增加叙事的张力，我们不能排除“好人”哈康国王在基督教信仰中成长并试图将其推广至挪威之后，又重新回到了传统宗教信仰中去。

国王或酋长不仅要参加宗教崇拜仪式，而且要保护宗教崇拜的场所和存放在那里的物品。《哈康之歌》便颂扬了“‘好人’哈康国王尽力地保护了异教徒的神殿”。而当时另一首纪念西格尔德·哈康松（《西格尔德的赞歌》，约 960 年）的诗歌则把“好人”哈康国王描述为“神殿的保护者”。《缺乏黄金》一书（约 990 年）则把重建被“血斧”埃里克的儿子们破坏的神殿的功劳归于“好人”哈康的儿子哈康·西居尔松。考古学使人们确认了几个与中心城市相关（如丹麦的古德梅镇和齐斯湖，瑞典的老乌普萨拉、赫尔格岛、乌普克拉、隆达、耶拉斯塔德）的宗教崇拜场所，并能确定宗教崇拜活动倾向于集中在贵族精英的住所，这也证明了贵族精英在该地区不断增长的影响力。

人们在讨论王权的宗教层面时称其是“神圣王权”，这是一种较为笼统的表达方式，具体取决于国王是否具有内在的宗教特质（通过神化国王的血统或者宣称国王具有能与超自然力量沟通的特殊才能），或人们是否认为国王与宗教圈关系淡薄。质疑神话和某些仪式的执行是反映权力意识形态的另一种方式。《里格的赞歌》一书的推定写作时期（可能是9世纪末期或10世纪初期）及其编写背景仍然备受争议，该书将社会背景和王权都置于神话起源之下，伯爵最小的儿子——年轻的库恩[①]，其才智远远超出其父，他便是王权的代表。在几个国王或伯爵家族中反复出现的神话结构之一便是“圣婚”结构，通常是指一位神与一位女巨人的结合。因此，传说中的伊林格王朝的国王也被认为是生育神弗雷尔与女巨人葛德结合产生的后代瑞典国王和挪威国王都与这一王朝有关联，而有一首人们难以确认日期的埃达诗歌《史基尼尔之歌》也讲述了这一点，这也启发了斯诺里·斯图鲁逊对伊林格王朝家谱的构建[②]。在《哈雷嘉泰尔》（约985年）一书中，拉德伯爵的王朝同样是由奥丁神与女巨人丝卡蒂之间“圣婚”的后代所创建的。但“圣婚”并没有生出神或巨人的后代，而是生出了一种新的生物，这一新生物汇集了世界秩序所必需的对立但互补的原则。这样的血统起源是国王和伯爵们引以为傲的，并将他们与普通人区分开来。这种结合还象征性地代表了国王与其领土的结合，这是人们在一些吟唱诗歌中发现的一种隐喻，后来这种说法也被北欧历史传说所采用。还有一种情况，人们遵循同样的理念，但使用了一种不同的象征符号——被排列成船形的石头与丹麦耶林王室遗址（10世纪）的坟墓两者之间的碰撞被理解为来自国外的国王（来自诺曼底的哈德克努特一世）拥有该国土地的象征。在斯堪的纳维亚半岛以外的地区以及在维京人定居的地区，“圣婚”的神话经历过多次变形。在《奥克尼人传奇》（12世纪末）一书中，奥克尼群岛的伯爵们也是作为巨人的后代出现的，这些巨人被认为代表那些家人最初来自斯堪的纳维亚半岛的人民。《法罗群岛传奇故事》一书中的族谱神话则被西格蒙德尔酋长在奥丁神和厄特加尔的一位女巨人身边执行异教接纳入教仪式所取代，这就是该书中“圣婚”的结合起点。

因此，王权与华纳神族——特别是弗雷尔神的宗教崇拜紧密相关。我们可以从宗教仪式常用语“til árs ok friðar”（意为“为了丰收与和平”）看到一种基督教的影响，所以这一常用语应被视为“教会机构对旧式宗教用语的重新

① 即Konr le Jeune，该名字源于konungr（意为国王）语义转移。

② 《诗体埃达》中的《史基尼尔之歌》，根据雷吉斯·博耶（法语《埃达》译者）的说法，这首诗的年代“似乎能确定”，而格罗·斯坦斯兰则强调了关于确定该诗歌日期的困难，而且他认为并不能排除伊林格王朝的神话起源是斯诺里·斯图鲁逊在13世纪编造的可能性。

适应”。基督教前的政治意识形态也是基于奥丁主义的维度，而奥丁主义并不仅属于战争作用。奥丁可以说是王朝的祖先，是创建王朝的神，或者是接受那些死在战场上的国王（都是基督徒）的主人。神的复杂性将与魔法、智慧、战争及其与人类世界的相互作用相关功能结合在一起，神成为能使统治者合法化的有力元素。同样，在此我们建议不要笼统地概括一种意识形态，因为这种意识形态实际上可以根据国王或酋长相关的等级、时间顺序或空间呈现出不同的方面。

在基督教君主制发展之前，斯堪的纳维亚国王的特权很难准确确立。作为对和平与丰收负有责任的国王，他必须通过其军事、法律和宗教职能来确保对和平与丰收的维持或恢复，正因为国王具有神赐的能力，他成为了人类与超自然力量之间的中间人，保证了追随者对他的忠诚。后来的资料——特别是斯诺里·斯图鲁逊和萨克索·格拉玛提库斯的书中都强调了无论是古代国王还是维京时代的国王作为最高立法者的作用。斯诺里·斯图鲁逊还描述了“好人”哈康对立法的兴趣，并且，“好人”哈康在征求了英明的索雷夫和拉德的西格尔德伯爵的建议和意见之后，建立了《古拉兴法》和《夫罗斯塔庭法》；而圣奥拉夫二世的立法行为则被记录在《古拉兴法》和有关该人物的圣徒传记中，以及僧侣西奥多里克和斯诺里·斯图鲁逊所撰写的《圣奥拉夫传奇》一书中。然而，对立法职能进行回顾似乎更好地反映了12—13世纪时期重要人物和主教团对行使王权的反思。国王可以参与“庭”，可以召开“庭”，并向“庭”提出问题或法律事项。因此，《挪威王列传》一书中记载了许多会议——而这通常是文章的重点，在这些会议中人们会讨论一些重要问题，例如是否支持国王，自由人对国王的任命，或基督教的引进等问题。兰伯特在《安斯凯尔生平》中强调议会所做的决定和苏翁国王周围人们的重要性，这一点着实让人惊讶。比约恩国王与他的人民协商，并征得他们的一致意见，以期获准安斯加尔来该国传教。后来，当安斯加尔尝试在比尔卡进行新的传教时，他受到了国王奥洛夫的热烈欢迎，但兰伯特指出奥洛夫国王在询问众神和人民的意愿之前，都无权授权他的传教活动，因为，“按照习俗，所有公共事务都应由人民的全体一致意愿来决定，而不是由国王的权力来决定”。在随后的集会中，“按照他们的习俗，国王通过传令官向人们告知了安斯加尔及其家人的传教活动”，然后在征得了议会的同意之后，国王又派出了一位密使向上帝汇报“人民已经一致遵从了他的意愿”。关于基督教的引入，我们将在本书的最后部分做更多详细介绍，而现在重要的是探讨宗教世界及其宗教崇拜活动的问题。

第7章 信仰与宗教生活

古代斯堪的纳维亚人的宗教不能被视为一个不变的整体。其实，人们不应该把他们的宗教想象成一个统一的宗教系统，它是建立于神话、仪式和象征的基础上，在日耳曼世界中广泛传播的一套随地点和时期不同而有所差异的信仰和习俗。专家们对这些差异的解读及重要性划分上存在分歧，有的认为这些差异是同一宗教的简单变体，也有的认为它们是揭示深层文化差异的要素之一。这一争论还涉及对维京时代斯堪的纳维亚社会中文化同质性这一争议观点的讨论。很可能是在11世纪的中叶，与好战的精英阶层主张有关的一场重要的宗教改革发生了。此外，与萨米族人或芬兰族人的来往以及与基督教徒的联系可能影响了斯堪的纳维亚人的宗教世界。这并不是新鲜事：在公元元年后的几个世纪中，来自地中海世界的某些宗教思想（包括与密特拉教相关的宗教崇拜元素）已经传到了北欧。人们还在一些商业中心和一些5—8世纪的墓葬中发现了一些基督教的象征物品（如书本形状的护身符，圆形黄金饰片上描绘的十字架）。北欧各王国正式改宗是自10世纪末期开始的，而维京时代远远早于这一时期。正是在维京时代，斯堪的纳维亚人与前文所提到的这些民族一直维持联系并增进关系。尽管记载北欧神话最清楚的北欧资料——尤其是《埃达》——可能受到了基督教世界观的影响，但很可能在13世纪，甚至在改宗发生之前，异教元素在尚未被写入作品之时便已经存在于北欧神话之中了。

7.1 宇宙论与众神

斯堪的纳维亚半岛基督化之前的宗教并非基于向人类揭示教义，而是通过神话传达一些对世界、对价值观、对人类命运的信念和观点。神话具有多重功能：它们解释了世界和人类的起源及最终宿命，建立了仪式和社会制度，使社会的基本制度合法化。《诗体埃达》记载了大部分神话传说并流传于世，尽管对其中的大部分诗歌我们都无法确定其年代，但它们都被保存在一份写成于约 1270 年的抄本《皇家手稿》上，手抄本的素材似乎是在此之前就已经收集好的——大约是在 1200 年。可以肯定的是，当斯诺里·斯图鲁逊在 1220 年左右撰写他的《散文埃达》一书时，他可以接触到一些诗歌的其他版本（例如《先知的预言》《格里姆尼尔语录》及《瓦夫苏鲁特尼尔语录》），斯诺里有时会在他的作品中引用这些版本的作品。斯诺里在 13 世纪向我们传达了对受到基督教影响的斯堪的纳维亚神话的一种理性见解，但在维京时代，斯堪的纳维亚神话还没有像 13 世纪时那么有条理。斯诺里是一位基督教作家，也许从未见过异教人，他对异教的描述都是学术讨论的产物。人们提到了基督教对斯堪的纳维亚神话的影响，例如对地狱的描述，这也许是由斯诺里提出的，甚至也许在改宗之前，这一描述就已经受到了异教传说的影响。雷神托尔垂钓尘世巨蟒耶梦加得也是同样的情况，但这一故事可能是受到了《圣经》中利维坦神话，或巨人贝格尔米尔的故事的启发，而后者又与《圣经》中大洪水和诺亚方舟的故事相似。斯诺里的另一个特征是（在斯诺里之前的萨克索·格拉玛提库斯也是如此）对异教神灵采用了凡人神化论，并将它们融入到人类远古历史中去。

我们可以区分不同类别的超自然生物。在神话中，阿萨神族和华纳神族构成了两个主要神族。巨人代表着混乱的力量，他们想要破坏神圣的秩序，他们也拥有神灵所需要的工具和知识，这导致两个群体之间不断形成斗争和同盟的互动关系。神与巨人既代表着相反的原则（秩序与混乱），又在世界发展的过程中互相补充。除了神和巨人，古代斯堪的纳维亚人的神话和信仰中还充斥着一系列的超自然生物。精灵是与生育、家庭和祖先崇拜相关的超自然生物。矮人们作为熟练的工匠而闻名，他们给神带来了许多象征物品（如德罗普尼尔，即奥丁之戒；妙尔尼尔，即雷神之锤）。女武神代表着女性的力量，决定哪些男人会在战斗中丧命，并负责陪伴最勇敢的男子到达奥丁神的大厅——英灵殿。最后，诺恩三女神和狄丝也代表女性力量，而女性力量与男人及家庭的命运紧密相关。

我们并不完全了解古代斯堪的纳维亚人对世界的观点，对其认识也依赖于后来的文本，而这些文本有时甚至是自相矛盾的。古代斯堪的纳维亚人认为，世界有一个起点和一个尽头（诸神的黄昏），然后是一个新世界的诞生，在这个新世界中，一些古老的神灵重新出现，而在灾难中幸存下来的一对夫妇将重新创造人类的生活。世界原本是一片混沌，是一个“金伦加鸿沟”，是奥丁神和他的兄弟们制定了宇宙的秩序。宇宙的中心是众神的住所（阿斯加德，即“阿萨神族的住所”）；人类生活在神与巨人之间，即米德加尔德（“中层住所”）；巨人居住在宇宙四周的厄特加尔（“外层住所”）。宇宙的中心是世界之树，它是“北欧宗教世界的一种表意符号”，与世界上所有力量相关：众神聚集在这里并召开会议，混乱的力量也聚集在这棵树上以消灭世界；最后，在世界之树脚下，诺恩三女神决定了人类的命运。宇宙的秩序受到了威胁，特别是受到混乱力量的威胁，所以神与人要维持秩序的平衡。因此，众神要与宇宙中的其他力量一起行动，而人类的崇拜仪式活动对众神达成和解、增强力量、维持平衡来说都非常重要。然而，尽管众神和人类都为维护宇宙秩序做出了努力，宇宙还是走向了终结。“诸神的黄昏”（也叫“众神的最终命运”，或者也可以用雷吉斯·博耶提出的另一种译文，即“最强能量的命运的结束”）给人们带来了一场巨大的战争，使得诸神与巨人自相残杀。然而，一个新的世界将会从海浪中诞生，新的神将聚集在那里，人们也将和谐、和平地生活在那里。

与基督教不同，异教不是基于一种教义，也不是基于一系列无形的信仰或基于一些神圣的文本。它没有像基督教教会这样的以高级神职人员为首的等级制组织，也没有专门的神职人员，甚至没有任何传教的倾向。斯堪的纳维亚人的英灵殿是向其他神灵开放的，包括基督徒的神。《安斯凯尔生平》一书讲述了比尔卡的居民们将一位古老的国王埃里克引为他们信奉的神灵之一的过程，他们还决定为他建立一座寺庙并将其当作神灵一样为他献祭。但人们对某些神灵的崇拜情况在不同时期和不同地区可能有所不同。异教也并不像斯诺里·斯图鲁逊的推理性描述所表明的那样同质均匀。斯堪的纳维亚国家的地名表明，实际上在英灵殿中只有少数神灵受到人们的尊敬，且并非整个斯堪的纳维亚半岛上的人们都崇拜某些神灵，此举只存在于少数地区。如海姆达尔和巴德尔（奥丁神和弗丽嘉的儿子们）这样在神话文本中起重要作用的神灵，却似乎并没有受到人们尊崇；其他一些在《埃达》中不那么重要的神灵（例如乌勒尔），其名字却在瑞典和挪威的地名中得到了很好的体现，但在斯堪的纳维亚南部却又没有与这些神灵相关的地名。

提尔似乎已经首先在丹麦，其次在挪威被人们接受并崇拜，但他的名字在瑞典的地名中却没有得到体现。提尔曾是战争和战斗之神，他在维京时代之前似乎都是一个非常重要的神灵，但人们对他的信仰崇拜已被对奥丁的信仰崇拜所取代。在神话中，提尔与一个著名的故事相关，在该故事中，众神绑住了巨狼芬里尔，当时提尔将手放在芬里尔口中作为担保，承诺如果芬里尔能挣脱“格莱普尼尔”锁链便会将其释放。当芬里尔意识到自己将被永远束缚无法挣脱时，他咬断了战神提尔的手。10—11 世纪，在斯堪的纳维亚半岛与基督教的宗教冲突中，人们对某几个神灵的宗教崇拜程度可能有很大提高。

异教众神中最强大的是奥丁神，由于关于他的资料和文字背景丰富多样，我们得以了解到这个神话人物的复杂性。在斯堪的纳维亚神话中，他与两个兄弟创造了人类，为第一对人类夫妻赋予了生命和智慧。在古代，他曾是一位受人尊敬的神，但他在斯堪的纳维亚英灵殿中的优越地位很可能是由于人们后来对其崇拜的发展。他尤其受到国王和王公伯爵们、战士们以及诗人们的敬重（据说他从巨人那里偷走了诗歌的花蜜，将其送给人类）。当奥丁介入人类生活时，他经常是以一个独眼老人的形象出现，为战争提供作战建议或诸如武器之类的特殊赠品。奥丁因其神奇的力量①以及将如尼文字知识和用如尼文字写作的秘密带给人类而闻名（并且令人畏惧）。此外，奥丁还是世界秩序的守护者之一；他也是胜利之神，人们认为那些死于瓦尔霍尔行动一战的世界上最优秀的战士是他的护卫，认为他是精英部队英灵战士的一分子，这些战士必须训练对抗能力，以便在诸神的黄昏之际能与混乱力量进行最终决战。我们并不会对崇拜奥丁神（或追随首领及好战的国王）的军队成员们——尤其是狂战士（也称“野兽士兵”）之间的密切关系感到惊讶，而关于狂战士的历史依据来源于文森特·萨姆森，尽管一直以来这一历史依据都备受争议：“被邀请参加奥丁神宴会的英灵战士的形象自然使人们想起了在贵族的厅堂里参加首领宴会的勇士们的形象。”奥丁的妻子弗丽嘉是一个善良且博学的女神。另外，奥丁的坐骑是一匹八足的马——斯雷普尼尔。这匹马的形象最早出现在赞维德的石碑上（出自 8 世纪瑞典哥得兰岛的阿尔斯科格），而在这块石碑上，我们还看到一个手执角杯的女人（可能是女武神瓦尔基里），

① 《哈瓦玛尔》记载的其中一个神话故事讲述了奥丁神如何在被一支长矛刺穿的情况下，紧紧抓住“被风吹打的树”（世界之树）以便能抓住风，这一过程长达九夜。

还有一些难以解释的神话主题图案。此外，奥丁还经常以两只乌鸦的形象出现，分别叫福金（“思想”）和雾尼（“记忆”），它们的名字是奥丁才智的化身，他会在早晨派它们飞越世界，为他带来新消息。

奥丁的儿子托尔通常被描绘成一个强大而勇敢的神，他用锤子妙尔尼尔不懈地与巨人们作战。他还被公认为深受农民欢迎的神灵，因为他是雷和雨的主人，他的行为保护了繁殖，所以农民们敬奉他。最重要的是，在与混乱力量的斗争中，他捍卫了世界的秩序，从而捍卫了繁荣。人们认为他的宇宙斗争会引起暴风雨。雕刻于1000年左右的阿尔图纳石碑（瑞典乌普兰）展示了有关雷神托尔最著名的神话之一，这一神话也出现在维京世界的其他地区（如丹麦哥得兰，英格兰西北部）：托尔（人们通过锤子辨认出其身份）在巨人希密尔的陪同之下出发前往海里钓鱼，并试图抓住尘世巨蟒耶梦加得，耶梦加得曾被众神扔到了深海，然后它咬着自己的尾巴环绕地球以使地球保持稳定。托尔用牛头作为诱饵，并试图用他的锤子砸蛇的头。这一画面十分有趣，因为它与斯诺里·斯图鲁逊在两个多世纪后出版的《散文埃达》中描述的神话场景恰好对应。另外，在少数如尼铭文纪念碑上，雷神托尔有时还会作为保护神出现。而许多地名（例如托伦达）或人名（例如索斯坦）的存在也都证明了这位神灵在维京时代末期受到关注，并且人们还在斯堪的纳维亚半岛和维京人定居的地区发现了许多雷神锤子形状的挂饰。从9世纪开始，对雷神托尔的崇拜有时被解释为对基督教发展的一种相对反应，锤形吊坠的兴起在某种程度上也起到了与十字架图案相对抗的作用，但这一观点仍然颇有争议，因为后来证实，人们还曾将这两个图案符号结合在一起，这更多地反映了改宗时人们对宗教信仰的不确定。

华纳神族与生育、繁衍和财富有关，其中尼奥尔德的孩子弗雷尔和弗蕾娅是最受人们尊敬的。弗雷尔在瑞典尤其受人尊敬，人们认为弗雷尔可以带来财富、健康和生育能力，他掌管阳光、雨水，常以光芒万丈的形象出现在雕像中①，关于这一点我们可以在不来梅的亚当对乌普萨拉神庙的描述中找到相关记载。弗雷尔的姐妹弗蕾娅则是为数不多的在公众崇拜中有重要地位的女神之一，她是爱神，同时又与战争活动和死亡相关联。

① 如拉林格、隆达、南曼兰、瑞典都有这样的小雕像（大约公元1000年）。

7.2 宗教崇拜：仪式、场所和负责人

人们通过仪式行为与权贵们接触并确保繁荣与和平。在这些仪式过程中，他们试图强化众神的力量并获得他们的庇护。在缺乏神圣的文本或教义的情况下，斯堪的纳维亚半岛古老的宗教首先扎根在宗教崇拜活动中。

有祭祀活动的宗教节日似乎占据了重要的位置，但我们对其公众宗教崇拜仍然了解不深，因为这种宗教生活表达形式在基督教被引入时期就受到了打击并被废除。而与生活周期（出生、接纳入教仪式、婚姻、丧葬）有关的其他仪式则通常在农场里或农场附近举行。最重要的仪式则是在冬季的耶鲁节期间举行。

宗教崇拜主要表现为祭祀仪式、宗教宴会和浇祭仪式。其中祭祀仪式占有重要的地位，具有多种操作方法，如人们在一年之中不同时刻会举行祈求和平和丰收的祭祀仪式；带有宴会的祭祀仪式，通常发生在集体节日或祈求人类与神灵友好关系的更重要场合的宴会上，每到这时，人们会与神灵共享献祭的食物；还有一些可能会将人作为祭品赎罪的奉献仪式。在9—10世纪时期进行宗教活动的几个地点中，人们发现了一些人类遗体，死者可能是为献祭而牺牲的受害者（如丹麦西兰岛的齐斯湖和特雷勒堡，瑞典南曼兰的隆达）。而这些遗体的发现也使得不来梅的亚当（约1075年）和梅泽堡的蒂特马尔（11世纪初）的描述和记载的可信度变高了，因为在这一点上，两人的描述长期以来都被指责为污蔑异教徒的信仰和习俗。

不来梅的亚当还曾描述过一座用金子装饰的寺庙，它毗邻一株参天大树和一汪泉水，庙里供奉着三位神灵：雷神托尔、奥丁和弗雷尔。不来梅的亚当对斯堪的纳维亚诸神与罗马诸神（如玛尔斯、朱庇特）做了一番对比。斯堪的纳维亚人的宗教崇拜场所被描述为一座由祭司管理的名副其实的庙宇，就像不来梅的亚当将古代宗教崇拜，甚至当时基督教教堂的熟悉框架都转移到北欧宗教场所上一样。人们会在庙宇里举行献祭、奠酒等宗教仪式，最重要的仪式每九年举行一次，包括人祭，除了那些花钱获得豁免权得以不参加宗教仪式的人以外，没有人（包括基督徒）可以避免成为祭品的可能。不来梅的亚当的描述文字带有强烈的古典色彩和《圣经》文学的烙印，所以我们必须谨慎对待，但也不要完全抵抗排斥他的证词。不来梅的亚当表明，即使在11世纪末，异教崇

拜在瑞典国家内部仍然具有生命力，在瑞典还存在基督教的修道院，乌普兰的如尼碑文便可以证明这一点。“庙宇”从未得到考古学的正式承认，但人们认为在老乌普萨拉教堂下发现的木结构建筑遗迹可能是一座庙宇或一个大厅堂的遗迹，但我们对此并没有确凿的证据。神灵的属性通常是无疑的，人们在其他资料中又找到了宗教崇拜的几个要素。不来梅的亚当所描述的一些细节可能源自一个早期的传说：在祭祀仪式时，唱歌是一种习俗，一些歌曲是献给弗雷尔的。据亚当说，这是为了祈求生育和繁衍。而斯诺里·斯图鲁逊则提到了在乌普萨拉举办的一些庆祝活动，并补充了一些细节，其文字在多个方面都与亚当的叙述相互印证，但斯诺里·斯图鲁逊的记载是较晚的资料了。在梅泽堡的蒂特马尔的编年史记载中，也有类似仪式的记载，每隔九年举行一次，以人和动物为祭品，但这一记载同时也反映了该作者对异教的偏见。

人们会在神圣的山丘、树林、湖泊等自然场所，在酋长的住宅或厅堂，或者这些地点附近的丧葬场举行宗教崇拜仪式。在重要的宗教节日，人们会聚集在厅堂（或其附近），并对其进行装饰和布置以举行宗教仪式。在某些地方，人们会在一些专门用于宗教崇拜的空间场所里，建立一些用碎石铺就的封闭形式的空间以充当祭坛，在最近几十年人们所挖掘的几处遗址中，都发现了这些空间或建筑物的存在。[①] 但这些空间或建筑的宗教功能仍然不为人知。对位于特伦德拉格的梅尔教堂的发掘结果表明，该教堂建在一个异教宗教崇拜场所的遗址上，建立时间大约就在1050—1075年该宗教崇拜场所遭到破坏后不久。此外，人们还在那里发现了一些金箔护身符。而其他一些与人们居住地没有直接联系的建筑，也可能设有公共礼拜场所——它们要么位于人们的居住地点之外，要么属于复合建筑物的一部分，但建筑的其他部分迄今为止尚未被发现。里拉·乌利维（7—8世纪，位于斯德哥尔摩附近）便是这样的情况，该地名的词源在神学上是来自一个尊贵神灵的名字（乌利维，意为“乌勒尔神的圣地”）；出土于哥塔维（位于瑞典内尔彻的“众神之城”），到了9世纪都还在为人们所使用的一片祭祀区域也是这样的情况。在瑞典弗罗索地区的耶姆特兰——也是斯堪的纳维亚人和萨米人的接触地——的一个白桦树桩附近，人们发现了一些野生动物（熊、鹿）和家畜（牛、

① 如丹麦的莱尔和齐斯湖——其名称源自神灵提尔的名字，其他的还有瑞典的隆达、耶拉斯塔德和乌普克拉、挪威的梅尔等。

羊、猪)的遗骸以及人类的骨骼(可能是由于个人献祭或因宅屋修整而埋葬尸骸)。这棵白桦树是在11世纪末被砍伐的，可能发生在继承异教崇拜场所遗址的木构教堂被建造前不久。

宗教仪式通常是由一家之主主持，而公众宗教崇拜则是由国王或当地首领主持。在当时的社会中，并没有特定的宗教工作人员——一种专业的祭司（这个问题尚有争议）。在冰岛，人们会推举一些人担任首领（意为“上帝”），他兼具政治、司法和宗教职能。“goðar”一词也因如尼铭文（如DR 209，菲英岛上的雷恩斯图普石碑，大约900—925年）的记载而为人所知，在铭文中这个词被用来指代那些拥有社会名望的人物，但似乎并没有用来专门指代宗教人员。当时还存在一种在农场举行的私人宗教崇拜行为。西格瓦特·索尔达松在他的一部记载了他在1019年左右到东方旅行经历的诗作《东方游历之诗》中，讲述了他在穿越瑞典期间（可能是在西约特兰），在一个晚上被人坚决拒绝留宿的故事——因为当地人正在进行精灵献祭（对精灵的献祭仪式）：

> 女人说：别再进来了，贱民。
> 我害怕奥丁神的怒火。
> 我们是异教徒。
> 不快的女主人执拗不已，像狼一样驱赶我。
> 她说在她的农场里，
> 正在举行精灵献祭仪式。

当时最有权势的国王或首领在公共仪式和宗教崇拜活动组织中都起着重要作用，尽管近来这一点受到了人们的质疑。[①] 考古发掘出土了一些宗教仪式所用物体，以及一些宗教仪式场所或祭祀场所。这些都主要是从贵族居住区挖掘出来

① 参考拉瑟·索纳的《基督教时代之前斯堪的纳维亚半岛的国王、酋长和公共崇拜》。作者认为，没有任何现代的证据能表明当地、地区或超地区的政治首领在异教徒的公共宗教崇拜中起着主要作用。根据拉瑟·索纳的说法，当我们对这些仪式的背景有足够准确的证据时，我们便可以看出所有这些仪式都具有私人性质，并且可以由一些具备相关知识和执行方法的人来操作这些仪式。

的，这些贵族居住区在当时可能充当了一个超区域性的宗教场所，或者在主要宗教节日该地区人口聚会期间提供临时房屋。维京时期的精英阶层似乎负责保护这些祭祀场所中的神圣物品，并且负责主要的公共宗教崇拜仪式。后来，斯诺里·斯图鲁逊在描述一场为庆祝至日（冬至、夏至），并向在梅尔的“好人”哈康国王致敬的节日宴席时提到“八位酋长几乎负责组织了整个特伦德拉格地区的宗教献祭活动”，斯诺里·斯图鲁逊还呈现出了挪威首领和农民对由国王来执行宗教仪式的执念：尽管国王是基督徒，但他必须参加耶鲁节的宴会，参加祭祀，吃祭牲的肉——尤其是马肉，还要参加浇祭，除非他在递给他的杯子上都画十字祝福。在基督教化前的北欧社会中，酋长被赋予宗教职能，而他的好运也使他获得了繁荣、和平或胜利。

王室和贵族会通过宗教层面来奠定其统治的合法性。我们注意到，有一些王室家庭声称其祖先是神或半神，并宣称其家族是神与女巨人圣婚结合的结果。通过将自己打造为神和巨人的后代，国王和贵族们可以向人们暗示他们能将宇宙中的各种力量、神灵的才能（统治和维持秩序的能力）以及巨人的力量集合于一体。国王或酋长与某些战士群体之间的关系显然也受到了奥丁神话的启发，他们将奥丁神话转移到现实生活中来，从而与死去的战士们建立联结。尽管文学传说掩盖了狂战士的历史形象，但他们的形象在9—10世纪的挪威似乎得到了很好的证明，并且可以追溯到更遥远的过去。狂战士指的是一群战士，他们是从社会精英中选拔招募而来的国王或酋长军队的成员，他们的行为举止表现出野兽的野蛮——通常是与奥丁神有关的野兽——他们在经历了心理转变之后，行为举止就会变得像野兽，从而进入“狂战士”状态。“狂战士”状态具有一系列行为特征，如嚎叫、以撕咬作为防御、力量增加数倍等，这是受到了奥丁神传说的启发。不过这些狂战士属于陆地世界，他们是奥丁神在陆地上的信徒，可以说是与那些死去的、聚集在英灵殿等待最后战斗的精英战士——英灵战士相对应。“狂战士在君主身边的存在加强了王权的神圣性……作为狂战士的首领，国王和王公贵族们表现出了他们对其家族血统所依附的神灵的忠诚。”冥间神话象征的表达加强了死者和生者的联系，也有助于延续死者的记忆，巩固生者的社会地位。

7.3 宗教情感和丧葬活动

在很大程度上来说，我们对斯堪的纳维亚人的宗教情感并不了解。人们对社群集体尊敬的神灵进行公共崇拜，但个人很可能偏爱最符合其生活方式的一两个神灵。根据生活遭遇或个人机遇，人们对神灵的选择会在生活中有所变化。“虔诚”“信仰”及“个人宗教”的概念可能试图传达的是指人与神之间截然不同的关系和态度——从恐惧或带有敬意的害怕再到信任和友谊。古代斯堪的纳维亚人对将神的意愿加诸于冥界人们的命运上，对罪恶和救赎的观念其实并不熟悉。对神的信仰的表达在基督教徒与神的关系中十分重要，但这一表达在斯堪的纳维亚人与神的关系中的作用并不相同，前提是要保证他们之间达成协议的宗教仪式能够合乎礼仪地完成。古代的北欧语言并不存在一个能等同于“宗教”一词的术语，来表达信仰的含义。而与“宗教”一词含义最为接近的是具有宽泛概念的“塞德”（“siðr”，意为“习俗”）一词，或者在改宗时期的“forn siðr”一词（意为“旧习俗”），该词表示对世界的普遍看法以及因此而产生的态度或行为规则，即涵盖了深深交织于社会和文化生活中的一系列涉及宗教、道德、法律及其他方面规定的“习俗”。

人与超自然力量的交流也是通过“塞德”“魔术”及“巫术”来传递（尽管这些词在现代语言中充满了强烈的特殊含义）。作为一种占卜和邪恶的魔法，“塞德”是属于神灵的一种特权——尤其是奥丁神和弗蕾娅的特权。但有一些男人和女人——在挪威文学中，这些人常常被认为是萨米人或芬兰人——已经学会了这种技能并将其用于各种目的。“塞德”被用来预知未来，给个人或群体带来好运或不幸，在私人争端或战争中被用来打败对手，例如，用“塞德”来影响对手的理智或力量。除了“日常”魔法以外，还可以将其与其他魔法区分开来，更具体地指代一种用于战争的巫术。此外，它还伴随着一些特殊的表现形式和仪式（如鬼魂附身，灵魂转移到另一个身体，变形……）。我们会根据在墓中发现的某些人——男人或女人（渥尔娃女巫）——的物品确定其身份是否为巫师，如渥尔娃女巫的魔杖、驱邪符、麻醉符咒或麻醉物质。人们还想知道斯堪的纳维亚人的“塞德”与萨米人、芬兰人或其他极地地区居民的萨满教派之间的关系。因此，托马斯·杜波依斯认为，若假定斯堪的纳维亚人的“塞德”与以上居民的萨满教派之间存在关系强调指出“塞德”已经在斯堪的纳维亚人宗教体系中发生了重大变化则尤为重要，因此，“塞德”证明了“宗教交流在维京时期发生了动态变化”，在该时期，斯堪的纳维亚异教徒已有的一些宗教习俗和神话参考都被赋予变化，并被重新诠释，他们才得以接受萨米人和芬兰人的仪式。同样，对尼尔·普赖斯而言，“对维京人巫术，我们也许能看到两种文化复合体的融合，及其向一种不同而又特殊的事物的转变”。

“命运的力量”也是关于斯堪的纳维亚半岛的资料中反复出现的主题之一。《尼亚尔萨迦》一书中的其中一个人物说：“命运对一个人一生的预言，必将应验。”还有一首埃达诗《格里泼尔的预言》曾断言：“我们无法抵抗命运。”因此，无论是奴隶还是国王，他们的命运都被一种至高无上的力量所掌控。即使是神灵也会向命运屈服（而基督教之神却被认为是整个宇宙命运的主人）：这似乎是一个最高准则，即所有人都必须服从这一“至高无上的神性”。因此，在古代斯堪的纳维亚人的信仰中，他们对与命运相关的几个实体表示认可。如诺恩三女神，她们负责主管人类个体的出生与死亡、命数与幸运。她们位于世界之树脚下，我们通常可以因此而辨认出她们三个。狄丝是与部族家庭命运以及生育功能相关的守护神。人们还把明显带有命中注定的意味依附于某一指定个体（或者一个家庭，即家庭守护天使），将跟随或陪伴这一个体的超自然实体称为“守护天使”（它通常以一种动物为象征，如熊、狼或鹰[①]），该个体“跟随”他（动词“守护”的意思）或陪伴他，并且带有一种很明显的命运意味。人可以通过做梦或预言等预先知道自己的命运，但他永远无法逃脱命运，个人的尊严在于能有意识地实现其命运：这并不意味着要承受命运，而是个体通过完成一些能够确保永久维持其名声的行为来接受命运，并为自己的命运负责。

书面资料中关于冥界和死者居住地的描述给我们留下了一个相当模棱两可的观点——一般死者的居住地为阴间，而那些由于末日之战“诸神的黄昏”而被选择的、最著名的英灵战士则居住在英灵殿——而且，这些死者可能已经受到了基督教的影响。墓葬中被发现的家具和某些丧葬习俗表明当时的北欧人相信来世，并且认为要先经过一趟旅程才能抵达冥界的王国。他们的丧葬仪式活动在地区和社会范围都呈现出丰富多样性。如在丹麦、挪威、瑞典南部和哥得

① 代表守护天使的动物常常与地位有关，甚至与人的性格有关，例如，最有能力或最强大的人以熊作为守护天使，妇女则以天鹅作为守护天使，等等。

兰岛，存在火葬和土葬两种形式，但后者在这些地区更为普遍，而瑞典地区居民中有很大一部分直到维京时代结束都一直坚持火葬。除了这些普遍差异之外，不同地区之间，甚至不同村庄之间也存在差异。坟墓的内部布置（例如是否存在墓室）以及遗体和物体的摆放，甚至是墓地的外部形状都会有所差别。另外，人们可以通过一块石碑来表明墓地的存在，也可以用船形的排列形式、小山包或者大土墩的形状来表明该处是一块墓葬地。正如伊本·法德兰在922年对伏尔加地区一位罗斯酋长的葬礼的描述以及一些考古学证据所表明的那样，有一些丧葬仪式还伴随着献祭人类的仪式。无论是穷人墓葬中的简单器皿，还是王室陵墓中的精美豪华家具，人们都无法将死者的陪葬物品数量如实复原到死者生前的地位水平。在当时的丧葬仪式中，对死者及家人社会声望的关注与宗教信仰相结合，要想更加清晰地了解举行丧葬仪式的社会和文化背景，得明白这不仅与墓葬中的物品及其摆放有关，也与丧葬仪式所暴露出的行为和"戏剧性"有关。葬礼期间，死者也会成为"演出"的一部分，人们会使墓葬中的物品摆放成一个象征性的空间形式（例如陈列成厅堂或船只的样子），或者将葬礼的时间安排成几天甚至几个月，在此期间完成葬礼仪式。因此，奥塞贝格船葬的墓葬船最初只被掩埋了一半，又过了几个月甚至可能两年的时间，人们才填满了整个土墩，墓葬船得以被完全覆盖。伊本·法德兰在记载其于922年遇到的一些伏尔加的保加利亚人时，详细叙述了一位罗斯首领的葬礼，并指出其葬礼准备工作的持续时间长达十多天，其间死者都被安置在一座临时坟墓中，在为其穿戴好衣服后，人们再把死者运到为他准备的火化船的亭子中。葬礼仪式中还会有几个人参与：一个年轻的女奴隶在与死者的亲属发生性关系后，会等待着被献祭，而死者的亲属们则住在建于附近的各个亭子中；一位被称为死亡天使的老妇，负责整理死者的墓床，并将女奴隶处死；老妇的两个女儿则负责帮助年轻女奴隶登上负责点燃葬礼柴堆的死者至亲的船只。

伊本·法德兰的这段文字通常被当作对斯堪的纳维亚人葬礼仪式的典型描述，它实际上反映了所描述的仪式作为斯堪的纳维亚半岛、土耳其及阿尔泰山等地不同文化传统产物的背景以及罗斯人在东欧该地区发展的生活环境。被转移到其他地方的习俗可以通过融入新的元素来重新制定。但一方面，古代斯堪的纳维亚人的信仰和宗教崇拜活动本身就可以容纳外来思想和活动，而来源于基督教世界影响的最活跃的部分将为其打开通往基督教的道路，我们是否应该对此感到惊讶呢？

第 8 章　社群和社会联系

葬礼仪式和领土建设让我们了解了斯堪的纳维亚社会及其精英阶层，所以我们现在必须将精英阶层置于组织社会团体的复杂联系中。像大多数当代社会一样，人们对自由人和奴隶有明显的区分，而在维京时代以后的很长一段时间里，奴隶制也仍然存在于法律文本中。尽管精英阶层的好战主张助长了等级制度的加剧，但我们还必须考虑到其他差异化因素，而这些差异化因素会涉及到一些关于附属关系存在性的问题。相关文献资料——特别是如尼铭文、吟唱诗歌或埃达诗歌——不仅揭示了当时北欧社会知名人物的形象，还揭示了人们彼此之间团结互助的横向关系，从而带领人们进一步探索有助于建立这一横向关系的一些价值观。

8.1 《里格的赞歌》中的社会秩序

人们从一份后来的手稿（15 世纪）中知道了《里格的赞歌》，诗歌讲述了一个关于社会秩序起源和社会组成群体的神话（社会由奴隶、自由农民、伯爵和国王组成）。这首诗叙述了里格神（由海姆达尔命名）依次在三对夫妇的家中留宿，并让每个妻子都怀孕生下一子的故事。里格首先来到艾和爱达（“曾祖父”和“曾祖母”）的家中，他们为里格提供了粗粮食用。在他离开九个月后，相貌丑陋、从事粗重活的萨尔（奴隶）出生了，萨尔后来又有了几个孩子，给他们取了很粗鄙的名字，这些孩子后来都从事最低贱的工作，如铺设围栏、给麦田施肥、饲养猪和山羊、开采煤炭。里格又来到了分别从事制造织布机和纺织羊毛的“祖父”和“祖母”家中，里格又让“祖母”生下了另一个儿子，名为卡尔（意思是能在自己所拥有的土地上耕种的自由人，该词语还有“自由人”的意思）。卡尔是一个双眼明亮，有一头红棕色头发的男人。后来他开始驯牛，制造摆杆步犁、房梁、手推车，开始耕犁，其后代用一些极其体面的名字来命名他所制造的这些东西。最后，里格在“父亲”和“母亲”的家中结束了他的旅程，他们没有工作，但他们用一桌丰盛的菜肴款待了里格，连酒都被盛在镶有金边的酒杯中。他让“母亲”有了一个叫雅尔（王公）的儿子，雅尔一头金发，眼神锐利。雅尔学会了使用武器、骑马和游泳。后来里格还回来教他如尼文字。雅尔长大以后又有了几个儿子，其中最小的儿子名叫年轻的库恩，而这个词在词源上指的是“国王”。《里格的赞歌》一诗中的其余部分讲的是雅尔的最后一个儿子在各个方面都超越了他的父亲。因此，“父亲”和“母亲”的后代是王公和国王的祖先。

但《里格的赞歌》这首诗引发了关于日期推断和内容解读的严重问题。关于其日期推断问题，人们一直认为它可以追溯到维京时代。但也有人提出了一个新的推断日期，即该诗诞生于12或13世纪，不过现在大多数历史学家都认为该诗是属于9世纪或10世纪的作品。而关于其内容解读方面的问题主要在于凯尔特人和基督教对这首诗的影响，及该诗所描述的社会类型。其中，凯尔特人对该诗的影响是显而易见的：诗歌主角的名字“里格”便是源自爱尔兰语“ri”（所有格为“rig”，意为“国王”）。这也是人们反驳该诗是“北欧传说的代表作之一”这种说法的原因。相反，从其他方面来看，诗中所描述的习俗并没有特别的凯尔特人习惯，而且其文字内容又清楚地提到了日耳曼人的社会结构。至于基督教对该诗的影响仍然备受争议。在维京时代，认为奴隶和王公同宗同源的观点是无法想象的，但这一观点可以表明基督教在北欧的渗透。乔治·杜梅齐尔在《里格的赞歌》中看到了一段反映了古代印欧社会三等分关系的文字，在其他研究专家看来，该诗反映了更近期的三等分关系。然而，从许多方面来看，该诗所述内容与我们所了解到的维京时代北欧社会以外的其他地方一致。《里格的赞歌》中的社会是两分制，将奴隶与其他两类拥有土地和自由的人区分开来。虽然该诗反映了贵族的理想（通过对雅尔的家庭及其相关活动的描述），还表达了对奴隶的无限鄙视，但它也描绘出了自由农民的正面形象。雅尔以其高尚的爱好和熟练的武器使用能力而著称；自由农民绝不会沦落到社会底层，而且会参加战争活动。至于奴隶，《里格的赞歌》吸取了北欧文学中关于奴隶的所有定型观念。从从事农业活动的奴隶到在国王或酋长家中占据重要职位的人，该诗使用的术语都十分刻板，以至于出现了和同时代的珍贵文献中的描述截然不同的情况。

8.2 自由、社会等级和依赖

由于斯堪的纳维亚社会建立在有产自由农民——自由人（les bœndr）——与贵族属于同等类别的基础之上，所以斯堪的纳维亚社会经常被人们认为是一个平等甚至民主的社会。雷吉斯·博耶否认这种北欧民主社会观点，他说“自由人是古代北欧社会的中坚力量，他们是真正的维京人，或者说，在任何情况下，他们都是维京人远征军的直接负责人……有产自由渔民通常家世良好，因此人们能够追溯其几代的谱系。”详细来说，这一陈述已经受到了雷吉斯·博耶的弱化，他将“大人物”（与上文给出的定义相对应）与“小人物”自由人区分开来，这种区别后来也或多或少被反映在法律上的区别，这一情况在挪威尤其显著。而另一种区别则在于所有权的类型，这取决于自由人是否持有土地，即不得转让的祖传资产。自由人是一家之主，其物质生活十分安逸（“他十分富裕”），而且他首先是一个自由人。因此，他在地方议会“议庭”中占有一席之地，是法院审判员之一，在受到侵犯时有提起诉讼和接受赔偿的权利；他还可以担任法官，并有权携带武器。尽管自由人突出了自由农民的某些特征，但对自由人这一形象的构建有一部分是基于维京时代之后的资料证据，几乎没有考虑到这一社会类别的演变，并且人们在通过自由人看待维京人的核心问题时，并未完全放弃固有的成见。

虽然我们没有理由怀疑自由农民是斯堪的纳维亚社会的支柱这一事实，但我们可以对他们与精英阶层的关系及他们之间是否存在附庸形式提出疑问。在地方一级，精英阶层对土地和资源的权力使得自由农民依附于前者。在对抗潜在对手或进行远征战争时，酋长们必须安排一些能够携带武器的人去军舰上服役。如果在一个地区或一个王国范围内，缺乏一个足够强大的政治结构以解决最有权势的人们彼此之间的冲突，那么这些权贵就必须自己获得自由人的支持。另外，最新研究结果使得人们重新考虑12—13世纪时期附庸关系的出现以及一种封建领主体系的形成，不过该体系的开端有待于后期继续研究。而今天，这些研究则倾向于指出，在当时的北欧社会——尤其是挪威，存在一些被奴隶劳工种植的土地和围绕这些土地打转的附属庄园。尽管我们很难推断出在维京时代也存在过像加洛林时期法兰克世界某些地区发现的两分制地产，但这并不排除自由人所承受的附庸形式的存在。因此我们可以用“附庸型社会”的概念来描述它们，这一社会意味着自由人要履行缴纳贡赋、服役和军事的义务，并且这些都是作为附庸者自愿并义务提供给那些最有权势的人作为献礼的。因此，这样建立的依赖关系更像是一种客户与老板之间的关系，既可以被视为一种个人关系，同时也是一种相互关系，在这种情况下，这些大贵族更多地被视为政治领袖而不是土地领主。尽管我们几乎无法确定当时土地所有权的分布，但与中世纪时期相比，当时的土地分布范围可能更广。斯维尔·巴格将中世纪前期的社会（这里我们称其为维京时代）描述成一个既不民主也不平等的社会，但其等级森严程度可能比后来的社会更低，酋长和其他自由人之间在当时的社会差距也不像后来那么悬殊。研究这些社会关系的史前史的另一种方法，就在于从其后不久的文献资料（如法律、古代领主的土地赋税簿籍）、地块研究以及景观和居住地考古学中去了解当时的农业结构。在对一个被命名为索尔斯基夫特的系统（该系统通过标记将领主管辖区的土地和村庄中宅地的大小和位置联系起来）和宅地（在农场中建立并围住农场的小块土地）的起源产生疑问之后，安妮·尼森没有排除其日期更早的可能性，也就是与维京时代在斯堪的纳维亚半岛南部确立王权属于同一时期的可能性，同时也不排除这些建筑物是一个被允许调动资源和人力的土地管理机构的一部分。

《圣奥拉夫传奇》一书中记载的阿斯比约恩·塞尔斯巴尼的故事以现实主义小说的形式，揭示了那些能够调动其资源、亲属网络和盟友网络以捍卫大众对其认可的人所期望的态度，而这些人的知名度建立在大众认可的基础之上。在 11 世纪 20 年代初期的奥拉夫二世·哈拉尔松统治期间，人们确立了王权，但国王的官员与国家的精英之间也存在竞争，阿斯比约恩·塞尔斯巴尼的故事就是在这样的背景下展开的。阿斯比约恩的父亲西格鲁德“是个极其富有而且仪态高雅的男子”，他习惯每年举行三次祭祀仪式。在成为基督徒之后，“他（西格鲁德）保留了与宴会相关的习俗”，而在他死后，他的儿子阿斯比约恩也效仿他的行为。但后来粮食歉收。第一年，阿斯比约恩还是维持了这一花销昂贵的习俗，甚至从其储备金中提取了必要的经费。即使是到了形势艰难的第二年，他依旧没有放弃举办宴会，多亏他的朋友购买了粮食，作为礼物赠送给他。到了第三年，国王明令禁止谷物、麦芽和面粉向北方运输，于是阿斯比约恩不得不寻找其他解决办法。他武装了一艘自己的商船，随后来到了阿瓦尔斯内斯的一个皇家庄园，这里的主管名叫索里尔，是一个出身奴役但自命不凡的人，受到了国王的极力扶持。索里尔坚决拒绝卖给他粮食，并劝他打道回府。于是阿斯比约恩继续前进，声称要去拜访他的叔叔埃林·斯卡格森——罗加兰最强大的酋长之一。他的叔叔建议他绕过王室命令，通过那些不受法律制裁的奴隶将粮食卖给他。故事后来讲，索里尔与阿斯比约恩两个人之间的竞争日益激烈，索里尔抢了阿斯比约恩的商船和货物，阿斯比约恩随后前往阿瓦尔斯内斯参加宴会，并在奥拉夫的面前杀死了索里尔。由于阿斯比约恩的亲戚（包括他的叔叔埃林·斯卡格森和一位主教）的调解，他最后被赦免了死罪，但作为交换，他必须接受国王奥拉夫的条件：从此他将代替被杀的索里尔为国王服务。由于他接受了这个条件，引发了亲戚们的愤怒，他们指责他像曾经的索里尔一样成为了"国王的奴隶"，使得他们的家庭蒙羞。最后，阿斯比约恩在霍洛加兰被另一位国王的特使用长矛杀死了。我们可以将阿斯比约恩看作一个"大人物"，是一个"擅长如何通过有利益关系的捐赠和反捐赠来积累财富并利用财富的人，从而吸引了一批人聚集在他周围，并跟随他、支持他的事业，这至少也能提醒他，以免他忘记或无限期地拖延偿还他们借给他的东西"。这种基于在宴会上体现慷慨和保护的社会统治模式在这里显然受到禁止谷物运输的王室命令和国王官员行为的威胁。最后这一谋杀案以阿斯比约恩被任命取代索里尔而告终，但同时，这也令阿斯比约恩在亲戚的眼中丧失了威信。

显然，我们不会在以前的资料中找到像这样详细的例子。但我们离瑞典斯莫兰的罗尔布罗铭文（Sm 37）有那么遥远吗？

> 亚述为纪念他的父亲埃文德建造了这座纪念碑。在所有男人中，埃文德是最善良的，他乐于给予别人食物并且厌恶仇恨。他是个好人，并且相信善良的上帝。

"最善良的人"（"圣人"）一词在其他碑文中也随处可见，它意味着那些由信任和相互支持组成的关系，而在这里它被用来形容那些公认的具有社会地位的大人物，他们有能力向人们分发食物，也许还能确保居住在该地区的人们拥有最低限度的和平。

厅堂是贵族进行社交活动以及人们举行集体仪式活动，尤其是举办节日庆祝活动和宴会的场所，酋长和他的妻子也会在厅堂接待他们的客人。对酋长来说，节日和宴会是一个表现其力量、炫耀其财富、展示其慷慨的机会，总而言之，这是一个他可以好好炫耀一番的机会。而这些仪式活动也有助于加强酋长与其部下之间的联系，从而巩固部落集体内部的团结和等级制度。这种风头主义式的炫耀的另一个目的在于通过展示厅堂主人的力量，来给尊贵的来访者留下深刻的印象。这些仪式后来得以系统化，包括每一个人在厅堂里被分配的位置，都是根据厅堂的主人授予宾客的不同等级或荣誉而定。正因如此，这会引发关于上座顺序的争吵，有时甚至会引发打架斗殴。酋长占据“高位”，旁边的座位分给有荣誉的人，其他客人被分配列坐在沿墙摆放的长凳或长椅上。在节日和宴会中，那些为最有权势的酋长服务的吟游诗人会撰写诗歌并进行朗诵，因此这也是一个纪念酋长、祖先以及部落功绩的机会。人们一直在谈论一种“厅堂文化”，而这种文化也存在于欧洲其他地区，尤其是在盎格鲁 – 撒克逊英格兰。因此，被周围的建筑群所包围的厅堂是一个代表权威的场所，其象征意义十分重要：为了使厅堂更显眼，人们经常将厅堂建立在地势高的地方，而内部空间的设计则旨在给进入厅堂内部的人留下非常深刻的印象。厅堂这一建筑及在此举行的仪式既可以用来展现权威，又能体现争权夺利者之间的对抗。后来的北欧资料经常提到“火灾”，人们也挖掘出了几座烧毁的厅堂（维京时代或该时代之前的厅堂），其中一些显然是被人为故意烧毁的。在某些情况下，人们烧毁厅堂是因为它已停止使用；但在其他情况下，烧毁厅堂的目的在于有意打击敌方，破坏敌方的政权象征。

8.3 奴隶

大多数关于北欧奴隶制的资料都来自后来的斯堪的纳维亚人的法律，在最古老的法律文本中有专门讨论奴隶和被解放的奴隶的文章（12 世纪修订的《古拉兴法》中的324篇中有57篇是关于奴隶的）。尽管当时奴隶制正在衰落[1]，而且我们很难推断出其在维京时代的重要性和范围，但我们也依旧不能将奴隶制方面的研究看成是次要的。《里格的赞歌》一书观点承认了奴隶制在很久以前就已经存在，但相较于奴隶的真实情况，该书更多地使我们了解到了奴隶的象征。北欧传奇故事通常反映了一些陈旧定型观念，也有一些可以用来与法律条文进行比较的细节，还描述了一些远非纯粹虚构的情况。就拿我们已经提到的一些内容举例来说，奴隶出身的王室领地管家索里尔以及埃林·斯卡格森的奴隶们便是如此。当时的拜占庭、阿拉伯或西方的资料都表明，俘虏的抓捕和贩卖——特别是在东欧和爱尔兰——是维京人的日常活动之一，这些资料有时还会提供一些关于奴隶们的命运以及在罗斯人酋长葬礼上被献祭的年轻女孩的详细信息，如伊本·法德兰约在922—923年便对后者做了一番详细的描述，还有塞镇的阿德尔海姆主教的失败，他甚至被当作卑贱的奴隶卖往海外，以及由11世纪初期鲁昂的卡尼尔创作的讽刺作品使人们了解到了爱尔兰诗人莫里赫特的历险记。事实是，奴隶和自由人是在北欧文学中经常出现的人物，这也使得他们在维京世界土地殖民化进程中拥有不可忽视的地位，特别是北大西洋地区的土地殖民化，北大西洋地区的文学作品中记载了一些被主人带去的、来自爱尔兰或英国凯尔特地区的奴隶的故事。赎回包括在斯堪的纳维亚半岛、萨克森和丹麦边界的俘虏，是传教士安斯加尔和兰伯特的工作之一。另外，斯堪的纳维亚半岛的内部冲突可能也是助长奴隶买卖活动的原因之一，根据后世文献资料记载（主要是法律文本和北欧传奇故事文学），奴隶买卖还存在其他的原因——例如由世袭奴隶、债务奴隶或因偷窃行为而被贬为奴隶的现象而致。

尽管我们可以肯定维京人的袭击助长了奴隶贸易，但就流向斯堪的纳维亚半岛的奴隶以及更广泛地来说，就奴隶在人口流动中的占比及其参与社会与经济生活的程度，人们未无达成共识。根据斯蒂芬·布林克的说法，我们最好不

---

① 参考根据露丝·卡拉斯的《奴隶制和社会》，奴隶制在12世纪中叶仍然存在于冰岛，但那时已经不是很普遍了，在一个世纪后消失殆尽，而在12世纪末至13世纪初的挪威，奴隶制正处于衰落状态，它有可能在1241年之前便在日德兰半岛消失了，但在瑞典，它似乎在13世纪末期都仍然存在，并且为人们所轻视。

要高估这个数字，因为之前很少有俘虏被带回斯堪的纳维亚半岛，奴隶在那里一度非常少见。另一种说法是，自维京时代开始，由奴隶劳工开发的大型农场就已经不是特例了，据估计，奴隶在当时占到了总人口的五分之一，并且成为农业土地开发的一个“重要”经济原动力要素。总而言之，无论意见分歧如何，人们都用了不同的方法来确定奴隶制对北欧社会的意义以及当时奴隶们的生存条件和社会地位。

从法律角度来说，奴隶是主人的财产，他们被视为一种动产、工具或牲畜，主人可以根据意愿对其随意支配。从原则上讲，奴隶没有资格享受法律权利：即使奴隶是法律的针对对象（如法律或一些过去的条约中——例如，罗斯人和拜占庭之间于10世纪缔结的条约——许多关于奴隶的规定所表明的那样），奴隶也不能依法行事，只能听从主人的命令。一般情况下，法庭不会采纳奴隶的证词，除非在其主人被谋杀之类的具体案件之中。奴隶可以被主人出售或杀害，主人可以对其进行体罚，原则上奴隶没有法律亲属关系或子女关系——尽管后来一些受到教规法影响的法律承认奴隶的婚姻，法律文本或文学作品中都没有涉及因买卖而被拆散的奴隶家庭（夫妻之间，或父母与子女被拆散）。奴隶可以拥有财产，可以参与交易，但这并不意味着法律认可奴隶拥有对财产的所有权。在特定的庆祝自由的宴会（一种奴隶获释后喝酒庆祝的仪式）结束后，奴隶可以获得自由，即使他们从主人那赎回自由之身，奴隶及其后代（根据挪威法律，至少四代人）仍然需要履行义务并为其主人服务。

我们很难理解12—13世纪的这种法律结构能多大程度地适用于维京时代。在970—1020年，有一个名叫托克的铁匠[①]在获得了自由之后，立了一块如尼石碑来纪念他的主人，托克可能并不是一个微不足道的人物，因为这个石碑是一个专业工匠赞助的。我们无法肯定的是，对更古老的时期而言，标准的研究方法是不是能说明奴隶地位最合适的方法，因为有一些历史学家更希望能从当时奴隶的地位中看到一种没有压制性含义的附庸形式，并且这种附庸形式是以客户与老板的关系为模型，出现在一个群体的归属感高于一切的社会当中的。但这样的视角

① 铁匠：“Smiðr”，这个词普遍用于指代工匠。

可以通过在斯堪的纳维亚半岛上[①]发现的多个维京时代遗址以及在其他地区[②]被发现的双人墓葬或三人墓葬体现出来，这些埋葬中还包括一些暴力死亡（如吊死、斩首，还有些遗体呈双手被缚状）的个人遗骸，人们认为这是些在主人的葬礼上被处决的奴隶，也许这是为了让他们在阴间也能服侍其主人。而位于罗弗敦群岛的弗拉克斯塔公墓被发现后，人们对该墓中经检测没有亲属关系的（至少在母系血统中）维京时代的十多份遗骸进行了同位素和DNA分析，发现其中有四份遗骸没有头骨，他们分别被葬于三个双人墓或三人墓中，并且这十多份遗骸的饮食习惯表明他们与其他人具有明显的社会差异。而来自多人墓的完好遗骸则在生前吃得更好，并且可能有其他人作为陪葬品陪葬。尽管我们承认这四个人是奴隶，但至少从可检测的骨学上来说，似乎没有任何迹象能使其与其他被埋葬在单人墓中拥有同样生活条件的人区分开来。

奴隶之间的处境差异很大。在挪威法律使用的术语中，对“奴隶”一词的一般称呼[③]与其他具体称呼之间都有所区别，那些具体称呼会指向一些更具体的活动[④]。在瑞典，“fostri”/“fostra”似乎指的是一个定居或在农场出生和长大的奴隶，而丹麦的法律术语则似乎会对在家庭中工作的奴隶和在田间工作的奴隶做一个区分。一些农业工作似乎与奴隶关系更密切：如男子负责施肥、放牧、手工耕作，女仆负责挤奶和碾磨。根据托雷·艾弗森的说法，从维京时代到13世纪，奴隶和自由人在土地开垦和农业发展过程中起着决定性作用。还有些奴隶在大贵族或国王身边担任职务。“Bryti”最初指的是负责监督其他奴隶的一名非自由人，后来又成了指代在皇家或领主领地上担任管家职务的人物。如果我们对发生在挪威国王奥拉夫二世·哈拉尔松时期的索里尔的故事多一点信任，对发现于霍高尔登阿德尔斯岛、比尔卡附近，由当时的管家托里尔所立的碑文（约1075—1085年）多一些确信的话，我们会发现这种称呼含义的变化至少可以追溯到11世纪，甚至更早。通过这些资料，我们可以看出，托里尔显然享有国王的信任，他可能还管理着阿德尔斯岛的产业。

① 如西兰岛的格尔德鲁普；位于丹麦、靠近朗厄兰岛的斯丁格；挪威的弗拉克斯塔。
② 如马恩岛上的巴拉塔雷；奥克尼群岛中的劳赛岛。
③ 一般称呼为：þræll，意为“奴隶”；而其阴性形式为：ambatt，意为“女仆”。
④ 如deigja，特指那些“做饭的奴隶”。

8.4 关注：通过如尼铭文来看斯堪的纳维亚社会

虽然如尼铭文的内容通常都十分简洁，但这些铭文为我们提供了有关当时斯堪的纳维亚社会的宝贵信息——尤其是维京时代晚期的斯堪的纳维亚社会，因为绝大多数的铭文都可以追溯到10世纪中叶。但在这种时间差距的基础上，还增加了（或者更确切地说是重叠了）另一种地理和地区的差距以及不同的社会结构，从而使瑞典的情况被更好地呈现了出来：竖立一块如尼铭文石碑这样的做法可能更多地涉及丹麦和西约特兰的贵族精英，而在乌普兰，它涉及的社会范围更广，甚至包括了那些社会底层的人。那些深受贵族精英作者和好战伦理影响的吟唱诗篇，非常有效地反映了当时社会的现状，但显然这样产生的诗作会缺乏多样性。接下来，我们还会在后面的补充分析中继续探讨有关吟唱诗篇的问题。

不过，如尼铭文并不会给我们提供对维京时代晚期北欧社会的一种整体视角。根据如尼铭文的信息，奴隶已经消失了，自由人只以一种特殊的方式存在。如尼铭文的内容首先描述了那些精英和地主的生活以及他们关注的问题，例如财产、遗产或者地位。铭文中对广义上的“旅行者”的描述则更少，在维京时代铭文数量中所占比例不足10%。这些铭文为维京人的旅行和远征提供了宝贵的证明资料，但也只是部分反映了他们的活动。

如尼铭文的赞助者中很少有人是为了宣扬自己的名声而立碑：尽管有这样的情况，但更多时候是死者的近亲、盟友或者朋友主张立碑来纪念死者。如果一个人死后的名声能得到他人的敬重，这是一件更光荣更诱人的事——生前和身后的名声是维京时代社会伦理的重要组成部分。但立碑者本身也与此纪念行为有关：因为竖立纪念碑也是公开展示自身财富、地位、与被纪念人的关系以及宣称自己为继承人的一种方式。在伯吉特·索耶或珍妮·乔钦斯等一些历史学家看来，许多纪念石碑都可以被解读为一种宣言，至少表明了其对遗产继承的意图，而这些石碑的赞助方式也可能是研究维京时代遗产继承习俗的一个切入点，但这种解释终究有些微妙。也有人提出，人们用诸如“好”“非常好”等修饰语来形容某些个体时，并不是特指他们的价值观或道德素质“好”，而是表明了一种社会认可，当人们描述那些在社群中参与事务管理和地方议会的显贵人物时便可以使用这样的修饰语，但如果我们是要形容一个“好的自由人”时，可以更简单地将其解读成是在强调这个人作为农场主或一家之主的重要性。有一些可以与其他资料进行相互印证的名称为我们提供了一个对当时社会的概述。在此我们会举两个著名的例子作为分析的开端，而我们的分析对象则是当地精英及将同伴团结在一起的联系或价值观。

在那些提到了海泽比这一地点并且是在此地被发现的如尼石碑中（DR 1），有五分之一都在纪念一位名叫埃里克的男人，他是一艘船的领航员，后来在对一个大型商业中心的一次袭击中丧生。他极有可能是在“八字胡”斯韦恩（982 年）统治期间去世，但也有可能是在前者的继承人之一斯韦恩二世（于 1051 年击退了由挪威国王“无情者”哈拉尔发起的一次进攻）任期内去世的。

> 被斯韦恩提供了住处的索罗夫立了这块石碑以纪念他的搭档——埃里克。在船员们包围海泽比时，埃里克丧生了。他是一个领航员，一个非常棒的船员。

而另一个丹麦铭文（DR 68 号，奥胡斯 6 号，960—1050 年）在不同的语境中，用的也是类似的词汇：

> 托斯特、霍夫和弗雷比昂他们立了这块石碑用以纪念阿瑟·萨克森，因为他是他们的同伴，是一个很好的船员，他曾经和阿恩一起拥有一艘船，是所有人中最善良的人。

“drengr”一词通常出现在如尼铭文、吟唱诗歌以及后来的斯堪的纳维亚土著文学中。它在多种语境中的使用，使人们难以准确理解这个词的含义，并且其含义在不同情况下会有所差别，因此，这引发了历史学家和文献学家们的争论，而其含义实际上与一个拥有某种职务或头衔的人具有相关联系。在吟唱诗歌中，该词似乎首先具有“军事领导人的军队成员”的含义，并且实际上与军事领导人处于同等地位，但该词并没有被赋予军事上的技术价值，而是表明了战士们之间的深厚情谊。自 11 世纪起，这一含义就被削弱了，该词被用来表明一个人和他的主人之间的关系并不那么紧密，等级化也更加分明。在丹麦的如尼铭文中，

“drengr”的意思与上文中提到的军队中的兄弟情谊的含义非常接近，但其含义并非在每个地方都一样。在西约特兰，我们一直很难确定其含义，但在东约特兰，我们将“drengr”一词用来指代那些与商业贸易活动有关的男人。无论怎样，它似乎都表明了一群男人之间的关系，如战士、商人或船队成员，并且表明他们与领导者之间熟悉亲近的关系：“该词含义的本质思想是集体秩序。”这些人通常都是年轻人，因此“drengr”一词也具有年轻的含义，于是，父亲通常会借助于这一称呼的赞扬性质，用它来纪念其死去的儿子。此外，“drengr”一词还具有积极意义，如有时我们在如尼铭文中看到的“drengila”一词，它经常被用来赞扬一个被纪念的人的才能。

相对来说，“ Félagi”一词被提及的频率没那么高，该词几乎只出现在如尼铭文当中，在吟唱诗歌当中并不会出现。该词被用来指代那些参加商业、战争的维京远征者。另外，该词还可以表达一种关系，例如在行会的范围内形成的关系，或者表示一种共同参与船只武装、贸易及海上劫掠的关系。因此，“Félagar”首先指的是合作伙伴，于是他们被同伴追念远比被家人追念的概率大得多。“Félagi”一词源自“Félag”一词，而后者是指资源的集合，“Félag”是一种基于共同财产的结社形式，是出于如战争、贸易或土地所有权等多种目的而建立的。我们可以在二十多个维京时代的铭文中找到“Félagi”一词，但在大多数情况下，该词指的是那些并肩作战、共享战利品和资源的人。上文中提到的奥胡斯 6 号如尼铭文便纪念了一个名叫阿瑟·萨克森的人。但这块石碑并不是由死者的家人所立的，而是由他的伙伴们所立，因为阿瑟与阿恩共同拥有一艘船。尽管“Félagi”这个词特别适合用来描述共同拥有一艘船的两个男人之间的关系，但出于一些不为人知的原因（可能是因为阿恩死了），在纪念阿瑟的石碑的赞助人中并没有阿恩的名字。如果那些立碑纪念阿瑟·萨克森的人与阿瑟共享这艘船的所有权，或者说如果他们是与阿瑟共同进行商业和（或）军事远征的伙伴，那么我们就不可能说这些人是该船队的成员（因为在这种情况下，“félagi”可能就不是描述这种关系的最合适的词语了）。此外，阿瑟·萨克森还是“一个非常好的船员”。“drengr”一词又与“Félagi”一词相关联，它暗示着阿瑟和追念者之间的一种由伙伴关系和友爱关系所构成的紧密关系。阿瑟的同伴们强调突出了他对其合伙人的忠诚，称其是“最善良的人”，并且铭文中所使用的圣人一词是用于指代那些从未欺骗或背叛同伴的人的。正如我们已经指出的，它指一种相互信任和支持的关系以及同伴们想要追念的阿瑟的优良品质。铭文中说阿瑟自始至终都表现出自己是一个值得信赖的好船员，对维京人来说，这可能是一种最崇高的追悼致敬。

“Heimþegi”（我们可以在DR 1号如尼铭文中找到这个词语）和“húskarl”（“屋中的人”）则是指那些与酋长生活在同一屋檐之下或酋长家中的人，有的社会地位很高。在少数瑞典铭文中我们发现了“Húskarl”一词，其中包括图林格教堂的铭文（南曼兰338号，1050—1070年），在铭文中“Húskarl”所形容的人是指那些纪念了一位在俄罗斯的战争中去世，名叫索斯坦的人所属的群体的成员，因此，我们把那些“皇家组织”的军队成员当作“húskarlar”，而“lið”指的则是宣誓效忠于酋长的部队。在吟唱诗当中，“Húskarl”常常以一种与皇室成员或酋长非常亲近的形象出现，并承担军事、外交甚至行政职能。这个词传到了古英语当中，演变成了“housecarls”，被用来指代克努特大帝王室的军队，后来指代那些登上英格兰王位的克努特大帝继任者们的军队，并且不论其军队成员的起源为何（军队成员可能是斯堪的纳维亚人、盎格鲁－斯堪的纳维亚人或盎格鲁－撒克逊人）。前文提到的索斯坦也是一个农场主——我们在丹麦的两个铭文（斯基沃的DR 133号铭文、伦德的DR 314号铭文）中也遇到过这个术语，而这三块石碑都通过与铭文相关的文字或装饰来指代一个拥有很高的地位并在社区中深受认可的地主。就图林格石碑而言，被纪念者的社会地位与其率军远征的能力联系在一起，但他最终在远征的一次战斗中不幸被杀。

在前文提到的罗尔布罗铭文（Sm 37号铭文）中，亚述被人追念为一个“好战士”，显然因其分发食物和维持和平的能力而受人称道。但“战士”一词引发了许多争议，尤其是因为该词与盎格鲁－撒克逊语中它的同音异义词“男爵”一词相关联，而后者在10—11世纪的盎格鲁－撒克逊英格兰中被用来指代那些集合了国王下属、地主、有权力者和地方权贵诸多角色于一体的贵族人物 。伯吉特·索耶认为“þegnar”（“战士”）就是在皇家卫队或军队首领的部队中服役的男子，就是为上层人物——通常是国王——服役的人。然而，根据朱迪斯·杰希的说法，“þegnar”一词似乎与为王室服务或军事活动并没有特别的联系，而是代表一类富有的土地所有者，是出身于某县或某地区显贵家庭中有名望、有权力的人，其权力更多的是反映了一种传统的权力秩序，而不是与国王相关的权力 。

有些文件资料使我们可以了解到这一地方精英阶层，例如人们在乌普兰发现的有关贾拉班克及其家人的铭文，其中包括了瓦伦蒂纳的铭文（U 212 号铭文，约 960—1100 年）。

> 1. 贾拉班克在自己生前就为自己立了这块石碑；他一个人拥有整个塔比的全部财产。愿上帝帮助他的灵魂。2. 贾拉班克在自己生前就为自己立了这块石碑，立碑的地址曾经是人们举行“庭”的地方，并且整个地区都属于他一个人。

贾拉班克自己立碑纪念自己，在碑文中强调自己拥有塔比和整个地区的事实，在塔比建立了当地的“庭”；同时，他在其他铭文中也有出现，因为他建造了一些桥梁。但贾拉班克对该区域所拥有的权力的性质仍然模糊不清：他是——更确切地说是他自称——该地区唯一的土地所有者，或者他更有可能是该地区唯一的行政官员。实际上，当时还有一些铭文（U 225-226 号铭文，约 960—1020 年）表明，位于该地区贝尔斯塔的另一个“庭”其实是由另一个家族建造的。也许对贾拉班克来说，立碑纪念自我是一项自我夸耀的行为，意在宣扬其家族的力量和其控制该地区的雄心。同样，安妮 - 索菲·格拉斯隆还注意到了位于乌普兰，用于纪念在 1040—1041 年追随英瓦尔酋长远征塞尔克兰时的人们的二十多块纪念石碑，但这些石碑的分布范围并不在贾拉班克家族控制范围之内，仿佛英格瓦尔酋长和贾拉班克两个家族的势力范围互相排斥，每个家族都控制着该地区的一部分 。

8.5 社会联系和价值观

前文在很大程度上介绍了斯堪的纳维亚的社会关系和价值观，我们也必须在本章结束时对这些社会关系和价值观做一个简要总结。由于受到了一些人类学研究方法的影响，近期的研究从分析社会联系及其所建立的社会网络出发，使得人们对这些社会的功能及其演变有了更好的了解。

斯堪的纳维亚社会的血统结构是双边的。如尼铭文指出了那些通过结婚联姻的亲属们，还会记载死者的妻子、母亲或女儿们的名字。此外，如尼铭文会使用不同的名词术语来称呼父系和母系两边不同谱系的亲属，如对父亲这边的叔叔和母亲那边的舅舅的称呼是有区别的。但我们没有理由认为这一称呼系统取代了先前存在的图腾氏族的系统。最常见的家庭关系是与父母血缘关系最近的亲属圈、已婚夫妇及其子女、兄弟姐妹，但在某些情况下并不排除范围更广的家庭关系，这一点在社会地位较高的家庭中更加明显。我们从后世法典中了解到的法律规定便强调了血统的重要性，特别是在土地所有权和继承问题上，以及当亲属中的某一个人犯有侮辱、谋杀罪或者是犯罪责任人时，其亲属负有连带责任和集体责任——关于亲属和同盟者为家人或朋友向杀人犯报仇的故事构成了许多北欧传奇故事情节的核心内容。

一个自由人建立或扩大其社会联系的可能性远远超出了其基于亲属关系或同盟关系的关系（如邻里关系、资助关系、人为关系等）。北欧传奇故事再次很好地证明了寄养关系（一个孩子被送到另一个家庭抚养）和结拜关系的存在，但如果要用维京时代的资料来确定其存在比较困难，不过对寄养关系而言，前文所述“好人”哈康的例子或某些如尼铭文对此提供了真实的例证。

近期的研究强调了斯堪的纳维亚人精英以及底层自由人在建立和维持社会联系方面的投入，例如要获得建立联姻同盟或维持基于馈赠的交易制度必须具备一定的财富——我们将看到，这些做法鼓励了维京人去探险，掠夺战利品。酋长以不同形式（在节日和宴会之际，分配武器或戒指）向他的追随者们分配财富以维持关系以及通过保护他们来换取忠诚，而这一主题在吟唱诗歌或创作于 1000 年左右的埃达诗歌《哈瓦玛尔》中反复出现。《哈瓦玛尔》一诗强调了某些价值观，排在前列的一个价值观就是友谊（“一直到 13 世纪中叶，友谊都是冰岛和挪威最重要的一种社会关系”，它产生了一些涉及忠诚和保护的相互义务）以及体现友谊的礼物交换，正是这些要素构成了社会伦理和首领们生前荣誉的基础。

42[①].来自他的朋友：
我们当然是朋友
我们送礼物给对方以获得对方的礼物（gjǫf við gjǫf）；
人与人之间，为笑而笑，
但满是欺骗的谎言。

43.来自他的朋友：
我们当然是朋友，
是他的朋友，也是他朋友的朋友；
但他的敌人，
绝不会是他朋友的朋友。

44.你看，如果你有一个朋友
你也对他充满信任
并且想要他给你带来好处，
你就必须参与他的生活，
互相交换礼物，
并且经常去看望他。

52.不要只给人送厚重的礼物，
小礼物才会得到别人的夸奖；
半块面包，
近空的酒杯，
我就交到了一个朋友。

76.财产会消亡，
亲人会去世，

① 42：数字为原文中引用的诗歌段落序号。

而你，也终将离去
但我们所获得的
生前美名
将永生。

77. 财产会消亡，
亲人会去世，
而你，也终将离去
但我知道有一样东西永不会消逝：
那就是人们对每位逝者所做的评价。

第9章 男人和女人

维京时代的社会经常会给人一种暴力和冒险的印象，这种印象体现了一些有魄力的、阳刚的价值观，此外，便几乎没有给人其他印象了。这种主要通过阅读中世纪书面资料所得来的表面体验，也产生或强化了人们对维京“女人”的偏见——她们有时候被当作家庭的守护者、家庭价值观的代表，有时候她们又是一群独立女性，而且维京时代的独立女性比欧洲同时代的女性更自由。这些中世纪的书面资料极大地影响了人们对考古资料的理解，并且受到了性别研究的挑战，例如那些在墓穴中被考古发现、很快就被定性为“女性化”的物品，但性别研究本身已经从致力于女权主义事业的立场向一种更平衡的研究角度演变，更加向男性和男子气概延伸。性别研究还表明，在人类社会建设中两性之间的相互作用揭示出了一些比二元模式更为复杂的现实。从这个角度看，在关于维京人运动起源的讨论中引入性别研究方法是一件十分有意义的事情，特别是对古代斯堪的纳维亚半岛的性别比例和杀害女婴问题进行的性别研究意义重大。

9.1 “然后母亲拿了一块白色亚麻绣花桌布”

这并不意味着代表绝大多数男女日常生活的家庭领域被忽视了。在《里格的赞歌》一书中，妇女被描述成负责家庭饮食的女主人形象，就像把一块面包和一块牛肉盛入一个碗中的曾祖母爱达一样，在放有一块白色亚麻绣花桌布的大厅内，母亲将白面包、搁在镶银的砧板上的猪肉和烤鸡，还有盛有葡萄酒的金边酒杯依次摆放在桌布上。自由女性——曾祖母，在她的房中转动手工纺纱杆，纺羊毛、织布。妇女负责了几乎整个传统社会的劳务工作：她们要负责家庭的家务劳动、食物的储存和准备、幼儿们的教育、某些农场工作、纺织亚麻或羊毛工作。丈夫不在的情况下，妇女们还要负责保持庄园或农场的顺利运转，监督并管理什人工作。《灰雁律法》还曾明确提出女主内男主外的观点。然而，很显然，在传统的农村社会中，农场的日常工作很难严格划分任务，并且需要夫妻两人的共同参与，正如位于西曼兰的哈斯米拉铭文（Vs24 号，约 1050—1070 年）所刻诗句中提到的一样，瑞典自由人霍姆高对其妻子奥丁迪萨的去世悲痛不已，其妻对农场可能拥有一定的管理权力。纺织品生产的各个阶段——从纺纱到制衣——似乎都是专属于女性的工作（可能纱的接合除外，但这一情况仍有争议），这种生产工作是在家庭、农场或者城市中心进行的。在这些城市中心，特别是在比尔卡和海泽比，人们发现其生产材料与农村地区所使用的生产材料明显不同，这表明城市中心的生产更加专业化，能满足的需求也远远超出了家庭范围。这些纺织活动也可以作为解释在这些地点发现的女性坟墓比例相对较高（在比尔卡的女性坟墓比例高达 60%）的一个因素，并表明妇女可能在这一生产结构中发挥了积极作用。后来在冰岛，家纺面料瓦德麦尔成了冰岛经济的一个重要组成部分，并被用作货币计量单位。而具备熟练从事纺织类工作的能力也是公认的妇女才能之一。在位于奥斯陆的挪威文化史博物馆中，藏有一个发现于斯堪的纳维亚半岛，以雕刻基督教场景而闻名的，最早绘有主显节图案的艺术品——丹娜石碑（第 68 号，960—1050 年），其铭文显示：母亲甘沃立碑以纪念她的女儿阿斯特丽德，而后者被称为“在哈德兰中双手最有天赋的人”。该石碑可能指的是这个年轻女孩在编织或刺绣方面十分专业，石碑上所描绘的内容也被解读为是在暗指由阿斯特丽德所完成的一些织绣作品。最后，必须强调女性在服装时尚或装饰元素的接受和传播方面所发挥的作用。

对研究人员来说，这有助于“印证”北欧影响力在斯堪的纳维亚半岛以外其他地区的存在。

9.2 法律上和实际上

当然，与当时其他的欧洲社会一样，斯堪的纳维亚半岛古代社会的主要参与者是男性，尽管当时的法律对女性给予认可和法律权利，但与男性相比，她们仍处于从属地位。对这些后来出现的法律文本，我们要谨慎使用，它们虽然规定了妇女的法律行为能力（capacités）和限制行为能力（incapacités），但我们很难将其运用到比这些法律条文诞生时期更早的年代。《灰雁律法》远远早于 13 世纪的手稿 ，根据该法律，女性在很大程度上被排除在公共领域和法律领域之外。她们不能担任法官，似乎也不能担任由邻居组成并能做出判决的地方陪审团（kviðr）成员。显然，女性不被允许在法庭上出庭作证，也不得亲自参与谋杀案的起诉，但女性在受到伤害时有主张提起诉讼的权利，在实践过程中，她们通常会将诉讼委托于男性。另外，女性似乎不被允许在“庭”上公开发言，也被禁止携带武器。成年女性要对自己的行为负责，当她们违反法律时，会遭受与男子同等的刑罚。丹麦法律规定，丈夫是其妻子的法定监护人（wærjende），前者可以支配后者的财产，包括其妻子所继承的遗产，只有在丈夫去世后，妻子才有可能提起诉讼以收回其财产。尽管寡妇有更多的行动自由，但她需要一个法定保护者以她的名义代替她出庭；她不能参加会议来直接介入自身事务，但她通常会出席会议，并且可以（也可能不可以）通过她的代表来表达她同意或不同意。

然而，法律法规并不能完全地反映过去的事实，我们最好借助原始资料来了解当时的实际情况。在如尼石碑上被纪念的人中，绝大多数（92.3%）都是男性，这些纪念男性的石碑中又有三分之二是由其他男性竖立的。只有 4.2% 的铭文是献给女性的，这些石碑中的绝大多数（3.6%）是由男性（被纪念女性的丈夫、儿子或兄弟，还有些是远亲——当然这种情况更为罕见）所立。其中 2.7% 的石碑是由男性所立，以纪念一男一女（通常是一对已婚夫妇），通常是由儿子立碑纪念父母。然而，单独资助（占比 11.7%，主要是纪念已故的丈夫或儿子，纪念女儿或姐妹的相对较少），或至少与一名男性［占比 14.6%：大部分是妻子与她的儿子（们）立碑以纪念其已故的丈夫，或者是父母二人立碑以纪念已故的儿子］共同资助竖立如尼石碑的女性占了立碑者的很大一部分（超过四分之一）。似乎女性们只有在缺乏男性近亲的情况下才会树立石碑，因此她们中的大多数主要是作为寡妇或者未婚女性来独自立碑。只要她们有必需的资源能竖立石碑，那么这一行为可以表示对她们维持或获得这种独立性的认可，因而在很多情况下，这也强调了这些女性基于土地所有权而拥有的社会地位。

女性可以继承（特别是在她们丧偶或者没有其他男性亲属的情况下）并处置她们的财产。这个可以追溯到 11 世纪下半叶（1070—1100 年），位于乌普兰（U 29） 希勒舍（Hillersjö）的一块著名的石碑铭文便详细介绍了一份遗产最终由一位名叫格罗格（Gerlög ）的女性继承的故事，其中复杂的财产转移或许可以解释她让人们了解她的情况以及可能花了一大笔钱刻了乌普兰最长铭文（284 个如尼文字）的必要性。铭文的排列方式（铭文并非刻在一块直立的石碑上，而是在一块水平放置的平底石块上），制作铭文的细致，以及雇用吟游诗人撰写铭文，这些都突出了格罗格对该声明的重视。

介绍（这段文字）！格蒙德（Germund）和还是处女的格罗格在一起（结婚）了。随后，他们育有一子，但之后格蒙德却溺水身亡。于是在那之后格罗格又嫁给了古德里克（Gudrik）。[...] 他们也有了几个孩子。但这些孩子中只有一个存活了下来；她的名字叫恩佳（Inga）。斯诺斯塔（Snottsta）的拉格法斯特（Ragnfast）娶了恩佳。后来拉格法斯特以及他与恩佳的儿子先后去世。于是恩佳从她儿子那继承了财产。随后恩佳又嫁给了埃里克（Erik），之后她便去世了【埃里克也去世了】。最后，格罗格从女儿恩佳那继承了财产。

——吟游诗人托比约恩（Torbjörn）刻下了这些如尼文字。

这段文字可能与人们在距离希勒舍（Hillersjö）约 30 公里处发现的其他四块石碑的铭文［U 329, U 330, U 331, U 332，其中有三块石碑位于斯诺斯塔（Snottsta）］存在联系，而这些铭文也为我们补充了一些关于格罗格女儿及其家人的信息。恩佳（在石碑上）纪念她的丈夫拉格法斯特，据传他从父亲那继承了斯诺斯塔农场并且有两个姐妹［吉里德（Gyrid）和阿斯特丽德（Estrid）］。恩佳还提到了她的儿子先于她去世，于是她便继承了她儿子的财产。

希勒舍的铭文是一份非常重要的文献资料（并且是如尼文献中唯一的资料），而这些资料不仅证明了格罗格和她的女儿可以（此处是从她们的儿子或孙子手里）继承财产，也证明了当时的遗产继承行为和于两世纪后的 13 世纪末编写的乌普兰省法律是相呼应的。不过关于财产继承的某些细节我们还不得而知。因为考虑到格罗格从孙子（恩佳的儿子）那里继承也似乎是合理的，所以我们不清楚格罗格是否继承了她第一个儿子的遗产。拉格法斯特也有两个姐妹，但他似乎为了自己的利益把其两个姐妹都排除在了遗产继承人之外，因为根据其中一个铭文（U 331），他独自继承了斯诺斯塔的农场。而恩佳在她与第一个丈夫所生的儿子去世之时，从儿子那继承了来自第一个亡夫的遗产，尽管她后来又与埃里克结婚，但由于他们没有孩子，这些财产最后都被格罗格继承，因此格罗格通过从另一个后代手中继承土地增加了她的财产。于是，她成功地将两个或三个家族（格尔蒙德家族、古德里克家族、拉格法斯特家族）的财产聚集到一起，从而在当地积累了一笔相当可观的财富。

有好几个铭文都告诉了我们女性是如何支配自己的财产的，例如用于修建道路——尤其是修建桥梁：这就是上文我们提到的丹娜石碑的情况。在乌普兰，与架设桥梁有关的石碑中有一半的铭文（总共 81 个铭文，1070 年前的铭文占了三分之二）中出现了女性，但她们赞助（单独赞助或与他人共同赞助）的铭文石碑只占了 28%。虽然女性只占纪念死者类铭文数量的 5%，但在纪念建桥的比例上却是这一数据的四倍之多。女性对此类活动的参与应该与教会的鼓励相关，因为教会认为这项活动是虔诚的。女性在这一活动中的参与突出了女性在该地区基督教化进程中的积极作用，同时这也是女性参与到公益活动中去的形式之一——尽管原则上她们是被排除在公共领域之外的。

9.3 文学形象和社会作用

北欧文学为我们展现了许多杰出的女性形象。如《殖民之书》中便记载了精明的奥杜尔（也可以被翻译为“非常富有的女性”）的功绩，她是北欧国王“塌鼻”柯提尔的女儿，她在其子于苏格兰逝世后，“命人在森林里秘密制造了一艘货船”离开了这个国家，与随船的 20 名自由人一起向奥克尼群岛航行，然后又去了法罗群岛，最后抵达冰岛并在此定居。据智者阿里说，“奥杜尔在冰岛给了她的船员和自由人土地”，其中一些人在此繁衍生息，子孙众多。奥杜尔是一位“德高望重、信仰坚定”的基督教徒，在预感自己大限将至之际，她邀请她的亲属们来参加一场持续六夜的盛宴，并向她的客人们送上了许多礼物。在她去世之后，她被葬于一个“被海水掩盖的地方，因为她不想在那些不被神佑的地方安息”。后来，《拉克斯谷人传》一书的作者受到了她的故事的启发，将她命名为“精明的恩”，根据文中的说法，她是“妇女的典范”，在该书中，她的故事略有不同，书中讲述了她被埋葬在专为她准备的一艘置于地下的船只中，并伴有许多的陪葬品。吸引北欧传奇文学作者的不仅是她对基督教的宗教信仰，更多的是该墓葬所体现的特殊社会地位。

在《格陵兰人传奇》中，“红发”埃里克的女儿菲迪丝向其两个兄弟赫尔基和芬堡吉提议“乘她的船去文兰，但要与她分享他们在文兰所获得的一半利润”，后来她向她的兄弟莱夫又借了一艘船。之后她成为了赫尔基和芬堡吉的强大合作伙伴，但赫尔基和芬堡吉最终在行动中被杀，他们的手下和几名女性也都死于菲迪丝之手。再如，居兹丽聚尔·索尔比亚德纳尔多蒂尔从挪威旅行到文兰，又在冰岛、格陵兰直至罗马都留下了足迹。爱尔兰公主梅尔科卡（在《拉克斯谷人传》一书中有所记载）被海盗抓获以后，被罗斯商人吉利在斯堪的纳维亚市场上当成奴隶，卖给了冰岛酋长霍斯科尔德，后来成为了他的妾室。诸多来自社会不同等级的人物故事都体现了拥有鲜明人格的女性，她们社会上可以拥有的地位和作用，包括她们在由维京现象所引起的人口流动中的作用。

我们需要承认的是，上文提到的这些人物可能首先是维京时代12—13世纪时期的公众所塑造出来的杰出女性代表的一些文学形象载体。但另一方面，墓葬考古表明了大量豪华的墓葬中埋葬的都是女性——意思是这种墓葬所反映的生活方式将死者和精英联系在了一起。最著名的显然是人们在韦斯特福勒的奥塞贝格发现的一个墓葬，该处埋葬了两名女性，一名大约70岁，另一名则是50多岁，围绕着许多极尽奢侈、惹人注目的陪葬品——一辆四轮车，三个雪橇，五个装饰华丽、带有动物图案的门柱（可能用于宗教崇拜），以及精美的水桶和一些容器、厨房用具、床，还有一些可能描绘有宗教仪式过程的挂毯，一些箱子、织布机和其他纺织工具配件、木制马鞍、个人用品和农具。尽管奥塞贝格船葬非常豪华，但它可能反映了维京时代早期女性处境（或者说是地位）变化。而人们对挪威西部松恩地区女性墓葬（550—1050 年这五个世纪）的长时期研究表明，女性豪华墓葬的数量和比例在该时期迅速增加，在 9 世纪甚至达到了这类墓葬总数的 30%（而在 550—800 年，女性豪华墓葬数量占比为 10%）。对这一现象的一种解释是，在许多男性从事远距离活动的情况下，女性的社会处境发生了变化，女性承担了更多的责任并获得了更重要的社会地位 。

尽管女性的法律权利有限，但她们在次级司法系统领域的干预力度并不小，如唆使他人进行报复，或相反地，充当当事方之间的和解者，以解决或防止冲突。因此，埃达文学和传奇故事文学中描绘了许多的女性形象，由于他人的冒犯或罪行，她们寻求补偿并报仇，于是做出了一些激化矛盾的行为。在创作于 1230—1260 年的《拉克斯谷人传》一书中，作者讲述了一个发生在 10—11 世纪相交之际的冰岛的故事，索格·埃吉斯多蒂尔指使她的丈夫“孔雀”奥拉夫为被博利所害的儿子贾尔坦一报血仇。但这一复仇计划并未成功，因为奥拉夫担心这种行为可能会对他的家族带来摧毁性的影响——博利其实是奥拉夫同父异母兄弟的儿子，曾被寄养在奥拉夫家中——所以奥拉夫不愿意接受这一“通过杀害杀人犯来报仇的权利”，而是打算在法庭上要求赔偿。索格未能实现自己的目标，（在奥拉夫去世后）又成了寡妇，于是她又催促她的儿子们采取行动，唤起他们的荣辱感，让他们为自己的兄弟报仇。这类诱导行为可以有多种表现形式，包括那些最令人毛骨悚然的方式，例如，妻子抱着亡夫的头颅想让他的父母感到耻辱，或者从箱中取出沾有受害者凝固了的血液的外套，将其披在那些人们寻来帮助自己复仇的人身上。在这些情节叙述中，可能包含了一些推动情节发展和增加叙事张力的叙事方法 ，但它们仍然反映了不少的真实情况，而非全盘来自虚拟杜撰——在原则上，当女性被剥夺了法律权利时，必须说服男性亲属来达到自己的目的。

相反，还有一些妇女则可以采取行动以保持团体凝聚力，防止或限制暴力、促进重建和平。在绘画（例如位于哥得兰岛上的几块石碑）和文本中，我们看到女性们会参与浇祭，负责为酋长及其士兵们侍酒，从而参与了社群凝聚力的形成，并主张重新调整社群内部的等级顺序。在《圣奥拉夫传奇》一书中，有三名妇女接待使者、与使者交谈，并将自己的钱财和人脉网络都交给故事主角们支配使用，在谈判过程中表现出了一种积极参与的态度，就为了使奥拉夫二世·哈拉尔松与瑞典国王奥洛夫·舍特康努格能在1018年缔结和平条约。与欧洲其他地方一样，在和平协议达成之后，某位女性将会被嫁给一位国王或酋长，“和亲女”的作用在这时候就得以体现。

因为吟唱诗歌的作者几乎都是男性——我们只知道有四位女性吟唱诗歌作者，所以我们只是大概地了解了一些女性形象。这些男性作者是为男性读者写作的，尽管后来的一些文章带有些浪漫色彩，可能也吸引了一些女性读者。通过书面资料，我们可以确定四种典型的女性形象。[①]一方面，这种分类备受争议，因为它简化了远比该分类所能体现的更为复杂的女性形象，另一方面，则是由于这些人物形象的地位根据其文学类型差异，或在叙事结构中所发挥的不同作用而有显著差别。需要特别注意的是，无论是在暴力的使用还是在那些原则上把女性排除在外的公共领域中，这些人物形象都跨越了性别的障碍，补全了传统上更倾向于男性的人物角色类型。例如，当社会环境剧烈变化之时，这种角色在社会上被承认接受的程度会是如何呢？在《阿特利之歌》（最古老的埃达诗歌之一）中的女性复仇者形象的化身——古娟，通过亲手杀死她第二任丈夫阿特利及他们的儿子们，来摆脱自己难以平息的报仇之念。但在后来的北欧文学作品中，古娟的存在感有所降低，尽管她仍然令人生畏，但她不再有能力亲自去实现这些终极目标。同样，在吟唱诗歌《挪威王列传》中，王后们的形象差别也很大，这取决于这些形象是服务于异教时代还是基督教时代。要超越文学形象去了解旧时代女性可能是很困难的，而要猜测维京时代女性的情况就更是难上加难了。但通过与其他资料进行比较，提供了我们去思考女性参与斯堪的纳维亚半岛乃至维京世界社会、政治和文化领域发展的可能性。

最能体现女性元素的著名领域之一便是宗教领域。北欧的英灵殿和神话中便有许多女性人物、女神（如弗丽嘉、弗蕾娅等）、女巨人和其他超自然实体，这些都反映了女性元素在古代信仰中的重要地位。埃达文学和神话无疑为我们描述了一个以男性角色为主导的世界，这些男性角色还向我们传达了这些文本介绍给我们的男性社会表征，这些男性不免存在异教厌女症的情况 。但

① 勇者、智者（如西比拉或渥尔娃女巫）、复仇者和煽动者。

它们也提到了另一方面，即女性的力量是通过某些女神灵或女巨人产生的欲望，或者是完成一些真正英勇的行为来实现的，这些行为包括使用暴力。女性实体在两个领域表现异常活跃，一个是通过始终以女性形象出现的形象诸如守护天使、诺恩三女神、狄丝、女武神瓦尔基里等来控制人类的命运，另一个则是获得智慧和预言能力的方式，正如《西格德里弗之歌》一书中的女武神（她告诉战士们在避免或面对困难局势时应持何种态度）或《女巫的预言》一书中向奥丁神展示其经验和智慧的女预言家。而在建立人类世界与神灵之间交流方面，女性也起着决定性的作用，使得当时的人们相信他们与神灵生活在同一个世界。因此，女术士或女巫是北欧文学中的常见人物，在承担这种与冥间沟通职能的媒介中，文学作品中的男性形象与女性形象一样众多。尽管我们要考虑到是从文学小说作品中发现了这些女巫的存在，但许多的女性坟墓仍然被认为是“女巫的坟墓”或“渥尔娃女巫的坟墓”，这告诉我们，能够与另一个世界沟通的能力并非只存在于小说当中。女性在宗教领域留有一席之地，虽然她们不是宗教崇拜仪式的主要参与者，但不会被排除在宗教领域之外，并且会参与某些宗教仪式。最后，我们还是想说，在基督教教会制度化之前的过渡时期，女性似乎是北欧国家基督教化的重要参与者。

女性并非完全没有权力意识形态，而是深深受到了男性价值观的影响，所以在这种价值观中，女性形象产生了一些能突出家族特殊性的超自然元素。例如，在“圣婚”这类情况中，人们便将女巨人引入其祖先之列。还有些文学作品则呈现了一些能够行使权力的女性形象。其中流传最广的女性形象是冈尼希尔德，她是国王“血斧”埃里克的妻子，在埃里克死后，她与其儿子们共同统治挪威。但一直以来，她之所以是一个杰出而有争议的人物，是因为其他国王或王公们的妻子或母亲[①]在帮助儿子或丈夫管理国家的时候，能够从她们的行动中看到积极的态度，她们偶尔还会为儿子或丈夫提供军事或物质的支持。像与她们同时代的欧洲女性一样，她们的成功在很大程度上取决于她们的人格、盟友，及其分析时势的能力……或作者在描述她们的行为时已有的先验观点。只有在极少数情况下，我们才有可能获得后代文学所描述的更接近事实的起源。以高姆老国王的妻子，

① 如奥拉夫·特里格维松的母亲阿斯特丽德，奥拉夫二世·哈拉尔松的母亲奥斯塔，等等。

“蓝牙王”哈拉尔的母亲提拉为例，在丹麦王国第一次统一时的王室遗址耶灵，有两块石碑都刻有铭文纪念她。我们不知道埋葬在奥塞贝格船葬里的两位女性到底是谁，其中一位女性有时被认为是阿萨王后（来自久负盛名的伊林格家族），即“黑面”哈夫丹国王的母亲——但这一假设现在已经被人们否定了。有人认为她是一位嫁给了挪威国王的丹麦公主，或者是一位宗教人物。根据最近的说法，还有人认为她是嫁给了韦斯特福勒的一位国王。来自挪威西部的一位公主，无论她的身份到底是什么，在9世纪上半叶的韦斯特福勒，她似乎确实通过宗教影响建立了自己的权威形象。最近的考古发现——如菲英岛上的霍比雕像，或女性坟墓中武器的存在，或比尔卡的坟墓之一（Bj 581）中的“维京战士”遗骸，都表明女战士不仅存在于以文本诠释的文学小说和超自然世界中。

第10章　资源与活动

维京人在8世纪末期突然登上西欧历史舞台，只是其对外多方面扩张的表现之一，不过这对当时的人们来说可能是最轰动的事件。当时的总体情况是人口和经济大大增长，但这一情况并非只发生在斯堪的纳维亚半岛地区，至少自7世纪中叶以来，欧洲西北部的其他大部分地区也是如此。虽然我们很难估算出北欧国家的人口（根据最保守的估计，在11世纪中叶，丹麦有50万—70万名居民，挪威有近20万名居民，在如今的瑞典范围内则有30万—45万名居民），但在该时期人口数量确实有所增长。然而，我们不能从中了解到维京人运动的充分理由，而是应该在经济活动和资源开发多样化的背景下来看待维京人运动。

10.1 农业经济与农村住房

在斯堪的纳维亚半岛上的许多地区，人们主要从事农业生产活动。在公元元年后的整整前十个世纪，农村经济都以畜牧业为基础，包括养殖牛、猪（其消费量急剧增加）、山羊、绵羊和家禽。畜牧业为人们提供了日常消费所需要的肉、皮革、牛奶及其衍生产品（奶酪、黄油），其中一部分还用于出售，甚至出口。有一条穿越日德兰半岛的主要出口路线名叫“军路”，也被称为“牛路”。人们在里伯遗址的发掘结果表明那里曾经是一个很大的牲畜围栏，其中圈养的动物们是用来被宰杀或出售的。在1120年，丹麦大主教阿瑟送给班贝格主教的礼物之中就有黄油。发掘结果也充分表明确实存在饲养牲畜的建筑物，即与住宅区域位于同一屋檐下的圈养区域，体现了“住宅－养殖一体化”，而这样的一体化现象在斯堪的纳维亚半岛直到10世纪为止都普遍存在。畜牧经济的大力发展鼓励了人们对极地圈以外高纬度土地的开发（例如在挪威的特罗姆瑟地区），并推动了人们去法罗群岛、冰岛或格陵兰岛等地区寻找牧场。当时人们的主要栽培品种为大麦、黑麦（广泛种植）、燕麦、豌豆、菜豆和卷心菜。虽然大麦一直是主要农作物，但在当今瑞典范围内，随着当时南部的黑麦、哈兰的燕麦和梅拉伦湖地区小麦种植量的增长，新的专门化种植正在出现。从细节上来说，北欧地区环境差异很大，因此在那些不太适合耕种的地区，人们需要将农牧业活动与渔业资源和狩猎资源开发相结合。从奥瑟尔的自述和记载在9世纪末期的《奥罗修斯古英语史》的片段中，我们了解到，这位挪威酋长（奥瑟尔）当时居住在位于北极圈以外、挪威最北端的霍洛加兰地区。证据表明，在高纬度（北纬70度）地区也有如尼石碑和农业产业部署。海洋的存在和北大西洋水域的漂移改善了此处恶劣的气候环境，使农牧业活动在该区域的发展成为可能。据英格·斯托利所说，奥瑟尔的住所应该位于比尔柯伊和克瓦尔岛之间（人们猜想中的谷物种植极限范围）。这位挪威酋长自称是该地区最富有和最有权势的人物之一，而他的财富主要来自萨米人的贡品、在农业和畜牧业上的收入，以及开发自然环境所得的盈利。实际上，奥瑟尔拥有的耕地数量极其匮乏，于是他选择用马来耕地。此外他还养了20头牛、20只羊和20头猪，最重要的是，他有600头驯鹿。这些只是被驯服了的野生动物，是他用驯鹿当诱饵捕获而来，然后这些动物又被驯化以吸引野生驯鹿，这种技术很可能是萨米人传授给他的。他还有其他产业补充收入，例如组队狩猎海洋哺乳动物，奥瑟尔声称曾在两天之内捕获了60多头海洋动物。在那些农业资源有限的地区，捕捞和狩猎海洋动物是一项重要的补给。尤其是随着沿海渔业的发展，海洋渔业资源得到了大力开发。

维京时代恰逢农业大发展的复兴，这得益于新技术的推广，这一发展自6—

7 世纪起变得非常明显。起初，作为夏季谷物的黑麦种植取得了发展，它被引入到种植体系中证明了“轮作体系的诞生”。自 1000 年左右开始，在斯堪的纳维亚半岛南部，冬季黑麦的普遍种植表明谷物种植水平正在上升。另外，花粉分析表明，在铁器时代晚期，耕地向斯堪的纳维亚半岛北部猛烈扩张，这一扩张与铁产量的增长可谓并驾齐驱。随着冶金技术的改进，工具制造也在进步。因此，我们注意到了自 6 世纪以来新工具在瑞典的普及（如刀身加长至 50 厘米的长柄大镰刀、摆杆步犁的铁犁铧）。不过水磨是个例外，尽管它自 9 世纪时就已经广为人知，但直到中世纪它才得以普及。摆杆步犁的使用仍占主导地位，以林霍尔姆山（利姆水道北部）中被风沙掩埋的耕地化石为代表的其他种种线索表明，尽管我们很难确认这些新工具的传播过程，但我们可以确定人们当时已经开始使用犁和耙等新的工具。

铁器时代晚期的农村居住条件也发生了重大转变。从挪威北部到瑞典，再到丹麦南部，尽管各地房屋建筑在材料以及建造墙壁或屋顶方式方面存在显著差异，但仍然有许多相似之处。在荷兰北部的一些省份有一种带有前维京时代北欧风格的建筑，这种建筑是一间带有三个内殿的长屋，住户和牲畜同时生活在同一屋檐下（“住宅 - 养殖一体化”）的不同区域，该建筑墙体呈向内弯曲设计，可以释放出更大的中央空间。一直到 10 世纪，莱尔和博格（罗弗敦群岛）都保留着这类建筑，后来它终究走向了日渐衰退的道路，被那些不带牲畜棚的长屋住宅所取代——这类长屋的牲畜棚建立在别的区域，并与住宅区域分隔开来，长屋的构造也发生了变化，屋顶转为由墙体或者其他支柱类部件直接支撑。这种新型建筑的典型之一便是特雷勒堡式房屋（以建造于 10 世纪末的丹麦要塞为名，这类建筑在当时十分突出），由一个带有独间内殿的中央大厅和位于尽头的两个较小的房间组成。在伊特·莫阿农场（该农场位于挪威西部松恩峡湾的上埃奥达尔），至少有六个带有特定功能的建筑物，因此它显示出了一种在不同建筑内部进行特定活动的趋势。

此外，总的来说，在群体定居点内部，农业单位的数量有所减少，但其规模却有所增加，并且它们的附属房屋也越来越多。然而，斯堪的纳维亚半岛各地的住房布局是截然不同的。如在南部，尤其是在日德兰半岛南部，农业单位通常聚集在那些由沟渠或栅栏围起来的小块整齐土地或“小山丘”（要注意的是，这里指的是建在农场并被围起来的一小块土地）。在维京时代，“小山丘”的分布范围似乎比以前更加广泛。在斯堪的纳维亚半岛南部以外的地区，因为建筑物的布局取决于当地地形，往往更加缺乏规律。所以这类整齐的“小山丘”结构在当时并不常见，居住地的组织结构也有区域性差异，斯堪的纳维亚半岛南部地区曾经出现过有规律的聚居地形式，其中最著名的例子是沃巴森村庄（该村位于日德兰半岛）。这种类型的居住地似乎在维京时代尤为常见，而在斯堪的纳维亚半岛的其他地区则主要是一些形式不规律的居住地，即一些由两个或多个共用围栏的农场组成的“混合式农场”。

通过对沃巴森遗址进行彻底的发掘，我们发现它的历史十分复杂，上文提到的这个村庄在其现在的位置建立的定居点从 1 世纪左右一直跨越到了 12 世纪。而定居地的迁移可能经历了好几个阶段。这种在其他遗址也同样存在的现象有多种解释。该定居地很晚（在维京时代晚期或者之后）才得以确定其最终位置，这可能与新的种植方法和谷物在农业经济中的地位愈加重要有关。

在 8—10 世纪的沃巴森村庄内，有 6 个农业单位呈直线排列分布在中央道路附近。这些农业单位比人们在以前的遗址上发现的更为宽阔，围起来的土地面积也更大（面积大约是 50×70 平方米和 50×110 平方米）。整齐的围栏和几乎一致的建筑物布局暗示了该居住地有一个共同结构。这些房屋都有弯曲的墙体，这一点在维京时代的建筑中很常见。主屋的东边仍然有一个可容纳 20—30 只动物的牲畜棚，西边有一间小房，中间则是最宽敞的住宅区域。在这些农业单位里还建造有许多附属建筑，特别是人们在那里发掘出的小屋。这些附属建筑似乎经常被用作纺织车间、饲养幼崽的牲畜棚、农工们的工作间或者住房。

无论如何，随着斯堪的纳维亚社会的变革，新型住房结构形式的发展引发了人们的思考。对某些历史学家或考古学家来说，这一发展可以与新的空间管理联系起来，而空间管理本身与具备更集中的权力，能组织更有效的资源开采或人员调动的权力机构的确立联系在一起——这一情况最早出现在丹麦。

10.2 手工业活动和贸易的发展

我们必须强调与手工业活动和商业活动发展息息相关的经济活动的多样性。这种现象并不是什么新鲜事物，这一多样性还在继续发展，因此我们必须将这一多样性置于一个更广阔的社会背景下，而自6—7世纪以来，北欧海域（大西洋沿岸、英吉利海峡、北海、波罗的海）沿海国家之间的贸易往来便取得了一定的发展。这些地区之间的贸易往来是由弗里斯兰人和盎格鲁－撒克逊人等推动的，是他们发展了包括斯堪的纳维亚半岛地区在内的一些贸易路线。曾经以贵族精英之间的相互赠与或稀有产品的再分配为基础的体系，后来演变成了一种商品交换制度，交换的商品不仅包括那些奢侈品或贵重商品，还包括日常消费品（谷物、石磨棒、块滑石制品、纺织品等），并且某些产品（例如玻璃制品）的商品化过程也可能参与了这一体系演变过程。支持这些贸易的机构也在斯堪的纳维亚世界中发展了起来：在贸易过程中，银（如作为砝码，但也越来越以货币的形式为人们所使用）开始普及；主要支持商品和手工艺品交易的贸易中心城市得到发展，并形成了一些专门的经济场所。

我们不会详细讨论这些手工业活动。木材是最常见的材料，用于建筑、工具和日常物品制造。矿石也用于生产制作日常用品，如石磨和磨刀石，或者由块滑石（由滑石形成的岩石，这种岩石十分结实，但不是层岩）所制成的器具。在挪威和瑞典西部有大量的块滑石，它便于加工，可以用来制作如灯具或容器等物品。手工艺品行业会制造各种各样的由骨头、鹿角或象牙产品。如果人们可以在家庭环境中进行某一项生产活动，那么这一生产活动就会形成一种高度专业化的手工业工艺，例如梳子制造或象牙制品工艺，这一现象在城市中心尤其明显。此外，制造梳子或象牙制品的原材料有一部分是从欧洲最北端地区进口而来的（如海象牙、鲸鱼骨、驯鹿角）。纺织业（如毛织品、亚麻织品）是一项主要由女性从事的、杰出的家庭生产活动，但在城市中心地区有更专业形式的发展，不排除其中一部分生产工作是由商业中心地区的经销商分给邻近农场完成的。人们在城镇（如海泽比）发现的皮革产品残余物为当时的皮革产品制造提供了有力佐证。在斯堪的纳维亚半岛，铁其实并非一种普遍存在的矿物，铁矿石质量参差不齐（瑞典的铁矿石更为著名），因此人们主要开采褐铁矿。自罗马铁器时代开始，对铁矿石的强劲需求导致人们在挪威和达拉纳、海尔辛兰、耶斯特里克兰、斯莫兰等一些瑞典地区努力寻找矿床。在文德尔时期，梅拉伦湖地区和乌普兰的统治者可能也建立了对黑色金属流通和供应的控制。当初人们通过还原作用在小型熔炉中提炼得到了铁，但铁的生产地点并没有与更为分散的消费地点相重合，所以产生了铁锭流通的必要性。与铁不同的是，铜合金、银和金的加工意味着要进口金属到斯堪的纳维亚半岛。尽管在斯堪的纳维亚半岛，珠宝或装饰品的生产并不是什么新鲜事物，但自 8 世纪起，这些金属的可用性便越来越高，从而又普及了这些金属的制造。维京时代北欧手工业最有代表性的产品之一无疑是椭圆形衿针——这是 8—10 世纪女性服装专用物品。在此期间，这些手工制品的大小和重量显著增加，这些衿针主要在商业中心城市大量生产，随后广泛分布于整个维京世界。最后，玻璃不是在斯堪的纳维亚半岛生产的，而是进口或回收的，人们更多的是用玻璃来制作珠子，而不是用来制作玻璃容器——因为这些玻璃制品一直都依赖进口。正如上文提到的某些特征所反映的，手工生产的条件在维京时代发生了变化，如航海技术的进步使得那些不使用当地资源的生产活动更容易获得生产所需的原材料；商品化过程进一步融入到商业贸易所产生的对象中去，更重要的是，专业的手工艺人不再仅仅为国王或酋长服务，而是参与到贸易的核心位置，于是他们成了社会与经济发展的基础力量之一。

毛皮是斯堪的纳维亚人贸易的主要商品之一。狩猎毛皮动物是居住在适宜狩猎区域的斯堪的纳维亚人、萨米人和芬兰人的一项重要活动。其中一些毛皮产品是斯堪的纳维亚人通过贸易所得，或者是远北地区、波罗的海地区的人和芬兰人以上贡的形式献给了他们。在俄罗斯的森林地区也存在着这样一个同样性质的系统。还有一些其他产品也参与了大量运输贸易，例如琥珀（丹麦北海沿岸、波罗的海南部沿岸琥珀资源丰富）以及由于稀缺而需求量巨大的海象牙（来自挪威海海域、白海海域以及 11 世纪以后的格陵兰海海域）、畜牧产品以及自维京时代末期开始便有了高需求量的海产品（如鲱鱼、鳕鱼）。此外，还有矿物类产品和手工艺品，如用鹿角（例如梳子）、铁或铜合金所制成的产品，珠宝、磨刀石、滑石容器。最后，维京人在不列颠群岛（特别是在爱尔兰）、高卢和斯拉夫世界中的活动促进了奴隶贸易的发展。反过来，他们又寻求那些来自东方的珍贵的织物，来自西欧的武器、玻璃器皿、葡萄酒、蜂蜜和蜡，以及手工生产所需的原材料（例如玻璃）、名贵陶瓷、玄武岩磨石，还有黄金和（尤其是）白银。

一些贸易往来也推动了斯堪的纳维亚半岛内部的当地商行或季节性市场的相互交流。人们在生产地发现了许多与挖掘地相距很远的磨石、皂石物品以及一些其他商品，这表明斯堪的纳维亚半岛的不同区域之间也存在贸易关系，其中包括北极地区。如果我们相信近期人们对用来制造梳子的驯鹿角的研究结果，那么可以得出的结论是，北极地区从 8 世纪末期开始便融入了新兴城市中心的贸易系统。最显著的一个事实依据可能就是（日常消费的）进口产品在不太富裕的社会阶层中的普及（而不再仅限于精英阶层使用）。起初人们使用那些产自本地的凝灰岩手工磨，后来人们使用进口自莱茵兰的产品，其他云母页岩做的磨机则进口自挪威或中欧。人们在对沃巴森地区 8—10 世纪的村庄进行挖掘之后，发现该时期的进口物品要多于在此之前的居民点的进口物品，例如人们在此处发现了一些来自莱茵河沿岸国家的手工磨和平斯多夫陶瓷，或来自北欧其他地区（如挪威、瑞典）的滑石容器。

在 8 世纪，斯堪的纳维亚人在很大程度上忽略了货币作为支付手段的作用。当时的贵金属——特别是银——以物体、锭块或硬币的形式在市场上流通。在银作为货币使用的交易过程中，重要的只有银的重量，形状则无关紧要。人们还会将银制品或银锭切割，以获得与天平所称同等重量所需的金属。银币也被人们经过了相同的处理，因为人们发现了不少被刀具切割和测试（以评估金属质量）过的硬币。这种通过重量来使用银的做法需要达到所有人都接受的标准，但这种做法并不过时，其典型是东方阿拉伯国家，其重量体系也已经被人们接受（重量体系又源自罗马盎司重量体系）；这种重量体系之所以为人所知，是由于其进口或模仿了来自阿拉伯世界的截半立方体或椭球体的砝码。同样，考古文献资料也很好地证明了那些以成倍盎司重量所制的银质装饰品、手镯或项链的存在。这种情况持续了大半个维京时代。从 10 世纪下半叶开始，硬币在国库中的份额开始增加，到了 11 世纪更是占据了主导地位，这些都是人们从贸易、掠夺或贡品中所得。在 9 世纪，尤其是在 10 世纪，银币主要通过中欧和东欧的贸易路线从东部阿拉伯国家来到斯堪的纳维亚半岛。在俄罗斯和斯堪的纳维亚半岛，人们发现了成千上万的阿拉伯货币（迪拉姆）。但这种阿拉伯银币的流通从 10 世纪 60—70 年代开始急剧减少，并被来自罗马帝国或英国的货币所取代，这表明当时的贸易路线可能发生了改变，而且欧洲人对贵金属有了更多的用途（特别是在人们对哈茨山银矿资源进行开发之后）。一直到 10 世纪末期，斯堪的纳维亚半岛的铸币业都是不稳定的。8 世纪的时候，人们在里伯铸币，而自 9 世纪 20 年代起，人们开始在海泽比铸币，但这些早期发行的货币都面临着与阿拉伯货币的竞争——9 世纪上半叶，阿拉伯货币的流通量大大增加。然后人们很快又开始重新使用碎银，但这些硬币被切割得十分标准，尤其是在那些已经有了首次货币经验的地区，例如斯堪的纳维亚半岛南部地区。斯堪的纳维亚人在西欧建立的商业机构开始了最早的货币定期发行，维京人在丹麦区的商业机构则是自 9 世纪末期起才开始定期发行货币。直到 10 世纪的最后几年，皇家硬币才在斯堪的纳维亚半岛出现，并于 11 世纪中叶在丹麦和挪威得到迅速发展。斯堪的纳维亚人早期的铸币活动也受到了英格兰盎格鲁 - 撒克逊人铸币活动的强烈影响。

10.3 贸易中心和城市

在斯堪的纳维亚国家和波罗的海周围地区，出现了一些贸易中心城市，这便是当时的贸易活动取得飞速发展的最显著的迹象之一。这种现象并非特例，而是涉及所有自 7 世纪起开始发展起来，与欧洲北部海洋接壤的国家中兴起的贸易城市或海湾，而这些贸易城市或海湾在各类文献资料中被冠以不同的名称，包括被称为“商业中心”。在维京时代之前，大多数在家庭范围之外开展的手工艺和商业活动都是在“中心城市”进行的，如乌普克拉、齐斯湖、莱尔、古德梅镇，等等。这些中心城市功能复杂多样，兼具宗教和祭祀、政治、经济方面的作用，而其控制人则是那些手工业者和商人都为之服务的贵族精英，后者还掌控着商品的再分配，而再分配商品也正是他们彰显自身权力和声望的一部分。这些社会组织在维京时代持续了一段时间，也见证了季节性市场（无论是否与“中心城市”相关联）和早期的城市中心（或者说是原始城市）的兴起。例如，在丹麦西海岸的里伯便可以找到这样的市场。在 8 世纪初期，人们在那里成立了一个季节性市场，但该市场很快便被一个常设机构所取代。到了 8 世纪中期，在日德兰半岛南部，第一个商行在海泽比成立，其创立者可能是弗里斯兰人。在丹麦国王戈德弗里德的推动下，该商行从 9 世纪初开始取得了高速发展。还有一些位于瑞典比尔卡（成立于 8 世纪中叶或下半叶）和挪威考邦（成立于 800 年左右）的其他贸易中心的例子也是众所周知的。这些地方自然也就成为了斯堪的纳维亚半岛的第一批城市中心。

“商业中心”指的就是那些为手工业活动提供国际性或跨地区性交易的场

所，这些场所通常位于城市的外围地区，或者处于建设中的王国边界线上。这些商业中心首先具有经济功能，这使得它们与多功能中心地区区分开来，但它们同时也是各种性质的会面场所，包括作为社会、宗教和文化性质的会面场所。露西·马尔博斯还将它们定义为港口和门户（入口或出口），认为它们就像是一个“文化大熔炉”，不同社会群体经常出入这些地方，使得它们成为了“世界性的十字路口”，除了商品，还有来自其他国家的一些思想、文化习俗和生活方式都在此交会。此外，商业中心还作为中心枢纽被纳入到了国际贸易网络中，并且将在这里交易的商品和散布的思想传播到腹地地区。尽管手工业贸易活动的存在并不是商业中心的特征，但商业中心却是大量手工艺人的家园，他们在此从事着一些通常需要进口材料的专业活动：如用来做手工艺品的鹿角（来自当地或更远地区的动物物种，如海泽比的驯鹿），金属（如铜锭，还有一部分在丹麦加工的铁是来自瑞典或挪威），贵重宝石或半宝石（如石榴石、红玉髓），还有用于制作玻璃的珠子。另外，商业中心非常依赖其周边的农村，因为后者向前者供应食物和部分原材料（如木材、骨头），因此在集约化和专业化方面，商业中心可能对其腹地地区的农业具有刺激作用，这可能会导致农业生产者必须重新安排农业生产结构，以满足这些新兴的城市市场。但反过来，城市市场的动力有助于人们将这些腹地地区更好地融入到欧洲贸易网络中，并让它们分担某些生产任务（例如纺织业）。尽管这些商业中心在斯堪的纳维亚半岛及其他地区的贸易中都发挥了决定性的作用，但它们并没有垄断市场。考古学家们在一些地区①发现了大量的着陆点、海滩或泊岸点（通常是季节性的），显示出了这些地区商业和手工艺活动以及捕鱼和修船的痕迹。有的地区是几个地方与一个邻近的商业中心组成一个系统来运作的（例如，位于施莱峡湾地区的菲辛格、舒比、科瑟尔），还有一些地区则可能反映了不同贵族群体之间更大的权力分化（如位于利姆水道地区、8—11世纪的塞伯松地区、7—9世纪的林霍尔姆山以及8—10世纪的阿格斯堡的贵族群体）。自8世纪初开始活跃的瑞典斯科讷省的阿胡斯城市，还有博恩霍尔姆岛，帕维肯、维斯比和位于哥得兰岛上的弗洛耶尔以及（在较小程度上）厄兰岛上的科平斯维克便共同组成了波罗的海海域贸易网络的中转站。

① 如罗斯基勒峡湾、菲英岛、哥得兰省、利姆水道、通向海泽比的施莱峡湾、斯科讷、哥得兰岛和厄兰岛。

这些城市中心的发展似乎与王侯权力的存在紧密相关，海泽比便证明了后者对前者的影响，而其他城市中心通常可能与附近的王室庄园有关，并且庄园会由一些众所周知的王室代理人以国王的名义在此树立权威（例如，9世纪的比尔卡便是如此）。实际上，立法创议权似乎常常是落在经济活动参与者身上——主要是商人，然后这些精英在第二阶段获得了控制权。达格芬·斯克雷曾强调指出，这些城镇社群人口与周围农村人口之间存在一些差别：城镇人口有可能受益于一项特殊法律（后来证实该法律名为“比尔卡法”）和“庭”（后经证实在9世纪的比尔卡确实如此）。维护街道、港口或商业设施都需要人们建立一个集体的组织来实施。最后，这些商业中心的人们似乎已经发展出了一些生活方式和身份认同形式——例如通过某种特定活动或某种消费形式可以辨别出其身份[①]，从而使其与周围地区的人们区分开来。最后，王室的庇护对贸易交流和接待外国旅客能否顺利进行更是至关重要。

这些城市中心的形态具有许多共同特征。从一开始，城市空间似乎便已被分割为许多整齐的地块，都设有街道。在里伯，大部分贸易活动都集中在一条与河流平行的街道上，人们在道路两边建立了许多地块（大约有40或50份地块，每份地块为6—8米宽，20—30米长，总占地面积为一公顷[②]）。在比尔卡，城市空间是沿着港口划分的，其道路面向港口或者与海岸线平行。在其最长的外延线上，城市占地面积为6—7公顷，似乎被分成了一百多份地块。而在考邦（5.5公顷，90—100份块地）和海泽比（24公顷）也有类似的城市布局。里伯占地面积为12—15公顷，其中不足1公顷的土地被划分为小块土地。虽然城市后来可能还会有扩建，但以上城市的所有空间似乎都从一开始就确定了土地分配制度和主要街道的位置，海泽比的情况尤其如此。在海泽比，港口设施（码头、海堤）是根据航行需求或条件来建立和扩展的，于是人们起初在该地区建立了几排木制码头，约在865年建立了一个主码头，于880—890年又建立了另外两个码头，然后到了10世纪末期码头得到进一步扩大——可能是为了接纳那些容量更大的船只。后来，这些商业中心中有几个终于拥有了防御工事：如设在比尔卡掩护驻军

① 例如，饮食中有更多的肉类、葡萄酒，还有某些能表明引入了欧式膳食用途的陶瓷或玻璃家具。

② 1公顷=10000平方米。

的防御工事山丘和防御城墙系统；在里伯，有一条可能在9世纪初是具有象征性和行政性意义的沟渠，后来在9世纪下半叶和10世纪初成为了城墙和护城河；10世纪中期，人们在海泽比修建了一条长达1300米的土堤，并且该土堤可能与丹麦墙相连。我们很难估算出这些城市中心的人口，不过通常我们都是根据其墓葬数量估计出来的，如比尔卡大概有500—1000人，海泽比估计有1000人甚至更多，而考邦则大约是600—700人。

这四个城市中心是斯堪的纳维亚半岛在近两个世纪以内仅有的几个城镇（奥胡斯取得初步发展是在8世纪，而取得高速发展是在10世纪，这一点也得到了更好的验证），而后来，除了里伯，大部分的城市都由于不明原因消失了。[①] 当然，这些城市中心不是同时消失的，如考邦消失于960—980年左右，比尔卡消失于970年左右，海泽比消失于11世纪末期。从10世纪末起，斯堪的纳维亚半岛又在不同领域开始了第二次城市化运动（参照西欧模式确立了中央集权君主制，推广基督教化发展教会结构）。在此期间建立的最重要的城市有瑞典的锡格蒂纳，丹麦的罗斯基勒和伦德，挪威的奥斯陆、特隆赫姆以及后来的卑尔根。

① 如水文条件变化，不适应新的运输工具，特别是无法接待维京时代末期容量较大的船只；政治上的不确定性，行政职能转移到了海泽比、石勒苏益格和比尔卡、锡格蒂纳这样的其他城市中心。

第三部分　从诺曼人入侵到散居的维京人

在 8—11 世纪，北欧王国在维京现象的影响下得以扩张。维京现象表现在许多方面：如袭击和抢劫，对新土地的开发和殖民化，不同形式的人口，有形商品或无形商品的交易。从当时的一张扩张路线图可以看出，每个民族都有自己倾向的活动区域。瑞典人的活动范围更侧重于欧洲大陆的东部，丹麦人和挪威人则是将其活动范围向西方延伸，前者往英格兰和法兰克王国方向发展，后者则向不列颠群岛（苏格兰、爱尔兰）的凯尔特人地区和北大西洋地区扩张其活动范围。一方面，这些活动区域的范围从来都不是十分固定的；另一方面，对维京时代来说，根据国家对各自活动范围进行区分描述也是完全不合时宜的。尽管用国家来区分的方法仍然可以用来方便地描述维京人活动，但我们不应该对其赋予一个过于狭隘的民族含义，如在法兰克语或盎格鲁－撒克逊语资料中，“丹麦人”一词的常用用法具有广泛而多变的含义，因此它并非仅用来指代那些中世纪时期居住在丹麦的居民。最后，维京人团体集合了来自不同社会背景的许多人，所以他们对领导的忠诚度首先要取决于后者是否能带领他们发家致富。

自 9 世纪中叶以来，随着斯堪的纳维亚人在西欧各地建立永久定居点，其移民的综合特征不断增强，导致人口融合度也变得更高。凯尔特地区的环境对冰岛移民有着相当大的吸引力。诺曼底地区迎来了一大批“丹麦人”来此定居，但他们中的许多人先前都曾到过不列颠群岛上的斯堪的纳维亚人定居点，而那些在鲁昂省以西定居的斯堪的纳维亚人似乎是来自凯尔特－斯堪的纳维亚部落。有几块如尼碑文表明，有大量瑞典人曾服务于战胜了英格兰的丹麦国王克努特大帝（1016—1035 年）。“无情者”哈拉尔是挪威国王奥拉夫二世·哈拉尔松同父异母的兄弟，他在俄罗斯和拜占庭都曾取得过成就，之后于 1046 年夺得挪威王位，二十年后在斯坦福桥去世……

维京人运动作为一个独特的插曲，属于移民历史的一部分。我们也可以用一个新的术语“散居”来解释维京人运动。即使我们不能忽视这一运动所代表的军事方面的影响，也不能再受限于对19世纪和一部分20世纪的历史文献来说极其重要的“诺曼人入侵”这一表述——我们将在本卷对维京人运动做一个单独阐述。

第11章　维京人运动的开端

关于维京人运动开始和起因的问题仍然存有争议。但有两个事件为这些争议提供了一个相关切入点。其中一个事件非常著名——维京人曾洗劫了诺森布里亚王国北部海岸的林迪斯法恩修道院——以至于被人们认为这就是维京时代的开端，人们往往将这一观点称为“谢特利格猜想”，这是因为有一位名叫谢特利格的挪威考古学家致力于将发生该次袭击的793年“奉为”维京时代的起点。而另一事件在书面资料中没有记载，一直到几年前才被考古研究者们发现——大约在8世纪中叶，一群可能来自瑞典梅拉伦湖地区的人发起了一次远征，来到了萨雷马岛（今爱沙尼亚）的萨尔梅、里加海湾的入口处。

11.1 从林迪斯法恩到萨尔梅

《盎格鲁－撒克逊纪事》（975年）一书讲述了英格兰北部诺森布里亚王国在793年所经历的一场深重的灾难。

今年，不祥的预兆出现在了诺森布里亚王国，这使人们大为恐惧。因为人们遭遇了巨大的龙卷风和闪电，在空中还看见了火龙。在出现这些迹象之后，人们马上又迎来了大饥荒。不久之后，在罗马历的1月13日（实际上应该是公历6月8日）那一天，一群异教徒通过掠夺和屠杀的方式摧毁了林迪斯法恩岛上的基督教堂。而贵族西加也在罗马历3月1日的8天前（公历 2 月 22 日）去世。

这次袭击并不是英格兰海岸经历的第一次袭击。后来埃瑟尔沃德在其撰写的《盎格鲁－撒克逊纪事》一书中明确指出，787 年（应该是 789 年）在威塞克斯国王贝奥赫特里克统治期间，有三艘载有“诺曼人”的船只来到了英格兰。根据该书后来的几个版本的记载，这些船只可能是从挪威西部的霍达兰来到了波特兰岛，而波特兰岛属于多切斯特王室领地的港口。埃瑟尔沃德还补充道：这些船员杀死了一名负责带领他们进城的王室官员（比杜希德）。我们可以认为这些人出于商业原因经常出入于英格兰南部的港口，所以他们对来往路线十分熟悉，而比杜希德之所以介入其中，是由于他负责监督来自国外的商人的通行，于是，他在一场本该只是寻常的管理行动中丧了命。然而，这一事件最近却引发了克莱尔·道纳姆和阿尔班·戈蒂埃重点强调的争议问题。在发生该事件正好一个世纪之后，威塞克斯国王阿尔弗雷德·威塞克斯发起了编写第一版《盎格鲁－撒克逊纪事》的行为，并将该事件记载在书中。该书强调指出，这是丹麦人的船只第一次抵达英国海岸的土地，而埃瑟尔沃德借纪事将这一事件与建立第一个盎格鲁－撒克逊王国的英雄亨吉斯特和霍萨结合起来，这两人也是第一批抵达不列颠岛的撒克逊人领袖。《盎格鲁－撒克逊纪事》一书是由国王阿尔弗雷德身边的人所写的，因此，出于意识形态的考虑，该书把维京人发动的第一次袭击描绘成与威塞克斯王国对战，从而让威塞克斯王国在与维京人侵略者抗争中居先，该书还故意省略了维京人发起的其他攻击，特别是维京人在 8 世纪末期和 9 世纪初期对肯特（当时属于麦西亚王国）发起的袭击。

《盎格鲁－撒克逊纪事》的所有版本——特别是由 9 世纪末温切斯特的手稿流传下来的最早的 A 版本，以及对英格兰北部历史事件记载最为详细的 D 版本和 E 版本——都没有提到过维京人对林迪斯法恩的袭击。尽管我们说这次袭击可能产生了重大影响，但英格兰人的后代应将此归于约克大教堂的前教士阿尔琴（约 735—804 年）。阿尔琴后来成为了查理曼大帝的顾问，并从 796 年起担任图尔的圣马丁修道院的院长。在他的几封信件当中都提到了诺森布里亚王国的修道院被洗劫一事。而其中一封他写给诺森布里亚王国国王埃塞尔雷德一世（于 774—779 年，和 790—796 年在位）的信件中便能证明林迪斯法恩袭击这一事件所引起的恐惧和惊慌。

> 我们和我们的祖先在这个可爱的国家生活了近350年，至今为止，从来没有其他民族像这个异教徒民族给我们所留下的恐惧那样笼罩着整个大不列颠。没有人想象过这种灾祸会穿洋过海来到这里。这是圣卡斯伯特教堂，上面洒满了神职人员的鲜血，里面的所有装饰物都被人洗劫一空，在整个不列颠，它都是最令人敬仰之地，但它却成为了异教徒的猎物。

圣卡斯伯特教堂是一座皇家修道院，也是一个享有盛名的文化中心，教堂内保存着许多古老的文物，所以，这种恐惧不安的情感与教堂的声誉也许是相匹配的。在阿尔琴的几封信中，恐惧像是回声一样激荡在人们心中，不断引导人们忏悔，以避免像受难的圣卡斯伯特教堂一样被上帝惩罚，并让教士们和以国王为首的世俗人士都小心翼翼地过日子，并谨言慎行，“因为外部敌人的力量是归因于内部敌人……愿他人所受的惩罚成为你的训诫，愿少数人所受的苦难成为更多人的救赎”。

强调维京人袭击的暴力性，可能不仅是为了获得基督徒内心深处的皈依，还是要带领基督徒回到正确的道路上。我们是否也可以将阿尔琴对维京人骇人的描述，看作是其旨在证明对斯堪的纳维亚蛮族人实行征服和基督教化的政治和意识形态方面的部分理由呢？即使没有到这样的程度，我们也不应忽视那个让阿尔琴思想发生转变的加洛林王朝（法兰克王国）日益关注其邻居——萨克森公国的斯堪的纳维亚人——这一事实，特别是因为萨克森公国的贵族们曾多次在丹麦避难。很可能早在8世纪80年代，法兰克王国就曾讨论过对丹麦人进行一次出使的可能性，而在当时担任查理曼大帝写手的比萨的皮埃尔与执事保罗之间的书信往来和交流诗歌的过程中，他们也曾经谈论到关于出使丹麦的内容——阿尔琴当然也参与其中。789年，阿尔琴在写给一位不知名的修道院院长的一封信中，询问了福音传教在萨克森公国的进展以及丹麦人皈依基督教的可能性。几年后，他在其写于796年的著作《威利布罗德生平》一书中写下了第一份关于出使丹麦的文字，因此，阿尔琴对这一问题的关心可见一斑。

然而，从表面上来看，尽管维京人对林迪斯法恩的袭击是残暴的，但我们也不应忽视这次袭击事件的其他方面，这些方面也许反映了盎格鲁－撒克逊人和维京人之间存在一种更为熟悉的关系。毕竟，袭击者们在实施杀戮之后并没有完全离去，他们还抓捕了俘虏，这些俘虏（通过谈判的方式）有希望被释放。阿尔琴还曾提出，要帮助希格巴尔主教和林迪斯法恩的教士们解救那些被异教徒俘虏的年轻人，并且对教士库德拉德的获救感到十分庆幸，但却并没有说明后者获救的具体情况（不清楚库德拉德是通过逃生还是赎金的方式获救）。很显然，“异教徒们”并没有突然分散离开。通过阿尔琴写给诺森布里亚王国国王埃塞尔雷德的信件中的另一段文字，我们有理由怀疑诺森布里亚人对维京人并非完全陌生。

> 想象一下君主们的衣着、发型、奢侈的生活习惯以及平民们的这一切。这是您想要的，看起来像异教徒的胡须的大小以及发型。使人们备受威胁的恐惧感难道不是来自那些有您想要的发型的人吗？过度使用超出人类本性需求和我们祖辈习惯的衣服有什么好处？君主们的这种富余之处恰恰是平民们的匮乏之处。正是这样的习惯曾经伤害了上帝的子民并使他们蒙受了异教民族的羞辱，如先知所说：“你们背叛了穷苦人以得到鞋子，所以你们将遭遇不幸”——人类的灵魂是与那些能美化双脚的东西相悖的。

此处在揭露君主们过度浪费的同时还伴随着与异教徒所做的对比，我们并不能确定此处修辞格的依据是否纯粹虚构，因为它也可以指代“其他人”——而这类人经常与盎格鲁－撒克逊人来往并且影响了后者的时尚和外表。

另一件事让我们追溯一段几十年前没有任何书面记载的历史。在2008—2011年，人们在爱沙尼亚萨雷马岛上萨尔梅的一个沿海村庄中发现了两艘船。第一艘船长约11.5米，保存情况较差，第二艘船萨尔梅二号长17米、宽3米。除了这两艘船，里面还埋葬了41个人——大多数是年轻人，许多人的身上有一些在战斗中被击打和暴力致死的痕迹。这些船只和人员都被人精心掩埋了起来——特别是萨尔梅二号，其中还配有陪葬品。一共有40把剑，91个箭头，15个盾牌壳顶，326个由鹿角、鲸骨或海象牙所制成的玩具，还发现了一些通常作为陪葬品的物品，如衿针、珍珠、熊牙吊坠。人们对其中几个遗体的前臼齿进行了同位素分析，结果表明，这些被埋在萨尔梅的人并不是来自萨雷马岛，他们可能是来自瑞典中部的梅拉伦湖地区。在对陪葬品（尤其是剑柄或剑鞘的残骸）进行分析之后，人们发现其装饰非常接近从这个地区其他墓葬——特别是在乌尔图纳、瓦尔斯加德和乌普萨拉发现的文德尔时期的墓葬——中发现的物品。陪葬品中的其他元素则又指向了其他的区域，例如丹麦的哥得兰、博恩霍尔姆岛或者距离更近的位于库尔兰的格罗比尼亚。其中有的物品往往还带有一些更为古老的元素，其年代可以追溯到 8 世纪上半叶。而整个萨尔梅墓葬的年代大概可以追溯到 8 世纪中期。

那么那些被埋葬在萨尔梅的人是谁呢？起初，人们很想在此找到一些距林迪斯法恩袭击事件差不多半个世纪前已经得到考古学证实的维京人袭击的最早痕迹。然而，如果我们仔细检查，就会发现陪葬品似乎很古怪，其中有大量的玩具和装饰精美的剑，甚至还有一些用于狩猎的动物遗体（狗、鹰）。所以我们不排除某些陪葬品是在以贸易或联盟为目的的谈判背景下，被当作礼物带来这里的。结局悲惨的远征队来到萨尔梅也许是出于外交目的，为了能与位于波罗的海地区的人民交好，因为波罗的海是通往东方贸易路线的必经之地。大约在同一时期，8 世纪中叶，在更东部的地方，即俄罗斯西北部的旧拉多加，我们可以看到最早的斯堪的纳维亚人占领此处的一些痕迹，而如格罗比尼亚一样位于波罗的海南部沿海地区的其他定居点，在当时也十分活跃，并且出现了一些来自斯堪的纳维亚半岛的元素。虽然被埋葬在萨尔梅的人们的轮廓开始清晰起来，但我们当下仍然不知道他们遇到的战士们是谁，也不清楚他们是否是被当时占领该地区的波罗的海人所杀。不同团队之间争夺通往波罗的海东部路线的控制权的情况也是合理的。还有一些作家推测，这是在日耳曼部落瑞典人与其他定居在波罗的海南部海岸的耶阿特人、丹麦人或者斯拉夫人首领之间发生的一场更大型的冲突。无论如何，人们没有让死者曝尸荒野，相反，如果葬礼不是由那些死者幸存的同伴完成的话，那么获得胜利者显然对死者的葬礼十分上心。

11.2 尚有争议的原因

自 20 世纪 90 年代初以来，传统上所认为的维京时代开始的时间（从 8 世纪末开始）便一直被人们所质疑。我们应该记住，传统上所认为的这一时间是基于维京人首次袭击的时间，书面资料中最早可考的是在 8 世纪 80 年代末期。从这个角度来看，这些书面资料记载更多地表达了人们对维京人现象终于有了意识上的觉醒，而不是确定了维京人现象开始的日期。因此，“谢特利格猜想”很大程度上也受到了这些原始资料的影响。此外，正如《盎格鲁－撒克逊纪事》中的例子所说明的那样，即使阿尔琴的书信中也突出了林迪斯法恩遭洗劫的突然性及其所造成的创伤，但在原始资料和阿尔琴的书信中，有时出于意识形态原因，并非所有的维京人活动都被考虑在内。正如我们所看到的那样，这让我们去试想英格兰人和维京人也许存在一些更久远和更多样化的交流接触。比约恩·迈赫提出，在挪威坟墓中发现的一些岛上物质可能是在经历过洗劫或贸易之后于8世纪末之前沉积或形成的，这证明挪威和不列颠群岛之间很早以前便有过接触。历史上有记载的维京人针对英格兰、苏格兰和爱尔兰的早期袭击也都表明，维京人十分熟悉通向西方的路线，但根据现有的研究，我们还无法确定在9世纪上半叶之前，维京人是否在通往大不列颠和爱尔兰的群岛上定居过。比约恩·迈赫还认为，自7世纪末期开始，双方也许已经建立了和平友好的联系，也许在这些地方还引入了斯堪的纳维亚元素，而维京人也没有表现出需要通过物质文化来展示自己的北欧文化归属，所以他们并没有留下可考的痕迹，然而，关于这些地区的人们有过早期接触的观点仍然存在争议。人们在斯堪的纳维亚半岛南部建立了第一批商业中心，经常来往于这些商业中心的西方商人——尤其是弗里斯兰人——可能告诉了斯堪的纳维亚人西欧的富有，并作为回报鼓励他们探索通向西方的路线。正如上文所提到的萨尔梅、格罗比尼亚或旧拉多加的例子一样，早在8世纪下半叶以前，斯堪的纳维亚人就已经频繁出入于波罗的海以南和东部地区了。

维京人现象的起因一直是人们讨论的主题，我们可以在鲁道夫·西梅克和詹姆斯·巴雷特在2000年以后出版的作品中找到其综述。其中一些原因自中世纪开始便被人们援引，但目前的研究趋势是要将维京人现象重置于能影响北欧的重要发展动向之中。在本书的第二部分关于斯堪的纳维亚社会的介绍中，我们已经谈论了许多维京人现象的起因，因此没有必要再对其进行详细介绍。

（1）人们提出维京人现象的理由更多的是关于维京人活动成功的条件，而不是本身实际的原因。人们有时还会提到高性能船只，这是将造成维京人现象的起因与其成功所需的技术手段混为一谈。另一方面，人们在旅行中所获得的经验、关于财富和商业路线的知识，以及相关知识的信息传播无疑又促使维京人去寻找新的财富来源。

（2）从8世纪末开始，当时的作家们就提到了维京人对基督徒的仇恨和上帝为惩罚罪人而给予的惩罚，但这些大多反映的是当时人们（主要是神职人员）对维京人入侵的感受。

（3）一些中世纪作家也提到了人口过剩和资源匮乏的问题。1000年左右，有一位名叫圣康坦的杜东的皮卡第教士在理查德一世和后来成为诺曼底公国国王的理查德二世的要求之下撰写了《早期诺曼底公爵的习俗和事迹》一书，在该书中圣康坦的杜东便认为维京人人口迁徙与人口过剩有关。他将人口过剩归于道德原因，意思是维京人（异教徒）的放荡生活导致他们实行多配偶制并扩大了非法结合，从而有了大量的孩子出生，由此形成了人口过剩，引发了关于土地所有权的重大纠纷和代际冲突。后来，大约在1075年，编年史作者不来梅的亚当提到了挪威人的贫穷问题，以解释“他们的足迹会遍布世界”及其“海盗行径”的缘由。尽管人口增长可能促成了维京人现象，但人口过剩和资源不足不再被视为维京人运动的决定性因素。的确，斯堪的纳维亚半岛经历了人口激增，但人们还有移民之外的其他替代选择，例如对农业和自然资源进行集约化开发。实际上，斯堪的纳维亚半岛的不同地区——即使是在可用耕地面积最少的挪威——都经历了农业的增长和耕地面积的扩大。寻找新的土地（特别是寻找新的放牧区），对挪威人来说作用尤为明显，但这很难作为整个事件的导火索：维京人主要目的是寻找战利品和可以直接交换的财物，其次才是大规模的殖民活动。正如当时的斯堪的纳维亚如尼铭文中所证实的那样，当时斯堪的纳维亚人所表现出来的首要愿望是发财致富，但需要记住的是，大多数铭文都是950年以后才被刻下的。发财致富似乎是维京人的主要动机，他们不择手段也要达到这一目的，如通过抢劫、进贡、贸易或是为有权势的人提供服务。

（4）有时人们会提到社会组织（例如继承法）、思想心态以及道德和宗教态度（以战斗和荣誉感为中心的心态，与死亡相比更看重名声的心态）的某些特征，但却没有对维京人远征做出一个间接的解释。根据观察发现，大多数岛上物品都是在女性坟墓中发现的，因此也有人认为，维京人活动的原因之一是年轻男性需要获得一笔财富以支付“新娘的聘礼”，从而建立自己的家庭。更为迫切的是，财富集中度的提高和女性性别占比降低，会使越来越多的男性退出婚姻市场，从而导致年轻男性对伴侣的竞争日益激烈，促使他们为了能成功求娶女性而去寻求外部财富。同样，人们通过掠夺动产财富——特别是珍贵物品——来确保拥有能维持对社会声誉至关重要的捐赠制度的财产。

（5）后来的冰岛文学传说还提供了一种政治解释，并将挪威移民与“金发”哈拉尔统一国家并增强王权的意图联系在一起。但这种文学传说的解释方法饱受现代历史学家的批评，因为这些文学传说是在“金发”哈拉尔任期结束很久以后才被人用文字记载下来的，并且鲜为人知。详细来说，人们之所以对冰岛传说尚有疑问，是因为王权的加强可能会促使地方酋长移居国外，以保持其自治地位和传统生活方式。从更广泛的意义来说，维京运动必须处于一种激烈的权力竞争的背景下。去远方探险是获得或保留这种权力所需的声望和财富的手段之一。丹麦家族之间为争夺王位而进行斗争，这一点自9世纪起便得到了法兰克语资料的佐证。此外，王位斗争还导致了王室成员的流亡或离开，而其中有些人便去了西欧碰运气。

因此，我们必须把维京人现象放在一个更广泛的背景下来看待，至少可以从以下三个方面来看待这一问题：

第一点是当时维京人和与北部海洋接壤的国家之间贸易的普及。贸易流通的活跃使斯堪的纳维亚半岛大大受益，而斯堪的纳维亚半岛的资源（如象牙、琥珀、毛皮等）又助长了西欧国家对其不断增长的需求。建立贸易场所和原始城市中心（例如里伯、海泽比、比尔卡和考邦）也是这一过程的一部分，而该过程见证了从不列颠诸岛到波罗的海北部沿海地区贸易中心的出现和确立。由斯堪的纳维亚人建立的其他贸易中心也出现在了斯堪的纳维亚半岛以外的地区，例如波罗的海南部海岸的格罗比尼亚，不久之后又出现在了俄罗斯北部的旧拉多加。简而言之，不断增加的接触和贸易可能向斯堪的纳维亚人暴露了西欧的财富和路线，然后促使维京人为了自身利益去寻求财富。但维京人现象的起源不仅限于商业领域和城市范围，因为其最初涉及的生活场所大部分都具有农村背景，而且维京人首先突袭的是修道院和城市化程度较低的地区，而不是贸易中心。

第二点是斯堪的纳维亚社会的等级制度与战士精英和一些组织得更好的权力中心的确立同步进行，由此产生了诸多斯堪的纳维亚王国。这种现象并不新奇，却可能促使这些精英的竞争加剧，他们在海外扩张中找到了获得实现其雄心壮志所必需的声望和财富的方法。然而，至少从8世纪开始，他们就已经拥有了航海技术，可以允许他们大大扩展其活动范围。

最后一点，不同扩张群体之间的较量似乎加剧了北海两岸的对抗，特别是在8世纪，这一情况尤其突出。这时，在法兰克王国君主们和罗马教皇的支持下，由盎格鲁－撒克逊传教士领导的福音传教也在日耳曼地区如火如荼地进行。8世纪，在征服了弗里斯兰和萨克森之后，法兰克王国的权力在日耳曼地区北部也有所发展。而斯堪的纳维亚人，尤其是丹麦人，在确立其地方权力的时候，在政治和经济方面可能都受到了法兰克王国扩张的威胁。尽管我们并不能把这当作形成维京人现象的直接原因，但这种情况可能加剧了西欧社会与北欧地区之间的对抗。

如果我们去看西欧社会的原始资料记载，会发现维京人现象似乎是从8世纪末开始突然出现的。但实际上，我们必须将其放在一系列政治、经济和社会变革的背景中来看，这些变革自6—7世纪起甚至更早，便已经影响了斯堪的纳维亚半岛甚至整个北欧和欧洲西北部。维京人现象是一场社会运动的延续，如果我们要探究其起源，就必须将研究时间范围提前到远远早于维京人借助船只和航海术对不列颠诸岛和法兰克世界发起的那些早期著名突袭事件之前，这也是我们现在必须考虑的研究方法之一。

第12章　船只、航行和路线

船只已经成为了维京人时代的象征。8世纪，维京人驾驶着船只，步入了欧洲历史舞台。西欧的编年史和纪事都对维京人舰队的到来有所记载，其舰队数量在830年以后越来越庞大，他们在到达西欧海岸之后，再沿着河流而上深入内陆。斯堪的纳维亚人在占领殖民冰岛和格陵兰岛、与北大西洋地区作战，以及带领探险队前往北美洲的过程中，都是以船只作为工具。斯堪的纳维亚半岛的战士和商人穿越波罗的海，进入俄罗斯河流流域，向东朝着黑海方向前进。船只不仅是斯堪的纳维亚人扩张的工具。如果要沿着斯堪的纳维亚海岸出行，海上航行比走陆路更快，所以船只对斯堪的纳维亚人来说也是必不可少的。不来梅的亚当指出：

“从丹麦的斯科讷出发，走水路只要五天的时间，人们便可以到达锡格蒂纳或比尔卡，因为这两个城市离得很近。但如果走陆路的话，到达锡格蒂纳则需要花费整整一个月的时间。”在丹麦长久以来的影响下，海航控制对丹麦群岛的交通以及连接挪威南部和当今瑞典的南部都至关重要。我们要注意的是，挪威这一国家是得名于其沿海岸的一条名为“挪威”的航行线路，该路线在自 9 世纪起的文献资料中便得到了证明。通过北欧社会中的艺术、诗歌、宗教以及墓葬活动，船只对北欧社会的重要性都是显而易见的。

12.1 文献资料证据

人们在斯堪的纳维亚半岛挖掘出了 40 多艘可追溯到 800—1200 年的船只（船体长度超过 10 米），这些船只主要来自墓葬、放有沉船的水坝以及沉船的残骸。其中最有名的墓葬有：奥塞贝格船葬（位于挪威，船只大约建于 820 年，墓葬大约建于 834 年）；戈克斯塔德船葬（位于挪威，船只大约建于 895 年，墓葬大约建于 910 年）；拉比船葬（位于丹麦，建造时间大约为 900—950 年）。1060—1070 年，在位于丹麦罗斯基勒峡湾的斯库勒莱乌，维京人出于防御目的在这里沉放了五艘船（两艘军舰，两艘货船和一艘小型货船）以堵住峡湾，后来人们又用一些支柱加固了这座堤坝。这些船只属于不同类型，它们的历史可以追溯到 1030—1050 年。在罗斯基勒，人们还挖掘出了 10 多艘大约建于 1025—1200 年的船只。而在海泽比被发现的三艘船（其中一艘在墓葬中被发现，另外两艘则在港口）的历史则分别可追溯到 965 年、985 年和 1025 年。

在斯堪的纳维亚半岛以外的地区，特别是在都柏林，在马恩岛上的巴拉多利，在苏格兰的阿尔德纳穆尔昌，在奥克尼群岛的韦斯特内斯和斯卡尔村，人们也发现了几艘维京时代的船只。在法国，只有位于格鲁瓦岛上莫尔比昂省的一艘船被认定为维京时代的船只：该船旁边还有一位被火化的维京酋长的遗物。船体只剩下一些被烧焦的残骸（主要遗留有一些金属零件，铆钉和钉子）以及船葬中的陪葬品，该船葬时间似乎并不早于 10 世纪中叶。

人们使用现代技术，对其中几艘维京船只在考古实验操作范围内进行了重建。因此，在2000—2004年，人们做出了斯库勒莱乌2号[①]的复制品格伦达洛海马号。2007年，格伦达洛海马号在码头载了共62名乘客之后，从斯堪的纳维亚半岛驶往英国、苏格兰和都柏林，并于次年返航回到了罗斯基勒。

除了实际的考古证据以外，我们还找到了一些带有图画的艺术品。在瑞典的哥得兰岛上，人们发现了一些竖立于8—9世纪的石碑，石碑上刻有帆船，这是这种类型动力装置的船只在斯堪的纳维亚半岛上留下的最古老的印记之一。除此之外，像这样的图画资料证据还有石板（例如在赫布里底群岛爱奥那岛上源自10世纪或11世纪的西格鲁德石板，在马恩岛上源自12世纪的赫丁石板）、涂鸦（例如10—11世纪的都柏林怀恩塔文街）和硬币（例如海泽比在9世纪铸造的硬币）等，其中最著名的图画作品便是巴约挂毯，而在巴约挂毯上，画有32艘斯堪的纳维亚船只和一些造船厂。

还有一些如尼铭文提到了船只及其船员。但这些船只和船员更多的是被吟唱诗歌和后来的北欧传说所提及，而通过北欧传说我们能了解到有关船只的航行经历和船队所获得的声望。因此，根据斯诺里·斯图鲁逊的描述，即使在他撰写《挪威王列传》一书之际，在由奥拉夫·特里格维松发起建造的长蛇号上，人们仍然还能看到曾经支撑船体的船台墩木。9世纪中期，在一篇向艾玛皇后致敬的《艾玛皇后的赞歌》中，便描述了1013年丹麦国王“八字胡”斯韦恩的皇家舰队开航的场景。

当时用于指代船只的术语很多，但我们不可能总是将所有的术语与某种特定类型的船只关联在一起。如“船”是一个通用术语，与其他日耳曼系语言中的用语十分接近，同样存在于“维京长船”（常用于战争的“长船”）一词中。而吟唱诗歌中经常使用的“skeið”一词，最初似乎是用来指代军用长船。“snekkja”（阴性词，用以指代11—12世纪诺曼人的船只）的含义则更具有不确定性，它看起来与“skeið”一词相近，用来指代那些比大型“维京长船”稍小一点的军用维京长船。在演变为“货船”的含义之前，“Knörr”一词还具有泛指用于突袭或贸易航行的船只的含义。“drakkar”一词则是近期才开始使用的（该词流行于19—20世纪，用来定义维京船只），所以用它来指代维京船只并不妥当。而“Dreki”

① 斯库勒莱乌2号属于战舰。

的意思则是“龙”，指的是一艘船船头的图案，这个词经常出现在七节吟唱诗歌和某些北欧传说之中。它是船只的借喻词，用来指代那些装饰极其精美且声望颇高的战舰，但它并不是指某种特定类型的船只。

12.2 维京船只：演变、建造技术和分类

从最早的时候开始，船只在斯堪的纳维亚半岛就被用于交通运输和海盗活动。在当时的岩石上或青铜家具的图案上便刻画有人们作战时使用的独木舟，这表明早在公元前2000年中期就已经有了大型船只的存在。迄今为止在北欧发现的最古老的滑行船是在丹麦的阿尔斯岛上发现的霍特斯普林号：它建于公元前325年左右，船长13米，宽3米，可容纳二十多个人及其武器，在一次突袭结束之行该船被作为战利品献祭，同时被献祭的还有许多武器和两只动物（一条狗和一匹马）。霍特斯普林号完全用木头所造，没有使用任何金属零件。这是一种精细而复杂的建造方式，表现出了一种高超的木工技术，也许是由专业工匠制造而成。该船由桨驱动，并且没有配置船舵（船的末端有长桨，用来充当舵）。霍特斯普林号还证明，在古代人们会将船只应用于战争。

人们通过图画艺术品和考古挖掘发现了一些船只，而这些船只为公元元年后的几个世纪的航海建设演变奠定了基础。在丹麦发现的建于4世纪初的尼达姆号（le navire de Nydam）长23.7米，宽3.75米，而驾驶这艘船需要30多名船员一起操作。它已经展现出了后来的维京船只的许多特征，例如：搭接结构（上板的边缘与下板的边缘相重叠），铁铆钉的使用，用桨作为驱动系统以及方向舵系统。

这些船只的主要创新之处在于引入了（方形）帆，而在此之前它从未出现在斯堪的纳维亚半岛。但这也引发了有关这一创新的出现时间和起源地（也许是起源自西欧）的争论。最早有关帆船的描述来自哥得兰岛上的一些石碑，这些碑文描述了自8世纪起的帆船的情况。人们后来还发现了两艘可追溯至大约8世纪的帆船，其中一艘是约建于651—869年的挪威的克瓦尔松号——但它也可能是在9世纪之前建造的。这两艘帆船的发现表明，当时人们仍然在建造大型划艇。后来，建造于9世纪20年代的奥塞贝格号表明，用帆做动力推进的方法已经完美融入了斯堪的纳维亚半岛所使用的航海技术中。现在，大多数学者都同意帆船是

于7世纪被引入斯堪的纳维亚半岛的，并在随后的一个世纪得到普及。

船只建造技术反映了当时人们想要将船只的轻便性与灵活性结合起来的愿望。所谓的“包板优先法”造船技术，指的就是在插入能固定整个船体的肋骨[①]之前，先组装好船壳板。首先，工人先组装龙骨，再组装木板，使其向前（船首柱）后（船尾柱）两端延伸。然后木板被叠置起来，并用铆钉将其连接在一起。接着工人再把羊毛或马毛捻成防漏密封条以确保船体的水密性。搭接组合不仅能使船体灵活，而且坚固和易于维修。一立起船的底部，工人就装入肋板（由两个与龙骨垂直放置的木板组成的部件，用来形成船体框架）以固定船的形状。先组装船壳板，可以让建造工人在装入底肋材之前，调整好船体的形状。得以保存下来的考古证据表明，维京人精通造船技术，知道如何更好地使用这些材料来减轻船体重量。他们在加工这些零部件时会遵循木材的天然纹理，以便增强船只的抵抗力，并能赋予船体最优美的外观。人们在造船过程中还格外注意用带有装饰目的的成型部件和装饰元素（如龙头或其他图案）美化船体形象。另外，维京人造船主要使用的材料是橡木，当然也包括其他树种材料（如松木、梣木），铁制品（铆钉，船只最大的锻造部件锚），动植物纤维（帆缆索具）以及用来涂在船体的焦油。军舰会用风帆或船桨提供动力，并且会根据航行条件来调整动力方式。细长形的桨叶设计使船员们在划船时不会动辄疲惫不堪，桨轴的灵活性也使其能更容易被抬起。此外，方形船帆通常是用羊毛织成的。侧舵固定在船体的右舷，它是可移动的，当船在浅水中航行时船员还可以使舵倾斜。

精通造船技术让造船师能够平衡协调有时相互矛盾的两种动力推进方式的需求（如用桨做动力的船只最好船身长但高度低；而帆船则要求船身更大，以确保船只拥有更好的稳定性，并且能容纳用来支撑桅杆推力的支架部件）。最后，维京人造出了一种了不起的快速航行工具，足够牢固以支撑在海面上的航行，同时还能在河流上航行，又由于它足够轻便所以可以被拉上沙滩，甚至能从一个地点被运送到另一个地点。

维京人船只的样式并不单一，并且其船只的种类在10—11世纪大大丰富（也许其种类在此之前就已经大大增加，但我们没有直接的证据）。直到10世纪左右，

① 此处的肋骨及下文的龙骨、肋板、底肋材皆为造船术语。

被人们发现的大多数船只（如奥塞贝格号、戈克斯塔德号、图奈号）都既适合装载人又适合运送货物。这些船只中最著名的便是奥塞贝格号(大约建造于820年)，长21.4米，宽5.1米，配有30块桨，船身装饰精美。尽管最近的研究重新评估了它的稳定性及其在海上航行的能力，但通常人们认为奥塞贝格号是一艘游乐船（用来在安全水域中航行)或礼仪船。戈克斯塔德号是更能代表当时船只的典型，与奥塞贝格号相比，它更适合海上航行以及载人运货。但载人船和运货船这两种类型的船舶其实区别非常明显。

（1）载人船舶（通常是作为军舰）的形状非常细长，其长度相当于宽度的7到11.4倍（与前文提到的船只长度是宽度的4.2到4.5倍相比）。这类船舶的原型最早可能出现在830—850年，我们可以在海泽比的船葬中找到这类船舶，但保存状况不太好，而拉比船葬中的船只则保存得更好（大约建造于900—950年）。它们的大小有所不同，但或多或少都比较大（17—21米，29—30米及以上）。根据实验考古学修复重建的结果，斯库勒莱乌5号（船身长17.6米，宽2.6米，有13个坐板，即有24—26块桨）如果以桨作为动力，航速可以达到4.5节（以帆作为动力可以达到14节），平均每天可以航行大约36英里①（约57.6公里）。其船体轻巧、便于操作，吃水深度低（约50厘米）；它还能够在河流上航行并能轻松地被拖上河岸，所以该船非常适合突袭。大约在1060年，斯库勒莱乌2号被造于爱尔兰，然后在不列颠群岛被维修，保存状况较差；其船身比斯库勒莱乌5号更长（接近30米，配有58块桨），比建造于大约985年的海泽比1号（配有60多块桨，估计能容纳52—62人）更加具备维京时代晚期大型船只的特征。大约建造于1025年的罗斯基勒6号是迄今为止人们发现的最大的维京船只，其长度超过37米，宽近4米，吃水深度为83厘米，应该配有39或40对桨。在2005—2008年间，斯库勒莱乌2号的复制品格伦达洛海马号在北海、卡特加特海峡、斯卡格拉克海峡和大不列颠各地进行了16次航行，平均每天航行106.8英里（约200公里），最慢的时候每天40英里（约64公里，小风天气），最快每天能达159英里（约255公里，大风天气）。总体而言，随着时间的推移，维京船只的运输能力在提高：9—10世纪初期的船只只能搭载40—60人（例如，

① 1英里≈1.609公里。

约建于900—950年的拉比船葬中的船只能搭载35人），到了11世纪，最大的船只可容纳60—100人（例如斯库勒莱乌2号大概能搭载80人，而罗斯基勒6号载人量可能更大）。

（2）维京时期，人们还在10世纪时期引进了专门从事货运的船舶。其中最大的货船之一是海泽比3号，长达22米，建造于1025年左右，人们估计其载重量达到近60吨，是迄今为止已知的维京船只中载重量最大的船只（与建造于约1000年、载重约24吨的斯库勒莱乌1号相比）。这些船只是参照军舰的统一标准建造的，但它们的外形比军舰更宽大（船体更宽、更深），框架也更牢固，其中央部分用于接收货物。风帆是货船的主要动力手段。船桨的数量则很少，主要是在船舶起航和抵达以及在难以穿行的通道中时使用。维京人远征以殖民北大西洋土地（如冰岛和格陵兰岛）的时候也是使用这种类型的船舶。斯库勒莱乌1号（用于突袭或贸易航行的船只）一类的船只通常需要八个人操纵，可以在两天内从挪威海岸抵达设得兰群岛，四天内到达冰岛，并在十到十二天内到达格陵兰岛，而如果从丹麦出发，该类船只需两到三天之便可以抵达英格兰。

此外，在斯堪的纳维亚半岛，有各种大小的船只可以用于钓鱼、运输和转运活动，在这里，海上航行是必需的，通常也是最快的旅行方式。尽管最大型号船舶吸引了专家们更多的关注，但我们也发现了许多小型船只（例如，人们在戈克斯塔德号船上发现了三艘小船），然而它们往往由于保存状况较差，至今仍然不太为人所知。

尽管“维京人船只”在人们的想象中无处不在，并且在这一时期涌现出了许多杰出的船只，但这都无法磨灭其他民族（例如弗里斯兰人、法兰克人、盎格鲁－撒克逊人、撒克逊人、斯拉夫人）的航海传说的影响。这种情况并不新奇。人们普遍认为，建造于4世纪的尼达姆号船上的某些著名改进措施是受到了当时罗马传统的影响——也许是通过那些在罗马皇家军队或者在莱茵河舰队和多瑙河舰队中服役的斯堪的纳维亚人学习到的——动物形象的出现也是同样的情况，这也预示了后来的维京船船首上的“龙头”图案。帆船的引入则可能是维京人与西欧人接触的结果。我们可以在几艘船上看到来自不同文化传统元素的组合。以在今天波兰的格但斯克附近发现的建造于10世纪上半叶的普茨克2号残骸为例，斯拉夫人和斯堪的纳维亚人曾经在该地区有过接触。该船只表明，这艘由斯堪的纳维亚人建造的“维京长船”不可否认地借鉴了斯拉夫人的航海传统（用木钉代替铆钉，用苔藓嵌填船缝）。同样，波罗的海地区的斯拉夫人也有可能从他们的日耳曼人先辈那里借鉴一些东西。在斯堪的纳维亚人来诺曼底公爵区定居之前，日耳曼人的造船技术便一直保留了下来，因此在巴约挂毯上占据主导地位的“维京”式船只并不排斥日耳曼人的影响。在奥克尼群岛上发现的船只在不同地区（甚至是在同一地区）都有着不同的建造类型，这可能是由材料、船只用途或木匠个人选择所形成的差异。利奥六世在其著于905年的《战术》一书中提到，“北方的斯基泰人”（这里可能指的是罗斯人）乘坐着小型快船航行，因为要抵达黑海，他们不得不在河流上航行，他们不能乘坐更大的船只。而君士坦丁七世在《论帝国的统治》（写于948—952年）一书中则使用了“独木舟”一词来指代由斯拉夫人提供，并被罗斯人用来深入第聂伯河的船只，但该词没有什么技术意义，更多的可能是具有象征层面的意义。罗斯人将汇集在基辅的船只组装好（包括桅杆、帆和横桁），然后船只便可以在黑海中航行。根据10世纪末执事利奥的说法，北威尔士人通常使用那些能够在浅水处航行的轻型船。

12.3 船只和社会

建造、武装和维护一艘船只——更不用说一支船队——是一笔重大的投资。因此，人们用当年维京人的造船技术重建了斯库勒莱乌船只的不同复制品，通过其所花费的时间，我们可以估算出当时建造这些船只大概花费了9000到32000小时（仅仅是斯库勒莱乌1号一艘帆船就花费了6000小时）。格伦达洛海马号的重建过程，仅建造船体就需要27000小时，并使用了14棵橡树。一艘大型船只的成本估计相当于一百名工人在一年之中的生产剩余；武装和供养一艘大型船只的全体船员（70名船员）为期数月，则大约相当于其成本的四倍之多。根据如尼铭文所提供的信息，个体可以联合起来建造和武装一艘船，但要组成一支集结几艘船（甚至几十艘）的舰队则需要精心的组织，只有那些拥有大量资金的酋长或国王才能实行这样的项目。后来的斯堪的纳维亚法律确定成立了一个名为“雷当”的组织，意在规定皇家舰队的建设、军备和服务（我们之后将重新讨论这一点），但历史学家们对该组织系统的成立时间及其在维京时代末期的存在都存在分歧。在这种情况下，已经修复了好几次的斯库勒莱乌5号（建造于1030年）

的残骸也许（但我们无法确定）都算是维护成本较低的船只了。关于造船厂机构，我们并没有当时的资料证据。巴约挂毯上绘有的一个场景表明，巴约的主教奥登向一位木匠师傅传达了建造一支诺曼人舰队的命令。后来的北欧传奇文学有时能向我们提供一些信息：根据《挪威王列传》一书的内容，在由奥拉夫·特里格维松（995—1000 年）下令建造的长蛇号的建造过程中，就提到了有一位名叫索伯格·斯卡夫格的木匠师傅，一些负责砍伐树木的伐木工人，一些运送树干的工人，还有一些刨工和锻造铆钉的工人。其中部分造船工作可能还被分配给了周围的一些农场——特别是帆船制作的工作——然后工人们再将帆船的各个部件组装在一起。

此外，我们还必须强调船只在王侯和皇家权力发展中的作用（如海上交通管制、航行安全保障、商人安全保障、游客安全保障以及挪威海岸或丹麦群岛海岸的政治管制）。在斯库勒莱乌发现了船只的情况使我们注意到，人们在该地区建立了防御工程以便能保护那些暴露在敌人攻击下的地区。在连接罗斯基勒峡湾和与其同名的城市罗斯基勒的航道上，人们在某一狭窄处建立了一座大坝，而罗斯基勒在 11 世纪时期成为了丹麦皇家的主要权力中心之一，所以这个大坝很可能是与陆地的一个警报系统联合运作的，目的在于能及时向民众发出预警。北欧传奇文学中多次描述了丹麦国王与维京海盗之间的战争，丹麦国王为了守住国家海岸线奋力作战，竭尽全力想将维京人赶回他们的巢穴。而《挪威王列传》一书则将在山上创建信号灯系统——该系统可以警示人们有外国船队抵达海岸——归功于“好人”哈康。而布罗铭文（U 617，位于乌普兰，时间约为 960—1020 年）则纪念了一位名叫奥祖尔的“维京人守望者”，其工作似乎正是履行监督职责、防止海盗入侵。

同时，船只还是民众信仰和丧葬习俗中的重要元素之一。萨克索·格拉玛提库斯大约在 1200 年写了一本书，书中写道，传说中的国王弗洛多规定了在战场上被杀的人们的葬礼仪式——死者的马匹和战争用品会跟死者一起土葬，而船长的遗体则应该被放置在他曾经服役的船只上，一起焚烧火葬。“一艘船足以完成十个舵手的火葬仪式，而任何被杀的酋长或国王都将被单独安置在其船上，并用船葬的形式将其火葬。”尽管我们应谨慎看待作者后来所提出的证据，但前文提到的那几艘船只的发现告诉了我们，维京人在土葬仪式和火葬仪式中都会使用船只。《欺骗吉尔菲》一书中便描绘了奥丁神的儿子巴德尔的葬礼，在点火之前，人们先将他的遗体放置在了一艘船上。同样躺在火柴堆上的，还有他的妻子南娜的遗体和一个矮人——根据斯诺里·斯图鲁逊的说法，这个矮人是雷神托尔所献，奥丁将金戒指德罗普尼尔放在了柴堆上。纳吉尔法船也与死亡和世界的终结——诸神的黄昏有关。在北欧神话中，生育之神弗雷尔拥有一艘由矮人们制造的魔法船，名叫斯基德普拉特尼。“斯基德普拉特尼船非常庞大，以至于阿萨神族所有神灵都可以携带他们的武器和装备在船上就座”，这艘船总能顺风航行，当不再使用时，它又可以像亚麻一样被折叠起来。此外，这艘船似乎与生育崇拜有关——尤其是与华纳神族有关，这也就解释了伊本·法德兰对罗斯人酋长的葬礼中某些仪式的描述：用于献祭的年轻女性奴隶在与死者的几位伙伴性交之后，与其主人一起被放在已经点燃的船上火葬。对这些丧葬习俗的解释之一是，人们相信船只有助于将死者运送到冥间，而除了船以外，有时还伴随有一些出于相同目的的陪葬品，如人们在奥塞贝格船葬中发现的推车或雪橇。另外，近来人们认为，在某些情况下，船舶的象征意义还与死者或家人远航有关。同时，用作丧葬仪式的船只以及丰厚的陪葬品，也是死者及亲人权力和财富的体现，但船葬并非那些权力最大的精英人士所特有的。根据伊本·法德兰的说法，在罗斯人群体中，“如果死者是穷人，人们会为他建造一条小船，然后将其放在船上并将船只和遗体焚烧”。韦斯特内斯 1 号墓葬和 2 号墓葬（位于奥克尼群岛）的船只，其大小大致相同（分别为 5.25 米和 5.5 米），其中一艘船中放有一个人的尸体以及一柄剑、一个盾牌、一些箭矢、一把斧头和一些农具；而另一艘船中放有一些相同的武器，还有一柄长枪和一把横口斧。船只的象征意义并不仅仅通过沉积或火化船葬的形式来体现。再如丹麦林霍尔姆山的大墓地，有一些用间隔的石头摆放的形似小船的坟墓。人们在好几个地方都发现有一大堆与墓葬有关的、呈船形排列的石头墓，其中最大的（长达 360 米）位于日德兰半岛耶灵的王室遗址。而在另一个王室遗址莱尔，人们发现了一个船形石头墓，令人惊奇的是其形状和其中一个厅堂的形状重合，厅堂内壁的曲度非常接近船舷的曲度，还有一些其他的巧合（如在墓室的位置和厅堂的门厅之间，立着的那些最大的石头的排列布局和船柱很像），应该都不是偶然出现的。实际上，某些建筑物也能体现出船只的象征意义。如在挪威北部霍洛加兰海岸的韦斯特沃格于以及切尔松有一些长达 40 米的船屋。在特雷勒堡（以发现存在这些建筑的丹麦营地命名）类型的房屋中，墙壁的曲度呈现出了船只的形状，因此有人提出这些建筑物可能是用来安置船员的。

12.4 航行

在情况允许的时候，航海者们还经常进行沿海航行：9世纪末的航海家奥瑟尔声称，从挪威北部的霍洛加兰航行到韦斯特福勒的考邦，在此期间每天晚上休息，总共需要花费30天的时间。同时代的沃夫斯坦讲述他从海泽比到特鲁索（波兰埃尔布拉格）穿越波罗的海的经历时，称其历经七天七夜持续航行了410英里（约656公里）。远洋航行主要发生在从4月到10月的好时节。维京人一般不会在秋季开始的时候出海，而是先寻找避风港，等到更有利于航行的时候再出发。在远征西欧期间，维京人经过多番寻找，终于找到了一个可以过冬的地方，然后到了合适的季节，他们再从那里起航。

维京人不知道指南针也不知道航海图。所以他们可能使用了一些测深器（可以用来查看海底的状态，检测沙洲或岩石的存在）工具，时至今日还保留下来了数个风向标。当时，导航仪似乎还不为人所知，但维京人有一种太阳罗盘应用的是同等原理，尽管这一原理没有什么理论基础。水手们通过观察海洋生物和鸟类等自然地标来确定方向。他们远离海岸，航行全靠推算，其中包括确定航向和航行时间。在这种情况下，其他领航员所获得或传授的经验便起着至关重要的作用。另外，维京人还会通过如太阳或星星等一些天体的位置来辨别方向（因为最早的文字证明记录写于1150年，所以我们不知道维京人是否曾通过北极星辨别方向）。尽管水手们有各式各样的方法，但他们仍然可能会迷失方向或者偏离航线。

航行往往伴随着危险。根据《冰岛殖民化》一书，在985年，“红发”埃里克的25艘船从斯奈山半岛出发前往格陵兰岛，但最终只有14艘抵达了目的地，其他船只要么中途返航，要么迷路。准确地说，除了航行的危险外，航行途中还可能会遇到海盗。829年，圣安斯加尔和他的同伴在前往瑞典比尔卡的途中遇到了抢劫；在11世纪，不来梅的亚当指出前往西兰德岛的航行者会遇到的危险就包括海上劫掠。

10世纪中叶的《论帝国的统治》一书向我们明确地描述了罗斯人在航行中

会遇到的阻碍，并且特别详细地讲述了进入第聂伯河并试图抵达君士坦丁堡的那7艘快船的遭遇。为了越过急流险滩，一部分人下船登陆以绕过障碍，另一些人借助篙在水中操纵船只继续航行。第四个险滩危险性更大，所以船只必须卸载货物并停泊靠岸，一群奴隶用链条将船拉了6英里（约9.6公里）的距离，然后再通过人力把船转向到急流的另一侧。这次的航行一直持续到了第聂伯河口，除了航程中的困难之外，水手们还遇到了佩切涅格人的敌对。在到达黑海之后，水手们沿着黑海西海岸航行，到达了多瑙河口，经多次休息之后，他们才终于到达了拜占庭帝国的要塞墨森布里亚（现称内塞伯尔，位于保加利亚），“只有到了那里，他们这一段艰辛、可怕、充斥着不可能和苦难的迁徙才终于结束”。

《奥罗修斯古英语史》一书叙述了奥瑟尔从挪威北部的霍洛加兰出发的一段航海旅行，这一记载为一位经验丰富的航海家所描述的航海经历提供了独特的见证。该书详细记载了奥瑟尔的两次航行，至于他的第三次航行经历，尽管没有提供详细信息，但我们知道，他是去了威塞克斯国王阿尔弗雷德的宫廷，其总航行距离约为2200海里（略超过4000公里）。奥瑟尔的第一次航行穿过了远北地区。这位航海家提出了这次出行的两个主要原因：一是探索未知的土地，看看“世界最北延伸到了何处”，而第二个更重要的原因则是寻找海象牙，然后把这种动物獠牙带回给阿尔弗雷德国王。奥瑟尔的航行分为几个阶段，首先是从霍洛加兰航行到了北角。到了北角之后，他不得不等待顺风才能继续向东航行，待他等到了顺风之后，他又继续向科拉半岛前进，又在白海上航行了五天，直到遇到了一条“大河”——这条河实际上就是流经科拉半岛南部的坎达拉克沙湾。奥瑟尔虽没有明确地说明他第二次航行的目的，但其目的地无疑是商业地区：他重新去了斯堪的纳维亚半岛的两大商业中心，即位于挪威南部的考邦和位于丹麦的海泽比。他沿着挪威海岸航行了一个月，沿途每天晚上都会休息。在途中，他还指示船要沿着右舷一侧航道行驶（当航线从西方出发或者向西方行驶的情况下）。这条航线指向了“爱尔兰——可能是爱尔兰岛——和位于爱尔兰与斯堪的纳维亚半岛之间的岛屿”（英格兰，请记住奥瑟尔在威塞克斯宫廷中所讲的故事），它连接了英格兰和挪威南部甚至到了考邦。从那里出发，再经过卡特加特海峡，他需要花五天时间才能到达海泽比。这段叙述为维京人的行进路线、维京人经常出入的贸易中心，以及他们看待人类、物体、思想和知识的经验“之路”都提供了一个可贵的证明。此外，这段文字还将我们带入了“维京人的小世界”所处的大空间当中，所以我们提议从现在开始深入探索这一空间。

第13章 大空间，“小世界”

斯堪的纳维亚半岛与西欧，或者说波罗的海东部、南部海岸的有接触往来绝不是从维京时代才开始的。到了8世纪又出现了新的情况，如贸易体系向新的体系过渡发展，向越来越多的经济参与者开放，而不再像之前那样只有贵族精英阶层能成为经济参与者。日常食品批发贸易腾飞。贸易场所普及——其中一些贸易场所甚至具备超区域甚至国际化规模。像椭圆形衿针一类的产品也有了飞跃式发展，这些产品广泛分布在生产中心以外的地区，也越来越多地出现在城市地区。尽管我们上一章提到的航海情况的发展并不是维京人现象的起因，但它却是其中的一个重要因素，因为航海技术的发展进步开阔了斯堪的纳维亚人的视野，便利了人员和商品的运输，有助于商业中心和精英阶层生活场所中的食品供应和加工原材料供应，更广泛地来说，还有助于人们获得财富。但在这一章，我们将不再详细讨论经济发展和商业贸易的问题，而是要通过思考贸易形成流量、构建网络、连接场所和空间的方式，对人口、财富、知识或思想的流通进行探讨。我们还会在下一章节对人口流通的问题进行更详细的讨论。

13.1 根据流通情况而定

介绍产品的流通以及与产品相关知识的方法之一就是循着某些产品的踪迹，因为这些产品的传播揭示了一些涉及经济逻辑的复杂动因，而这些经济逻辑又或多或少地受到了文化选择和社会行为的阻碍。我们不确定是否要用分布图来阐述物品传播，因为关于其传播，我们并没有掌握所有分析参数。在这里我们只要举几个例子就足够了，尽管这些例子并不能全面说明我们遇到的所有情况。首先是块滑石制品，人们往往把它当作斯堪的纳维亚半岛——尤其是挪威——物质文化的象征；然后是椭圆形衿针，它通常被认为是带有强烈的性别、种族和地位性质的身份的载体；最后是丝织品——这是一种奢侈品，即使在社会开放贸易的背景下，它也仍然保留了自身作为精英阶层专用物品的特征。

块滑石制品被认为是散居在世界各地的维京人的特有物品。它们是由挪威、瑞典西部、设得兰群岛和格陵兰岛上富产的一种矿物所制成的，另外，这种矿物还少量出现在苏格兰和爱尔兰陆地上的露头[①]。在挪威，块滑石被大范围使用，人们经常用它来代替陶瓷，于是导致了产品（如容器、灯和纺锤）出口的蓬勃发展。位于挪威南部的考邦似乎曾经是商品再分配的中心，精英阶层可能控制了上游贸易（商品供应）和商品分配。挪威块滑石被大量出口到丹麦，特别是日德兰半岛——因为块滑石在这里可能具有一种象征性价值，甚至代表着声望，意味着与海外地区有联系。而块滑石在波罗的海南部和俄罗斯（旧拉多加、格涅兹多沃和基辅）等主要贸易中心的零星发现，可能更多地表明了斯堪的纳维亚游客的存在，而不是商品商业流通。在欧洲大陆西部和北大西洋地区，块滑石产品的使用和分配情况则会因地点或社会环境而有所差别。在拥有块滑石的设得兰群岛和缺乏块滑石的奥克尼群岛中，块滑石也都被广泛使用。同样地，在冰岛和法罗群岛没有块滑石这种矿石资源，在这些地区几乎没有其他任何能替代块滑石的物品，但这些地区的人们仍然大量使用块滑石。而相反地，块滑石在赫布里底群岛、爱尔兰、英格兰这些地区的使用范围更加分散，在弗里斯兰它更是无关紧要。陶瓷产量的下降和块滑石制品使用的倒退成为了北欧人占领设得兰群岛的旧斯卡特尼斯和奥克尼群岛的普尔的早期特征。北欧维京人起初是进口来自挪威的块滑石制品，但挪威的块滑石制品很快就被设得兰群岛的块滑石制品所取代（没有完全取代），后者还出口到了奥克尼群岛和法罗群岛。在奥克尼群岛，人们选择使用块滑石似乎与当地文化有关，但根据人们在英格兰、爱尔兰和赫布里底群岛发现的块滑石陪葬品的研究，表明块滑石制品在这些地区的情况与在奥克尼群岛截然不同：与其说是日常用品的贸易交流，或者说块滑石作为具有象征声望的文化附加含义的元素之一的原因促进了块滑石的流通，不如说它只是一个与经常出入交易场所的北欧旅行者有关的、作为个人财产的偶然存在。在赫布里底群岛，维京人找到了一种令人满意、能替代当地

① 露头：岩石、矿脉和矿床露出地面的部分。

传统陶瓷产品的产品，即使这意味着陶器的形状需要更适应块滑石容器的形状，因为后者更适应他们的生活方式。因此，块滑石制品的传播途径，尤其是传播范围都反映了一些经济逻辑，这些经济逻辑又会受到材料资源的可用性以及相关社群的文化选择的干扰。

椭圆形衿针是一种女性服装的配饰。在8—10纪时期，北欧服装时尚的特点就是把一对衿针别在长裙的肩部。英格玛·扬松在1985年进行了一次约有3600个研究对象的统计，使人们了解到了有关衿针传播的情况。在瑞典、挪威（瑞典、挪威大约各自有1500个衿针研究样本）、丹麦（有120个）不同地区之间有着显著的差异：佩戴衿针这种时尚在丹麦早已被废弃了，但人们在斯堪的纳维亚半岛以外的地区发现了衿针的存在，其中包括俄罗斯（160个）、英格兰和爱尔兰（75个）、冰岛（35个），还必须加上人们在波罗的海南部海岸已经了解到的衿针数量以及在法国皮特雷发现的两个衿针。通过挖掘工作以及金属探测器的帮助，过去三十年人们在衿针的发现数量上又有了新的进展，但这都没有改变各个地区所持数量的顺序，所以现在丹麦（至今共发现有400个衿针）和英格兰（约15个衿针）是最具有代表性的两个国家。尽管有些椭圆形衿针可能是在当地的作坊中所制作的，但从8世纪末开始，衿针主要是由专业工匠在那些能够确保原材料（如有色金属和采用“失蜡法”铸造工艺所用到的蜡）供应的城市中心（如里伯、比尔卡、海泽比、考邦、阿胡斯和雷里克）进行大规模系列生产。这些衿针似乎是“在第一批城市网络中出现的创新实体”，甚至是职业身份，或城市社群身份标志的载体。尽管8世纪末和9世纪初，椭圆形衿针上的某些装饰元素反映了人们对基督教信条的接受，但自9世纪中叶起，人们专门采用了非基督教性质的图案，那种通过装饰图案来宣教的方式也为人们所弃，但这也许都是为了响应从西欧推行到斯堪的纳维亚半岛的宣教政策。到了9世纪，某些地方特有的传统工艺被摒弃，转变为了越来越标准化的生产模式，例如P37型和在维京人世界形成了跨国传播的P51型（根据简·彼得森制定的分类）就是这类生产模式的典型。但这种传播的推动力很复杂，因为椭圆形衿针这一人工制品所代表的意义可能会根据斯堪的纳维亚半岛或其他地区的不同情况而有所差异。首先，其传播与自由女性的社会地位的表现有关，由于自由女性的家庭生活达到了兴旺发达的水平，她们可以获得这种类型的产品，椭圆形衿针的尺寸范围和重量也不断增加，衿针从8世纪上半叶重10克的产品原型发展到9世纪末期时，最多可以达到100克重量。我们也可以把椭圆形衿针作为象征身份的物品，如果有人佩戴某一椭圆形衿针，便表明了此人的家族或祖先血统，甚至它还能为那些居住在斯堪的纳维亚半岛以外地区的北欧社群带来一种民族附属意义——这并不奇怪，因为与男性相比，女性本来似乎更多地承担这些身份载体角色。椭圆形衿针具有一种与斯堪的纳维亚女性时尚相关的特定用途，几乎可以肯定地说，对那些佩戴椭圆形衿针的女性来说，无论她们的出身如何，至少她们都接纳了北欧服装的某些元素。尽管近期人们又有了新的发现，对曾经被丹麦人征服过的英格兰的某些地区来说，椭圆形衿针是相对稀缺的，这与在10世纪时丹麦人以及在当时仍然继续追随丹麦时尚的丹麦区的人对椭圆形衿针减少使用的这一情况是一致的。9世纪下半叶，人们在旧拉多加制造椭圆形衿针，这表明俄罗斯该地区一直存在着对这种产品的需求，并且一直持续到维京时代末期，椭圆形衿针都非常流行。此外，椭圆形衿针有时还被视为“散居在世界各地的维京人”的标志性物品和肯定斯堪的纳维亚人存在的象征，以至于过去人们在探讨斯堪的纳维亚人对早期的罗斯国家的影响时，会建立在对女性用品研究的基础上。

椭圆形衿针在当时的社会中广泛传播，然而，尽管商业贸易蓬勃发展，其他产品却没有像椭圆形衿针一样，而是仍旧保持着其特殊性。在斯堪的纳维亚半岛上，人们在大约23个地点发现了一些丝织品碎片，主要发现地是在墓葬里（共94座坟墓，其中大多数是女性坟墓），这些墓葬主要分布在比尔卡（在瓦尔斯加德也是如此）和戈克斯塔德的奥斯陆峡湾地区——其中奥塞贝格船葬发现的数量最多，有110块丝织品碎片——还有丹麦的海泽比、马门、耶灵和维堡。总体而言，与10世纪相比，9世纪的坟墓里发现丝织品的频率要低一些（根据年代推断，在这两个世纪的坟墓分别是59个和15个），因为到了10世纪，随着斯堪的纳维亚半岛与东方贸易的发展，丝织品的供应也可能变得更加容易。玛丽安·维德勒指出了当时的产品以及进口丝织品的丰富多样的品质种类、货源地（如中亚地区——有来自粟特的丝织品，或者受中国丝织品影响的更东部地区的丝织品，还有拜占庭和地中海东部地区的丝织品）以及丝织品供应地从9世纪的中亚地区转变为10世纪的拜占庭帝国的变化。这些珍贵的织物很可能经过了伏尔加河中游地区（而毛皮则是从该地区流入了伊斯兰地区）、白海、第聂伯河流域以及中欧。于944年签订的《罗斯－拜占庭条约》规定，罗斯商人可以在君士坦丁堡用50苏金币的价格购买丝织品，这是一条对罗斯人来说相当有利的条款。另外，人们在斯堪的纳维亚半岛以外的地方也发现有维京时代丝织品的存在，例如都柏林、爱尔兰的沃特福德、约克（人们在此地发现了来自君士坦丁堡或者中亚地区的23块丝织品，这些丝织品所在土层的年代可追溯到930—970年）、林肯和伦敦，其中一些丝织品可能是通过斯堪的纳维亚半岛的海运路线或经由意大利转运来到了这里。在斯堪的纳维亚半岛，丝绸仍然是上流社会身份地位的标志（丝织品集中在权力中心阶层这一事实就证明了这一点），无论其产品种类为何，只要是丝织品，都会被认为是专为少数精英群体保留的标志性物品，这与拜占庭帝国和波斯不同，因为在这两个地区，只有某些质量上乘的丝织品才是专供精英使用的。这意味着当时的人们对丝织品进行了供应和分配控制，也意味着在商人和精英之间，他们对该织物在经济方面和象征方面的价值存在一种共识。作为一种强有力的社会标志性物品，丝织品还可能象征着北欧精英与欧洲其他精英之间保持着友好关系。在10世纪，特别是在比尔卡，丝织品可能还标志着北欧精英选择与拜占庭帝国建立牢固关系，在这种假设下，10世纪时拜占庭丝织品的盛行或许更多地反映的是其政治文化动机的选择，而不是经济流通的演变。

除了具体的例子外，在通过对“常规化”现象和“维京人的小世界”网络运转的分析之后，吸引历史学家和考古学家更多关注的是流通和贸易的形态和方式。

13.2 道路，“常规化”路线

在紧接着奥瑟尔的叙述之后，我们还保留了关于沃夫斯坦（沃夫斯坦很可能是盎格鲁－撒克逊人，我们并不知道除此之外的更多信息）历经七天七夜的航行经历的文字叙述，而其航行范围则是在位于海泽比与特鲁索（位于波兰埃尔布拉格附近的扬·波莫尔斯基）之间的波罗的海流域。文章中明确指出，沃夫斯坦在沿着左舷航道航行的时候，分别经过了朗厄兰岛、罗兰岛、法尔斯特岛和斯科讷，而这些地区当时都隶属于丹麦，然后他又航行来到了博恩霍尔姆岛、瑞典海岸以及隶属于瑞典的厄兰岛和哥得兰岛，此外，博恩霍尔姆岛的居民甚至还有自己的国王。而在沿着右舷航道行驶的整个航程中，船只几乎都是沿着温德斯人（该术语是用来指代西斯拉夫人）所在的温德兰航行（维斯瓦河将温德兰地区与属于爱沙尼亚人的维特兰地区间隔开来）。在接着讲述其在爱沙尼亚的后续航行经历以及爱沙尼亚人（该民族居住在波罗的海地区，是古普鲁士人的祖先）的丧葬习俗之前，沃夫斯坦还精确地描述了维斯图拉潟湖（维斯图拉潟湖可能是维斯瓦河口的一个潟湖，特鲁索也位于维斯瓦河沿岸）区域的情况。此后，考古学便表明该地区自 8 世纪末以来一直是被爱沙尼亚人占领的商业中心。起初这个商业中心是季节性的，但自 9 世纪中叶起，它便成了一个永久性商业中心，甚至可能是波罗的海南部海岸最重要的商业中心之一，也是与斯堪的纳维亚半岛有明显贸易往来的地区。特鲁索也是 8 世纪人们在波罗的海南部海岸建立的沿海定居点之一，其他定居点则还有：在维斯马湾东部边缘的雷里克；同样位于梅克伦堡、瓦尔诺河口的罗斯托克和迪尔科区域；位于波美拉尼亚的佩讷河口的门兹林和格克区域。不久以后的定居点则有：位于荷尔斯泰因、靠近吕贝克的奥尔登堡；吕根岛上的拉尔斯维克，在奥得河三角港上的沃林以及离沃林不远处的乌瑟多姆岛；还有波美拉尼亚的科沃布热格和巴尔比。而且，以上提到的其中一些定居点被斯堪的纳维亚半岛的人认为是一些距离遥远的贸易中心。实际上，斯堪的纳维亚半岛与这些定居点之间的联系都是早已存在的。如库尔兰海岸的拉脱维亚的格罗比尼亚，该地区从 650—850 年的古墓葬表明，自 7 世纪中叶以来此处便存在一个斯堪的纳维亚社群，该社群与瑞典中部和哥得兰岛都有密切的联系。自 9 世纪初期以来，在距尼曼河口不远的考普（该“市场”地处现属于俄罗斯加里宁格勒地区的维斯基亚奥滕附近）还存在另一个商业中心。考普可能是一个季节性的贸易场所，而且该地区的富有归功于普鲁士海岸上丰富的琥珀资源，这也使得该地区很早就参与了远距离贸易，例如人们在波罗的海沿海地带发现有大量埋藏的迪拉姆（货币）就证明了这一点。不来梅的亚当赞扬了沃林的下锚优势，认为后者“为居住在该地区的野蛮人和希腊人提供了一个难得的锚点”，因为人们可以从这个锚点所在地前往位于佩讷河上的代明和塞姆兰，不来梅的亚当还详细指出了如何抵达那些地方以及如何从锚点所在地前往罗斯，“从汉堡市或易北河的岸边出发，人们可以在七天内通过陆路到达沃林，而走海路的话，人们就必须在石勒苏益格（此地紧挨着海泽比）或者奥尔登堡坐船。然后从那里出发，再经过 14 天的航行，就可以最终到达俄罗斯的大诺夫哥罗德”。

最早关于斯堪的纳维亚人定居点的证据是在旧拉多加发现的，该地区离沃尔霍夫河流入拉多加湖的河口不远。从这里出发，有可能经由涅瓦河和芬兰湾抵达波罗的海。根据考古证据，旧拉多加定居点最晚出现在753年，这些考古证据也证明了维京人大约在8世纪对此地的早期统治，以及拉多加地区和北欧之间早在维京人时代之前就已经有了联系。这里最早的居民是一些手工业者（人们在这里发现了受奥丁神像保护的工具库）、商人和战士，但该地区很快就融合了北欧、芬兰和斯拉夫民族的元素，具有了多民族的特点。很快，此地便利用了其位于波罗的海和伏尔加河之间路线上的关键地位，大力发展手工艺（如织品、陶瓷制品、金属制品、骨制品和角制品）和商业活动——那些在此处发现的来自中亚和拜占庭的艺术品和珠宝（例如珍珠）便证明了这一点。而早期阿拉伯货币的出现表明，该地后来也参与了远距离商业圈中。人们发现埋藏在东欧历史最早的大量迪拉姆货币来自大约786年的拉多加，该地区的货币发现表明，东方的资金流动可能最早于750—760年便来到了沃尔霍夫河畔。

随着进入俄罗斯内部的贸易路线的发展，其他商业中心也在9世纪诞生了。如9世纪中叶的留里克沃·格罗迪什切，该地位于现今的大诺夫哥罗德附近，也在伊尔门湖出口处、沃尔霍夫河源头的一个建有堡垒的海角上（后来在斯堪的纳维亚的原始资料中被称为霍梅加德——意为“岛上的堡垒”），该地区的河流可以流入从欧洲通往亚洲的主要水道，并为整个大诺夫哥罗德地区提供水源。此外，留里克沃·格罗迪什切不仅是王室官邸所在地，还是一个行政和军事中心以及一个多民族的商业和手工艺中心。在那些能表明该地区与其他远距离地区保持联系的物品中，我们必须要提到拜占庭硬币和东方硬币——特别是三枚被掩埋的阿拉伯迪拉姆硬币，还有一些天平和砝码、玻璃珠、水晶珠和光玉髓珠、琥珀制品以及一些来自斯堪的纳维亚的物品或其人工仿制品。但与拉多加地区相比，由于留里克沃·格罗迪什切深受王侯和战士精英的影响，所以这里的手工艺品的斯堪的纳维亚风格也就更加明显。此外，第一批罗斯王公就居住于此，这里还驻扎有一个主要由斯堪的纳维亚人组成的军事特遣部队。人们在该遗址上发现的9世纪的堡垒元素与基辅的城堡存在一些相似之处，而留里克王朝从9世纪末开始便统治了基辅。罗斯人于930年左右开始占领“新城市”大诺夫哥罗德，大诺夫哥罗德在10世纪下半叶得到了大力发展。尽管大诺夫哥罗德继承了留里克沃·格罗迪什切的部分职能，但却已经形成了另一种城市类型——拥有规则的街道网络、堡垒（德蒂内茨）以及在不久以后的10世纪末期建立的主教教堂，这些主教教堂依靠周围土地的收入维持运转，并且将该地区的资源聚集在一起。再后来诺夫哥罗德便成为了俄罗斯北部的首都。

其他商业中心是自9世纪中叶起开始大力发展，如在10世纪，西南部发展起来的普斯科夫、东部和伏尔加河上游的别洛焦尔斯克，离雅罗斯拉夫尔不远处的蒂梅雷沃，彼得罗夫斯科耶以及米哈伊洛夫斯克耶。此外，人们在蒂梅雷沃发现了许多可追溯至大约800年以后的东方硬币，而到了9世纪下半叶，该城市更是成为了一个行政、军事和经济中心。从9世纪末开始，在位于第聂伯河的上游、斯摩棱斯克附近的格涅兹多沃地区形成了一个商业中心，并且该商业中心与拜占庭、欧洲及亚洲都有联系。此外，该商业中心位于通往黑海和君士坦丁堡（途经第聂伯河）以及里海（途经伏尔加河）的主要路线的起点。它也是第聂伯河和道加瓦河之间的运输枢纽。此外，格涅兹多沃地区的居民为斯堪的纳维亚人和斯拉夫人；根据统计，源自10—11世纪的土堆（土葬坟和火葬坟）在此处共计有4500个，其中一部分已经被人们挖掘出来，发现有大量的陪葬品。该商业中心的发展与贸易流通的重新定向（“向南方发展的一个大转变”）有关，这使得位于第聂伯河的该地区成为与拜占庭交流来往的一个重要区域。10世纪上半叶，斯堪的纳维亚人在更往南的地区中大大加深了自己的影响力，其中位于杰斯纳河上的切尔尼戈夫、谢斯托维察和基辅——就是北欧文本中记载的“Kœnugarðr”，这三个城市的命运似乎与自9世纪80年代起在第聂伯河中部流域建立的留里克王朝以及留里克王朝向周围的部族收取贡品，并从其与拜占庭的贸易中获取利益的野心都有很大的关系。斯拉夫人早就在这些城市建立了定居点，但这些定居点9世纪末期开始就经历了重大转变。如从887年开始，基辅发展了商业区和手工业区（波迪尔区），到了10世纪，基辅与拜占庭之间的贸易量也迅速增加。上文提到的好几个地区（如格涅兹多沃、基辅、切尔尼戈夫和谢斯托维察）都表明，大约在10世纪，东欧出现了一种新型场所，该类场所专门用于手工业和商业活动，并且受一个堡垒控制，场所周围被一些大墓地所环绕——这正好类似于比尔卡的情况。

最初，斯堪的纳维亚人开展贸易活动需要与居民合作，因为居民会为他们提供毛皮，以换取珍珠和由手工作坊制作的物品。此外，他们还必须与当地的酋长进行谈判，以确保商人们能获许在贸易路线上通行，而反过来商人们又可以为斯堪的纳维亚人提供珍贵物品。随着时间的流逝，斯堪的纳维亚人制定了一个征税体系（也许与奥瑟尔和萨米人的文本中所描述的征税系统非常接近），这与那些借机从繁荣的商业贸易中谋取利益的当地精英是一致的。征税通常采取在冬季收集贡品的形式，一些产品先是被集中在商业中心，然后被运往距离更远的市场。当罗斯人控制第聂伯河流域，并且将这一征税体系应用于那些已经向他们臣服的斯拉夫人部落时，这个体系已经足够完善。后来，在留里克王朝范围内，组织征税的方式则更为精确：因为人们发现了数十个带有罗斯人君主名字的木制圆筒，而这可能是用来密封皮货袋子的。此外，像大诺夫哥罗德等一些城市还会利用其作为集散中心的地位地理位置来强化其在商业贸易中的作用。

自10世纪开始，罗斯人也与拜占庭人缔结了条约，我们保留了其中四条协议（907条、911条、944条、971条）的书面记录。某些条文通过救援遇难船只以及遭遇沉船事故船只的货物、解决奴隶损失或逃亡或赎回（当奴隶是罗斯人或希腊人的情况下）的情况以及丝绸贸易管制的方法，来保障商船及其货物的安全。而其他条文则规定了解决希腊人和罗斯人之间争端（例如，在发生谋杀，伤害、盗窃的情况下）的方法和程序，或如何将罗斯人雇佣军送往拜占庭。

在《论帝国的统治》一书中的某一段文字中，“紫衣贵族”君士坦丁七世描述了10世纪中期的这种贸易的组织形式。根据文中记载，当时来自大诺夫哥罗德和其他地方的罗斯人都聚集在基辅，在那里他们将斯拉夫人出售给他们的“独木舟”组装完毕，从6月起会进入第聂伯河前往君士坦丁堡；在秋天返航之后，罗斯人又会在斯拉夫人家中过冬以征收贡品，然后在春季再回到基辅，以便为前往拜占庭的新旅程做准备。这段文字也是能证明人们曾经定期使用一条路线的最古老的叙事文本，而在12世纪初期，这条路线在《往年纪事》中曾被称为“从瓦良格通往希腊之路”。该路线沿第聂伯河而上，然后船只将通过陆上搬运的方式进入流往伊尔门湖的洛瓦季河，然后船只再从那出发，先后经过沃尔霍夫河、拉多加湖和涅瓦河，最后抵达芬兰湾以及波罗的海。如果从第聂伯河出发，在道加瓦河上航行，也有可能到达里加海湾。

其他的路线能使人们通过伏尔加河前往阿拉伯国家。其中有一条从北部走的路线可能是沿着斯维里河，从拉多加湖前往奥涅加湖，然后转道向南，一直走到别洛焦尔斯克，再从那里到达伏尔加河。另一条路线则可能始于伊尔门湖，连接基辅和伏尔加保加利亚，早先是一条贸易路线，早在 10 世纪就已经被阿拉伯商人所熟知。根据 9 世纪中叶的伊本·胡尔达兹比赫的说法，罗斯商人们在顿河上航行，然后在那里被可萨可汗征税，随即进入伏尔加河，抵达里海，再从里海抵达巴格达。不久以后，到了 903 年，伊本·阿尔法齐赫在其受同一故事启发所作的一篇文章中，描述了一条类似的路线，但他用一个名为雷伊的波斯城市的名字命名了这条路线。那么，斯堪的纳维亚人与哈里发和拜占庭帝国之外的其他地方有过直接接触吗？最近，特别是在瑞典，人们发现了一些来自印度的石榴石，由中亚地区制造的青铜瓶，中国－波斯制的陶瓷器以及一些由草原民族带来或仿自草原民族的射箭器材，这些发现表明斯堪的纳维亚人可能经常来往于东方的贸易路线和丝绸之路上的市场，有可能是在粟特——人们在斯堪的纳维亚半岛发现的自 9 世纪起的部分丝织品就来自此地，也可能是在梅尔夫、撒马尔罕和巴尔赫建立的贸易中心，人们在瑞典西曼兰的瑞特内发现了一篇铭文，铭文是为了纪念一个名叫斯拉格维的男人。他死于奥斯特东边的奥斯特·埃·卡鲁斯姆，该地区可能是在咸海南边、靠近萨曼王朝的商业中心的花剌子模，有证据表明，这是斯堪的纳维亚人在维京时代接触到的最东部的地区。在调查研究阶段，这些地区之间的联系依旧是猜想，但事实是，斯堪的纳维亚人与丝绸之路沿路地区的东方贸易的繁荣——另有粟特商人在其中作为中间人——可能是得益于唐朝（618—907 年）开放政策的促进作用。

虽然河流为交通提供了便利，但我们仍然必须考虑到航行的实际困难。如河流中遍布难以跨越的急流险滩，再如人们还必须确保能将船只从某一河流流域转运到另一河流流域，以上两种情况都涉及陆上搬运——当水道无法航行时，小船需要通过陆地进行搬运，以便绕过航行中所遇到的障碍物，或者从某一流域到另一流域。此外，人们还必须确保能够与所经过领土上的部落达成联盟，或者能使其保持中立态度，获得这些部落的友好对待和合作，并且建立防御点。从这个角度来看，中转区域和陆上搬运区域都具有重要的战略地位。

当伊本·胡尔达兹比赫讲述罗斯商人从萨卡利巴到巴格达的路线时，他还补充说明道："斯拉夫仆人担任了罗斯人的翻译。他们还自称为基督徒并缴纳人头税。"他在紧跟着这段文字的前一段中还描述了所谓的"Râdhaniyya"或"Radhanites"——犹太商人，"（他们）讲阿拉伯语、波斯语、鲁米语（可能是希腊语）、法兰克语、安达卢西亚方言以及斯拉夫语"，并且他们经常来往于从"位于地中海上的法兰克王国"出发前往印度和中国的国际贸易路线。《道里邦国志》一书的作者伊本·胡尔达兹比赫在担任杰巴尔省（位于伊朗西北部）的邮局和情报负责人的职务时，对这些大商人经常来往的路线、港口以及他们所从事的贸易都进行了精确的描述：商人们售卖男女奴隶、门人、锦缎、海狸毛皮、貂皮袄、西欧产的剑，返航时，又从印度河流域和中国带回麝香、芦荟、樟脑、肉桂以及其他产品，并负责这些商品的重新分配。如果我们采纳波斯人的词源[①]，拉特纳犹太人（Radhanite）的意思就是"路线行家"。作者在同一作品的后续部分中紧接着描述的罗斯人显然也是同样的情况，他们有翻译人员为他们服务，这些翻译人员对基督教也有足够的了解，在到达阿拔斯王朝时还可以假扮基督徒，他们这样做很有可能是因为他们可以受益于希姆米[②]（dhimmi）的身份。作为回报，罗斯人会帮他们缴纳人头税，而人头税可以保证他们的人身财产安全。到了10世纪中叶，《论帝国的统治》一书显然证明了"从瓦良格通往希腊之路"上从基辅到君士坦丁堡的这一段道路已经呈现了"常规化"的特征：罗斯商人经常行走在这条路线上，他们熟知路线中的障碍，必须防范遭遇坏人带来的危险——特别是佩切涅格人的袭击。这条道路（无论是陆路还是海路）不是将一个点与另一个点连接起来的一条地形路线或地形走廊，而是作为两个目的地之间的一条人们经常往来于此且颇负盛名的路线，人们用其常规用途来定义这条路线。旅行者们的意图和期待、他们预先获取的知识、他们口口相传的信息（这让我们想起了沃夫斯坦和在这里提到很多次的航海家奥瑟尔的故事），还有他们在旅途中留下的名字（想想第聂伯河中以他们二人的斯拉夫语和北欧语名字而闻名的那些险滩，以及科唐坦半岛或海峡群岛这些源自北欧的沿海地名，科唐坦半岛和海峡群岛也标明了通往亚美尼亚布列塔尼的航海路线），还有旅行者们为获取最大利益的实践：所有这些都是作为常规社会实践的"道路"和"常规化"的一部分，这里的"常

① 波斯语中的"rah"意为小路（chemin）、道路（voie）；波斯语的"dān"意为"知道的人"。
② 希姆米：伊斯兰教早期对缴纳人头税的非阿拉伯的称谓。

规化”被认为是路线在历史的某一时刻出现的过程。而《罗斯－拜占庭条约》的签订时间可能是在《论帝国的统治》一书编撰前不久，所以这一系列条约——特别是第 911 条和第 944 条——通过规定各方的权利和义务，共同参与了“从瓦良格通往希腊之路”的建设，而对一条定期有商品运输以及人员流通的路线，同时我们还知道道路线上有危险时，这些路线相关知识都是必不可少的。

13.3 “小世界”的等级制度和网络

道路使人们想到一条路线的线性描述，但当我们考虑到那些分布在路线上的贸易场所或者由于贸易路线而形成贸易场所的时候，道路就不能被简化为一种线性描述。对这些贸易点的性质、等级、潜在的整合性及其与政治权力中心的关系，人们争论不一，这些争论有助于更新人们对那些为商品交换、人员和知识的流通奠定基础的组织机构的认识。约翰·卡默将维京时代的波罗的海地区的港口划分为六种类型——从 A 型到 F 型：如 A 型港口指的是那些没有永久定居点，沿岸附近也没有移民点的小型本地港口；而 B 型港口则是指那些没有永久定居点，但沿岸附近有移民点的小型本地港口；如果在一个中型贸易中心，存在永久性居民建筑，并且人们在此进行广泛的商业和手工业活动，如建造或修理船只，这样的港口被称为 D 型港口（D 型：例如斯科讷的于斯塔德或阿胡斯）；同样具备上述条件的大型贸易中心则被称为 E 型港口。索伦·迈克尔·辛德贝克通过进口产品（如玻璃制品、莱茵河地区的（rhénan）巴多夫陶瓷以及所谓的塔亭陶瓷和迈恩生产的玄武岩石磨）获得了一些证据，且观察到大量的手工艺活动的存在需要大量进口原材料（批量生产的铜合金物品和玻璃珠）甚至是支付工具（砝码和天平），从而提出了一个更实用的等级制度。因此形成了一个更动态的观点，使得该港口等级制度可以在网络中运作，区分那些面向远距离国际贸易，具有特殊进入条件，并且需要为船只减轻负载并转运到其他船只或运输工具上的“节点”或者枢纽。这些节点数量很少[①]，因此人们可以将它们与那些主要负责提供地区交通服务的本地商业中心清楚地区分开来，但这也不排除后者在以后会产生更重大的影响——就像 10 世纪的沃林。因此索伦·迈克尔·辛德贝克强调的这一等

① 在9世纪的斯堪的纳维亚半岛和波罗的海南部地区只有七个：里伯、海泽比、考邦、比尔卡、阿胡斯、雷里克、特鲁索。

级制度更多的是通过那些“节点”在贸易系统中所处位置的作用表现出来而不是其规模大小，这一等级制度并不能反映出政治领域的复杂情况，因为它服从于各种各样的政治规定。以三个主要标准为基准（是不是永久的居民点；面向区域内、区域间或远距离的商业定位；是否较为高度独立于政权，或者说与外围地区是否已形成区域化发展）。达格芬·斯克雷（Dagfinn Skre）提出了在较长的时间阶段内的四类商业机构（他更喜欢称其为“专用于商业和手工业生产的场所”），首先包括那些在8世纪以前与中心地点相关的市场：如古德梅镇/伦德堡、老乌普萨拉、齐斯湖、博恩霍尔姆岛上的索特·穆尔德和乌普克拉。除了第一个以外，其中大部分商业中心在维京时期都保持着活跃的状态。其次，还有8世纪以后的地方临时商业中心：如斯科讷的勒德凯平格、利姆水道区域中的塞伯松地区以及哥得兰岛上的弗洛耶尔。再次，是在8世纪以后很快就出现的两个“商业中心节点”——里伯和阿胡斯。最后还有从7世纪末期开始出现的维京时期的四个斯堪的纳维亚城市，即里伯、海泽比、考邦和比尔卡。这种更加紧密地按照时间顺序的分类，更多考虑了贸易中心有没有政治依赖性，以及不同类型的商业机构之间所建立的社会联系，从按照客户或庇护者的需求生产到批量生产的过渡，还有能够体现商业贸易重要性的这一经济思想的出现。人们提出的各种分析并没有打乱等级制度的最高级别——与上文已经提到的那些商业中心有关，但这些分析不仅为那些贸易场所和它们彼此之间建立联系的组织结构提供了一个更加丰富的框架，还有助于人们了解贸易网络的结构和贸易网络所基于的社会联系。在奥瑟尔的故事中（航行经过考邦和海泽比）和沃夫斯坦的故事中（航行经过特鲁索和再次出现的海泽比），两人航行过的城市里分别都只有两个城市被称为商业中心，这可能并非巧合。在沃夫斯坦的故事中，9世纪的波罗的海南海岸只指定了两个节点（沃林取得发展后，在后面参与了进来也成为一个节点）；尽管如此，在奥瑟尔的故事中，他从霍洛加兰向南沿海航行了一个月，每天晚上都停下来休息，但他在抵达考邦之前，没有提及途中任何一个挪威海岸的休息站。

更吸引人们关注的，是商业中心与网络中其他元素之间的连接以及“小世界”这一概念。“小世界”这一概念借用自斯坦利·米尔格拉姆，根据这一概念，每个个体都可以通过一条社会关系短链与其他人联系起来，这些社会关系涉及来自社会各界的男女。这并不是说这些远距离的贸易中心彼此之间一定能建立直接联系，尽管我们能很轻易地在书面资料中看到，海泽比和特鲁索（我们可以在沃夫斯坦的故事中看到二者之间的联系）或者瑞典（通过在梅拉伦湖地区发现的如尼铭文得知）之间建立了这样的直接联系，或者是比尔卡、多雷斯塔德、里伯和海泽比之间建立的联系（出自《安斯凯尔生平》）。但不同设施类型或某些产品（如椭圆形衿针，莱茵河地区的高品质陶瓷，艾费尔山的玄武岩石磨——其分布范围一直延伸到了挪威南部）之间存在的相似性，表明了这些商业中心可能是通过同类型游客或者是同一些人经常光顾的贸易中心来实现直接或间接接触的。参与流通的不仅有产品，还有技术和知识以及那些能够发起或者支持技术变革的手工业者——尽管这一点存在争议。史蒂夫·阿什比近期在其作品中对梳子这一特例进行的阐述表明，这些物品主要是由维京时期具有特定技能的工匠在商业中心制成的。梳子这一特例的阐述还反映了其制作形式（例如长凸面，短凸面）和制作知识都被传播到了距离其制作地点很远的地方，并且传播范围涵盖了北欧的大部分地区；此外，梳子这一特例还揭示了通用模型在斯堪的纳维亚半岛上不同地点的使用以及人们一直维持的能够反映区域口味，甚至某些制造商或社群身份标识的区别性。

最近的研究还阐明了商业中心的居民所共享的身份标识的形式，而其表现形式包括以下几个方面：特定的消费方式，饮食比周围的乡村地区更丰富、更多样化（葡萄酒，牛肉或猪肉——在不同地区之间也存在显著的差异，干果，无花果和香菜）；还有活动类型以及贸易工具的使用；更普遍地来说，对外来影响的开放程度更高。因此，尽管商业中心彼此之间距离遥远，但这些城市生活方式的出现使商业中心的居民们更加团结，并且体现出了一种城市人口特有的区分方法。尽管人们可以观察到其相似之处，却无法以一种统一的方式来谈论在不同商业中心的人们的生活方式。其实就人们本身来看，我们也观察到了一些其他的区分方法，这就产生了在这些商业中心或维京人世界其他城市里出现的城市精英的问题。在比尔卡，城市精英的出现是在 10 世纪，他们的标志是身着“东方服装”，这可能更多是一种社会分化的迹象而不是一种民族差异，并且表明当时可能存在一群从事远距离东方贸易的精英。人们在约克铜门进行的挖掘活动（1976—1981 年）也证实了当时城市精英的存在，城市精英区别于他人的地方就在于其生活方式——身着丝织品；食用各种鱼类，如鲟鱼；食用野味；可能还会使用猎鹰——而这些生活方式都使他们更接近贵族群体。

13.4 约克和都柏林

约克和都柏林经常被人们联系在一起，用来说明维京人对不列颠群岛上城市生活的影响。这两个城市在其历史上都曾经接受过来自斯堪的纳维亚王朝统治者的统治，甚至在 10 世纪上半叶期间，数次被同一位国王统治。人们经常强调这两个城市的"维京人"特征，并且经常将其附加在它们的名字之后，用以强调斯堪的纳维亚人的定居对英格兰和爱尔兰城市生活的影响，以至于低估了这两个中心之间的真正差异，而斯堪的纳维亚人的发展得益于他们所定居国家的传统，以及从这次合流中产生的新形式。都柏林起源于 9 世纪的"沿岸要塞"，它建立在两个爱尔兰王国的边界处，并从 10 世纪前中期发展成为一个城市和经济中心。此外，这座城市还产生了一个新的领土实体——迪夫利纳斯基里。在 10 世纪上半叶，都柏林还确立了其作为不列颠群岛的主要政治中心之一的地位，在 980 年后，它重回爱尔兰王国势力范围之内，并且在爱尔兰岛上树立了一个前所未有的身份地位。而约克则曾经是一座罗马 - 不列颠城市，那里古老的纪念性建筑令人印象深刻。在维京时期，它一直都是一个古老的权力中心和总主教府所在地。在许多方面，约克这座城市都保留着一种对诺森布里亚王国的认同感，但这一认同感更多的是被新移民代替而不是被消除。约克和都柏林的这些差异与那些国际贸易中心所具有的共同特征并不排斥，但能避免人们将二者视为孪生城市。我们在看待这两座城市的发展时，也必须将它们置于一个它们所处的更广泛的社会背景下加以观察。

斯堪的纳维亚人对英格兰城市的发展有着直接或间接的影响。英格兰城市商业区因此而消失了，或者人们将它们的职能转移到了一些更易于防御的地区，例如南安普敦。从 8 世纪末期开始，麦西亚和阿尔弗雷德统治下的威塞克斯王国为了国家防御建立了许多的防御点，而这些防御点随后也经历了城市化发展。斯堪的纳维亚人定居于那些在他们到达之前就已经存在的城市，有时斯堪的纳维亚人还会改变这些城市的结构，尽管它被认为是"自罗马时期以来英格兰所经历的最大的城市复兴"，但维京人对英格兰城市生活的贡献尚有争议。9—10 世纪是该国城市化扩张的时期，包括在那些斯堪的纳维亚人尚未占领的区域，如温彻斯特。维京人为约克的发展做出了贡献，但这座城市的发展可能并不是由维京人发起的。而且，英格兰只有一个城市——德比，因其地名起源于斯堪的纳维亚半岛，而改了自己的城市名称。尽管如此，一方面维京人建立（或加强）了防御工事，另一方面盎格鲁－撒克逊人在其控制的地区也建立防御工事来抵抗维京人，于是，这样（至少间接地）刺激了城市的发展。

约克曾经是高卢罗马人的城市，名为埃伯拉肯。700—850年，在约克城墙外的乌斯河与福斯河的交汇处形成了一个商业区（埃福里奇）。9世纪中叶，这座城市发生了翻天覆地的变化。大概在867年维京人征服该地区后，丹麦人定居于此，这个商业区便被舍弃了。然后人们用一个斯堪的纳维亚半岛的名字命名了这座城市——斯堪的纳维亚－约克；约克的国王以及后来的诺森布里亚伯爵都可能居住在现在的国王广场，而该广场也因其起源于斯堪的纳维亚半岛的名字“Kuningesgard”而在中世纪文献记载中为人所知。9世纪末10世纪初期，罗马城墙保护之下沿河两岸的街区通过一条新桥（建造于866年之后，最晚不迟于980年，随后该新桥取代了建于罗马时期的老桥）被连接起来，人们还通过开建新的街道和岛状住房群改造了街区，但这些新街区没有再沿用古罗马网格式的修建方式。道路网的重组和整体规则的街区空间分配表明，该城市是固定规划的对象——这也许是由约克国王或该市的精英管理委员会提出的。城市的城墙可能在866年之前就已经损毁了，可能在10世纪人们对其进行了修补和扩建，并覆盖了城市的新街区，因此其占地面积达到了大约36公顷。

约克这座城市从900—910年开始扩建，包括了福斯河、乌斯河两条河流之间的区域。而维京人城市的结构也是在这一区域得到了最好的保存。人们在约克铜门进行的挖掘表明，这个被人们忽略了4个多世纪的罗马时代的街区，从9世纪末期开始曾经历过一轮新的繁荣。其城市空间在当时被分配好之后，便确定了一个一直延续到我们这个时代的区域外观（尽管其地面高度与过去相比增加了5米，但地块的范围几乎没有变化）。此外，约克还曾是许多手工艺品活动的聚集地。当时的人们主要在那里对金属（如铁，铜和铅的合金，银和金）进行加工，后来又增加了一些其他的生产活动（如玻璃、木材、皮革加工，煤精石[①]、琥珀、骨制品和鹿角加工，纺织业和制革业）。同时，约克曾经还是建筑工活动以及裁缝和雕刻师活动的场所。实际上，铜门的挖掘区域仅仅占维京时期约克城市的一小

① 煤精石：一种呈明亮黑色光泽的褐煤。

部分，这一点可以通过人们于2006—2011年在洪加特进行的挖掘得以确认——因为人们在该地区发现了10世纪末期的居住楼层，而这些楼层可能与当时的货物仓库有关。

约克曾经还是一个重要的手工业中心，也是区域贸易和国际贸易的枢纽之一。曾统治这里的维京国王鼓励人们进行手工业活动以及铸币活动。据推测，来自不列颠群岛（如爱尔兰和苏格兰）、斯堪的纳维亚半岛、欧洲西北部（当时约克与莱茵兰和弗里斯兰早已有了联系）、波罗的海地区、地中海东部地区（人们在约克挖掘出了约沉积于930—970年来自拜占庭帝国的丝织品）、波斯湾和中亚的撒马尔罕的商品通过许多中间商人来到了约克。在11世纪中期，约克共计大约有10000名居民，这使得它成为仅次于伦敦的英格兰的第二大城市。已有的考古挖掘使人们得以重现当时的居住环境、当时比较恶劣的卫生条件（至少按照我们目前的标准来说确实如此）以及当时的饮食体系（在975年后，鱼肉数量有所增加——特别是鲱鱼和鳕鱼的数量）。即使在954年被英格兰征服之后，这座城市仍然保留着一种明显的斯堪的纳维亚风格。在1030—1055年之间，在西沃德伯爵的领导下，人们建立起了一座圣奥拉夫教堂，这也是最早为圣奥拉夫祝圣的教堂之一。这座城市当中，许多通过晚期的文献和货币（四分之三的货币上都刻有北欧人的名字）得以佐证的人名，还有附近地区的大量地名，都表明了斯堪的纳维亚对该城的强大影响力，可能这里的很大一部分人都使用北欧语言。

人们还将丹麦五区——德比、莱斯特、林肯、诺丁汉和斯坦福——的发展与维京人的存在联系在一起。尽管它们之中的好几个都曾经是罗马要塞（莱斯特和林肯）或者是教会中心（德比和莱斯特），但这五个地区在维京时代之前似乎都没有发展到城市的阶段。10世纪初期，丹麦五区进行了改建，参考威塞克斯的防御点模式配备了防御工事。然后，它们便发展演变成了手工业和商业中心，但我们始终无法确定“丹麦人”在这一城市化发展中所起到的作用。作为这些城市中资料记载最详细的案例，林肯区从9世纪末期开始发展，并在随后的一个世纪中成为陶瓷生产的主要中心之一。作为空间规划布局的一部分，新的街道出现了。到了10世纪上半叶，定居点向南延伸至威特姆河的另一侧。然后林肯区与整个英格兰地区、莱茵兰、荷兰和斯堪的纳维亚半岛都建立了贸易关系。大约在920

年，人们还在林肯区建立了一个铸币作坊，该作坊是以圣马丁教堂（该城市中的教会之一）的名义铸造硬币的。随后在盎格鲁－撒克逊时代末期，林肯区有了惊人的发展。

有些定居点——例如塞特福德和北安普顿，似乎是由维京人创建的。869—879年塞特福德成为丹麦军队的过冬场所，9世纪末它开始了城市化发展。这座城市与北海相连，在10世纪时它曾经是一个区域性的商业中心，但很快就走向了衰落。而能证明有人在北安普顿定居的最早证据可以追溯到盎格鲁－撒克逊时期，它当时还只是王室的一处产业，并没有任何城市的特征。但从9世纪末期到被英格兰人占领（917年）之前，那里的各种活动发展迅速——人们建立了防御工事，覆盖的建筑面积达到约24公顷。也许最初丹麦人是出于军事原因选择了北安普顿，但它后来迅速发展成为一个城市和活跃的手工业中心（生产铁制品、铜制品、银制品、骨制品、鹿角制品和纺织品）。作为众所周知的前维京时代定居点，建于9世纪末10世纪初的斯坦福的防御点建筑结构表明了其未来要向一个要塞定居点发展的规划，但它后来却成为一个重要的手工业中心，主要生产陶瓷。总而言之，在此期间，随着贸易、手工业活动的发展，特别是新的陶瓷生产组织以及货币作坊的创建，丹麦区中的防御点型城市也有了长足的发展。虽然城市的发展不仅限于斯堪的纳维亚人控制的地区，但不可否认，在斯堪的纳维亚人控制的地区，城市的发展更大。

维京人的活动有助于推动爱尔兰海周边的贸易交流，这使许多的沿岸要塞都受益匪浅，从9世纪末开始，尤其是在10世纪，从这些沿岸要塞中诞生了爱尔兰的第一批城市。维京人运动还使得季节性商业中心或登陆点（如维拉尔半岛北海岸的梅奥尔斯，以及威尔士安格尔西岛上的兰贝德戈奇）都得以蓬勃发展，而且以上提到的其中一些登陆点早在维京时代之前就已经很活跃了，梅奥尔斯就是这种情况。梅奥尔斯是连接都柏林、安格尔西岛、切斯特、梅西河口以及里布尔河口的贸易路线上的其中一个中间站。而切斯特则是盎格鲁－撒克逊人在爱尔兰海上的唯一港口，在港口上曾经有一个古罗马兵营，在907年向防御点型城市改造时进行了重建，然后切斯特便成为10世纪和11世纪初该国与爱尔兰贸易最活跃的中心地区，并且坐拥埃塞尔斯坦（924—939年）统治下的盎格鲁－撒克逊王国中最重要的货币作坊。人们在爱尔兰出土的财物中发现了大量该作坊铸造的硬币，而被称为“切斯特陶器”的陶器则分布在都柏林和甚至更远的特隆赫姆。在更往南的地区，塞文河上的格洛斯特也在几乎同一时期与爱尔兰有贸易往来，直到 11 世纪初期，才在布里斯托尔面前黯然失色。

维京人在爱尔兰的定居点主要采取沿海定居的形式（例如，从 841 年开始建立的都柏林和安娜加桑定居点；845 年的利默里克；848 年的科克），其中许多定居点后来成了城市（如伦斯特省的都柏林和韦克斯福德，以及芒斯特省的沃特福德、利默里克和科克）。因此，斯堪的纳维亚人定居点是爱尔兰早期城市的起源，而爱尔兰到当时为止都一直忽略了自身的城市事实，即使当时岛上那些主要集中了财富、人口和国王注意力的修道院中心正处于城市化阶段——这个问题尚有争议。第一批定居点被称为“船营”或“要塞”（这一术语更具体地指代永久定居点）。在都柏林的船营建立之前，有几处早期的墓葬可以证明维京人的存在，这里的船营可能位于南部的波德尔河道上，“黑塘”的旁边，并且“黑塘”与波德尔河和利菲河之间的一个居民点相关，此外，城市都柏林的名字就取自“黑塘”。位于都柏林西部的岛桥大墓地和基尔马纳姆大墓地则表明，在 9 世纪下半叶，维京人在爱尔兰这一区域有一个稳定的定居点。对维京人来说，这些船营是他们发起新探险的一个支撑点，同时也是庇护他们船只的避风港。他们还可以将抢劫来的战利品和奴隶都集中在那里，然后将其带到爱尔兰海及其他地区的商业中心进行交易。这些沿海要塞营地通常与掠夺经济和贸易经济相关联，这也是北欧人进入爱尔兰的初期特征。但人们最近在几个地点进行的考古调查显示，维京人的活动具有多样性，我们不能简单地将这些营地视为掠夺行动基地。在玛丽·瓦兰特看来，都柏林从 9 世纪开始就已经成为一个定居点，其目的之一就是使爱尔兰商品进入挪威市场。

在维京人在爱尔兰建立的第一批定居点中，最有据可查的便是沃特福德郡的伍德镇，维京人定居在此地的时间最晚开始于 9 世纪中叶，但并不排除他们的实际定居时间更早，并且我们可以合理地将此例与 837—848 年之间爱尔兰岛上重新兴起的维京人活动联系起来，也是在这期间人们首次提到了船营。伍德镇位于舒尔河上，距离沃特福德不远（在 860 年和 892 年首次被人们提及），但除了在 9 世纪的爱尔兰史料中两次提到的莱德耶港中能辨认出这一地点之外，再没有其他书面资料记载过伍德镇，后来它改名成了沃特福德。营地被呈 D 字形的两道围墙所筑成的堡垒包围起来，形成了一个面积为2.91公顷的区域。该区域东靠舒尔河，南临沼泽地。人们在该区域内发现了一些居民点的遗迹——尤其是一个带有弯曲墙壁的房屋——还有一些手工业活动的痕迹。这里的居住者们按照北欧人使用的一种技术（当时爱尔兰岛上的人们还没有使用这一技术）在那里生产了铁，并且对银进行锻造、冶炼，对玻璃、石材和褐煤进行加工，还进行了船舶修理活动。人们还在此处发现了大量被砸烂的碎银和铅制砝码，这些发现都表明了伍德镇曾是一个进行商业交易的地方。在第一道围墙线的入口附近，还出土了一个战士的坟墓，而且这一墓葬很可能是被人们有意地安置在这里，以展示被埋葬人物的等级和权威以及他与当地人的联系。伍德镇也可能是在该国已知的9世纪时期最大的斯堪的纳维亚人定居点之一，因此它也是维京人活动在爱尔兰演变发展的典型代表——从临时袭击发展成为一个更稳定的定居形式，同时还伴随着手工艺和商业活动的发展。伍德镇这一定居点一直活跃到9世纪末或10世纪初期，尽管我们无法充分阐明它与沃特福德的联系，但我们可以肯定的是，沃特福德是从10世纪中叶开始有了很大发展，也就是说这是后来才出现的现象。有一种假设是，商业活动是从伍德镇转移到了后来成为沃特福德的城市——因为沃特福德更便于船只出入，这也是一种可能的情况。也正是在这个地区，902年被从爱尔兰驱逐出境的维京人首领们在914年重新在岛上立足，后来还重新占领了都柏林。

维京人在都柏林重新定居（917年）之后，其中一些船营进入了活跃的发展阶段，从而导致了城市的兴起。这一过程大约是在10世纪中叶之前开始于都柏林，之后大约是在980年，其他城市也开始兴起。像韦克斯福德一样，为保护这些定居点而建立的土木防御工事又被人们用石块进行了加固，编年史家威尔士的吉罗在1170年左右便对这些防御工事的墙壁进行了描述。在10—11世纪，都柏林的周围环绕着两个围满栅栏的石堤防御工事。到了12世纪初，它们才被一堵石墙所取代。

都柏林的防御工事在利菲河和波德尔河交汇处的边缘圈起了近12公顷的区域。为了加强这座城市的防御，人们在东南角又建立了一座堡垒。都柏林的商业活动和仓库都集中在北部。在东部，在防御工事的脚下有一个池塘，这个池塘有两个名字，其中一个名称后来被一座城市征用了——这座城市就是都柏林，而它的另一个名称则是斯·克利亚特，即“芦苇障碍做成的浅滩之城”，意指利菲河上的一个交叉点。除此之外，在这座城市的高地上建立了“庭”。到了10世纪，在爱尔兰-斯堪的纳维亚人转变为基督教徒之后，人们建造了几座教堂。在1030年左右，人们建立了圣三一座堂（现为基督教会教堂），到了1171年，该市共计有5座教堂。10世纪时，该城市的中心位于可以俯瞰波德尔河和利菲河交汇点的区域，即围绕着现在的菲沙布尔街（所以在20世纪70年代和20世纪90年代，这里成为详尽挖掘的目标）、伍德码头以及坦普尔酒吧西区（在这里发现了9世纪时人们在此居住的痕迹），然后在11世纪的城市化发展中，这座城市向西扩展到了现在的高街。人们在挖掘过程中发现了许多10—12世纪的房屋，并且分配了以及很多曾经被划分的、面向街道的围墙环绕的小块土地，小块土地上还常常设有花园和作坊。通过在房屋现场进行的重建，人们发现这些小块土地标志着该市城市结构的永久化。此外，这些房屋的建筑特征还借鉴了斯堪的纳维亚半岛(例如,考邦的爱尔兰-斯堪的纳维亚1型房屋)和爱尔兰的传统建筑。规则性的规划和房屋结构（已经确定了5种主要类型）以及便利设施的存在（铺有地板的街道和排水系统）都被认为是该地区存在能够调节城市生活的城市权力机关的表现。

从10世纪末期开始，斯堪的纳维亚人在爱尔兰发展了贸易经济，都柏林也开始铸造货币。从发掘出土的物品也证明了该城市自10世纪下半叶以来经济的繁荣发展及其在国际贸易中的参与。如在都柏林发现了来自北欧国家的海象牙、琥珀、块滑石制品和珠宝，来自英国的陶器和剑，来自欧洲大陆的陶瓷和玻璃器皿，从东方进口的丝绸，来自中亚或巴格达的迪拉姆硬币。另外，都柏林还是一个活跃的奴隶市场，也是爱尔兰与外界之间的一个贸易枢纽。那些爱尔兰-斯堪的纳维亚港口也是爱尔兰人向外输送商品和奴隶的出口。都柏林的手工艺活动更是多种多样（如造船业以及木材、骨头、琥珀、象牙、皮革加工以及冶金活动）。此外，都柏林人还从事捕鱼和捕猎海洋哺乳动物的活动。

除了沿海的几块飞地以外，斯堪的纳维亚人从未控制过爱尔兰的大型领地，农村定居点似乎也很少。那些爱尔兰-斯堪的纳维亚城市曾经都有一个腹地，但我们对此知之甚少。10世纪末期左右，在都柏林便已经有了一块由爱尔兰人指定的土地，被称为“外来者的领土”。爱尔兰人和爱尔兰-斯堪的纳维亚人曾共同居住在这块农业腹地上，并为都柏林的人们提供日常消费所需的基本产品（食品方面：牛奶、肉、蔬菜、谷物；建筑和手工业所需的原料：木材、麻类植物）。我们对控制和占用该区域的信息仍然知之甚少。曾有人提出这可能是一块被大规模殖民化的农业区域，并且该区域拒绝爱尔兰人进入，但考古学研究并未证实这一假设，而且几乎没有证据能表明人们曾对这块乡下腹地进行殖民化。总之，每个主要城市似乎都建立了一个外围地带，人们试图将那里完全用于战争活动或商业活动。尽管有时人们把爱尔兰－斯堪的纳维亚城市或者约克的活力归功于维京人，但其实这些城市只是代表了人口流动现象的某一个方面，而我们现在还必须思考这一问题的其他方面。

第 14 章　人口迁移，占领北部新领地和散居

在桑迪岛（属奥克尼群岛）上，人们在斯卡尔村发现了载有三具遗骸的墓葬船——三具遗骸分别是一个老年妇女，一个成年男子，还有一个小孩，此外还有一些随葬品。这条墓葬船和其他在赫布里底群岛以及马恩岛上发现的维京船只相像，同样可以用来运输岛屿和渔场之间较轻的货物，而且这艘墓葬船应该也适用于更远的海洋航行。小孩的性别不明，死去的时候大概 10 到 11 岁。那个男性则是 30 多岁，陪葬物品有一把剑，一个装有箭的箭筒，一个镀金的铜质胸针，一把梳子，还有 22 个小玩具。那具女性尸体生前大概 70 岁，随葬品中有各种各样的生活用具（梳子、镰刀、纺织用的剑形工具、大剪刀和纺织小飞轮），其中还有一块带有动物装饰（装饰图案为一对动物的头）的鲸须板，此外还有一枚铜质衿针，样式与人们在挪威北部地区找到的一样，这些要素似乎表明，她来自该地区。这三个人之间的关系无人知晓，至今。研究仍无法确定他们三人聚在一起的原因。这位女性很可能有崇高的社会地位，但没有其他任何迹象表明在她身边的两人是在她埋葬的时候一同殉葬的。如果我们接受了这位女性是从挪威航行至此这一观点，那我们应该承认她几乎不可能在如此高龄之际完成航行，而应该是远在此之前某个时候便在这个群岛安家的，而且，可能是她或者那些将她埋葬

的亲人坚持要用家乡带来的手工艺品陪葬。维京时期的移民中有女性，还有整个家庭一起移民的，这就提出了一个问题：这些新移民原有的某些文化特性在他们后来定居的地方有没有延续下来？同样地，对这艘墓葬船上的尸体做放射性碳元素分析后表明，这几个被埋葬的人并不属于来到该群岛的第一代斯堪的纳维亚移民，他们的死亡时间稍晚于10世纪中期，这比历史上的第一代移民要晚得多。在这个船葬墓和里面的陪葬品中，还有一些属于前一两代人的器具，这些都确切地反映出了斯堪的纳维亚人的特点及异教性，然而其时，奥克尼群岛的居民已经开始转而信奉基督教了。

14.1 男人和女人的迁移

记录斯堪的纳维亚人扩张的史书，有时是出于民族自豪感，有时是为了简化叙述，会按照现代国籍的划分（丹麦人、挪威人和瑞典人）来标记参加维京远征的人的出身，这些史料还为他们确定了各自的地理活动范围。关于这种划分，吕西安·缪塞大概在五十多年前回顾说，这个相对而言不那么精准的划分法（他的话是“这个划分方法只有在很笼统划分的地图上才成立”）是为了更好地强调远征队伍里包含着来自不同地区的人，“这种世界主义（是）维京世界最普遍的特征之一”。

14.1.1 来自他方

几个世纪以来，冰岛的集体记忆在很大程度上反映了这一点（指上述“世界主义”），这一事实也得到了充分的承认。虽然这些定居冰岛的人中有大多数人来自现在的挪威，但他们中的许多人是先到了英格兰的岛屿，并且带来了一些祖上是凯尔特人的男女（这些男女可能是自由人也可能是奴隶），而后辗转来到了冰岛，这些凯尔特人的后代在冰岛人口中占了相当重要的比例。这种“世界主义”多次出现在《殖民之书》[①]的条目里，其他的史料有的重复使用了这个观点，有的则继续完善了这个观点。因此，《豪克之书》回顾了瑞典人斯瓦瓦尔的儿子加达·斯瓦瓦尔在冰岛定居的经历，他出生在瑞典，在丹麦西

① 冰岛语是《Landnámabók》，写于7世纪，已失传。豪克·埃伦德松基于该作品而写就的《豪克之书》证实了它的存在。

兰岛拥有一些财产，然而，在他前往赫布里底群岛讨要妻子遗产的路上，他的船却被一场苏格兰海岸的暴风刮到了岛上。在冰岛人的故事里（S 8, S 20, H 21, S 83, S 125, S 217[①]），下面这些地方的人一直都有出现：赫布里底人——这其中有一个基督教的吟唱诗人（S 91），来自苏格兰的凯斯内斯人，英格兰人（S 137），“东方国度”来的人（指英伦三岛来的人，S 349），丹麦人（S 128），瑞典人（S 4/H 4，H 182），某个叫弗里德列夫的人——他的爸爸来自瑞典的哥得兰岛，而妈妈是佛兰德人（S 209），还有某个叫比约恩的商人，“从霍梅加德航行至此”，为了做兽皮和皮草买卖，定居在冰岛，他的儿子就是那个“在东方的路上战斗的大商人”（S 174）。虽说，这些故事细节里的人物是不可查证的，但可以确定的是，冰岛这个国家的“文化记忆”极其生动地保留了维京人从世界各地带来的男男女女的人口迁徙史。

一些维京时代晚期的证据清楚地展现出了维京军队或者说是为丹麦国王服务的个人的复杂性。对埋葬在特雷勒堡（西兰岛）的48具骨骸进行同位素分析——这是其中一支在丹麦国王“蓝牙王”哈拉尔统治下的御林军，其结果表明，这些人当中，超过一半的人极有可能来自斯堪的纳维亚南部外的地区（挪威，波罗的海的斯拉夫地区）。女人和小孩或者说是青少年的存在也表明了，这些男子中的一些人可能是携家人一起到来的。克努特大帝领导的夺取英格兰的军队中，包含了一支由挪威人拉德伯爵埃里克率领的特遣队，他后来以诺森布里亚伯爵的身份为新国王服务。10世纪晚期或11世纪的大约30个铭碑——它们大多是在瑞典被发现的（其中近一半是在瑞典中部的乌普兰和索德曼兰发现的）——纪念了那些活跃于英格兰或死于英格兰（有时仅是埋葬在英格兰DR 337, 瓦列贝加; DR 6, 石勒苏益格；Sm 101，内贝莱霍姆）的个人，原本瑞典这些地区的居民更多的是因参与在波罗的海沿岸或在罗斯的活动而为人所知。这些人中的一些人（U 194, 韦斯比；U 141, 林斯伯格；U 344 Yttergärde；Sö 166，格林达）从事税款征收的工作，或者有的人（Sö 160, 拉比；N 184, 加尔特兰，挪威）是皇家组织的成员。反过来说，同一个人物也可以在不同的领域里有自己的事业。前面提到的格林达铭文是为了纪念在萨克森进行战斗的名叫古兹韦尔的人。

① 这些以英文字母开头的编号是遗址中墓碑的编码。

《奥拉夫之诗》是行吟诗人哈尔弗雷德（他的外号是“麻烦的诗人”）为了纪念奥拉夫·特里格维而写的，可能是在996年左右写成，又或者是在这位国王死后写的，根据这首诗歌记载，奥拉夫·特里格瓦松袭击了旺德斯、哥兰、斯科、丹麦，并侵袭了萨克森、弗里斯兰、俄罗斯、佛兰德、英格兰、苏格兰、马恩岛、赫布里底群岛、爱尔兰和威尔士。诗人西格瓦特·索尔达松在1014—1015年写的诗歌里列举了日后将会被封圣的奥拉夫在登上挪威王位之前，在瑞典、萨雷马、芬兰、丹麦、弗里斯兰、英格兰、布列塔尼、西班牙和普瓦图等地进行的战斗。根据诺曼底历史学家瑞米耶日的威廉的说法，在诺曼底公爵理查德二世与布卢瓦的厄德二世的战争中，奥拉夫还曾帮了诺曼底公爵一把，并且在鲁昂接受了洗礼。这些人后来成了传奇的北欧英雄，他们所展示的个人人生轨迹也在提醒人们，这些参加维京远征的人所从事的是复杂的活动，而他们的渊源往往被历史学家所忽略。试图用“民族”来解答这问题是无济于事的，而用“起源”来讨论这个问题的话则会掩盖了这样一个事实：在他们的参与者当中，不确定有多少人，在开始另一次探险之前，或在他们将要新占领的土地上临时或者永久定居之前，曾在不同的土地上有过经历。在马恩岛上，巴拉塔雷和巴拉多利（9世纪末10世纪初）墓地里发现的家具反映了爱尔兰海周边地区的文化交融，并且说明死者或者埋葬他们的人并非直接来自斯堪的纳维亚地区，而是已经在该地区定居了一段时间。从9世纪20年代中期开始，《阿尔斯特年鉴》将维京人称为“外国人”；后来（852年），他们区分了“浅肤色外国人”和“深肤色外国人”，可能是为了将新的维京人群体和当时在都柏林与之争夺的老维京人群体进行区分。856—858年间，爱尔兰的史记提到了一个被描述为“讲盖尔语的外国人”的群体，他们参与了都柏林的伊瓦尔和奥拉夫领导的与爱尔兰国王之间的战争，史料把他们描绘成盖尔人或者说是由北方人抚养大的人，有时叫作北方人。史料还补充道，由于不把接受了洗礼当回事，他们的行为举止就像“诺曼人”一样，他们的所作所为比他们对教堂所做的还要糟糕。这些“讲盖尔语的外国人”的身份存在争议：他们是采用斯堪的纳维亚生活方式和文化的盖尔人呢，还是通婚的斯堪的纳维亚人呢？如果说是通婚的人，那是结婚前已经开始讲盖尔语并在混合家庭中长大的呢，还是被送去寄养的人呢？可以说，这种身份的二元表述（维京人与土著人）与现实不相符，现实情况是，从9世纪中叶开始，这些在爱尔兰海沿岸地区的人的身份充满了复杂性和流动性。

最近，从移民理论的角度，利用戴维·安东尼提出的一些原则（他提出的九条原则中的四条），对丹麦人在英国定居的开端进行了研究：移民在人口迁徙行动之前就已经掌握了一些信息；移民流开始行动后一段时间内的迁徙的后续动向；移民群体的构成，主要是青壮年；已经迁徙过的人继续参与迁移行动。根据沙恩·麦克劳德的说法，自从 865 年起开始攻打英格兰的“维京大军”里，只有一小部分人直接来自斯堪的纳维亚半岛，而这支部队里的绝大部分人在此前早已经在爱尔兰以及欧洲大陆上有过职业经历。这样的模式让人想到了前文讨论过的维京军队的“复杂性”。关于他们中存在爱尔兰人的这个假设，是基于 865 年及 869—870 年都柏林的伊瓦尔（和他的兄弟哈夫丹）被认定为“维京大军”的领袖之一（尽管他从未被定性为领袖）这一点以及基于早期斯堪的纳维亚人居住地的某些丧葬习俗与爱尔兰海地区可观察到的丧葬习俗的相似性。在世人看来，伊瓦尔活跃在诺森布里亚，还有后来他的兄弟哈夫丹——第一个在约克得到认可的斯堪的纳维亚领袖（875—876 年）——他们的活动留下了持久的影响，因为伊瓦尔的后人经常参与到约克王国的事务中，他们在 10 世纪上半叶多次在那里掌权。关于大陆的假设，尤其是关于法兰克王国北部的假设，则是基于《圣卡斯伯特的历史》一书中的一个稍晚的提法：由弗里斯兰公爵带领的丹麦人对约克进行攻击；以及基于以下证据：维京人已经熟练掌握了他们在欧洲大陆上学到的铸币技术，特别是在法兰克当局委托的弗里斯兰地区。有说法认为这位弗里斯兰公爵乌巴和维京人罗杜弗斯其实是同一个人，他曾经在爱尔兰活跃于加洛林世界，而后于 866—869 年间活跃于英格兰，最后于 873 年在弗里斯兰被杀害。这些在迁移和定居之前的经历对理解新移民在定居前的政治、社会以及文化背景具有重要的意义。

斯堪的纳维亚定居点建立后的移民活动，如果不是与政治或军事事件同时发生，往往在书面文献中便不太为人所知。911 年之后，诺曼底接收了一些斯堪的纳维亚群体，他并非全部来自英伦三岛，有时是应鲁昂的诺曼底王子的要求这么做的。据《盎格鲁 - 撒克逊纪事》记载，916 年瑟西特尔伯爵和他的部下离开了他们定居的中土，攻下了法兰克人的土地，关于这里的法兰克人的土地，历史学家吕西安·缪塞辨认出是诺曼底西部地区，这些盎格鲁 - 斯堪的纳维亚移民此后将会在此留下一些极小的地方的地名和农耕词汇作为印记。某一个名叫哈拉尔的人(曾活跃于在10世纪中叶)。法兰克史料(弗洛多记录的年鉴)和诺曼底史料(圣康坦的杜东、瑞米耶日的威廉的记录)都充分证实了这个叫哈拉尔的人的存在据瑞米耶日的威廉所说，哈拉尔是丹麦国王，被他的儿子斯文追杀驱逐，“长剑”威廉（诺曼底第二位统治者）在科坦登半岛收留了哈拉尔。944—945年，哈拉尔为了支持年轻的理查一世而进行干预，并扩大了对贝桑地区的控制，但最终在954年被于格大帝赶走了。在10世纪60年代以及在11世纪初期，理查一世和他的儿子理查二世，都曾征召斯堪的纳维亚的辅兵与布卢瓦家族及其盟友作战。

14.1.2 以家庭形式?

根据当代西方文献，维京战士的妻子或是家庭里的人，常常陪伴在他们身边。圣日耳曼的阿邦（诺曼底诗人、作家、修道士）描绘了丹麦妇女在“巴黎保卫战”期间鼓励丈夫或制作面包的情景（886—888年）。按照普兰的雷吉农的说法，当维京人在873年攻占昂热时，他们“带着他们的妻子和孩子进入城市，就好像他们要在这里定居生活一样”。894年，当盎格鲁－撒克逊人从海斯滕手中夺取本弗利特（归属于埃塞克斯）要塞时，他们拆毁了防御工事，夺取了里面的一切，包括妇女和儿童，并将他们送往伦敦。俘虏中包括海斯滕的妻子和两个儿子，他们被送到国王阿尔弗雷德那里，但国王阿尔弗雷德下令释放了他们，因为这两个男孩分别是他的教子和埃塞雷德的教子。后来，当这些丹麦人于896年在英格兰西部的布里奇诺斯地区（归属于什罗普郡）行动的时候，他们把自己的妻子安置在东盎格利亚王国，远离行动的地方。9—10世纪的书面文献同样向我们介绍了新移民与当地妇女通婚的情况。这种做法在爱尔兰很早就得到了证实，《爱尔兰的年鉴片段》中提到了在9世纪60年代早期，北乌伊尼尔的国王阿德·芬尼利阿斯之女与奥拉夫的婚姻（都柏林有两个维京首领，其中之一是伊瓦尔，奥拉夫和他是兄弟），从而开启了两个家族之间的一系列联姻。926年，伊瓦尔的孙子西特里克是当时的都柏林和约克国王，他娶了盎格鲁－撒克逊国王埃塞尔斯坦的妹妹，可能是希望埃塞尔斯坦最终能获得诺森布里亚更大的控制权。882年或此后不久，丹麦统治者戈德弗里在与“胖子”查理[①]达成一致并接受洗礼后，娶了一个加洛林公主、洛泰尔王的女儿吉斯拉为妻，这段婚姻为他进入法兰克王国的精英阶层加冕。如果我们承认另外一个吉斯拉——“糊涂王”查理的女儿——与罗洛的婚姻是事实的话，那也就意味着，与上述联姻相似的剧情在近三十年后又上演了一遍。但在承认罗洛在纽斯特里亚的土地上定居之前，他极有可能已经和了波帕结了婚（这是否属实还存在争议），她（波帕）很可能出身于法兰克贵族的一个大家族。无论如何，诺曼底公国打出了融入法兰克王国精英阶层的牌，婚姻联盟在这一政策中起到了决定性的作用。至于那些社会地位较低的阶层，要从当代史料中确认他们通婚的情况，显然要困难得多，这一点和女性移民的影响一样——最近研究者试图通过史料对英国丹麦法区的女性移民的影响重新进行评估。在殖民行动中表现杰出的妇女形象，通过后来的古北欧文学传达给了我们。妇女在维京现象中的作用和地位是争论的主题，这其中的一个关键就是了解伴随着维京现象的人口流动的特点。我们不清楚这些妇女的身份，她们在维京群体中的存在，绝不意味着这些维京群体的行动不具战争性质，上文提及的法兰克王国和盎格鲁 - 撒克逊的例子清楚地表明了这一点。我们可以把女性的存在，看作是他们所从事的活动的性质发生了变化的迹象，这些活动成了一个长期的过程，而且预示了他们定居的可能性。而在不同的地方，其背景和文献资料差异很大，困难在于，我们如何把握这一变化的时间顺序。

在过去的二十多年里，关于维京时代人口流动的研究，得益于既鼓舞人心又充满争议的人口基因分析工程。首先应该重申，这些工程绝不是对人类作为一个物种的统一性提出质疑，从中得出的遗传特征绝不会引起种族认同。对过去的人口种群的研究，需要从个人的遗体中收集古早的 DNA，尽管研究最近取得了一些进展，但这些遗体的保存状况、保存 DNA 的条件，或是收集到的可靠 DNA 来源数据的数量仍然不足，因此还是难以加以利用。这些困难促使遗传学家转而探索一些间接的方法，亦即检测今天的人群的基因，这种方法可以提供更多的数据，但我们往往不能准确地理解现代种群与远古种群的关系，因此对这些数据进行解读仍然很困难。从维京时期到现在的上千年时间里，欧洲没有一个人口群体

① 查理：即查理三世，加洛林王朝的东法兰克国王（876—887 年在位）。

保持稳定，在此期间发生过人口流动、灾难性的人口事件或生活方式的变化，使得追溯人类群体的连续性成了一个幻梦。若在当代人的祖先中追溯一个特定的群体，则相当于只探索了在世代交替中可能存在的组合里的沧海一粟。

这些基因工程中所使用的两部分 DNA 分别是：Y 染色体，由父亲传给男性后代；线粒体 DNA，由母亲传给男性及女性后代，之后只有女儿才能继续传递给后代。随着时间的推移，染色体的组成会发生变化。具有同一种遗传变异的人群，被遗传学家归类为单倍群。这些不同的单倍群在各地的地理分布不尽相同，但由于人口的流动性越来越大，这些组群往往会消散；如果，某一特定单倍群在某一地区较为集中（如挪威的单倍群 I1），就表明这个地区一直是这种变异发生的中心，该变异是这个单倍群的特点。考虑到除了人口流动这一因素，还有其他因素可能导致该单倍群从一地往外部区域扩散，而且还要明白当前的单倍群分布图显示的是目前的情况，而不是远古人群的分布情况，所以某个单倍群从一地往外部区域的传播就引出了它与可能存在的人口流动之间的相关性问题。

Y 染色体和线粒体 DNA 已被用来确认维京时代最先占领居住区的人口的地理起源。冰岛男性人口中，大约有四分之三与挪威有关，四分之一与不列颠群岛有关，但女性的比例则大不相同，她们的遗传线索更多地指向了不列颠群岛的凯尔特地区（62%），这个现象使得人们对男性和女性在到达该岛的移民中所占的地位发出疑问，人们倾向于这样的假设：许多来到冰岛生活的挪威男人在到冰岛居住之前，已经带着凯尔特人伴侣在身边，或者在前往冰岛之前已经在不列颠群岛的凯尔特地区建立了家庭。对法罗群岛的研究也得出了类似的结论。苏格兰群岛（在维京人到来之前就已经有人居住）的数据也展现了显著的差异：斯堪的纳维亚人口因素的影响，在苏格兰沿岸地区（15%）和赫布里底群岛（22.5%），似乎比在奥克尼群岛（31%）或设得兰岛（44.5%）要小；虽然同样存在性别分布不均的情况，但在北边的岛上，性别比例比在苏格兰西部相对平衡一些（北部岛屿的数据是否因此可以作为以家庭为单位迁移的证据？苏格兰西部因为离挪威更远，所以不利于以家庭形式迁移？）由于他们在英格兰的定居点更接近斯堪的纳维亚地区，上述这些分析的数据与英格兰的情况不太相符，而在威勒尔半岛和邻近的西兰开夏地区（英格兰西北部）进行的分析则显示了与挪威有较强相关性，这与 10 世纪初海博诺 - 斯堪的纳维亚人口的涌入有关。2015 年，一个名为“不列颠群岛的人种”的项目得出结论，认为英格兰缺乏“丹麦维京人”的明确基因证据，这些结论受到其他论点（基于考古学和语言学证据）的挑战，这些观点认为英格兰不仅有大量的维京战士，而且有维京家族存在。2015年，对科坦丁大区瓦洛涅地区的男性人口进行了一项调查，在第二年得出了并没有太出人意料的结果，它显示出的多样性反映了复杂的定居历史，其中，斯堪的纳维亚人扮演的角色仍然很难确定。

正如戴维·格里菲斯指出的那样，DNA样本无法精准地告诉我们这些影响何时出现在一个族群的祖先中，“也无法告诉我们这些影响是否伴随着与他们的生物学特性相匹配的文化特性”。研究者进行了一些调查，在解读结果时，需要极其谨慎，而不幸的是，当公布的数据只有与其他线索比照才有效的时候，这种谨慎克制并没有时刻被保持。这些数字往往被用来回答有关人口地理甚至种族起源的问题，这些调查的价值在于，它们还提出了人口流动复杂性及妇女在其中所起作用的问题。

14.1.3 在战士和商人身边

大约二十年前，英格玛·扬松就指出，与斯拉夫人口向俄罗斯北部的流动不同，斯堪的纳维亚人在东欧的流动，很难说成是移民，因为它涉及“专业人员”、商人和战士。然而，仅凭贸易或者是战争，都不足以解释在罗斯国发现的斯堪的纳维亚考古材料的数目，特别是女性装饰品，他认为这些装饰品可以作为斯堪的纳维亚人口大规模以家庭为单位迁移的标志。根据对蒂梅雷沃或格涅兹多沃等原城市遗址的分析，可以推断出，这些定居点周围存在着代表混合社会的家庭农场，其中斯拉夫、芬兰以及斯堪的纳维亚等的人口共存。除了精英阶层，还有大量自由人。这场辩论，与20世纪上半叶以来关于斯堪的纳维亚人在罗斯国的活动性质的辩论遥相呼应，后者在支持“农业殖民”说法的一方（主要是斯堪的纳维亚学者）和强调精英及其追随者的作用的一方之间展开，辩论还广泛地探讨了战士和商人的作用。这些讨论不仅限于东欧，还延伸到了斯堪的纳维亚人定居的欧洲西部地区。

虽说维京人的迁移带来了整个手艺人群体，但我们现在还很难确定技术的流通是否伴随着掌握这些技术的人口的流动。在旧拉多加（约750—760年）的古地层中，最引人注目的发现之一是一个工具宝箱，该宝箱的守护者可能是一个代表奥丁的拟人化形象。当时很可能存在高度专业化的工匠（制桌师、玻璃匠）在主要贸易中心之间流动的情形。一些货币可能也是这么流通的。890—905 年间丹麦东盎格利亚王国以圣埃德蒙名义铸造的钱币透露了一个信息：绝大多数（80% 以上）的钱币上都带有欧洲大陆的人名，他们中的许多人似乎是来自法兰克世界的移民，他们或许是俘虏，或因参与贸易，甚至是应盎格鲁 - 斯堪的纳维亚新势力的邀请而来。对丹麦法区（或更广泛地说在英格兰）生产的陶瓷所做的大量研究，使我们能够更好地了解生产技术（快轮、竖窑的使用）、形状和装饰（上釉陶瓷、红漆陶瓷）、生产条件和工艺中心（古老的，如伊普斯威奇；较新近的，如斯坦福、德塞特福、圣尼茨特、托克西）的主要演变。这些演变引起了许多问题，尤其是某些技术原来是罗马 - 不列颠陶瓷工所熟知的，后来被放弃了，转而采用其他技术，具体说来新采用的是盎格鲁 - 撒克逊技术（手工制作、在坑中煅烧）。这个现象到底算是引进新的技术或新的形式，还是属于重新引入以前已被证实的工艺，引发了争议，这取决于它们到底是被视为受欧洲大陆影响的结果，还是被视为与不同背景有关且不受大陆影响的创新。一些专家提出了欧洲大陆陶工迁徙的说法，并从不同的方面将其与维京现象联系在一起：大陆工匠随丹麦军队的航迹到来，丹麦法区的城市发展，为满足这种发展而带来的强劲需求，甚至是生活在英格兰东部的社区共同的“文化媒介”的发展。这些假设没有一个统一的结论，但它们提到了手工艺人的迁移问题，也提到了这种现象在技术和文化创新传播过程中的作用。英格兰陶工——或者至少是在英格兰接受过训练的陶工——很可能在 11 世纪初就在丹麦工作了，在丹麦他们能够引进与英格兰东北部作坊相媲美的生产模式，这在几个丹麦遗址（维堡、罗斯基勒、伦德）中都有发现。受英国影响的专门从事建筑或铸币的手工艺人似乎也在同一时期活跃在丹麦。在俄罗斯，瓦莲京娜·戈柳诺娃和阿列克谢·普洛霍夫根据在伊尔门湖地区和沃尔霍夫山谷收集到的 9—10 世纪的陶瓷数据进行研究，其结果揭示了这一领域生产的普及和演变。德国塔亭的陶瓷之所以会出现在旧拉多加，这两位作者认为这与斯堪的纳维亚半岛有直接联系。发掘到的西斯拉夫传统陶瓷器似乎遵循着更为复杂的逻辑，它们涉及斯拉夫手工艺人从波罗的海南部（梅克伦堡、勃兰登堡）出发至此地的迁移，也许这是 9 世纪中叶这一地区的政治动荡造成的。这些工匠带着先进的技术，在当时正处于发展中的罗斯国西北地区的第一批城市中心受到欢迎，并对大诺夫哥罗德地区的生产产生影响。在比尔卡发现的陶瓷器与伊尔曼－沃尔霍夫地区生产的陶器有大量相似之处，这也说明了来自北罗斯的工匠在瑞典定居，考虑到两国精英之间的联系，其实这一发现并不奇怪。由于马兹·罗尔松德所做的努力，现在人们对一种通常被称为“波罗的海器皿”的陶瓷器的接收和传播有了更多的了解，这其中我们认识到了从石勒苏益格－荷尔斯泰因流传到大诺夫哥罗德的好几种类型。10世纪末至12世纪末，丹麦东部和瑞典有大量的这种产品。通过对这些材料的分析，可以将进口产品与斯拉夫工匠在当地生产的产品或斯堪的纳维亚陶艺家仿制的产品区分开来。按照马兹·罗尔松德的说法，有两组中间人似乎在其中起到了决定性的作用：从斯科讷（瑞典）西南部带来“波罗的海器皿”的斯拉夫奴隶以及把陶瓷器带到哥得兰岛的罗斯国商人。

14.2 占领土地和殖民

维京人扩张最重大的影响之一，是将人所居住的世界①扩张到了此前无人居住的土地上，还有就是定居，来自斯堪的纳维亚或维京世界其他地区的个人或群体在其他民族先前已经占据的土地上长久地定居了下来。维京运动的这一方面经常被称为“殖民”，“斯堪的纳维亚‘殖民地’或‘殖民者’是在移民原来的家园之外建立的”这种说法时常被提起。然而，“殖民”一词带来的问题比它能解决的问题更多。它实质上指向了两个范畴的事实，它们虽说不总是同时发生，但往往会有所重合：其一是关于人口迁移的，这同样适用于往新兴地区移动的内部迁移；其二是关于政治、社会和文化统治的，这导致了与土著居民之间的复杂关系，这些土著居民或多或少地处于依赖或被迫共栖的境地，而这种共栖又有多种形式。在用词上避免或者拒绝使用“殖民”这样的说法，部分解释了“散居”（diaspora）一词的成功，但并不能完全将其涵盖。它仍然是被现代或当代的殖民经验所涵盖的一个术语，就维京世界而言，这个说法很大程度上没有被后殖民主义历史观启发的辩论所影响。该词在其使用上有一定程度的模糊性，这种模糊性取决于人们认为维京人是在（几乎）荒无人烟的土地

① 原文为oïkoumène，宗教用语。

上定居还是在之前已被占领的领土上定居。在第一种情况下，它的使用可以不必担心词义重叠，因为它指的就是人类占领人所居住的世界中的某一空间的阶段。在第二种情况下，它的使用则一直更具争议性，因为它需要考虑与各个族群的关系，而不仅是关于分享或强占原本已经被占领的土地的过程。不管怎么说，在维京人到来之前是否存在已经定居的人口这一点，都是分析中无形的分界线。应该补充的是，为了说明移居之后的一些事实，中世纪的古北欧语资料和许多现代历史学家都使用了“landnám”这个词，这个词来自土地——“大地”“故土”；还有一个名词“náma”，来自动词“nema”——“夺取”。“landnám”指的是“占有”一个国家、一块土地。对我们来说，这个词的优势在于，它是在现代殖民经历之前形成的，但这并不妨碍历史话语的产生——对冰岛这个国家而言，早在中世纪就形成了国家认同这一基本要素。

14.2.1 占领北大西洋的土地

适应新世界

斯堪的纳维亚人向北大西洋的扩张主要涉及欧洲人此前不知道的地区。或许我们应该通过回顾爱尔兰隐士迪库伊在825年左右写的《寰宇览胜》来阐明该观点，他在其中记述，大约三十年前，一些牧师向他解释过，他们曾在二月至八月的六个月间，多次访问图勒岛（古人相信存在于世界北端的国家，极北之地）（疑为冰岛），夏天的夜晚是如此明亮，以至于可以去除他们衬衫上的海虫。后来，智者阿里表示，在斯堪的纳维亚人开始定居之前，凯尔特隐士（他称之为帕帕尔）就已经在冰岛频繁活动了。根据迪库伊的证词，经过两天两夜的顺风航行，就可以到达大不列颠北部的岛屿，并且在一个世纪以前，爱尔兰隐士就经常来到一个由小岛组成的群岛——可能是法罗群岛；此后，这些岛屿因为“诺曼掠夺者”而变得孤零零的，但许多绵羊在那里自由自在地生活，还有各种各样的鸟类。大概在800年，在维京人来这个群岛建立定居点之前，人类在此定居的证据是不可靠的，但根据孢粉学数据和放射性碳元素分析，可以提出这里曾被不连续占领的假说，其中最古老的阶段可以上溯到4—6世纪。然而，迄今为止，还没有任何考古调查成功地证实冰岛在维京时期之前有人类定居，但这不足以让人怀疑凯尔特修道士的存在，他们的存在或许几乎没有留下考古证据。凯尔特隐士（帕帕尔）

的踪迹可以从一些地名中得到印证，如冰岛东南部的帕佩岛。该岛经常受到火山喷发的影响，因此，根据对火山灰沉积物（灰烬和火山岩）的分析，可以相对精确地追踪人类定居和环境演变的阶段。在 871 年左右（误差在两年内）发生的一次火山喷发，产生了“占领地的火山灰”，在这一层沉积物下面没有发现人类居住的痕迹，与此同时这些土壤却显示出了有机物的丰富性和多样性，这与再晚一些分析的土壤形成了对比，后来分析土壤的时候，人类化的影响已经显现出来。这与《殖民之书》中给出的该国开始殖民的年代推定（874 年）完全一致。两层火山灰（920 年、935 年）恰好与土地占领（Landnám）时期的结束吻合，冰岛史学界是将土地占领时期的结束从 930 年冰岛议会的第一次会议开始算起的。把海克拉火山（1104 年、1158 年）的爆发或中世纪的火山灰（约 1226 年）和考古及环境数据结合起来，也为土地使用的扩张、环境条件的变化和环境的开发提供了线索。在格陵兰岛，考古学和足病学数据与记载文本一致：认为新移民的定居时间是在 985 年前后或是在这不久之前。这种情况主要发生在比较好客的西海岸的两个地区，在费尔韦尔角和北极圈之间。最南端，也是人口最多的、成为东部定居点的格陵兰东殖民地（冰岛语是 Eystribyggð），距此地 600 公里以北是西部定居点（冰岛语是 Vestribyggð），位于今天的努克[①]。在他们定居此地的时候，这个地区是荒凉的，但独木舟和石器的遗迹表明，这个地区在更早的时候曾经被占领过，可能是被多塞特文化族群所占领。

“因此，冰岛的故事既是一个民族的故事，也是一个生态系统变化的故事。”杰西·拜克在这句话的基础上，还细述了以上社区是如何适应生态系统的。当第一批土地征服者来到岛上时，他们发现岛上的自然环境还没有受到任何人类活动的影响。冰岛的地貌变化多端：内陆地区以火山和冰川为主，但冰岛还有肥沃的山谷、草地和林地，很快就被新移民开发利用了。原始植被主要是桦树和柳树，此外还有桤树和常绿树、禾本植物、生长在湿地的苔草、苔藓和地衣。桦树林仍然占据着大海和山脉之间的大片区域。除了北极狐之外，岛上的动物群落中没有家畜的天敌，再加上丰富的草地资源，这使得土地征服者受挪威启发采取了牧民经济形式。这其实也是一种为了维持某种生活方式和社会地位标志而形成的社会

① 格陵兰首府，又名戈特霍布。

和文化选择，当时的社会地位标志是拥有牲畜和养猪，在宴会上食用猪肉，参与这些宴会的是聚集在大酋长周围的自由人。该岛为发展畜牧业活动提供的便利，导致了对牧场的过度开发和对原始森林的开垦，原始森林还要为冶金活动提供建筑材料和木炭。这些因素导致自然植被衰退，被其他物种所取代，在冰岛南部的斯道莫克遗址上，我们可以看到920年后出现了这种情况，同时也导致了水土流失，这使得从10世纪开始，冰岛环境的开发必须适应这新条件。生猪和山羊的养殖几乎被抛弃，但绵羊的养殖得到了发展，而且在冰岛很早就需要进口主干木材来作为从海岸收集到的浮木的补充木材。捕鱼（河鳟鱼或海鳟鱼、鲑鱼、鳕鱼）、捕猎海洋哺乳动物和鸟类、捡蛋和寻找搁浅的鲸鱼，为一个生产生活基本自给自足的社会提供了基本物质资源并保障了其生存。

格陵兰岛与冰岛、法罗群岛有相似之处，也有不同的地方。和在冰岛一样，定居者依靠自然界提供的资源维生，这里更多存在的是冰岛上不为人知的陆地哺乳类动物（驯鹿、麝牛）和海洋哺乳类动物（海豹、海象）。格陵兰岛与冰岛不同的是，在冰岛，包括在冰岛的内陆地区，鱼类似乎从很早以前开始就成为饮食的重要组成部分，而在格陵兰岛，海豹肉则是重要的食物来源，因为居民可以大量猎杀存在于该地的这些动物，或者是在一年中这些兽群迁徙经过的时候进行猎杀。自维京时代末期起及再往后的时间里，格陵兰岛的另一个特点是能够出口海象牙、独角鲸长牙和北极熊皮等稀有物品，这些物品是居民沿着海岸向北方领地——该领地离西部定居点约600公里——进行狩猎探险时获得的。格陵兰岛的经济模式将这些资源的开发与传统的放牧活动结合在一起，这种放牧活动与挪威和冰岛的放牧活动大体相似；由于引入了畜牧业经济，格陵兰的草地面积增加了，却破坏了荒地和灌木丛。在大型农场中，牛的养殖似乎占了主导地位，而绵羊和山羊的养殖则在峡湾沿岸或内陆的小农场中进行。该国人口的数字是估算的：从11世纪初的400—500人到三百年后的至少2000人，这块领土上的人口峰值差约达1500—6000人，而根据新近的假设，仅仅一个东方定居点就该值相差了大约有1400—1940人。杰西·拜克估算，冰岛在870—930年之间的土地占领时期，有10000人甚至20000人移民到了那里。据智者阿里所言（《冰岛人之书》），11世纪末主教吉祖尔·伊斯利夫松下令进行人口普查，该岛应该有60000—70000名居民。

在人类居住世界的边缘进行殖民

《殖民之书》以告示或短小而略刻板的故事形式，根据人物的性格，讲述了冰岛最早的四百多个土地征服者的定居过程。这些文段给出了他们的名字，可能还有他们的出身信息，他们定居之处的地点和条件，他们联姻的情况和他们的后代的情况，根据情况的不同，还提供了他们的生平和冒险的细节。地点的描述、地方的命名、占领土地的仪式以及族谱的描述，都非常精准。该书的这种叙述是一种学术性的建构，它造就了关于冰岛土地占领的特有话语，并塑造了冰岛人作为一个具有独特历史的民族的身份认同。我们可以看到作者希望通过这些故事给这个国家的大家族“安排”一些杰出的先祖，从而加强这些家族对土地的掌控权，又或者作者是想通过这些故事赋予冰岛以历史记忆。其中一个显而易见的事实是，这项作业具有系统性，旨在涵盖整个国家，按照精确的地理顺序从一端到另一端进行调查。归根结底，这产生了一个冰岛殖民的历史学模型。这一传统也确立了该岛中世纪历史的早期分段问题。事实上，在这本《冰岛人之书》中，智者阿里确定了各个时期的时间界限，并且他把从870—930年（第一次冰岛议会召开时间）的60年时间设定为土地占领时期。

在人们普遍的印象中，这是有条不紊的殖民，从沿海地区和西部地区开始，在畜群尚在成长的时候，海洋资源可以提供必要的补给，而内陆地区，则留给了后到的定居者。这种模式，在岛上东北部的米瓦特恩湖地区，尤其是霍夫斯泰尔的考古发掘中得到了验证，这是一个从10世纪中叶至11世纪中叶在维京时代被占领的地方的遗址。土地占领时期似乎是从没有树木的土地开始的，包括沿海地区和内陆地区，然后蔓延到所有可居住的土地。到了第二阶段，随着森林的砍伐，才建起了农场，并托付给了后来的定居者。霍夫斯泰尔代表了一个不属于第一代农场的聚居点——第一代农场在9世纪末出现在冰岛的该区域——该聚居点不能证明其居住者的地位是卑微的：事实上，它是某个王朝的首领们的住宅，是在两个家族争夺该地区控制权的竞争背景下兴起的，其中一个家族可能占据了不远处的雷克雅赫利德农场。据加文·卢卡斯介绍，霍夫斯泰尔是米瓦特恩地区和海岸之间的一个节点，在沿海资源向内陆重新分配方面，具有重要功能。

冰岛和格陵兰岛没有经历城镇或村庄的建立，而只有零散的农场。一开始，定居者建造的是低矮的和半埋式的建筑。随后，受大厅式建筑的启发，造了一些建筑物，其形式接近挪威西部或苏格兰群岛的建筑。已经发掘了几处[①]，大厅长约 20 米，中间宽 5—6 米，墙壁微微弯曲，正面有一扇门。墙体用泥将石块连接而成，或者仅仅是由草皮块或泥炭堆砌而成，往往里面包裹着木头。屋顶通常由瓦片叠砌而成，上面覆盖着草皮块或泥堆。主体建筑延展出去通常是牲畜棚，而其他建筑（食物储藏室、蒸汽浴室、盥洗室、作坊）则在一定程度上分开设置。后来，在 11 世纪的时候，散落在大厅式建筑周围的建筑被集中到了一起，从施特龙的房子就可以看出，在 1104 年的赫克拉火山爆发后，它就被废弃了。

细究起来，无论是规模和整体布局，还是所用材料，都可能因时因地而异。法罗群岛既使用石材，也使用木材，但因为法罗群岛缺乏树木，所以必须从挪威进口。在格雷尔托特，可以追溯到维京人到冰岛定居的早期，那是一栋单体房子，由一间主房（13.4 米 ×5.6 米）组成。施特龙的农场是一个整体式的冰岛中型农舍，是一个富裕农夫的住所，有一个主要居室（约 12 米 ×6 米），它的东边有一个玄关，西边有一个起居室（8 米 ×4.3 米）；北面的另外两个房间，即厕所和食物储藏室，它们分别与玄关和主要居室相连。霍夫斯泰尔的遗迹则建于 10 世纪中期（940—980 年），比当代冰岛的大厅式建筑更大（28 米长）。该遗址包括一个铁匠铺，人们还从事纺织作业以及畜牧业，海洋环境开发的痕迹在这里得到了有力的体现。在第二阶段（980—1030 年），它的范围被扩大到最大，其特点是冶金和纺织活动显著减少，另一个尤为明显的特点是大厅的扩大，这可能与其仪式和节日功能有关，考古学家认为这些功能与该家族对控制米瓦特恩湖地区的野心有关联。在冰岛西南部的莫斯费德山谷一个已被书面资料证实的地区，存在重建了一个复杂的开发体系的可能性 。该地区通过道路网与冰岛其他地区相连，其中一条路通向位于辛格韦德利的冰岛议会，再往后则通向莱鲁沃古尔的沿海港口，道路网使该地区能够与斯堪的纳维亚半岛保持遥远的联系，甚至联通了通往阿拉伯世界的贸易路线。这个建筑群的政治和社会中心是冰岛大家族之一莫斯费德林格尔家族

① 冰岛：岛屿北部的克劳法内斯；南部的施特龙、斯卡拉科特和怀塔霍尔特；西部峡湾的格雷尔托特；北部埃耶贾福杜尔的格拉纳斯塔迪尔；东北部的霍夫斯泰尔。法罗群岛：斯特莱默岛上的克维维克；东岛上的托夫塔内斯。格陵兰岛：桑德特下的加德。

在赫里斯布里奇的住所，建于殖民初期，即 871—920/934 年之间，此后进行了重建，并一直被占用，直到 11 世纪的前几十年。它由泥炭和石头建造，面积很大（外部 28 米 ×10 米），墙壁呈弧形，其建筑风格接近维京时期的长屋，这个遗址之所以出名，是因为那里发掘出的家具用品（银器和东方进口的珍珠）证明了居住者地位之高。离这个遗址不远处，在 10 世纪末或 11 世纪初，建了一座被墓地包围的教堂，是冰岛最古老的教堂之一，这表明了统治这个地方的家族自愿改变信仰，这也许是遵循了 1002—1004 年之间的法律诵读者格里姆·斯威林斯松的倡议。然而，在离这个墓地很近的地方，有一个与上述教堂同时代的异教墓葬，这可以证明两种宗教在 1000 年左右共存，在距赫里斯布里奇几公里的博格发现了排成船形的石阵，这是冰岛迄今为止发现的唯一一处船形石阵，其中最长的石块长约 30 米。赫里斯布里奇教堂和墓地中的几座坟墓显然已经被移走了遗骨，这与《埃吉尔传奇》（第 86 章）里讲的一个晚期传统（13 世纪）相似。这本传奇故事讲述了“秃头”格里姆的儿子埃吉尔的遗骸被挖掘，并且在 12 世纪中叶被转移到了离赫里斯布里奇 500 米处建立的莫斯费德教堂的墓地之事。埃吉尔来自一个与莫斯费德林格尔家族联姻的家族（他与前妻的女儿嫁给了格里姆·斯威林斯松，即上文提及的法律诵读者），而他本人一开始被埋葬在莫斯费德山谷的塔哈尔达涅斯的一个土丘下。乔恩·埃兰德松、杰西·拜克和戴维·佐里指出的文字记录下来的传说和考古发现之间的一致，这为确认埃吉尔的葬礼是在赫里斯布里奇教堂圣诗之下进行的提供了开放的可能性，但这并没有完全排除《埃吉尔传奇》是在事后重新虚构了这一次发掘的可能性。

在格陵兰岛，东部定居点比西部定居点人口更为密集；大约有 550 个维京时代和中世纪的遗址被记录了下来。根据最近对东部定居点中心位置瓦特纳维尔非地区的研究，定居分两个阶段进行，从 11 世纪初开始，最好的农业区被占领，一个世纪后，边缘地区被占领，12 世纪人口密度最大，1250 年后，这种占领活动有所减少。根据《殖民之书》和后来的传奇故事，格陵兰岛的发现者“红发”埃里克在伊里克峡湾进行殖民，而自己居住在格陵兰东殖民地中心的布拉塔赫利德，《“红发”埃里克传奇》讲述了他那后来皈依了基督教的妻子希尔德，是如何因为她的丈夫不愿意放弃异教而在“离房屋不是太近的地方”建了一座教堂的。迄今为止，挖掘工作尚未能确定埃里克在布拉塔赫利德的住处具体在哪里，其遗迹远远晚于11世纪初。另一方面，人们在几百米外的如今的卡萨尔苏克村，发现了一座用泥炭和木头建造的小教堂和一个年代为1000—1100/1200年的墓地（是根据对九具骸骨的放射性碳元素分析而断定的），这些或许都与希尔德的倡议有关，但人们无法百分百确定。建于11世纪初的“沙下的农场”位于努克以东80公里处，在西部定居点内，这个农场是可以确定的与格陵兰岛该区域早期的斯堪的纳维亚人定居地相关联的最古老的建筑。它是按照冰岛建筑技术建造而成的，厚厚的泥墙围成了一个12米乘5米大的内部空间，屋顶由两排内柱支撑。通过镌刻在木质物品上的北欧古文字铭文可知，其中有三个居住者，两男一女（索尔、巴尔杜尔和比约克），他们的主要活动似乎是养殖绵羊和生产纺织品，这其中包括纺织一些来自野生动物的纤维。该遗址一直被使用到14世纪下半叶，后来很可能是更加恶劣的气候致使该区域无法继续开发利用，而遭到废弃。

这个“沙下的农场”的命运引起了人们关于格陵兰岛北欧人定居点命运的发问，这些定居点在14世纪到15世纪消失了。据一位管理加达主教区的教士说，在14世纪50年代中期，西部定居点已经被居民抛弃，那里只剩下一些被废弃的农场。格陵兰岛的最后一份书面文件可追溯到1409年，涉及一对夫妇，他们前一年（1408年）在东部定居点的哈弗西教堂结婚，而后移民到了冰岛。然而，考古文献表明，至少在15世纪中叶之前，该地区仍有人居住。关于消亡的原因，我们知之甚少，人们有各种各样的解释，从13世纪起格陵兰岛的气候变化，到因纽特人的南迁，或是北欧居民的放牧生活难以适应这些新的条件等。

在古格陵兰消亡前近半个世纪，岛上的一些居民和其他来自冰岛或挪威的人参与了对北美海岸和圣劳伦斯山谷的探索。不来梅的亚当是第一个提到文兰的作者，他强调文兰盛产葡萄和小麦，不用播种就能生长。在12世纪，智者阿里也知晓他所说的“早期在格陵兰定居的北欧人”（Skrælingar）居住的国家的存在，主要是《格陵兰人传奇》和《“红发”埃里克传奇》这两部传奇详细记载了11世纪初在格陵兰西部进行的探险。即便是这些传说，也没能在比亚尔尼·赫约尔夫松和“幸运者”雷夫（“红发”埃里克的儿子）到底谁是这片未知土地发现者的问题上达成一致意见。长期以来，这些故事传说一直备受质疑，而20世纪60

年代在纽芬兰最北部的兰塞奥兹牧草地（格陵兰以外北美洲唯一得到证实的维京聚居地）进行的考古调查加强了这些故事的真实性。这里出土了三间长屋，它们是按照已知的近代冰岛建筑规划建造而成的，还发现了其他较小规模的建筑，该遗址的年代可以追溯到980—1030年。在发现的125件物品中，好些物件具有维京世界其他占领地遗址的特征。被发现的还有一个铁匠铺以及能够证明船只修理活动的遗迹。这三个大厅式建筑估计可以容纳70—90人，人数大约相当于三艘船的全体船员。在那里发现了在这个纬度是不可能找到的坚果，说明该地区的居民曾与更靠近南边的地区有过接触。通过以上迹象来看，这也许只是一个临时的定居点，其存在的目的是勘探格陵兰岛以西的地区，或许是为发现新的资源。该临时定居点在一段时间之后就被放弃了，虽说之后还有其他的航行活动在此发生，但他们似乎没有尝试永久定居于此，因为对格陵兰岛或冰岛的小群探险者来说，他们是没有这个能力的。2016年，纽芬兰西南部的露水海角的岛上，第二个可能的维京人遗址被发现了，如果得到证实，这或许可以给我们提供更多关于在维京世界最边缘进行的探索的信息。最南端的发现，是一枚挪威国王"和平者"奥拉夫（奥拉夫二世：奥拉夫·哈拉尔松）的钱币，大约在1065—1080年间铸造，在美国缅因州的纳斯凯格港被发现，可能是多塞特文化族群与美洲印第安原住民交流的结果。

定居在格陵兰的挪威人在航行和寻找资源的过程中，遇到了不同的土著，这些土著把他们统称为"Skrælingar"（意为早期在格陵兰岛定居的北欧人），这是冰岛作家使用的一个通用术语。这里涉及三类人或者说族群。与文兰的美洲印第安土著接触的信息，主要来自11世纪初前往这些领土的文字记录，但没有留下什么考古证据。而与加拿大北极地区的多塞特人的接触，似乎在这一初始时期之后还在继续，斯堪的纳维亚人的手工艺品就证明了这一点，这些手工艺品可能已经通过各种交流到达了加拿大北极群岛的岛屿（埃尔斯米尔岛、德文岛、康沃利斯岛等），多塞特人为的是获得用于出口的海象牙、独角鲸长牙和指定用途的毛皮，还有金属物品。但这些交流的水平仍然很低，其真实性也没有得到历史学家的一致认可。而另一方面，这些定居在格陵兰岛的北欧人后期与因纽特人的接触更为频繁，因为因纽特人迁徙到了加拿大北极地区和格陵兰岛。

14.2.2 在占领的土地上定居：几个研究案例

在以前就已经被占领的土地上建立斯堪的纳维亚人的定居点，引发了一些曾反复出现的问题。斯堪的纳维亚人的定居是在什么时候（以及分几个阶段）发生的？新移民在哪里以及什么样的土地上定居？他们的数量、来源和地位如何？土著的命运如何，反过来说，移民的后裔在土地被再次征服的情况下（如丹麦法区的情形）其命运如何？移民是否带来了新的社会结构，他们的定居对该国的田产、社会和经济有哪些方面的影响？由于英国等几个地区或国家经历了不同的征服和定居阶段，因此在这些地方这些问题变得更加复杂。回答这些问题的数据因地区而异，首先是语言学、地名学和考古学的资料，不同的国家对这些资料的处理方法并不总是相同的。长期以来，特别是对英格兰来说，争论的焦点是斯堪的纳维亚人的居住密度以及移民的来源。一个简单的模式占据了上风：由斯堪的纳维亚元素形成的地名密度可以反映出北欧人居住的密度。现在这种模式已经被放弃了，三十多年来对民族性和命名过程复杂性的反思丰富了这场辩论。这就产生了关于专有名词习惯的影响、土地结构的演变及其对地名形成的影响等问题。斯堪的纳维亚族群的语言背景和他们带来的社会影响则是地名学和语言专家关注的问题。

占领苏格兰群岛

人们并不能靠现有的考古文献来确定维京人在其所建立的爱尔兰城镇之外，是否还有其他任何可能的定居情况：考古学和地名学的证据至今还是过于分散，以至于无法设想在城镇中心和都柏林腹地之外的乡村定居的情形（而都柏林腹地定居的范围也仍然有争议）——在已经被辨认的受斯堪的纳维亚葬俗影响的所有坟墓中，有 80% 是在都柏林 5 公里半径范围内发现的，而在爱尔兰国内已知的其他墓地（通常是孤立的），则是在沿海地区。与爱尔兰情况不同的是，在苏格兰斯堪的纳维亚人没有建立城镇，对商业活动也不甚了解，尽管苏格兰的群岛可能是通往爱尔兰、挪威和冰岛的路线上的中继站。部分交易商品（牲畜、鱼类）没有留下考古痕迹。然而，已知斯堪的纳维亚人在苏格兰的定居点进口了木材（是“北方群岛”和凯思内斯郡所缺乏的木材）或木制物品：例如，斯卡尔船葬墓的船体（奥克尼群岛）是在斯堪的纳维亚制造的，那名女性死者下葬时用的木匣可能是用来自德国北部的枫木制成的；在图奎伊（奥克尼群岛）发现的一个10世纪的坟坑表明，当时的人们会对各种各样的进口木材进行加工。在奥克尼群岛和设得兰群岛，挪威的滑石手工艺品也得到了很好的证实，但部分是被设得兰群岛的产品替换了。在没有城镇的情况下，商业活动很可能是在沿海市场进行的，这些市场在一些天然的避风港边上，那里停靠着船只。在基尔帕迪尔（赫布里底群岛），发现的物品包括陶瓷和英国钱币以及设得兰群岛的滑石制品。苏格兰北部群岛发现的宝藏中很少有钱币，但值得注意的是那些有一排钻石的不闭合环状手镯，它们既可以用于交易，也是自己保存、展示财富的一种便捷方式。

斯堪的纳维亚人殖民基本上采取了土地占领的形式：他们建立了分散的农村定居点或由新来者重新占领原住民的土地。考古证据还显示，海洋环境资源的开发力度加大，捕鱼量增加，远洋捕捞（如鳕鱼等物种）显得更加重要，根据詹姆斯·巴雷特的说法，这可以证明农夫渔民迁移到苏格兰群岛定居。因此，斯堪的纳维亚人移居并不仅是精英阶层的事，同时涉及一些社会地位稍低的人。在农业条件较为优越的奥克尼群岛，黑麦的种植似乎是在维京时期引入的，与此同时，亚麻的种植也得到了发展。

奥克尼群岛和设得兰群岛形成了“北方群岛”。奥克尼群岛拥有充足的可耕地和渔业资源，在距离苏格兰大陆仅10公里的外海处，地处几条来自挪威或爱尔兰海的海上航线的交汇处。设得兰群岛位于奥克尼群岛以北80公里处，距挪威西海岸320公里；该群岛的耕地较少，但为畜牧业和渔业提供了资源。历史传统把斯堪的纳维亚人在奥克尼群岛的定居，与挪威“金发”哈拉尔一世的远征联系在了一起。人们对两者间的关联有所议论，在建立奥克尼公国的过程中这位挪威国王所扮演的角色，在900年前不久仍然只是一个勉强说得过去的假设。现在公认的是，维京人在此地定居，在这之前就已经开始了，在9世纪上半叶，或许还比这个时间更早，另外一点被公认的是，奥克尼群岛至少在9世纪中叶已经成为突袭行动的基地。8世纪末，维京人对爱尔兰和英格兰北部海岸的攻击，被认为是他们在早期存在于，至少是暂时存在于苏格兰北部群岛的证据，别的证据还包括他们与当地皮克特人的同居生活。《圣人芬丹的一生》中，有这么一个情节，讲述了在9世纪40年代圣人芬丹如何在爱尔兰被海盗抓获，趁着海盗们正在群岛上休息、等待有利的风向时，他不动声响地溜走了。他在当地找到了一些人帮忙，很可能是信奉基督教的皮克特人，他们把他带到了一位曾在爱尔兰接受过教育并仍住在群岛上的主教那里，圣人芬丹在启航前往罗马之前，在这位主教那里住了两年。这则轶事证明了，在9世纪中叶之前不久，奥克尼群岛仍有一个基督教社区，还证明了至少有一部分教会高层。局势迅速发生变化，可能是由于在9世纪40年代斯堪的纳维亚人对爱尔兰发动的袭击加剧，这意味着苏格兰群岛上有可靠的斯堪的纳维亚人中转站。其结果是，皮克特文化消失殆尽，群岛的斯堪的纳维亚化在奥克尼群岛的地名中得到了反映。挖掘出的斯堪的纳维亚人的主要定居点，位于最好的土地上，或者是位于原来已有人居的地方。然而，斯堪的纳维亚人的这种移居方式，及其所造成的皮克特人在北部群岛的苦难，是一个让人争论不休的问题，我们后文将回到这个问题上，这种移居方式导致土著人被完全消灭这样的说法是值得怀疑的。在桑迪岛的普尔地区，9—10世纪人们仍在使用皮克特人建造的圆形干石建筑，居民将其改造，使这些建筑可以具有更典型的北欧风格——墙面呈弧形的大厅式建筑。皮克特风格的别针和陶瓷仍在使用，而与此同时，居民也会购买来自斯堪的纳维亚的其他工艺品（滑石做的器皿、梳子）。已发掘出十几处斯堪的纳维亚人的占领地（例如伯赛和巴克奎、劳赛岛的韦斯特内斯、德内斯），其中不少是贵族精英居住的地方。伯赛被证实原先是皮克特人的占领地，而且，在斯堪的纳维亚人到来之前以及维京时期，这里也似乎是群岛的政治和宗教权力中心。奥克尼群岛还发现了大约40座异教徒的坟墓——男人的和女人的一样多——其中最古老的可以追溯到9世纪。在上述这些墓地中，有不少船葬墓是在桑迪岛上的斯卡尔和韦斯特内斯发现的。

设得兰群岛与奥克尼群岛有一些共同的特征。这两个地方很早就被纳入了奥克伯爵的公国（直到1195年，设得兰群岛都是由挪威国王直接管理）。设得兰群岛位于挪威和不列颠群岛之间的航线上，可能早在8世纪起，就受到了袭击的影响，而斯堪的纳维亚人对群岛的占领则始于9世纪。从地名上看，这些岛屿完全斯堪的纳维亚化了。然而，当地的文化并没有消失：在那里，仍然继续生产基督教皮克特工艺的雕刻石器（但这些石头在9世纪末起从奥克尼群岛消失了）。有人认为，斯堪的纳维亚人在设得兰群岛（只发现了两座异教墓）的居住密度低于奥克尼群岛（比较肥沃），因此有利于皮克特人的元素在一定程度上得到延续。在设得兰群岛已经发掘了几处当代斯堪的纳维亚时期的居住地遗址，其中最特别的是亚尔斯霍夫。这里从青铜时代到16世纪一直都有人居住。在9世纪上半叶（年代不完全确定，也许是不早于9世纪中叶）到11世纪末的维京时期，已经分出了四个占领阶段。挖掘发现了一系列斯堪的纳维亚风格的长屋和附属建筑。目前还无法确定挪威人来到这里定居时，这里是否还有人居住，但在维京时期的栖息地已经发现了许多皮克特人的工艺品。

斯堪的纳维亚人在这片陆地上的存在，在凯思内斯郡（位于苏格兰北部）得到了明确的体现，这个地方的地名几乎全部是斯堪的纳维亚语的。在这里还发现了维京时期的居住地遗址、墓地和古北欧文字写成的铭文。根据《奥克尼人传奇》的记载，早在维京时代初期，就已经有来自群岛的袭击，在10世纪，这个地方被奥克尼的伯爵征服了。除凯斯内斯郡之外，斯堪的纳维亚人的居住痕迹较为分散。在萨瑟兰郡，地名学表现出了北欧人和凯尔特人的混合影响，在赫布里底群岛也是同样的情形。

我们不知道斯堪的纳维亚人何时开始在赫布里底群岛（此群岛是斯堪的纳维亚人的“南方之岛”）永久定居。在这里已发现近40处异教坟墓，其中最古老的可追溯到9世纪下半叶，主要在群岛南部的岛屿。许多是船葬墓，其他坟墓中的武器和天平表明，有一批武士或者商人，他们也许是带着妻子来定居的（给死者做性别鉴定，发现几乎一半是女性）。已经确认了几个居住地（北尤伊斯特岛的乌达尔；南尤伊斯特岛的戴莫尔、希勒帕迪尔和博尔奈斯），也表明了新来者对当地传统的适应。维京人在马恩岛的居住地没有文字记载，马恩岛位于爱尔兰海，可能在9世纪时受到突袭的波及，但考古证据，尤其是丧葬的证据，使我们只能从9世纪末开始去解读和认识北欧人的存在，也许是因为在那之前，维京人对它的兴趣不大。

关于维京人定居英格兰的论战

定居的第一阶段发生在9世纪末至10世纪初，文字记载极少。据《盎格鲁－撒克逊纪事》记录，876年，哈夫丹与诺森布里亚人共享土地，丹麦人随后开始耕种土地，自给自足。根据同样的信息来源，类似的情况也发生在麦西亚王国（877年）和东盎格利亚王国（880年）；后来，在10世纪初，据《圣卡斯伯特的历史》记录，一个维京国王把圣库斯伯特教堂的部分土地分给了他的两个异教徒战士。这些文字并没有提供令人满意的关于定居过程的观点，但几乎可以肯定的是，新来者主要是在已经被开发的地区定居。不可否认，考古学关于英格兰的文献资料要比关于欧洲大陆的多。对城市遗址，这些考古文献更准确地呈现了维京时期城市的演变，但不能回答所有的问题。另一方面，殡葬考古和农村聚落考古至今还没有为维京人定居相关的问题提供答案。这一时期（第一阶段）的农村聚落在英格兰只有少量出土，能与北欧占领者联系起来的更是稀有。北约克郡的沃勒姆珀西可能是能与之产生关联的地区之一，那里10世纪的庄园，如果说不是斯堪的纳维亚人居住的，那至少也是由采用了斯堪的纳维亚习俗的主人居住的，还有就是东约克郡的科塔姆，也许在戈尔特索也是这种情形，那个加固了的庄园（9世纪末到10世纪初），是丹麦人在林肯郡开始定居之后才建造的。9世纪末至10世纪维京人在英格兰定居的考古证据（墓葬习俗、石雕、金属器皿以及陶瓷等）被广泛讨论，人们希望通过这些证据认清北欧人的影响程度到底有多深。虽然定居者有时似乎用物质文化来表达斯堪的纳维亚的文化归属，但大多数证据表明，他们很快就转而采用了盎格鲁－撒克逊物质文化的风格和形式。

语言来源，主要是地名来源和人名来源，也存在解读的问题。斯堪的纳维亚地名主要有四种类型。最常见的是以“-by”结尾的地名（约850年）——来源于北欧语中的“农场”或“村庄”（相当于英语中的“-ton”），而且大部分地名都是由斯堪的纳维亚人名组成的（如约克郡的90%的地名）。地名以“-thorp”结尾的地方，通常被解释为表示一个次要的居住地，可能是因为对外围土地的开发，或者是因为解除了对维京人主要领地的依附属性。相较之下，以“-thorp”结尾的地名较少与人名有系统性的关联，人们认为它们的形成，比以“-by”结尾的地名更晚。英格兰也有许多混合式的地名，其中包括了斯堪的纳维亚的人名，并且与本地元素相关联[①]，如后缀“-tún”（7世纪初开始使用的英语通用元素）或后缀“-hide”（如Olaveshide）。最后，盎格鲁－撒克逊名字的发音变化也可能显示出了北欧人的影响（如Shipton后来变成了Skipton）。

解读这些语言材料的困难主要来自这样一个事实：在英格兰发现的大多数由北欧元素形成的地名，首次被证实都是在一本叫《英国土地志》的手稿里，即在

① 混合地名“Grimston”，格里姆斯顿住所名称，来源于“古北欧语人名Grimr+古英语”，含义是“圈用地、居留地”（settlement）。

被“维京大军”征服的两百年后，所以不能确定这些地名就是由本身讲北欧语的移民所命名的。直到12世纪，斯堪的纳维亚元素在英格兰的人们造词时一直被使用，在此期间，北欧语词汇被引入英语，土著也可能通过通婚的方式或其他与专有名词相关的方式，采用了斯堪的纳维亚语的命名。另一方面，新名字的产生不一定意味着新居住点的产生，这可能只是反映了这个地方所有权的变化。但在少数情况下，我们可以明确一些地名形成的语言背景，这些地名的某些形式反映了北欧语使用者的存在。

弗兰克·斯滕顿爵士关于在英格兰东北部大规模殖民的看法，从20世纪60年代开始受到了质疑。其中一种解释是，突袭和新移民的定居，加速了大庄园的分化过程，刺激了土地市场和土地所有权的流动，大量的土地成为了个人的财产，而且，往往是在这时第一次被赋予了地名。因此，那些起源于斯堪的纳维亚的地名，与其说标志了移民的扩张，不如说它们标志了新领主统治下的重新规划。它们的密度与其说体现哪里是移民区，不如说反映了哪里是将大庄园分割成个人财产的地区。另一方面，地名的集中，更多地显示了当地人采用北欧语的情况。与丹麦法区里人名的多样性这一点相似，上述事实强调了在某些地区存在着强烈的盎格鲁－斯堪的纳维亚综合元素的特征（不论其居民的出身于何处）。如果遵循这种模式的话，便意味着没有大规模的农民移民，移民定居更多会是精英阶层，他们主导了大庄园的分割和新的庄园中心区的建立，带有斯堪的纳维亚音韵的名字的传播，反映了当地社会对斯堪的纳维亚命名方式的开放性，这其中的原因是多方面的。地名更多地反映出斯堪的纳维亚人对语言的影响，讲斯堪的纳维亚语的人的声望和地位，而不是新移民的定居密度。

然而，这些观点远无法达成一致。对后缀是“-by”的地名的调查表明，这些地名是在明显的斯堪的纳维亚语系而非盎格鲁－斯堪的纳维亚语系的语言环境中形成的：它们首先是讲北欧语的人口的产物，其中有许多的北欧元素，而不是受斯堪的纳维亚语起名习惯影响的混合人口的产物。这个假说明确地否定了只有少数殖民精英进行“监管殖民”的观点，它表明还存在着一个社会地位相对低一些的定居者阶层。征服后的初始定居，之后是二次殖民，关于这些，书面资料的记载要少得多。

因此，在使用地名资料来源时要谨慎，而且必须增加区域或微观区域研究，避免将其结论泛化。研究者使用了金属探测器之后，更多发现得以重见天日，使得最近其他的研究成果也更加丰富，这些研究证实了广泛殖民的假设，包括在农村也是同样的情况。因此，对简·克肖来说，受斯堪的纳维亚样式和风格[①]强烈影响的女性服饰元素（尤其是衿针）的传播，可以证明包括妇女在内的移民的存在，从而证明有的移民是以家庭形式来到英格兰北部和东部定居的。这并不一定意味着所有穿着这些工艺品的妇女都是来自斯堪的纳维亚半岛的，因为这些时尚的传播也可能涉及包括盎格鲁－撒克逊人在内的其他社会群体，但这些时尚在10世纪的存在和持续，可以证明存在一个混合的文化环境，而这种融合的环境只有随着大量新移民的定居才能发展起来。对维京人营地的挖掘，尤其是对托克西营地的挖掘，也有助于重启关于“维京大军”兵员规模的讨论，继而对随之而来的聚落的特征进行探讨。如今，人们已经不可能再支持“仅由精英阶层的移民进行”这一观点，正如仅以量化这些移民族群为目的的方法被证明不足以理解这个移民定居的过程一样——现在更重要的是强调族群之间的互动。

诺曼底悖论?

议事司铎圣康坦的杜东记述道，维京领袖罗洛以划线的方式给他的手下分配土地，总之，这种分配方法，直到18世纪之前的斯堪的纳维亚半岛都有充分的证据可以证明。这次的定居的具体方式和时间顺序，我们都不知道。按照雅克·勒马霍的说法，从9世纪末开始，塞纳河下游河谷就会有与港口设施相关的居民沿河散居在鲁昂——这是由西法兰克王国的国王发起的——他们聚集在一个道路网被重新设计的城市和其他庇护场所内。在可能与当地人共栖一地的背景下，这些废弃的港口被维京人占领了，这一切都是在日后诺曼底被正式让给罗洛和他的部下之前就已经发生了的。在吕西安·缪塞看来，新移民的定居“似乎有三个主要性质：监管殖民，几乎在所有地方都是这种性质的；彼此间隔的农村殖民，充分利用了很少有人居住的或荒废的土地；最后是专门化的殖民，主要与海洋和沿海活动有关”。戴维·贝茨得出了更细致的结论，他认为殖民活动比较激烈，虽然在很多方面都是新的统治集团的殖民活动，但在很多地区都有农民定居的现象，

① 如博勒（丹麦挪威地名）风格。

他指出，这种殖民是在公国历史的前几十年发生的。

语言学数据，特别是地名学和人名学的数据，代表了斯堪的纳维亚人在诺曼底存在的最明显元素。长期以来，专有名词学和地名学的研究工程表明，在诺曼底定居的移民中，有些人是英格兰丹麦裔。这些人与丹麦法区的联系通过其他书面资料提及的线索得到了证实，其他证据还包括，在诺曼底当地语言中流传的农业词汇里的某些术语（例如：forlenc，土地带）或使用“英亩”（1 英亩≈ 0.405 公顷）作为耕地度量衡。在诺曼底发现的唯一一件维京宝藏，是在圣皮耶尔代弗勒尔（厄尔省）出土的，它可能是在 9 世纪末由一个来自丹麦法区的人带到那里的。其他数据，主要是人名学相关数据，同样也表明了在不列颠群岛的凯尔特地区中与维京人的种种关联产生了影响。

伊丽莎白·里德尔所做的大量工作使我们可以更好地评估维京人对奥依语（中世纪卢瓦尔河以北使用的语言）的影响，并纠正那些过快地将起源于其他语言的词汇说成是起源于北欧语的假说。显然，那些起源于斯堪的纳维亚语的词汇，并不是通过罗洛和他的同伴们在纽斯特里亚定居就一次性全部被带到了这个地方来的。北欧语对古法语的内部结构没有任何影响（只有极少数动词，几乎没有形容词和短语）。在研究者汇编的约 155 个斯堪的纳维亚语源词汇中（比英语词汇少得多），海洋相关的词汇占 61%。这一语义领域的词汇数量遥遥领先于第二组词汇，第二组词汇与农村和农业机构有关（近 20%）。个人和家庭词汇（11%）与制度和军事词汇（6%）处于更加次要的地位。

具有北欧元素的地名在科地区和科唐坦地区很多，在塞纳河谷下游和贝桑沿海地区出现的密度较小，而在南部的厄尔省和奥恩省则几乎完全没有。在诺曼底，最常见的地名类型是混合地名[①]，由一个斯堪的纳维亚名词（通常是人名）与本地语言后缀“-ville”组成以及以“-tot”为后缀的地名[②]，这源于“toft”一词[③]。而从“thorp”[④]衍生出来的名字却罕见一些，以“-by”为后缀的地名则

① 例如混合地名“Gonneville”，它来自北欧名词“Gunni+villa”。

② 如 Colletot，意为“Kóli 的土地”。

③ 意为“已建或将建的地块”，但可能具有“被新移民重新占领的荒废定居点”的意思。

不存在，衍生自“thveit” [1]一词的地名更为常见。绝大部分的这些地名，我们是通过远远晚于10世纪的文本中获知的，所以在重建新移民在该国定居的时间线和恢复那些人物时，对这些地名的解读非常微妙讲究。关于它们的解读，也确实引起了许多争议，在诺曼底这里是这样，在斯堪的纳维亚人口定居的其他地区也是同样的情况。为了解释带有一个或多个北欧元素的地名的形成，吉莉恩·费洛斯－詹森将诺曼底的情况与英格兰的情况做了对比，区别只是诺曼底没有出现大庄园的分裂，而是小庄园被新来者接管。最近，有说法认为，大多数含“toft”语素的词汇，形成于暗示了北欧语使用者存在的语言环境中，这点，我们可以通过属词形式或词序的使用来推测，也可以通过斯堪的纳维亚语系而非罗马语系的词法来猜测。这些观察结果，部分类似于对以“-tuit”为后缀的地名所做观察得到的结果，这组词的形成，往往遵循了一种日耳曼语的构词方式，其中大部分的决定性因素（最常见的是地形要素或植物要素，更罕见的是人名）源自斯堪的纳维亚半岛元素，还有相当一部分来自盎格鲁－斯堪的纳维亚混合元素或英格兰元素。对安妮·尼森来说，对农村地块的研究（在科地区以及科唐坦地区的赛尔河谷县）可以证明，土地的管理和占领形式受到了斯堪的纳维亚半岛做法的影响。除了经常引起历史学家和语言学家注意的语言背景外，我们不能完全排除以下可能性：语素“toft”（土地块）可能表明了在丹麦、瑞典、丹麦法区和赫布里底群岛这些地区存在着某种已知的领土管理模式，而这种模式，以其原始的形式被引进了诺曼底。无论如何，目前的研究趋势之一正朝着重新评价北欧语使用者对诺曼底的移民行为和对乡村社会的贡献这一方向发展，但大家还未能达成一致意见。

考古学对斯堪的纳维亚人的存在引起的争论、引发的矛盾、可能的演变过程，给出了一个相当准确的衡量标准。1989年，帕特里克·佩兰带着对维京考古工作的审慎态度，在一篇总结诺曼底地区维京考古发现的文章里，为法国的维京考古工作之落后感到悲哀。在过去的三十年里，无论是在农村还是在城市的遗址，发掘工作都成倍增加，但归属于维京人的文物数量却没有明显增多。据我们所知，在诺曼底，还没有出现过与某些工艺制品或不列颠－斯堪的纳维

[1] 意为“已清理的采伐之”“荒地开垦”，它催生了大量以“-tuit”或者“-huit”为后缀的地名。

亚地区的雕塑古迹相媲美的混合式原创作品。在诺曼底，没有令人信服的证据可以表明当地人对北欧风格进行了本土化改造。直到21世纪初，考古发现的清单只有几件东西：在塞纳河疏浚过程中出土的几件武器，在皮特雷（厄尔省）的一座女性的坟墓中发现的一对椭圆形衿针，以及在圣皮埃尔－瓦朗日维尔和萨乌尔（滨海塞纳省）发现的两件雷神之锤形状的银坠。在出土的农村聚落遗址上，几乎看不到斯堪的纳维亚人经过或存在的痕迹，诺曼底城镇的土壤之下也没有发现任何与英格兰丹麦法区，如约克郡或林肯郡的发现相媲美的东西。新的发现——如圣皮耶尔代弗勒尔（厄尔省）的宝藏，在奥恩省发现的一枚以维京方式装成挂坠的钱币，在布莱（卡尔瓦多斯省）发现的两根存疑的斯堪的纳维亚式马刺——这些都将可能澄清或修改我们对维京人在诺曼底定居及其影响的认识；然而，物证的薄弱，加之缺乏可与英国制作的原创作品相媲美的创作，种种疑问四起。对几乎没有物质痕迹的这种情况，我们是否还应该将其归咎于考古研究的滞后和金属探测器勘探的局限性？就农村地区而言，在下诺曼底地区观察到的有关居住环境最显著的变化（放弃农村居住区而建造新的住房，以各种不同方式将人口重新聚集的趋势，房屋及其附属建筑的布局、建筑和尺寸的变化）在维京现象和斯堪的纳维亚人在该地定居之前就已经开始了，但我们无法将上述变化与这些事件联系起来。另一方面，可以肯定的是，我们观察到的现象，远不止发生在诺曼底。在文森特·卡朋蒂埃看来，维京人在9世纪发现了一个处于变化中的定居的环境，这个变化有利于他们的定居和迅速同化到法兰克人的乡村世界之中。对一些面积较有限的土地所进行的调查，没有显示出因新定居点出现而受到破坏的地区，如传统上被认为带有斯堪的纳维亚人明显标志的迪沃河下游河谷及阿格地区。

斯堪的纳维亚或盎格鲁－斯堪的纳维亚元素对语言学和专有名词学领域有不可否认的影响，但在物质层面这些元素的痕迹又几乎无从看见，这两者间的脱节导致了一些无法解决的矛盾，唯有认为新移民在后来成为诺曼底公国的地方定居了下来并融入了法兰克人的世界，才能将这些矛盾解决，我们稍后将回到这个问题上来。目前，我们只想指出，与定居在维京世界的其他族群不同，定居在诺曼底的群体显然不需要表现出属于“散居维京族群”的迹象，我们接下来就来看看这个问题。

14.3 散居的维京族群？

“散居维京族群”的话题出现在21世纪初，这个词开始被用来转述长期以来以“入侵”“扩张”或“殖民”为概念的维京现象。

在研究“散居”一词在维京人身上的应用之前，哪怕是非常简短地回顾其概念及其使用，也是有益处的。历史上，“散居”一词根植于犹太人的离散，但也被用来指称其他移民事件，散居人群并没有一个得到社会科学家一致认可的特征。该词的滥用受到了批评，有时须将“真正的散居地”与其他非散居地区分开来。在一本专门论述该词使用历史的著作中，斯特凡纳·杜福瓦对20世纪80年代末和20世纪90年代初的这一演变情况进行了总结，他区分出了“两个概念系列”：第一种概念是以犹太人散居的原型为基础的，其核心是寻找一个国家和将各社区与这个中心共同体联系在一起的特殊纽带；第二种概念的不同之处是，它包含的是一个“在散居地的状态下，存在中心文化共同体的可能性，其中穿插着不间断的，有时是竞争的，甚至是对立的再发展”。因此，散居有两种概念，它们产生了一系列对立面：封闭/开放，中心/分散，以及同质/异质。因此，散居可以被看作是一个去领土化的文化集合，并被视为“一种经历”，这种经历中，是否返回祖先故土的问题［真实存在的故土和（或）神话里的故土］并不是运用这一概念的必要前提条件。散居中“离散”这一概念，承认了混合种族的存在，也承认了在新环境中，对已转变的文化特征的重新利用。上文提及的“两个概念系列”在产生交集之前早已并行发展，这使得散居有了新的表述，其中最有影响力的模式之一是罗宾·科恩的《全球散居》所阐述的模式，该模式确定了散居族群的九个“共同特征”。

（1）至少流散到两个外国领土上，往往这种流散是带着创伤的；
（2）或者是以征服、劳动以及贸易为目的的领土扩张；
（3）存在对原籍国的集体记忆；
（4）对原籍国的理想化，对维护或创建原籍国的集体承诺；
（5）开展得到集体认可的回流运动；
（6）强烈的民族群体意识；
（7）与东道国社会的冲突关系；

（8）同情和声援在其他领土上定居的同族群体成员；

（9）在宽容的国家有机会培养创新意识。

应用到维京人身上,“散居”不一定是指类似的事实。这个词可以沿用菲利普·柯廷的昂贵的商业散居的思路来形容一个特殊的群体。菲利普·柯廷分析了外国商人与东道国国人之间的互动,表明这些小社群是变革的推动者,尤其是在文化领域。除了技术之外，他们还带来了某些政治和社会观念、语言、宗教和其他文化的表现形式，并促进了新思想的产生和心态的演变。反过来说，这些散居者也无法对自己所处环境无动于衷，而是在不同程度上对所处环境进行借鉴。东道国社会对这些外国人的态度——或热情地欢迎，或单纯地容忍，或不信任和拒绝——是影响互动的一个重要因素。克莱尔·道纳姆对定居在爱尔兰的海博诺 - 北欧商人群体采取了这种分析模式，将其与 9 世纪起在非洲东部沿海定居的阿拉伯商人和非洲商人以及中世纪末马来西亚的中国人进行了比较，而这两次定居分别助长了斯瓦希里文化和峇峇娘惹文化的出现。同样，生活在爱尔兰的社群发展出一种混合的海博诺 - 斯堪的纳维亚身份认同和文化，以方便他们在讲盖尔语的人群中充当中间商的角色，特别是在急于出售资源和获取进口商品的爱尔兰精英与游历维京世界的商人网络之间扮演中间人。这种文化作为这个群体成员所获得的经济和社会地位的象征，有一种不可否认的威望，而这个群体保留了一种与他们的爱尔兰邻居截然不同的身份和特殊的地位，这个特殊之处由融合和分离一同构成，而且因为对传说中的起源的信仰有所发展而被强化了。在露西·马尔博斯关于英格兰、欧洲大陆和斯堪的纳维亚商业中心的研究中，也强调了“贸易散居者”——这里并不特指维京人——的活动，对比研究延伸到欧洲以外比，尤其是弗里斯人的案例（但这也适用于斯堪的纳维亚人），他们通过在那里定居，为建立商业网络做出了贡献，他们充当网络中的“衔接者”，同时也为固定商业路线的形成做出了贡献，又或者说，为形成不同文化和不同社会之间的“中间带”做出了贡献。

“维京散居群体”这一表达是借鉴了罗宾·科恩的“共同特征”的，如今，该表达方式在综合概括的意义上使用。2012 年，莱斯利·艾布拉姆斯从一个最低限度的定义（“一个已经移居国外并在这个将其接纳的国家的文化中仍然可见的社群”）出发，回顾了使用这个表达时遇到的困难，但强调了这一概念的解释学价值，因为这个概念使人可以从不同的角度来了解这一时期的文化动态。她认为，这些移民群体具有共同的文化背景，他们可以根据自身所处环境进行自我调整以创作出独创的作品，而这些作品具有足够的辨识度，可以作为一种识别的标志，并支撑着他们的这个集体身份。作者还指出，“分散的斯堪的纳维亚社群在维京时期充当了散居者的角色”。在 2015 年出版的一本书中，朱迪斯·杰希深化了分析，他保留了罗宾·科恩阐述的所有散居者的特点，并提出从散居的角度重新解读维京现象，认为应将环境科学的新数据纳入其中，还应包括用于历史学和考古学的遗传学新数据。

“维京散居群体”是在移动的过程中建立的，这是任何散居群体形成的首要条件。虽然移动同时也是移居的基础，但散居意味着散居群体的成员有一种归属于某个传统社群的散居情结，这种情结使他们更加接近原籍国和其他同样来自该原籍国但在别处定居的移民。在这种方法论中，散居的不同要素或分支之间的联系至关重要。“散居”是一种理解移徙过程的方式，它侧重于移徙者与其他移徙者之间的关系、移徙者与其原籍国之间的关系，还有和他们定居的其他地方之间的关系——或者更好地说，是“联系”。这种“联系”是复杂且多边的，它由多向往来、网络和影响组成，在此，“联系”是散居讨论中的一个主要内容，它把回归原籍国的想法降到了次要的地位，原本这种回归祖国目的论可能已成为散居情结的一个重要标准。

还有一个问题是，散居可能造成多重身份，散居族群有可能保留了一种文化的若干元素，但我们很难说这种文化是原生态的，因为散居族群成员中已经融入了其他文化元素——与他们定居的社会中的其他文化元素相结合。这种文化“保留”不一定是完全一致的（事实上，它很少可以完全一致）因为在新的环境中，它的对象，无论是有形的还是无形的，都可以被赋予新的意义或新的形式。然而，从散居者自身的角度来看，他们保留了足够多的要素，可以被认为是文化归属的载体。这个过程使得不同群体在不同的背景下，身份可能发生变化，同时该过程还可以让人辨认出，同是受斯堪的纳维亚世界影响而成的文化视野中的不同要素。这些要素可以在两个方向上发挥作用，它们既可以作为在东道国社会中的区分要素，也可以作为在“维京”文化世界中的识别标志。散居这一概念，也可能因为它超越了连续性和变异性之间的对立，而得到维护，而且它使散居者可以通过选择某些文化特征来抑制多样性的趋势，从而创造条件确保时间和空间的连续性，来解决这两者的矛盾。

朱迪思·杰希未能充分考虑散居的商人、雇佣军乃至流亡者。在这里，散居者主要是基于共同的文化特征，而不是活动。在这种文化散居的方法论中，连接性是通过北欧语言、命名惯例、北欧符文以及文学作品（包括从北欧吟唱诗到北欧传奇）来表达。古北欧语和与这种语言相关的文化是主要的，但不是唯一的关联，它们就像处在一个宽广的时空调色板上。在这里，语言是延续性的重要因素，同时也是维京散居群体共享的主要文化元素之一。在命名形式这一点上，我们的目的是要确定维京散居族群是否有任何特殊做法，例如在迁居到新的自然或文化环境这方面，又如在斯堪的纳维亚模式的连续性这方面，是否因与原籍国保持联系而得到加强，等等。能体现联系的还包括服装、装饰品或个人装备（椭圆形衿针、剑、滑石制品）等人工制品，宗教神话和符号，宗教信仰在其发源地之外的移植以及旧信仰在基督教环境中的适应过程。某些中间阶层（妇女、吟唱诗人、信仰领袖）或社会集合（如家庭，家庭是一个将来自不同文化传统的人聚集在一起，并作为语言、信仰等传统的学习场所）的作用也被分析为一种超越精英阶层、涉及整个族群的现象。

在文化层面上，“维京散居”至少意味着三个方向的去中心化：资料来源、空间、时间。就资料来源而言，把传奇故事和其他晚期历史学或文学文本也视为其中一类分析对象，这做法其实是重新将它们视为散居群体的重要文化载体。总而言之，哪怕没有这些传奇故事，对维京人的历史解读仍然是可行的——这仍然是一些历史学家所采取的做法，即使这种做法被诸多诟病，但关于维京散居族群的历史解读，没有传奇的话则根本是不可能的。在空间问题上，我们将冰岛置于分析的中心，其次是北部群岛（法罗群岛、奥克尼群岛），这种偏离中心的做法其实是中心化导致的：冰岛是关于大部分有书面记载的散居群体的文化记忆发生之他，然而这些文本中经常提到的，却是斯堪的纳维亚半岛这个中心。在时间问题上，偏离中心的做法部分来自上述原因，部分源于特殊的历史情况：长期以来，苏格兰北部和西部的群岛一直属于斯堪的纳维亚半岛的领地（赫布里底群岛、马恩岛，1266 年；设得兰群岛、奥克尼群岛，1469 年），这意味着，如果我们考虑到对维京人重燃的兴趣以及我们在前面的章节中提及的种种维京行动都是维京散居的远古化身，那我们就要把维京时代之后到 1500 年左右的几个世纪甚至是更长时间囊括进去。

我们前面提到了“文化记忆”。这个说法指的是“过去的大事件”或“有纪念意义的人物”，它们承载着过去，同时也是这个群体身份认同的基础。它们的表达方式是多种多样的，不仅限于文字、节日、仪式和象征性的物品，这些都是它的一部分，但文字与文化记忆有着特定的关系。回忆在激活的状态下，文化记忆会将一系列的文本和参照物“神圣化”，这些文本和参照物构成了该群体的身份，而且它们又会反过来参考这些“文化记忆”，并从中获得灵感。从某种意义上说，在一个已经基督化的社会里，人们力图保存那些被遗忘的异教传统，而围绕着这些传统的，是那个完整的古北欧文化，约 1200 年问世的初版《古冰岛诗集》（或称《埃达》）和大约二十年后斯诺里·斯蒂德吕松所著的《古冰岛散文集》属于这一文化记忆形成机制的一部分。而这种形成机制可能在早于文字写作时期已有，通过形象化的表述，从铁匠伏伦德到西格鲁德，这些人物在不容忽视的地域内广为流传，形成了逐渐适应基督教背景的神话或英雄人物的人物谱。可见散居情结是以文化记忆为基础的。

“维京散居群体”作为一个新的历史对象出现。这种情况，是在 20 世纪下半叶和 21 世纪初，在世界全球化的背景下，以散居群体研究发展为前提出现的。虽然散居这个概念可以作为一个解决连续性和变异性之间明显矛盾的关键，但它更多强调的是维京世界的统一性而不是差异性，而其他研究恰恰相反，它们强调的是北欧社群在斯堪的纳维亚定居和在此以外地区定居的区域差异之大。到底，“散居”这个概念是否适用于所有这些社群，本书可在最后一部分介绍它的经验。在勾画出答案之前，有必要研究一下维京人与其他社会的人较量的其他方面，这或许是充满暴力的，也可能是促进和解的。

第四部分　维京时代的战争、暴力与和平

如果近期有哪本史书试图将斯堪的纳维亚人的扩张置于一系列的活动下分析，进而试图稍有不同地描绘其好战的一面，那么结案终归是，战争和暴力仍然是维京运动中不可避免的因素。从很多方面看，维京运动属于军事史，它以一种独特的方式在军事史上留下其色彩。另外，若从人类学的角度对其进行解读，在承认社会生活是基于社群之间的交流这一前提下，战争，除了其军事方面的要素，其实还是一个系统的一部分，战争是该系统的一种模式，甚至是一个意外，或者说是一次“失败的交流”。当然，这种解读尚存争议。战争作为导致社会群体重新划分的一个因素，也是另外一些因素的表达形式，这些因素中“暴力”占了重要的地位。因此，任何重新解读维京运动的尝试都会涉及对“暴力”这一主题的重新分析——哪怕仅仅是因为暴力在史料中留下的无数证据，以及使用暴力的标准和合法性所带来的各种问题。

暴力的使用和掠夺的形式确实是维京话题的主题之一，围绕着这些主题，人们对维京现象以及某些历史学家认为的该现象导致的“文明冲突”，出现了不同的看法。根据一些在古老的中世纪的欧洲传统做法，有人提出了维京人的战争活动和掠夺活动的“正常性”，他们认为维京攻击者的袭击“并非一场史无前例的、莫名其妙的大灾难，而是黑暗时代活动的延伸”。同样，蒂莫西·路特也驳斥了文化冲突的观点，他指出各方明明有着相同的政治文化。但与此相反，一些观点突出了维京人的战争及暴力的“与众不同”的特性，这些观点想要论证的，是文化冲突及其带来的恐惧是建立在战争之上的这一观点，而且这些战争打破了西方基督教既定的规则。奥利·克鲁明－佩德森则指出，在文明的冲突中，两种不同的荣誉准则和仪式习惯发生了冲突，这主要是基于宗教对立和维京人对基督教教条与禁忌的漠视。

最后，这绝不是要否认维京情节中的暴力和好战，这是深深刻在历史长河的维京片段中的，妥协、和解与和平则与之相反，似乎在关于维京的书面资料中不太显眼，但对理解妥协与和平为种种关系的规范化和正常化做出的贡献而言，这两者同样至关重要。我们不妨问一问，这是否与上述的“文明冲突”的观点稍有出入?

第 15 章　军事

除了文化和宗教差异之外，古代斯堪的纳维亚人与他们所遇到的许多社会都有同一套以军事伦理为强烈特征的价值观念，在这种价值观念中，责任感、忠诚，同时还有羞耻感和罪恶感，形成了一种荣誉文化，而个人威望或个人认可是建立在这种文化的基础上的。北欧文学、古代史书（两本《埃达》）和吟唱诗以及少量的刻有北欧古文字的石碑，通过这些流传至今的战士理想，通过一些反复出现的词语或形象而表达出来。有的赞美那些临危却没有逃跑的人[①]。其他一些则用斗兽的比喻，例如狼、鹰或者乌鸦，来指代在战斗或远征中丧生的英勇战士的命运，如托拉，在格里普霍姆的石碑（瑞典）上刻着“谨立此石来（纪念）儿子哈拉尔及其兄弟英瓦尔。他们带着勇气朝着黄金远征，在东方给鹰（食物），在南方死于塞尔克兰”。维京世界之外的一些资料也对这位北方对手或罗斯对手的英勇表示赞叹，例如，伊本·密斯凯维描述了罗斯人的勇气，称他们“不知道失败为何物，在杀死对手或被对手杀死之前，没有一个人会转身回头”。忠心耿耿、作战团结、英勇无畏的集体价值观，都是行为准则和与荣誉密不可分的道德规范的组成部分，不遵守这些规则和道德规范的人，其权利将被剥夺。相关题材在关于马尔登战役的古英语诗中得到了呼应，在这首诗中，猛兽宣告了盎格鲁－撒克逊人在维京人面前大败（“乌鸦盘旋，老鹰猎食”），叙述了他们的领袖拜赫特诺思和他英勇的同伴在“那些不情愿在战场的人”退出战斗后战死。维京人的战斗伦理与盎格

① “他没有逃离”，“只要手中有武器，他就会战斗下去”，或者以另外的方式和手法来表达逃跑的悲剧性后果，“他失去了生命，因为他的同伴们都临阵逃脱了”。

鲁－撒克逊史诗中描绘的战斗伦理植根于同一土壤。在巴黎保卫战期间，不是哪个战士为小桥守护到最后，而是12个人的团结和勇敢——圣日耳曼的阿邦为后人保留了他们的名字——“丹麦人强大的刀剑不曾吓倒过他们”“他们光荣的名声将永不停歇地飞扬在人们的唇边，此外还有他们战斗的记忆和伟大的牺牲”。没有什么可以证明我们面对着的双方有不同的荣誉准则，尽管战争中的实际做法可能存在着差异，当然还有宗教的相异性，这一点也强化了我们对这些差异的感知。

15.1 维京舰队、团伙以及军队

史料常常会提及船只的数量，但较少说到雇用兵员的数量和双方的损失。据《盎格鲁－撒克逊纪事》记载，第一次有记录的对波特兰[①]的突袭（787年，而不是789年）是由三艘船实施的。此后，经常有由几支部队组成的舰队被证实，但从9世纪30年代开始，资料记述的是由几十艘船发动的攻击，而840年以后，记录的则是一百艘甚至是几百艘船发动的攻击。对这些数字，我们显然要非常小心地处理：它们往往是无法证实的，有时甚至是虚构的[②]，给出这些数字只是为了表明维京进攻者人数众多，或者说，是为了提高维京人的对手所做防御的价值。这些数字也干扰了有关斯堪的纳维亚人定居的争论，特别是在英格兰，“维京大军”的数量一直是争议的对象：彼得·索耶以前提出的最小化假说受到了其他著作的严重质疑，这些著作，部分地为《盎格鲁－撒克逊纪事》给出的数字平了反。而关于维京人在军事行动中入伍的或被杀的人数，数字则相当一致，都说是“一支几百人的队伍”：这是一个数量级，可以用于发生在九世纪的那些重大袭击中。到了9世纪最后三十多年，维京军队的人数可能达到几千人，但绝不会达到几万人。

11世纪之前，维京军队的组织情况仍然鲜为人知。军队构成的基础是皇家组织“lið”，即伴随战争首领的武装随从：这个词有一个泛指的含义，它可以用来指代战士群体、军队、舰队或远征队。“hirð”有一个相当类似的意思，指代一个伟大人物，特别是国王的武装随从，但“皇家hirð”似乎是新近创造的说法，而且很难往前追溯10世纪末以后。

① 此指英国的波特兰岛。

② 根据圣日耳曼的阿邦说法，巴黎保卫战时，有700艘船和4万名士兵。

舰队集合的指导原则亦不为人所知。“leiðangr”（挪威语）或“leding”（丹麦语；瑞典语中对应的词汇“ledung”要等到13世纪才有所记载）指的是按照精确的制度组织的海军招募，该制度规定了每个地区必须向国王提供的船只数量和装备，还规定了他们的服役条件。在12—13世纪的省法中，详细记载了这种组织形式，但这样一个制度的起源和前身是一个让人争论不休的问题。《挪威王列传》把挪威海军招募组织的建立，归功于 “好人”哈康[①]。“leiðangr”一词最初出现在10世纪末并不能证明在维京时期存在着这么一种组织，或者说不能证明它是广泛存在的。在尼尔斯·伦德看来，“八字胡”斯韦恩[②]和克努特大帝的军队还是按照传统的方式招募的。其他历史学家也不排除在10世纪该制度的前身存在于挪威某些地区以及丹麦，然后才得以系统地普及。

维京军队是在私人军队的基础上组建起来的，为的是共同的远征。整体的凝聚力在很大程度上取决于其领导者的成功以及将战士们联系在一起的同伴关系。《圣伯丁年鉴》提到，在861年，入冬的时候，塞纳河沿岸分散着一群一群人组成的部队，他们在此前几个月占领了山谷，这些人也许是一个“lið”，也可能是宣誓结盟的团体或“志同道合者组成的团伙”。不同的队伍可以在战役期间联合起来，这种组织方式有利于发挥突击队员的机动性，同时也缓解了因部队人数过多而造成的供给困难。11世纪初征服英格兰的丹麦军队很可能是按照传统方式组建的。“八字胡”斯尔和克努特大帝既有财富又有威望，可以把来自斯堪的纳维亚半岛甚至是来自其他地方的人都收归他们的皇家武装队伍里。早在10世纪，比尔卡（瑞典）似乎就存在了战争人员职业化的现象，其驻军约有40人，驻扎在博尔格镇上的一处高地上，他们可能配备了常规的功能性武器装备，但他们似乎也接受了来自东方或受东方影响的着装和某些军事装备（例如弓）。

维京人的成功，并不是因为在数量上比对手有优势。这一点同样适用于武器装备。他们最重要的武器是剑，通常长85—90厘米，并且是双刃剑。斯堪的纳维亚的工匠制造了高质量的剑，但法兰克人的剑也备受赞赏，在斯堪的纳维亚和维京世界的各个地方的墓葬中，发现了几十把法兰克人的剑。其中一些武器的剑刃上有铭文（“VLFBERHT”或“INGELRI”字样），可能是在不同的时间、

① 920—961年，挪威第三任国王。

② 丹麦维京国王，“蓝牙王”哈拉尔之子，曾于1013年征服英格兰。

不同的情况下（交换、在战争中夺取、赠予）从法兰克世界中带来的——带有“VLFBERHT”字样的剑似乎已经锻造了近两个世纪。如果这些剑是由莱茵河岸的作坊生产的，那它们上面的标记可能意味着其生产是受管控的，同时还可能被看作是质量的标志和威望的展示，因此，这些剑在斯堪的纳维亚（和斯拉夫）世界被仿制。矛和剑一样，是墓葬中的陪葬品和绘画艺术品上最常见的武器。文献还证实了有用双手操纵的大斧，尤其是丹麦维京人在使用它们。除了上述武器装备，还有萨克斯（大型战斗弯刀）以及弓箭，但一个士兵不一定能携带所有的这些武器。在防御性武器中，主要是圆形木制盾牌——与戈克斯塔德船葬墓一起发现的有 64 件，有时这些木质盾牌的周边会用金属部件加固，还有一个保护的顶壳。武器装备里的其他物件则不太为人所知。通过一些描述，我们得知战士会戴圆锥形头盔以自我保护，但保存得最好的出土物件——是在一个挪威酋长墓（10 世纪的杰尔蒙德布）发现的——显示了另一种类型的头盔，圆形的，有保护眼睛和鼻子的部件。同一墓葬遗址还出土了一件锁子甲的残余部分，看来在维京时期末期，锁子甲已被广泛使用。这些武器因其装饰，或因其某些装配部件（例如，剑柄或剑柄上的装饰）而具有自己的特色，在 20 世纪，这些器物的类型学由此发展起来。[①] 武器类型范围在 10 世纪有缩小的趋势，特别是在丹麦，我们观察到，当时的装备相对标准化，这可以看作为国王服务的精英得以发展的标志。执事莱昂在 10 世纪末提到，罗斯战士在长盾和锁子甲的保护下行动，看上去就像不懂骑马作战的步兵。伊本·密斯凯维在描述罗斯战士进攻巴尔达（943 年）所用的武器装备时记述道，那些穿着盔甲的人随身携带着工匠的工具（斧头、锯子、锤子）。他还补充道，战士“手执长矛和盾牌（徒步作战）；他带着剑，身上挂着长矛和类似匕首的工具”，这些剑非常有名。在另一个描述中，伊本·法德兰指出，这一套装备通常包括一把斧头、一把剑和一把匕首，而且他注意到这些剑与法兰克人的剑很相似，考虑到斯堪的纳维亚人使用这些武器或者它们的仿制品，而且这些武器及其仿制品在斯拉夫世界也很常见，那这相似也就不足为奇了。在丹麦的坟墓中，剑、斧、矛是最常见的陪葬武器。在俄罗斯出土的斯堪的纳维亚式坟墓中发现的战争装备里，“斧、剑和矛”这样的组合经常得到证实。剑的威

① 阿尔弗雷德·盖比格博士在其 1991 年出版的书里列举了简·彼得森在 1919 年归纳总结了主要的 26 种剑柄类型。

望和象征意义被许多北欧和西方的资料以及考古证据所证明，伊本·鲁斯塔的轶事也很好地提醒了人们这一点，他在谈到罗斯人（903年以前）时写道："在一个孩子出生时，父亲把一把裸剑放在他面前，对他说：'我不会给你留下任何财富作为遗产，你将拥有的，只有那些你靠此剑获得的财物。'"在坟墓中发现的武器不仅反映了战士作战用的装备，还反映了他的地位和他的亲属希望用什么代表死者。所发现的装备的制作材料可能因地区和年代的不同而有所不同：在爱尔兰和大不列颠被认定为斯堪的纳维亚人的坟墓中的武器，比在挪威发现的数量更多而且更多样化。斧头更常见于挪威的墓葬中，但在岛国的墓里则比较少见，岛国的坟墓里挖掘出的陪葬武器以剑为主。10世纪时，武器与马术装备的结合在丹麦变得很普遍，到该世纪末才逐渐衰落。

15.2 战役里的维京人

除了他们无可争议的海上优势外，维京人的成功，其实很难归于他们的军备；相反，在某些领域，技术上的优势属于他们的对手，因此，加洛林王朝的君主们一再禁止出售武器或军事装备来支付赎金。维京人通常是徒步作战，但在军事行动中也使用马匹。9世纪初，丹麦国王戈德弗里的军队中包括一支骑兵队伍，804年他将该骑兵队与舰队一起部署在海泽比。从9世纪中叶起，维京人就开始在马背上，袭击巴黎地区的修道院。在880—890年间的法兰克世界，例如在巴黎保卫战（885—886年）、蒙福孔战役（888年）和赫尔战役（荷兰赫尔河）（891年）期间以及在英格兰，维京人利用马匹进行迁移或战斗的事实多次被证实。斯堪的纳维亚的船可以运载马匹，因此在国内也可以弄到马。885年，他们在罗切斯特失败后，抛弃了"他们从法兰克一路带来的所有马匹"。根据《盎格鲁-撒克逊纪事》，865—866年在东盎格利亚过冬的时候，"维京大军"在当地获得了马匹，这很可能是收缴贡品的结果，同一资料还提到，在10世纪末至11世纪初进行的战役中，他们多次获得坐骑供给。864年，"秃头"查理颁布了《皮特雷敕令》，禁止向诺曼人出售马匹和武器，否则将被处以死刑，盎格鲁-撒克逊国王埃塞尔斯坦颁布的法律也规定了类似的禁令。从9世纪中叶开始，随着维京人行动规模的扩大，他们开始围攻城镇或筑有防御工事的地方，尽管依靠突袭夺取要塞（如843年在南特）的结果比长期围攻的结果更为不确定，但这比让对手积蓄力量要好。

其中一次对维京人的抵御靠的是增设据点，以限制攻击者的进攻，这导致攻击者改变了他们的战略。我们在后面会再次讨论这次防御，在巴黎（885—886 年），丹麦人在圣日耳曼奥塞尔的教堂安营扎寨，用军事器械（羊头撞锤和投石器）对付城内的守军；在罗切斯特（885 年），“他们（维京人）在城门前修筑了坚固的防御工事”，但当阿尔弗雷德大帝的军队来援助被困者时，维京人不得不放弃这一切。在 11 世纪初丹麦人对英格兰的攻击中，经常会有一些筑有防御工事的城市被围攻而陷落，造成这样的局面，一方面是因为尽管埃塞尔斯坦二世的王国从他的祖辈那里继承了这些防御设施，但从 10 世纪下半叶明显放松了戒备；另一方面是因为，丹麦国王在实施征战事业时，就必须在欲征服土地上攻取最能体现军事控制权的那些重镇。

斯堪的纳维亚集团的成功并不是因为他们在人数上有优势，也不是因为战士的个人装备精良。845 年拉格纳 · 洛德布罗克的团伙在塞纳河谷长驱直入，《圣日耳曼之变》的作者痛心于法兰克人面对这种进攻时的无能，他写道，“信奉基督教的人，戴着头盔，穿着盔甲，拿着盾牌和长矛……在这样一小群无遮无掩、几乎没有武器的人面前”落荒而逃。与这些法兰克人相反，入侵者的机动性及其速度让人震惊，对进攻十分有利。《安斯凯尔的一生》将 845 年汉堡人民的惊愕表现得淋漓尽致：“教区和传教士们以一种值得赞美和配得上上帝的方式工作着，这时一支海盗船队意外地出现并入侵了汉堡。他们的突如其来，并没有让这里的部队集结起来，更何况负责指挥这个地方的贝尔纳德伯爵也不在。”这次攻击，很可能是丹麦国王霍里克一世精心策划的，他显然是趁着（也可能是事先得知）此处城防的负责人不在，发动了攻击。871 年，维京人乘着阿尔弗雷德大帝参加他哥哥葬礼的机会，袭击了威尔顿。在这件事上（维京人）很可能使用了流动的侦察兵。聚会，例如宗教节日，为维京人发动进攻提供了富有成效的机会。根据晚期的资料，843 年对南特的进攻发生在圣让 - 巴蒂斯特节（6 月 24 日，也称仲夏节），维京人在 858 年复活节（4 月 3 日）将目标锁定在圣日耳曼德佩区和圣但尼的修道院，他们成功俘虏了圣但尼修道院的院长路易和他兄弟高兹林，后来以巨额赎金为交换条件释放了他们。不久之后（860 年 6 月 1 日），他们在圣灵降临节前夕袭击了圣伯丁的修道院。在英格兰，“维京大军”似乎相当有计划地在秋季或初冬对粮食和财富集中的政治宗教中心发动攻击，此时，由于休息季开始了，盎格鲁－撒克逊军队开始四散，因此难以做出及时的军事反应。在战场上，维京人知道如何利用野战工事来阻止敌方骑兵的发挥，进而迫使敌方徒步作战，他们还会从他们的掩体上发起反击。在鲁汶战役（891年）中，日耳曼尼亚国王（东法兰克国王）阿努尔夫的部队逼近戴尔（荷兰），“他们按照自己的习惯，加固了防御土墙和围栏”，国王命令部队下马，徒步与敌人作战。但就在几个月前，在马斯特里赫特附近的赫尔战役（891年6月25日）中，法兰克军队在维京骑兵的突然袭击中被拿下了。866年，在一次诺曼人以布里萨特教堂为掩护的突袭中，“强人”罗伯特（罗伯特四世，820—866年）十分不明智地摘下头盔和护胸甲，就在这一瞬间他被杀死了。大约20年后，当巴本堡的亨利指挥着由“胖子”查理（查理三世）派来的军队步步进攻，试图解除对巴黎的包围时，诺曼人便在他们的营地周围挖坑，并通过种种挑衅，将亨利引向这个危险的地形，导致他人仰马翻，最终丧命。11世纪初，夏巴纳的阿德马尔报告说，“来自丹麦和爱尔兰的诺曼人”在接近阿基坦海岸时也实施了类似的策略。当阿基坦公爵威廉带着他的军队与这些诺曼人正面相对时，“异教徒们（指诺曼人）吓得不轻，整夜在（公爵营地）周围挖小坑，他们用草皮盖住小坑，以此让那些没注意的骑兵摔倒。然后，在清晨，在没有防备的情况下，公爵骑着马在大军万马齐奔中冲在第一线，对异教徒发动进攻，但很快就陷入了坑道”。威廉险些被俘，而他的大批族人被囚，然后花“巨款”重新赎回。只要有可能，维京人就会避免与对方军队直接对抗，他们宁愿分散或撤退。因此，851年攻打博韦并掠夺圣日耳曼德弗莱修道院时，队伍在埃普特河畔的瓦尔代斯被法兰克人追上了，在进行了一场不利的战斗后，他们躲在周围的森林里。之后，幸存者在夜间行军，为了重新夺回船只，继续进行掠夺。

从9世纪中叶开始（甚至是更早），他们还养成了在战略要地过冬和建立营地的习惯，从这些地方[①]驱逐他们是非常困难的。早在840—841年，他们就在爱尔兰的都柏林和安纳格森建立了坚固的港口，这些港口靠近教会或者贸易场所，位置优越，靠近河流入海的地方，而且位于爱尔兰王国的外围，这控制了爱尔兰王国立即反击报复的风险。而对爱尔兰而言，9世纪建立的大约20个营地有书

① 卢瓦尔河上的圣弗洛朗，塞纳河上的约福斯和欧塞尔，斯海尔德河上的根特、孔德和科特里克等。

面资料可以证实，其中有几个为日后演变成城市打下了基础。在英伦三岛，已经发掘出了几处遗址。873—874 年，“维京大军”在雷普顿（德比郡）过冬，侵袭者重新利用了麦西亚王国一处著名的修道院遗址，并在那里建了防御工事：从教堂挖出“D”形的沟渠，可能是作为防御的城门，沟渠连接到特伦特河，保护了北边的通道，划定的范围有 1.46 公顷大。此前不久（872 年或者 873 年），他们在托克西（林肯郡）建立了一个大营地（55 公顷），当时那里可能是一个岛屿，受到天然防御的保护（东边是沼泽，西边是特伦特河），不需要建造防御工事，可用来容纳几百人——根据道恩·哈德利和朱利安·理查兹的说法，那里甚至可以容纳几千人。通过考古发掘（2011—2015 年），刚结束军事行动几个月的“维京大军”仿佛就在我们眼前。大量战利品被储存在那里，营地已成为一个巨大的货物交易场所，可能还有奴隶交易，货币在那里流通，证明了货币的混合使用和按重量算的金属的使用（这说明了零碎的迪拉姆的存在、碎银和锭子的使用，还发现了大约 350 个砝码），还证实了钱币的铸造，铸币发生在如此早的阶段，这一点更加引人注目。在那里形成了一种聚落形式，考察该遗址的考古学家将其界定为城镇，手工艺活动（金属制品、纺织品）明显存在，该遗址的后续演变也证实了这里成为了城镇一点：“维京大军”离开后不久，这里引入了陶瓷生产活动（可能是受到欧洲大陆手工业者到来的刺激），一个盎格鲁－撒克逊城镇形成了。前文提及的爱尔兰伍德镇营地，规模较小（2.91 公顷），那里也有一个“D”形包围区，值得注意的是它从 9 世纪中叶到 10 世纪初被占领期间那里存在各种生产活动（锻铁、炼银、烧制玻璃、修补船只、贸易活动）。和托克西一样，生产贸易活动持续的时间更长营地不仅是一个收集运输战利品的临时基地，而且是一个货物交易的地方。

有的营地设立的时间很短，几天（甚至一天）或一个季节，这是出于战术考虑。然而，一些营地的建立，很可能不仅是为了应对军事需要，更是对土地控制的象征或者是经济交流动态的一部分。雷普顿在 8—9 世纪曾是一个王室大墓地，在雷丁（870 年）、奇彭纳姆（878 年）、奈梅亨（880 年）等地，维京人曾多次在王室住所过冬。就托克西而言，有人认为，之所以选择这个地点，是因为这里靠近两座重要的教堂，容易获得资源供给，并且，有机会开发自然资源（渔业、木材）。和伍德镇一样，营地也很快成为了一个交易场所，在这里可以出售掠夺回来的东西或现场制作的手工艺品。

维京人还懂得如何利用对手的内部分裂，无论对手是法兰克人、盎格鲁-撒克逊人还是爱尔兰人。830年对加洛林王朝的突袭再次上演，此时正值“虔诚者”路易和儿子们的内斗。洛泰尔和南特伯爵朗贝尔二世也被指责与袭击者勾结，更能确定的是，阿基坦的丕平二世与维京人结盟而背叛了自己的国家。后来，丹麦人对诺森布里亚（866年）发动的攻击，是由席卷全国的内战而致，阿瑟说：“当时，在魔鬼的唆使下，诺森布里亚人之间爆发了巨大的不和，就像一个招致上帝仇恨的民族里总是会发生的那样。因为当时诺森布里亚人把他们那位名叫奥斯贝赫特的合法国王赶出了王国，并且在王国的最高层推举了某个名叫埃拉的暴君为王，而他并没有王室的血统。”“异教徒”的到来，虽然促使敌对的王公和解，却仍无法阻止他们的失败和死亡。在爱尔兰建立维京营地的动机之一，似乎是利用爱尔兰国王间的对立所带来的好处。这些营地往往是建立在王国或地区的边界上。①

从9世纪中叶开始，维京人开始参与到爱尔兰人之间的竞争中，并与彼此间敌对的王子结成同盟。例如，842年，爱尔兰史册记录了林斯修道院院长科班的死亡，他死于一场“异教徒”和爱尔兰人一起发动的突袭。不到二十年后，北乌伊尼尔国国王艾德·芬利亚斯与奥拉夫和伊瓦尔并肩作战，对抗南乌伊尼尔国国王梅尔·塞克莱恩，并将自己的女儿嫁给了这位奥拉夫。在9世纪下半叶和随后的一个世纪里，维京人和爱尔兰人之间的结盟和通婚，成为岛上生活的亮点。在西方资料中，伟人之间的内部分歧经常作为一种主旋律出现，这些资料谴责了那些把更多的精力投入到内战中而不是保卫国家的精英，但这种责难似乎并不是在任何情况都适用的，还得取决于所涉及的不同区域。

最后，毫无疑问，武器装备和军事战术的某些方面是相互借鉴的。这个事实在剑这一武器上已经提到过，这个说法同样适用于矛，而圆锥形头盔有可能是受法兰克人的启发而产生的。据说斯堪的纳维亚人在爱尔兰重新引进了弓。在爱尔兰的维京人墓葬中发现的长矛铁头反映了岛上的传统，与此同时，一种原创式样的盾牌顶壳则是在都柏林当地生产的。由于在战场上维京人面对的是各种各样的

① 如都柏林，位于伦斯特和布拉加王国之间；沃特福德，位于芒斯特和伦斯特的边界上。

对手，或者由于他们作为雇佣兵参与欧洲军队，接触到的种种战斗方式和军事组织形式可能会反过来对他们产生影响。10 世纪期间，拜占庭皇帝多次招募罗斯战士或者直接来自斯堪的纳维亚半岛的男子，10 世纪末，巴西尔二世组织了一支精锐的军团——瓦良格卫队（人数为 4000—6000 人），他们负责确保大皇宫的安全，并很快被用于其他战场，打击从公国来地中海试探运气的佩切涅格人、保加利亚人、穆斯林及诺曼人。就这样，未来的挪威国王“无情者”哈拉尔“在迈克尔四世的带领下，带着自己的几百人来到君士坦丁堡，他后来成了西西里和保加利亚战争的英雄之一，然后衣锦还乡”。“housecarls[①]”一词来自北欧语，因古铭文而被得知，作为隶属于盎格鲁－丹麦或盎格鲁－撒克逊国王的精英军团，其起源一直是大家讨论的主题：他们被看作是丹麦新政权在克努特大帝征服后建立的斯堪的纳维亚精英阶层。与其说 housecarls 是一种全新的设置，不如说这是按照北欧形式、为国王服务的精英军队的称号，而这支军队早在 1016 年之前就已经存在，但其组成、某些文化特征和战斗方式都带有强烈的斯堪的纳维亚特色。有人认为，阿尔弗雷德大帝在 9 世纪末建造的长船可能影响了后来的维京船。

根据加雷斯·威廉姆斯的说法，海军招募系统的前身可以追溯到盎格鲁－撒克逊英格兰的制度设置，从 10 世纪开始，某些土地被规划用于船只的维护，因此，这种做法可能影响了在英格兰国王埃塞尔斯坦的宫廷中长大的“好人”哈康以及后来的克努特大帝。《盎格鲁－撒克逊纪事》提到了在 1008 年建造的一支舰队，其基本原则是每艘船可分得 300 张兽皮，这样的制度后来启发了丹麦国王也不是没有可能的。从 10 世纪 70 年代开始，“蓝牙王”哈拉尔在其统治时期内，在特雷勒堡（西兰岛）、费卡特和阿格斯堡（日德兰）、诺内巴克肯（菲奥尼亚）和博尔格比（斯科讷）建立的一系列营地，必须结合欧洲不同地区的防御工事来看待，特别是在英格兰，这里的一些围城和前面说的营地有类似的结构（例如在 913 年，建于英格兰的斯塔福德郡的塔姆沃思）。特别是在荷属西兰岛，人们发现了那里有一系列的圆形堡垒（巴勒格、栋堡、米德尔堡、东绍堡、奥斯特堡），它们很可能建于 885—891 年之间，一开始是作为简单的避难所，然后，在 10 世纪，便发展成了沿街排列的房屋（米德尔堡、东绍堡、栋堡）。今天，

① 意为维京时期和中世纪时期斯堪的纳维亚国王和酋长的个人或家庭军队或护卫队的成员。

这些房屋被认为是此后几十年建立的丹麦营地的前身和原型，尽管我们还不能确定它们是否与后来的营地履行了同样的职能。

15.3 抵御维京人

这种防卫组织在法兰克世界和英国尤为著名。早在792年，麦西亚国王奥法就很关心肯特郡的防务，为了抵御从海上来的异教徒。此后不久，在800年，查理曼大帝视察了他的王国北部沿海地区，并且下令组建一支舰队来对付海盗，在811年的时候，他来到布洛涅（他还在那里修复了罗马灯塔）和根特视察这支舰队。这些措施有一定的效果。820年，一支维京舰队被负责守卫海岸线的分队从佛兰德击退，然后又在塞纳河口被赶走，继而这支维京舰队继续前往阿基坦。835—838年间，“虔诚者”路易重整了弗里斯兰的海岸防线，并下令组建舰队。然而，这些措施被证明是不够的。自9世纪30年代末起，防御体系已经无法有效地保护帝国的沿海地区，到了9世纪40年代，维京船队已经能沿河而上，一往无前。法兰克人从来没有成功地弥补他们的海军与敌对抗时的劣势（虽然他们在地中海与撒拉森人对抗时取得了一些成功）——史料没有提到与维京人在海上的任何交战，但有一些在河上的军事行动他们挫败了攻击者（例如，854年在卢瓦尔河；885年在弗里斯兰），而其他已知的尝试（例如，864年在莱茵河上；994年在萨克森）都显示了在河流上想要有效部署船只所遇到的困难。这大概是法兰克人的主要弱点。盎格鲁－撒克逊人所做的海防效果要好一些，9世纪末，威塞克斯国王阿尔弗雷德下令建造了一支舰队，这支舰队成功地抗击了侵略者。

大多数情况下，战斗在陆地上进行，守卫者面对的是移动性强而且毫不犹豫地躲避正面交战的维京对手。历史学家通常都坚持加洛林王朝的军事机构效率低下这一观点，要把他们的战士动员起来对抗维京人，不仅不适合，而且他们的行动也太缓慢。西蒙·库普兰核实了这一看法。王室的军队是由自由人组成的，他们有足够的经济能力来装备自己并加入到军队中。没有那么富裕的人则通过支付租金[①]来参与战争，这些钱为军队提供补给，用来建造新的防御工事，加洛林王

① 原文“租金”一词作者用的是奥克语里的利穆赞方言“hostilicium”。

朝的一众国王，特别是“秃头”查理，因此得到了建设防御工事所需的劳动力。除了王家军队之外，还有另外一种更快的动员方式，即在遭受入侵时，加洛林王朝君主颁布总召集（lantweri）令：当该地区受到直接威胁时，每个人都必须响应召集，包括那些通常在皇家军队中免于服役的人。这些军队的装备不如常规军，他们是在地方领导人的指挥下，由直接参与本地区防务的人员组成的。例如，869年在卢瓦尔河那次战争中，维京人被打败了，打败他们的，是由修道院院长于格和高兹弗里德伯爵指挥的来自塞纳河和卢瓦尔河之间的人组成的军队。对懦弱或逃跑的一再指责，不应掩盖多次取得的军事成功，也不会削弱积极领导抵抗的军事领导人的战斗意志。相反，诺曼人敲诈勒索所激起的恼怒，使塞纳河和卢瓦尔河地区的居民立下誓约组成同盟，目的是打击侵袭者（859年），但这些同盟被认为是对社会秩序的威胁并且受到了国家要员的镇压。

为了对付维京人，法兰克军队用上了好些战术，但效果不一。在9世纪中期，军队沿河驻扎，后来，当维京人建立河岸基地时，法兰克军队多次试图驱赶他们，但都没有成功：860—861年，“秃头”查理终于不得不付钱雇用一队维京人去驱逐那些占领奥塞尔岛的人。为了应对威胁，人们还努力恢复罗马人在城市中的旧防御工事，并修建新的堡垒：《皮特雷斯敕令》（864年）要求推进防御工事的建设（但要求拆毁那些未经王家授权而修建的工事）；869年，“秃头”查理下令修复图尔和勒芒的城墙。

在856—862年的“诺曼人大入侵”之后，人们发现的一个抵御对策是建造坚固的桥梁，目的是阻碍维京船队在大河上的前进。第一座桥建于862—873年之间，地点是在皮特雷（塞纳河和厄尔河的交汇处），第二座桥则建于873年左右，在昂热附近的莱蓬德塞。根据2008年雅克·勒马霍提出关于修复的建议，皮特雷桥的两端原来各有一个桥头堡，是用来保护通道和掩护部队的。在桥头堡的每个入口处可能都有一座石制的廊塔，而廊塔前面各有一座罗马式小型堡垒，这些小型堡垒在左岸占据了现在的蓬德拉尔什（厄尔）教堂的位置，而在右岸，所处的地方则是利马耶之前的堡垒。2011—2012年在利马耶堡垒遗址所在的阿利泽－伊戈维尔进行了挖掘，在这里的发现使我们能够更精准地确定加洛林王朝防御工事的范围，这些防御设施由三条壕沟（15—20米宽，4—5米深）和城墙组成。在城墙附近发现的两组墓地以及用于烹饪的炉子，都与建造防御工事的时期有关。这些防御作业或许给“秃头”查理统治末期的塞纳河和卢瓦尔河流域带来了相对的和平与安宁（但丹麦人当时主要攻击的重点在英国也是事实）。865年、866年之后大约10年的时间里，在皮特雷上游的塞纳河谷再也没有发生过入侵事件。然而，当维京人从879—880年重新开始发起猛烈攻击时，这种防御设置被证明是不够的。随后，国家又增设了一些防御工事。城镇的围墙得到了加固或重建。[①]在9世纪末，鲁昂可能经历了一个城镇修复阶段，这也许是在国王厄德的倡议下进行的，围墙重建了，城市道路网络进行了彻底的大修，在此之后，这个城镇为从塞纳河下游港口疏散出来的部分商人提供了庇护。有几座修道院得到了加固：869年，圣但尼修道院先是被加固，而后9世纪末再次建了防御工事；在903—918年间，图尔的圣马丹修道院被加固；在883—887年间，阿拉斯的圣瓦斯特修道院被加固；9世纪下半叶，朗代韦内克的修道院。在最受威胁的地区，还建起了一些军营，至少早在879年布鲁日（比利时）就这么做了，蓬图瓦兹的瓦兹河下河谷的军营是在885年建成的，而蒙特勒伊滨海的军营则很可能是在898年以前建的。当代资料[②]指出，在法国北部和洛塔林尼亚新建的城堡，如防守西提乌/圣伯丁的建筑，被这么描述：“唉！制作寒酸的小堡垒……在少数居民勇敢提供帮助之下，用木头、泥土和草做成堡垒，（寒酸但）非常巧妙，因而非常坚固。”荷属西兰岛在9世纪末建造了圆形堡垒（巴勒堡、栋堡、米德尔堡、东绍堡、奥斯特堡），其中的几个堡垒后来成为国家建成的基础。同样，从弗朗德勒（布尔堡、弗尔讷）到泰瑟尔岛，沿北海可以看到一连串的防御工程。其中有几座被称为“vluchtburgen”，即弗朗德勒伯爵建造的“坚固的避难所”，它们的建造有可能是使这里免受斯堪的纳维亚人的攻击，但也有可能是为了加强伯爵对沿海平原人口的控制。位于普莱德朗（阿摩尔滨海省，布列塔尼）的佩鲁安环形围墙可以追溯到加洛林王朝时期，在10世纪初曾遭受过一场火灾。由于905—925年间发现了一枚在约克铸造的盎格鲁-丹麦钱币，所以该防御工事有时被认为是维京人所建的，然而，在试图确定该遗址的居住者及袭击者的身份时，发掘过程中发现的其他家具并没能使人达成一致意见——该遗址见证的可能是布

① 例如，880年前后的博韦和诺永，883—887年间的兰斯，887年的朗格勒，888—901年的康布雷，898年前后的图尔奈（比利时）。

② 如普兰的雷吉农所著的纪事、《圣瓦斯特编年史》、《圣伯丁的奇迹之书》。

列塔尼人重新征服这个地区的初始阶段。

为了更有效地应对威胁王国的各种危险，由强大贵族掌管的军事指挥部成立了，这为未来10世纪的公国领土的主体奠定了基础。在北方，直到879年“铁臂”鲍德温一世去世之前，他曾是佛兰德几个郡的主人。在纽斯特里亚（该地区当时指塞纳河和卢瓦尔河之间的区域），建立了一个由若干荣誉成员[①]组成的大指挥部，以对抗布列塔尼人和诺曼人，而且，在852年指挥部被委托给了“强人”罗贝尔。后来，大约在890年，在瓦兹省可能进行了一次行军，而且是在维尔曼多瓦的埃贝尔一世的指挥之下进行的。这些命令（或“行军”）的施令者在防御诺曼人（和其他王国的敌人）方面发挥着越来越重要的作用。他们因此巩固了自己的区域基础，积累了荣誉，强化了追随者和盟友网络。他们不仅为自己，而且为他们的子孙获得了更高的威望和合法性。因此，罗贝尔家族（卡佩家族的祖先）在9世纪下半叶的崛起，与他们领导的反抗侵略者的斗争是分不开的。他们的同名祖先罗贝尔，在866年与卢瓦尔河的维京人在布里萨特的战斗中被杀。他的儿子，巴黎伯爵厄德，在885—886年诺曼人围攻巴黎城时，率领巴黎人进行防卫，在“胖子”查理被废黜（887年）和死亡（888年初）之后，西法兰克王国的大领主将厄德扶上了王位（888—898年）。他的弟弟纽斯特里亚侯爵罗贝尔（922—923年，未来的国王）于911年在沙特尔城墙下击败了诺曼人，并在后来罗洛建立诺曼底公国的过程中起到了决定性的作用。

最后，如果说加洛林王朝的军事机构效率低下，那是夸张了。它确实存在缺点，例如海军的劣势，但法兰克人失败的主要原因是加洛林世界的政治分裂和维京人的战术技巧。

而在盎格鲁-撒克逊这一方面，斯堪的纳维亚人的征战造成了东盎格利亚、诺森布里亚和麦西亚王国的崩溃（其西部仍在盎格鲁-撒克逊的控制之下），还促成了丹麦人在英格兰北部和东部定居。878年后，阿尔弗雷德大帝重新组织了威塞克斯王国的防御行动。他改革了民兵，将零星的征兵方式转变为允许分遣队轮换和守卫堡垒的制度，以确保国家的防卫和军事行动的连续性。这一制度，确保了在战场上始终有一支骑兵部队的力量，以便对维京人的攻击做出即刻的应

① 图尔、昂热、布卢瓦、奥尔良等地的伯爵以及图尔的马尔穆捷和圣马丁的在俗主教。

对。根据《盎格鲁－撒克逊纪事》，在893年，这一制度实行的时候，国王“将军队一分为二，除了要守卫堡垒的人之外，剩下的人一半总是留在家里，另一半在外面”。后来，两支维京军队在泰晤士河口安顿下来并在米尔顿和阿普尔多尔安扎了营地，这本编年史同一条目的另外一个段落里，还记录了阿尔弗雷德大帝这样的军队设置在遏制袭击者方面的有效性。

> 于是，阿尔弗雷德王集结了他的军队出发，他在两支大军之间扎营，以便在木堡垒和水上堡垒之间找到一个适当的距离，当他们要选择任意一个战场时，他能够赶往两支大军中的任何一支。然后，大军以小队和骑兵的形式沿着当时毫无防备的一边进入了威尔德，几乎每天，不分昼夜，他们都被其他的团伙和军队从各个防御点追赶纠缠。

在建立永久武装力量的同时，他们还建立了一个遍布全国的要塞网，即“防御点”，以阻碍敌军的前进。这种设防政策并不新鲜，因为之前在麦西亚王国就已经建立了一系列的具有防御工事的定居点[①]，威塞克斯也已经存在（默顿、沙夫茨伯里、坎特伯雷、罗彻斯特、奇彭纳姆、奇切斯特等地也同样如此）。新颖之处在于这个土地规划框架的系统性，它使任何人走完一个堡垒都不会超过一天的时间，这能够确保国家的深度防御。在一份可能于10世纪初撰写的文件中，列出了大约30个堡垒，这份文件就是《堡垒与隐藏之地》，但其中描述的系统，可再往前追溯到阿尔弗雷德大帝统治时期。该文件给出了城墙的范围，确定了城墙的长度与防御要塞所需人数之间的关系，并为与人数相应的兽皮资源做出了分配(从朗城的100张兽皮，到温彻斯特和沃林福德等最重要的堡垒的2400张兽皮)。这些防御点位于水路、罗马道或通信节点上，它们有的被设置在原来已存在的防御点上（如温彻斯特罗马小镇；埃辛的王室庄园；牛津的修道院），有的则是从头开始兴建的（例如在沃林福德）。他们配备了防御工事，在城墙内的正交道路还有绘制的线路图，但这图有时与之前存在的罗马道路系统不一致：温彻斯特成为了威塞克斯国王最喜欢的居住地，罗马城墙内的整个周边几乎都进行了改造，

① 例如赫里福德、塔姆沃斯和温什科姆，在这些地方的挖掘结果显示，在9世纪中叶之前这些地方就已经修建了防御工事。

并铺设了9公里的新街道。附近的自由人被强制要求守卫和维护这些堡垒，作为交换条件，他们可以在城墙内建造房屋。最重要的堡垒不仅起防御作用，而且它们也很快就在当地经济中发挥了作用。这些军事建筑在892—896年维京人恢复对英格兰的袭击中证明了其有效性，在阿尔弗雷德大帝的继承者手中，它们成了威塞克斯历任国王在10世纪上半叶征服丹麦法区的工具：城堡和防御工事的建设被扩展到威塞克斯以外的地方（如919年在曼彻斯特，920年在贝克维尔[①]），这么做既是为了对抗对方军队的行动，也是为了扩大王室的控制范围。然而，在那之后，10世纪末在林肯郡可能建造了一个这种堡垒式的防御工事群，但这个体系却逐渐衰落。9—10世纪建造的堡垒可能在第二次维京人袭击时期为英格兰提供了更强的防御能力，但它们不能有效地抵御980年之后斯堪的纳维亚人对英格兰发起的攻击。

皇家海军的起源被归功于阿尔弗雷德大帝，这是不太合适的。阿瑟和《盎格鲁－撒克逊纪事》提到了9世纪80年代与维京人的海上交战：885年，威塞克斯国王派出了舰队去对抗东盎格利亚的丹麦人，舰队是冲着“战利品”而去的，它们在司道尔河口的战役中获胜，但在返回时却被击败了。后来，在896年，阿尔弗雷德大帝下令成立一支由体形长、行动灵活船只组成的舰队，要能够与维京人的船舰相抗衡。同年，他派其中的几艘船去对付一支驶向怀特岛和德文郡的丹麦舰队，这场战斗的胜利被《盎格鲁－撒克逊纪事》所称颂。在10世纪，国王埃塞尔斯坦一直保留着一支能够与陆军联合作战的舰队。1008年，如前所述，埃塞尔雷德下令组织一支舰队，并指定了每艘船可获得310张兽皮的物资分配。第二年集合时，据《盎格鲁－撒克逊纪事》记载，无论先前哪一任国王的统治时期，从来没有见过这么多的船只。舰队遵照指示开往桑威奇，以便在那里驻扎下来，守卫国家，防止敌人入侵。但由于盎格鲁－撒克逊人领袖之间的不和，这种努力是徒劳的，这导致舰队的船只四散，其他船只在“高个子”托鲁克尔的舰队出现之前不久，就已经撤回了伦敦。

斯堪的纳维亚人的入侵也促使人们采取防御措施来保护伊比利亚半岛[②]，安达卢西亚地区以及西北部的那些基督教王国，很难评估斯堪的纳维亚人的入侵行

① 德比郡。

② 指西班牙及葡萄牙

动在威胁半岛的种种海上危险中所占的比例（其他危险如在马格里布的敌对势力），有许多维京遗址无法确定年代。一般认为，维京人进攻的主要后果是使受侵一方加强了海岸防御，发展了城市防御工事，组建了舰队。这些观点虽然没有被否定，但必须加以限定，因为这些行动不一定与维京人带来的危险有关，诺曼人可能只是作为一场更为广泛的运动的催化剂。科尔多瓦的酋长阿卜杜勒－拉赫曼二世（822—852 年）在塞维利亚发展造船业，并在阿尔梅里亚建立了一个基地；他的继承人穆罕默德一世（853—886 年）和阿卜杜勒－拉赫曼三世（912—961 年）因为建立了一支新的舰队而著名。安达卢西亚地区的舰队成功地抵御了 859—861 年的维京人远征。阿卜杜勒－拉赫曼二世下令重建了塞维利亚在 844 年的袭击中被损坏的城墙，还重建了其他很可能是建立在瓜达尔基维尔盆地的防御工事，这些举措在 859 年协助保护了该地区。在沿海地区，建立了一些带有防御工事的修道院（最初是位于边境地区的小堡垒），尤以马格里布地区（如莫纳斯提尔、苏塞）最为出名，但不能确定这是否与维京人有关。在半岛的基督教区域，为了抵御来自海上的敌人，在图伊和奥维耶多，9-10 世纪由阿斯图里亚斯王国的历任国王加强了防御工事，但这些对抗维京人的防御工程建设最明确（但很晚）的证据是主教西斯南多二世（952—968 年）在圣地亚哥－德孔波斯特拉完成的防御工程以及不远处在奥拉河口建立的西堡垒遗址，被认为是对北方人在该地区造成威胁的一种回应。现在应该更详细地研究这种威胁的其中一个方面，讨论一下维京人最普遍公认的一种特征——使用暴力，以及讨论这一特征在当代著作中是如何被展现的。

第 16 章　维京时期的暴力

1998 年，盖伊·哈尔索尔在一本关于中世纪早期暴力的书的导言中，让人注意到当代维京现象的解读对暴力的评价所占比重。事实上，继英语界的彼得·索耶和法语界的阿尔伯·德海宁斯之后，人们产生了一种对当代西方史料的不信任感，它们夸大了袭击者的不法行为。并不是说我们应该轻视（一些人）对遭受到的心理冲击所产生的影响，这种冲击是非常真实的，但这些主要由教会人员写成的文字资料“是在恐怖和惊诧的气氛中记录事件的，这导致他们夸大了事实，而这些记录下来的事件的界限和结果都是他们当时所无法预见的”，因此，导致了这样的看法：历史学家应该超越彼时证人的主观性，而重建“历史的真相”。这些观点在最大限度地降低入侵的破坏性影响，同时，还淡化了维京人的暴力，为一种复原形式开辟了道路，这种复原形式将打破传统史学长期以来维持的灾难性画面，有利于强调所谓的北方人扩张所带来的积极影响——贸易和在新的土地上定居。上述这些观点被认为是对原有观点的过度反击，很快便招致了批评的声音，因为这些观点几乎将维京人轻描淡写为“一群偶尔殴打当地人的长头发游客”。

一个“和平”版本的维京故事可以与一个明显有掠夺情节的故事截然相反，这其中的缘由可以在斯堪的纳维亚世界的社会结构中找到端倪，包括战士群体的活动和对战士的控制。从宗教的角度看，维京人的基督教受害者所经历的暴力事件也明显展现出了异教的特征。因此，维京时期暴力的种种形式被多重反思和对比，其影响至今仍能被感受到，而主要的影响是，自 20 世纪 90 年代以来，维京人的暴力也成为人类学思考的一部分，这种探索思考表现在规范、合法性（或社会正当性）、仪式、交流（交流中的暴力代表了失败，又或者相反，它是族群团结一致对抗外部或“他者”的要素）等方面。当代人所产生的话语、他们写作的背景和目标及其意义，占据了这里所说的反思的重要部分，反思还包括暴力行动的象征性和策略性——而这之间彼此是有联系的。与暴力有关的某些特征，如残暴，有助于界定“他者”的定义，这个“他者”往往披着野蛮的外衣。方法论上的困难在于，在比较遥远的历史时期，暴力的概念是很难把握的，而历史学家面对的是这个概念所定性的一系列行动，但当时的人们对这些行动的认知方式不一定与我们相同，更重要的是，当时的人也不一定用跟现在相同的词汇来描述这些行动。最后，通过挖掘发现和分析各种材料，我们对暴力的具体做法及其象征意义提出质疑，而以前被认为未能充分体现暴力问题的考古方法，也受益于这些新的调查。

16.1 陆地上的暴力

斯蒂芬·哈里森最近回顾了维京时期固有的暴力，武器被当作当时社会地位最有力的象征之一，这绝非偶然，将武器放在墓穴中，至少可以表明死者属于参与武装暴力的一类人。对个人遗体的人类学研究发现，有人因遭受致命打击而受伤或死亡，例如900年左右的戈克斯塔德船葬中埋葬的首领，双腿曾受攻击，对方使用的是一种似乎在当时很常见的格斗术。在英格兰发现的13座有武器的维京人墓葬中，有两座（在奥克尼群岛的雷普顿和韦斯特内斯）已成为广泛的骨学研究对象，而且这里面有暴力死亡的痕迹。考古学已经证实的、与维京人（或他们的对手）的攻击有关的暴力事实的不完整清单，提醒人们注意这是一种暴力，这种暴力绝不是文学上的虚构，因为我们无法确定其程度。在鲁昂和瑞米耶日，火灾留下的痕迹与圣旺德里耶的一位僧侣报告的发生在841年的事件被关联了起来：在鲁昂大教堂区进行的挖掘发现表明，主教区的教堂及其附属建筑当时被毁，只有部分教堂后来得到修复。在聚特芬（荷兰）被烧毁的建筑物中，发现了一具未被埋葬的成人和一具儿童的骸骨，这些也同样被解读为882年袭击的痕迹，这次突袭一直攻打到了离此地约15公里的代芬特尔（荷兰）。在布列塔尼西部，著名的朗代韦内克修道院于913年被袭击，其防御工事和大门区域遭受了严重的破坏，此外，它还遭受了一场大火，部分建筑被损坏。这一次入侵损坏了教堂中殿内司祭席的后部和附近那些小教堂里的僧侣坟墓，维京人挖出尸骨，堆在与唱诗班相邻的小教堂墓地里火化，大火肆虐烧毁了部分修道院。骨灰因此被石头盖住，形成了一个坟堆。这一仪式行为的目的尚不明确，解释多种多样，从嘲笑、羞辱，到希望与被他们打扰的死者和解的愿望都有，如果上述解释都不对的话，那这种行为，可能是想通过在基督教场所中，加入斯堪的纳维亚人熟悉的仪式（火葬）和具有纪念意义的外观的元素（坟丘），象征性地接管该地区重要权力场所的一部分。雷普顿提供了另一个更复杂的案例，在某些方面让人联想到朗代韦内克。在维京人修建的防御工事的西面，于873—874年间，在一座建筑（可能是以前的皇家小教堂）的遗址上建立了一座陵墓，约有264人的遗骸被安放在这里，其中大部分是年轻人，他们最初是被埋在其他地方的，他们的骨头被石头覆盖，形成了一个清晰的坟丘。不远处，四名儿童或青少年被小心翼翼地摆放在一个坑里，表明这是与完成陵墓围墙有关的另一个仪式行为。埋葬在这个大型集体墓地中的人的身份是一个让人争论不休的问题：他们到底是在盎格鲁－撒克逊墓地出土的遗骸，还是“维京大军”中的人的遗骨（如时有传言的那样，他们死于流行病）被挖了出来，然后聚集在新来者手中象征着麦西亚权力的地方？可以肯定的是，利用同位素或基因测定方法制作的关于暴力的考古图表，能比文字传递的话语更好地将受害者分组。在萨雷马岛的萨尔梅（8 世纪）船葬墓中发现的男子很可能来自瑞典中部，早期的人类学分析表明，他们中的许多人是死于锋利的刃器打击甚至是斩首，但埋葬他们的人对他们表现出尊重的态度。2009 年，在多塞特郡里奇韦山挖掘出的“行刑墓地”里，发现了 50 多名男子，他们是被斩首了的，头颅就堆积在附近，这揭示了另一种行为模式。他们中的绝大多数人都很年轻（64% 在 20—35 岁之间），可能是在 10—11 世纪之交被处死的，对大约 10 具遗骸的同位素分析表明，他们来自斯堪的纳维亚半岛的不同地区。这场大屠杀与牛津圣约翰学院挖掘中发现的大屠杀（34 具骸骨）一样，都是在 980 年后维京人对英格兰的攻击再度兴起的背景下记述的，而且这些人身上都没有明显的战斗伤痕，这一事实说明，他们可能是一群斯堪的纳维亚人，在被盎格鲁－撒克逊人甚至其他维京人杀死之前，曾经被俘虏或扣押为人质。这些处决，与埃塞尔雷德二世于 1002 年下令在圣布里斯进行的大屠杀之间是否存在联系，仍悬而未决。

16.2 准则以外的暴力？

在普兰的雷吉农的编年史中，关于 883 年的条目里抗议说，洛塔尔二世的儿子于格的追随者“做出了如此多的掠夺和暴力的恶行，他们的险恶和诺曼人没有任何区别，唯一不同的是他们放弃使用屠杀和放火”。很明显，这段话被描绘成于格的支持者反对加洛林合法权威的罪状，这段话将诺曼人工具化，他们作为造反者的“恶行参照物”，这种做法使他们两者的恶意和暴力更加接近，在上面一小段节选里，结尾虽然是在说两者的不同，但似乎两者间相近的“恶与暴力”才是重点。

这里似乎存在一个悖论：一方面，维京人的行动在很多方面与他们的对手相当，他们在暴力方面没有什么突出可言，但另一方面，这些活动又被认为是暴力的爆发，激发了一种非常真实的恐惧，这种恐惧感的表现不能只被视为一种源头效应。虽然将其等同于现代的恐怖主义可能是不恰当的，因为它们的内涵属于不同时代，但这么做确实有助于理解当事人所遭遇到的情形：那就是一种不知来处的危险，它随时都有可能发生，而人们根本不知道该在何处反击它，这种暴力的爆发很短暂，但人们却能强烈地感受到，而且他们的心理紧张感被彻底激起。如果我们把暴力关系看作是当事人之间的一种沟通方式，只要每个人都能读懂这种暴力的意图或含义，并且知道如何预知这种暴力以及对这种暴力做出什么样的反应，上述悖论就会得到解决。这意味着建立在共同价值观、宗教信仰和精神制裁的基础上的相互理解和双方都接受这些守则或规范。如果其中一方不认同这些准则，不根据这些准则采取行动，另一方就无法理解或无法正确看待对方的暴力。盖伊·哈尔索尔认为，这应该是维京人引起他人恐惧的主要原因之一，它或许不是因为袭击者故意在心理上使用暴力，而是出于对他们行为的不解。由此偏差便产生了，信仰基督教的领袖们偏要让维京人接受洗礼，希望他们采用符合基督教标准的行为规则。吕西安·缪塞提到的另一个原因（“维京战术的新颖性，尤其是海军的，让最好的头脑都捉摸不透！”），在于北方人发动的战争的类型，那些海上突袭远离他们自己的家乡，让人难以预测，以至于几乎不可能发动任何迅速地反击或报复。在丹麦法区和欧洲大陆上建立斯堪的纳维亚人的定居点，会使新来者更愿意接受（之前的）对手（原来的居民）的标准，同时又使他们在受到攻击时，能够处于就住在附近的前对手能触及的范围内。

用来确定暴力水平和强度，或用来预测对手反应的规则是存在的，这样的规则多多少少也对合法的，至少是社会接受的、仪式化的暴力构成了限制。从这一点来看，在9世纪的时候，战争暴力的规范化似乎得到了加强，至少在加洛林世界是这样。这些规则包括要对某些特定地方或定居点实施保护，尤其是教堂，还有对某些民间聚会、宗教集会以及某些特定人群集会实施保护。事实上，通过针对特定的场所或群体，维京人可能会以打破规范的袭击者的身份出现，他们甚至是故意这样做的，以利用他们的行为制造出惊恐气氛。当代资料似乎把某些类型的暴力作为维京人“残忍”的特征（无差别的杀戮，包括对妇女和儿童的屠杀；对教堂的破坏和对上帝仆人所使用的暴力）。然而，正如普兰的雷吉农的那段话提醒我们的那样，违反这些规则从来都不是北方人单方面的责任，用蒂莫西·路特的话来说，在8—9世纪，对欧洲的大部分地区来说，法兰克人似乎在很多方面与维京人很相似。爱尔兰史册经时常记载爱尔兰领导者摧毁教堂的事，这些破坏有时是在异教徒的帮助下进行的。851年，《阿尔斯特年鉴》对布雷加国王、科宁的儿子辛奈德之死感到惋惜，尽管他有爱尔兰贵族们的担保，但仍被南乌伊尼尔国和泰格纳赫的国王梅尔·塞克莱恩淹死了。正是这个被淹死的人，此前一年，在一些"外国人"的帮助下反叛了梅尔·塞克莱恩，他在乌伊尼尔的领土上肆虐，毫不犹豫地攻击教堂和在那里避难的居民。在大约50年前发表的一篇文章中，安东尼·卢卡斯并没有支持维京人和爱尔兰人中的任何一方，因为在他看来，维京人和爱尔兰人两方都实施了对教会的暴行。他的结论后来有了细微的变化，同时比较的范围也扩大到法兰克人的世界。根据西蒙·库普兰的说法，虽然法兰克的首领们或王子们确实袭击了圣地和圣物，但这种暴力与维京人的暴力根本不在一个水平上：焚烧教堂在法兰克人中不过是偶尔为之，他们对实施这种类型的行动没有什么兴趣，无论如何，这些行为与维京人实施的同性质的行为在数量上根本无法相比。所以归根结底是规模和强度的不同，才会造成教会神职人员在面对北方袭击者时感到恐惧，我们应该把神职人员的态度理解为对这些穷凶极恶的行为所代表的凌辱而做出的情感反应。而其他形式的暴力行为，诸如奴役掠夺回来的战俘——这在法兰克人中是已被证实的——尤其是针对异教徒、撒克逊人或斯拉夫人这样的外敌，在法兰克世界的内部冲突中，这些暴力行为基本上没有发生过，这就使其他一些族群产生了同样的恐惧感，因为他们现在发现自己可能要直接面对这种对他们来说前所未有的危险。

暴力的各种形式仍然难以解读。1012年4月，在格林尼治，"高个子"托鲁克尔的军队组织了一次宴会，坎特伯雷大主教圣阿尔菲奇[①]在宴会上被醉酒的狱卒杀害，在此之前，这位大主教拒绝支付任何赎金赎回自己，坎特伯雷大主教之死反映了斯堪的纳维亚世界中一种被证实了的做法：大主教濒死之际周围都是骨头和牛头[②]，而后他彻底丧命于一斧头之下，这显然没有经过"高个子"托鲁克尔本人的同意，他其实是倾向于保护大主教的。羞辱性地杀害神职人员的行为打破了所有的规则，这次杀人行为是由一支首领已经无法掌控的军队实施的，这

① 坎特伯雷大主教Ælfheah，即Saint Alphege，亦Saint Elphege。

② 他们朝圣阿尔菲奇扔骨头和牛头。

支军队因为没有得到预期的战利品份额而愤怒，又受到了酒精的刺激。860年6月，在圣灵降临节前夕，维京人袭击圣伯丁修道院，4名修士受到了虐待，他们的命运凸显了宗教人士的英雄主义，他们准备选择承受殉难，而不是眼睁睁地看着被他们的兄弟们放弃的教会建筑被劫掠。在圣徒相关主题之外，这个场景具体地描述了（维京人）对神的仆人实施的身体和精神暴力，维京人似乎不是单纯为了杀死他们（尽管其中至少有一人死于虐待），而是通过蓄意羞辱僧侣从而对神的仆人实施象征性的暴力。

当然，并不是所有的维京人都认可这些过分的行为。圣阿尔菲奇被杀并没有得到“高个子”托鲁克尔的许可，他显然无法控制自己的手下。《圣伯丁年鉴》和《圣日耳曼之变》就像萦绕着一层圣迹显现的幻光，它把丹麦国王霍里克一世[①]与在845年攻打巴黎地区的拉格纳[②]团伙之间的事情描述得像是仇人清算。现在让我们停下来看看这个故事到底讲了什么，这段记述是在事件发生后不久写成的，很可能是由现场的直接目击者科本伯爵所转述的，当时他作为大使被派往丹麦的宫廷。拉格纳回到他自己的祖国，骄傲得都要膨胀起来了，他来找到霍里克，一边向他展示了大量从基督徒那里抢来的黄金和白银，一边还吹嘘自己已经拿下了巴黎，并进入了圣日耳曼修道院。国王霍里克不太相信，要求拉格纳出示证据，让他拿出修道院屋顶的一根梁子和在巴黎弄到手的一根大门门闩。而拉格纳则继续讲他的故事，吹嘘说除了一个叫日耳曼的老人，根本没有人敢反抗他。他的故事讲到这里，神的力量突然显现，它让拉格纳倒在了国王面前。其他参与者以及和他们有接触的人都遭受了同样令人惊恐的苦痛。国王霍里克担心这种苦痛会蔓延，导致他自己也会受到影响，于是让人把那些留下来的人都斩首了，并把他们的头颅送到基督徒那里。正因如此，圣徒传奇式的故事记述道，在越过基督边界的这些人中，除了四个人得以幸免，没有一个人存活，而《圣日耳曼之变》的作者预测了这四个人的死亡。霍里克于是下令释放他国家内所有被俘虏的基督徒。这段情节，披上了一种凸显圣徒日耳曼神圣力量的虚幻，不仅让人联想到了拉格

① Horic I或Horik I，死于854年，前文所述丹麦军事首领戈德弗里德的儿子，霍里克一世曾把劫掠巴黎的拉格纳·洛德布罗克放逐海外。

② Ragnar Lothbrok，传说是丹麦维京人，曾于845年成功袭击巴黎。他是“无骨者”伊瓦尔、哈斯泰因、哈夫丹、乌比和“勇士”比约恩的父亲。

纳不合时宜的行动给霍里克带来的挑战，还让人联想到他犯下的过错。拉格纳这一举动，让国王直面了他的嚣张气焰，他享有这次收获丰厚的远征胜利所带来的声望，难道这不存在对国王地位的威胁？在这一威胁之外，还加上了另一个几乎没有丝毫掩饰的威胁，那就是报复行动所带来的威胁，这不仅是对拉格纳这次行动的参与者的报复，还包括对他们接触到的所有其他丹麦人的报复，这其中包括国王本人。在这个故事中，这个"威胁"以圣人派来的神秘苦痛为媒介，向侵犯圣殿的人报仇，但在隐喻之外，难道不是霍里克害怕法兰克人的报复，于是他必须消灭所有犯下这些重大罪过的人进而避免这种报复吗？从这一点来看，《圣日耳曼之变》中所记述的拉格纳及其团伙的失踪，像极了霍里克在面临双重威胁时，对自己手下的一个首领斩草除根。如果你愿意相信"日耳曼人"路易和"秃头"查理联合向国王派遣使节这个假说，那么我们就可以得到这样一个结论：这个大使出行的目的之一，是要丹麦君主对拉格纳及其追随者在巴黎地区（或许还有在汉堡）犯下的错误行为负责，不久之后（847 年）这种派遣使节的事又发生了一次，这次是为了要求他霍里克劝阻其臣民不要再攻击基督教国家。然而，在圣徒传奇故事精心设计的剧情里，能够完成报复的并不是世俗的力量，而是圣人的行动，这种圣人的力量可以远距离地隔空打击那些破坏了塞纳河谷的人。圣人所施加的无情的暴力惩罚，是对前述故事中袭击者所实施的多种暴力行为（谋杀、抢劫、侮辱王室尊严、亵渎圣地，这里主要是亵渎圣日耳曼的圣殿）的一种回应，这迫使霍里克亲手施行惩戒，并且释放那些基督徒俘虏。我们不知道法兰克国王们是否认真打算报复打击霍里克，但很明显，在《圣日耳曼之变》的作者笔下，只有圣徒日耳曼有权力如此报复。

16.3 整合关于暴力的讨论

《圣日耳曼之变》表明，关于维京人的暴力的讨论，必须确定其背景和策略。文中记述了塞纳河谷被入侵的情况，描述了袭击者不可阻挡的前进步伐，没有任何东西可以阻止他们。在摧毁了鲁昂之后，他们沿着河道往上游走，遇到了部署在两岸抵御反击他们的军队。维京人抓住了两支抵御部队中其中一支队伍里的 111 人，并把他们吊死在对岸的战友面前。作者一再强调诺曼人的残忍，这些诺曼人试图用他们的动作去羞辱他们的对手——屠杀的目的是嘲笑和侮辱国王、伟人和在场的基督教徒——并使他们士气低落：事实上，他们导致了法兰克部队的溃散，在作者笔下，法兰克人的部队其实人数更多，而且武器更精良。文中还原了法兰克人的无能为力，这一点也得到了其他资料的证实，最后"秃头"查理不得不妥协并且支付了贡金，作者强调了以下这一点：没有任何一支陆上势力可以抵抗诺曼人，只有圣徒日耳曼保卫了自己的圣地，后来还打击报复了拉格纳和他那些已经归国的追随者。《圣日耳曼之变》甚至没有提及"秃头"查理支付贡金一事，作者这么写，似乎是为了给圣人的行动让位。后来，大约在872—873年，圣日耳曼的艾莫因在把这些文字改写成《圣日耳曼的奇迹之书》的时候，才将这一事实重新引入到故事的进程中，使事件的叙述更具政治性，也使"秃头"查理的行动前后更加一致。

基督徒的罪恶、统治者的不公、兄弟间的仇杀还有大人物之间的裂痕，上述种种邪恶，经常被说成是维京人的掠夺和暴力的温床，这或许是上帝降临的惩罚，又或许是因为它们削弱了抵御诺曼人威胁的王国力量，这两种说法其实并不矛盾。我们不要很刻板地认为这些说法是用来指责那些大人物行为的借口。"虔诚者"路易的儿子们反抗他们父亲，还有后来兄弟残杀引起的战争，这一切引发的震惊使人们产生了一种与"规则"决裂的感觉，但战争仪式化程度的提高又弥补了这种断裂感。法国皮赛地区丰特努瓦战役（841年）被认为是给北方袭击者打开大门的战役，所以贝加莫的安德烈在记录"大屠杀"的后果时（860年左右）写道，"直到今天，阿基坦的贵族已经被蹂躏得不成样子了，诺曼人正在占领他们的土地，他们却毫无抵抗之力"，这样的声音在很长一段时间内被史学界四处传播。

因为阿尔琴[①]的书信集，林迪斯法恩修道院被洗劫一空一事天下皆知。这里面除了真情实感，这位约克郡前教会学校教士的话既巧妙地提到了皈依，也传达了对斯堪的纳维亚世界实行传教政策的呼吁。这样的呼声可以在9世纪的一些法兰克人作家身上找到痕迹。845年诺曼人入侵，被说成是对上帝的冒犯而遭受的神的回应："正是因为我们冒犯了上帝，正是因为我们轻蔑、我们忽视了遵守上帝的规条和戒律，我们的天主才激起了那些异教徒、那些诺曼人的野心。"帕沙

① Alcuin（730—804年）：诗人，查理曼大帝的朋友和主要参谋之一。

塞·拉德伯特[①]也说过类似的话，还有桑斯的联合主教奥德拉德，他将此事件描述为神的愤怒，只有从天父那里获得十年休战并且基督徒要用这十年的休战来进行忏悔，基督才会抑制住神怒。特鲁瓦的普鲁登斯提醒道，“神的善意被我们的罪孽所触怒，在神的正义中，神用他们（诺曼人）的打击给基督教的土地和王国带来重负”。大约在同一时期，在莫城－巴黎的宗教会议（845—846年）上，主教们在拟定的法令的序言里说道：“主从北方派来了与我们的功罪相当的使徒，即残酷的诺曼人——最凶残的基督徒迫害者。而根据先知的说法（《耶利米书》一章十四节），邪恶正是从北方那里蔓延开来的……”诺曼人的入侵，如同法兰克人所遭受的其他挫折，被视为上帝对基督徒的惩戒，为了能够解除神的愤怒，必须要耐心地承受这些诺曼人的入侵。

可以肯定的是，对那些痛斥国王和精英们疏于防卫、不作为的人来说，对维京人所犯下的暴行的记录支持了他们的观点。在9世纪60年代初期，埃尔门塔里（Ermentaire）所描绘的著名的诺曼人进攻图景中，人们看到了那些本该保卫王国的人选择了放弃，而致使王国分裂：“……船只的数量在增加，数不尽的诺曼人的人数还在继续增长，四面八方的基督徒都是屠杀、掠夺、破坏和火灾的受害者，只要世界还在，就会有明确的证据证明这一切……在他们的麻木中，在他们的相互争斗中，他们用贡金买回了他们本该用手中武器捍卫的东西，他们任由基督教王国沦陷了。”最近，对特鲁瓦的普鲁登斯在835—861年间写成的《圣贝丁年鉴》中的讲话进行了分析，认为这篇讲话有两个延续的方向：首先，利用维京人犯下的暴行来说明悬在公共事务[②]上的威胁，以此来鼓动国王们同意保护帝国遗产；其次是（从851—853年）痛斥加洛林王朝军队的惨败，并进一步批评“秃头”查理当局。圣日耳曼的阿邦在诗中首先赞扬了厄德伯爵在885—886年间保卫巴黎的事迹，但在诗的结尾却描述了诺曼人施行的种种破坏，这么做是为了更好地用极其严厉的语言痛斥厄德（厄德此时已是国王）的不作为：“你对基督托付给你的羊毫不关心，或许他本人也从此不会再关心你的荣耀。”在某些作者的笔下，对维京人的暴力和背信弃义的描述也如同一幅“王公画像”，他们在画像中谴责王公们的某些作为或不作为。两个版本的《富尔达年鉴》都记述了

① 科尔比的修道院院长。

② 原文是拉丁文 Res publica。

阿塞尔特被围攻的事件，后来丹麦统治者戈弗里德与“胖子”查理达成了协议，从中我们可以看出，协议中的一些叙述，是在对国王非常敌视的情境下写成的。《美因茨年鉴》的作者将“胖子”查理比作亚哈王，即那个被假先知欺骗的迫害以利亚的国王，以此表现出查理对屠杀其部下的诺曼人的行为视而不见，并将这位君主的行为完全书写成一个法兰克王子应有的态度的对立面。在此，政治因素显然渗透到了叙事中。

埃尔门塔里是某个团体的一员，他是圣菲利贝尔的僧侣，他们之所以四处跋涉，主要是因为维京人的威胁，他们的这些远游经历被很好地记了下来。然而，正如伊莎贝尔·卡伦所回忆的那样，“虽然这条路线有时被认为代表了修道院的逃离，但它其实相当不典型”。这个团体迁移的主要原因不仅是因为诺曼人（和布列塔尼人），还有社团生活中的其他趋势（它正从古老传统的岛国修道院过渡到土地所存者和国家机构，与地区精英紧密相连）导致他们这么做，在这种情况下，到底该做何选择，并不是面对威胁时产生的紧迫感这个单一因素所导致的。图尔的圣马丁议事司铎也记述了他们的定居点遭受的诺曼人的掠夺，乌得勒支的主教拉德博德在他的《圣马丁的奇迹之书》中也写了，还有前圣马丁议事司铎克吕尼的奥东的记录，还有题为《被烧毁的圣马丁大教堂》的布道，这是在903年的火灾后写的。从加洛林国王那里获得的几张文书暗示了诺曼人的迫害和异教徒的侵扰，这证明了授予庄园作为僧侣的避难所的行为是合理的，该社区成了860—880年之间在西法兰西王国东部建立的一处重要土地遗产。上面的这些例子并不是孤立的，后来阿基坦的僧侣编写的编年史和文书都把破坏全部归咎于维京人，然而这显然不应归因于他们。由于诺曼人造成的威胁或破坏，而考虑保留或者转移主教到另一个主教区的问题，在9世纪下半叶出现了几次，但在一些情况下，很明显，异教徒的侵扰这个理由被利用了，那些出于不太能公开原因的政治资助造成的转移，在这个理由之下就充满正当性了。在算到海盗头上的罪行中，包含了一些掠夺活动，这些活动被归罪于维京活动了，但对它们的分析值得进一步澄清阐明。

第 17 章　掠夺和缴贡

掠夺——或者更确切地说——缴贡，它揭示了战争、暴力与和平之间复杂的相互关系。两者都是属于胁迫、暴力行动或至少是威胁的范畴之内的。但缴贡还涉及一个谈判过程，可以带来至少是暂时的和平。掠夺还有一个象征层面的问题，这比前面所说那点更重要，因为“掠夺”的本事会影响到带领战士获取财富的将领的威望。对掠夺行为的描述（这里“掠夺”指的是在公开敌对的情况下发生的强迫性占有），便于我们区分实施掠夺或其受害者，也有助于对主动掠夺或任由其发生的王公将领进行区分，他们要么是无法约束自己的部下，要么就是因为他们无法保护民众不受对手的侵害。掠夺往往涉及对规范或界限的认识。它是一种最低限度的（但绝不是微不足道的）战争性暴力，在这种暴力之后还可能引发其他更激烈的暴力行为。哪怕是为了防止参与掠夺的部队四散，掠夺在原则上其实是受规则限制的，例如分赃有分赃的规则，参与掠夺的军队的管理形式也有其规则。或许下面这个说法是令人痛心的，但在当时战争对立的情况下，掠夺仍然是一种社会公认的、合法的做法。最后，掠夺是社会主体中财富珍宝流通的重要方式，首先是在精英阶层中流通。了解缴贡也是了解等级制度和权力关系的一种手段，还可以让人了解到在谈判和支付贡品过程中。有时出现前后利益不一致的情形。应该补充的是，掠夺和缴贡绝不是斯堪的纳维亚社会所特有的，从法兰克人开始，众多民族都这么做。最重要的变化之一，无疑是法兰克人从掠夺者（他们从来没有完全彻底摆脱过这个身份）过渡到了法兰克王国，又严重暴露在遭受掠夺的局面中，并且有好几次到了要支付贡金的地步。另一个不同的因素或许在于对掠夺行动的掌控。从 8 世纪开始，法兰克世界的王权似乎对掠夺行动的管控较多，但对斯堪的纳维亚的一众国王来说，这种管控显然更难建立，对他们来说，掠夺活动仍然是巩固王权的强有力因素。

17.1 在暴力和妥协之间

掠夺的具体痕迹是很难获取的，墓葬中发现的物品或宝藏是如何获得的，这是一个反复提及的问题，如对在挪威发现的岛屿国家的文物，就有不同的解释，有说法认为是和平交换的证据，也有观点说是掠夺带来的赃物。有一具皮克特人的遗骨，根据刻在上面的铭文，我们判断它归属于某个兰尼维格人，我们认为这是迄今为止唯一一件因掠夺行动而被夺走的圣骨盒。在丹麦（罗兰岛北部的费约岛；里伯）以及在英格兰（宝藏的收纳地：约克谷的哈尔顿摩尔），也发现了几个来自加洛林王朝的圣骨盒。霍恩宝藏（9 世纪下半叶）发现于挪威东南部的布斯克鲁德，其中有大量来自法兰克世界的物品（包括一个衿针，它由饰有刺槐叶子的挂军刀或军旗用的肩带配件改造而成），这可能与 858 年在塞纳河谷进行的掠夺行动中所获得的战利品或贡品有关，但这一假设并没有得到一致的认同。在西蒙·库普兰看来，所有在斯堪的纳维亚半岛发现的含有加洛林金币的 9 世纪宝藏都是掠夺品。著名的库尔代尔宝藏（兰开夏郡，约 905—910 年）是大不列颠关于维京时期最重要的发现，除去约 7500 枚硬币外，还包括 1153 件器物或器物碎片（主要是锭、环、衿针或针、坠子等，来源不同，有爱尔兰的、皮克特的、盎格鲁－撒克逊的、法兰克的、斯堪的纳维亚的）。尽管它的构成是多种多样的，而且来自爱尔兰的物料数量众多，但不能排除所有这些东西是在约克汇集在一起的。可以肯定的是，获取的手段会影响改变行动的动机，甚至会改变获取物的地位。在霍恩宝藏中发现的十几件加洛林时代的物件中（其中两件是斯堪的纳维亚人的复制品），有一半被它们的维京主人改造成了吊坠或胸针。关于被掠夺物品的记录很少，除了有些物品在被追讨回来的时候，偶尔有人向世人记述它们的命运。坎特伯雷（或者说是斯德哥尔摩）的《奥里斯手抄本》是一部珍贵的盎格鲁－撒克逊手稿，里面包含了福音书的文本，它制作于 8 世纪中叶，现保存在斯德哥尔摩的瑞典皇家图书馆，它是在 9 世纪被维京人盗走的，然后被埃尔多曼·阿尔弗雷德和他的妻子韦伯买下，并将其归还于坎特伯雷的基督教堂。《马太福音》第一页上加了一段文字，记录了这对夫妇的善举，他们二人不希望“这些书在异教徒手中多作停留”。在 9 世纪 40 年代，瑞典的传教活动被驱散和禁止之后，另一本圣书作为战利品被带回来了，有一个人当着一个基督徒的面把这本书扔掉了，这本书给这个扔它的人带来了不幸，这个基督徒把这段轶事报告给了兰伯特。引起维京人欲望的东西中，不仅有流动资产，还有酒和盐，其中一些在原地立即被消耗掉或者被在当地以物易物，因此又重新加入周边地区的经济圈中，在斯堪的纳维亚半岛这种情况更常见。关于爱尔兰，历史学家对流动资产和战俘在掠夺活动的机中所占比例存在意见分歧。约翰·希恩最近提出，早期维京人远征的动机之一是获得珍贵的物品，这些珍贵物品更多的是用于赠予而非贸易的。在仔细研究了9世纪维京人对岛上教堂发动的袭击后，科尔曼·埃钦汉姆却认为，维京人目标不是存放在修道院中属于教会或王室的宝物，他们的主要动机是获取俘虏（或许该动机在9世纪下半叶还要有所加强），然后这些俘虏作为奴隶被赎回或被出售，不过要确定袭击者的真实意图显然是非常困难的，因为根据经验，维京人不会放过任何机会。《阿尔斯特年鉴》反复记述了（869年、871年、881年、886年以及895年）维京人在苏格兰和爱尔兰进行的突袭，这些突袭的强度在10世纪上半叶似乎没有减弱的趋势。因奇马诺克的"人质石"（苏格兰，8世纪或9世纪）以涂鸦的形式表现了一个场景，这幅涂鸦也许出自一个目睹该场景的年轻画家的笔下，涂鸦被解读为三个战士带着一个俘虏（可能是一位僧侣）回到一艘配备有12只桨的船上。欧洲大陆的资料也提及了这种有利可图的行动，在11世纪伊始，仍然可以在梅泽堡的蒂特马尔的记载中找到相关的文字，他的两个叔叔被海盗劫持为人质；此外还有夏巴纳的阿德马尔的记述，利摩日子爵夫人在耶尔姆地区的圣米歇尔被绑架了，他的修道院被要求尝试去解救她；还有在鲁昂的卡尼尔的诗歌《莫里胡特》中也可以找到相关叙事。掠夺不仅关系到精英阶层，而且影响到普通人，阿马雷洛·梅斯塔利兹的故事正好证实了这一点，他的三个女儿在1015年被袭击杜罗河谷的诺曼人绑架了，他没有任何东西可以赎回她们，于是求助于两位妇女，在第一位妇女拒绝了他之后，他从第二位妇女那里得到了15苏（货币单位），使他的三个女儿获得了自由。

就攻击进行谈判的其中一个原因，是避免掳掠或被俘，然而，有时这一举措会引发两方产生矛盾反应，而且，谈判也表达了不同的利益诉求。《安斯凯尔生平》中的一处情节讲述了比尔卡国王阿南德的尝试，他被自己的人民赶了下台，流亡到丹麦之后，向接收他的主人求助，向他们建议了轻而易举的致富之道。他获得了一支由21艘长船组成的舰队的援助，不费吹灰之力地带领着丹麦人向充满财富的城市驶去。当他到达目的地时，王国的居民无力抵抗，他于是接见了居民派出的使节，而且，他要求他们进贡100里弗尔[1]银子以换取和平。"然而，丹麦人对这个不合他们胃口的协议很不满意，他们威胁要攻击这个国家，使它化为灰

① livre，法国旧时计量单位，一里弗尔相当于0.5公斤银的价格。

烬。”丹麦人为此进行了占卜，他们想知道行动的成功概率，听了结果后他们最终放弃了这个计划。但他们想“不要在产生了自命不凡的希望之后空手而归”，于是他们再次进行占卜，占卜结果指引他们去突袭斯拉夫国的一座城市。至于阿南德，他把夺取的财富归还给比尔卡的居民，希望与他们和解。这些内容显示了阿南德与他为达目的而召集来的丹麦人之间的异议，这是造成矛盾的根源。通过谈判商讨进贡的财富数量，阿南德的目的仅仅是恢复他在比尔卡的地位，但这样相当于剥夺了丹麦盟友的战利品，而他曾向他们许诺过发动一次成果丰厚的掠夺，这样的承诺是促使这些丹麦人追随他而来的缘由。《富尔达年鉴》中，美因茨人后代书写的阿塞尔特保卫战（882 年）的版本具有一定的倾向性，如果我们接受这个版本的叙事的话，那故事就成了这样的：维京人使那些围攻他们的人掉进了陷阱中，这些围攻者是在休战的情况下围攻他们的营地。与此同时，维京人的首领戈德弗里德却在与“胖子”查理就进贡进行谈判，这个陷阱揭示了其他类似的行为，即一部分部队打算趁着首领谈判贡品数目的时候，趁机抢夺战利品和俘虏。

贡品进入了商品流通机制内，就会促进法规的形成，我们现在猜测当时这些法规是相当精确的。根据《奥罗修斯古英语史》[①]中关于水手奥瑟尔旅行的记载，挪威首领的财富主要来自“Finnas”（指芬诺斯堪底亚的萨米人）的进贡。文中多次提到他们与极北地区居民[②]的关系，其中提到了技术交流（如捕鹿器）；提到了与科文（Cwenas）人之间的一次战争对抗，科文人使用轻舟在河流和湖泊里逆流而上；还提到了这种统治关系使挪威人可以要求进贡。进贡制度是非常有条理的：每个人都按等级、确定的产品以及固定的数量交纳贡品。收集到的东西是从大自然中获得的：毛皮（熊、水獭、驯鹿、貂），海豹皮或鲸鱼皮绳（用作帆缆索具），还有鲸鱼骨。这些财富中的一部分可能是在奥瑟尔频繁进出的地区（卡邦、海泽比）转手出售的。斯堪的纳维亚人为了发展自己的贸易，特别是皮毛贸易，以同样的方式对待自芬兰人和斯拉夫人等。“紫衣贵族”君士坦丁七世在《关于帝国的统治》中记述，来自大诺夫哥罗德和其他地方的罗斯人聚集在

① 保罗斯·奥罗西乌斯（Paulus Orosius）写的历史的古英语翻译版。

② 指“Finnas”和“Cwenas”；在波的尼亚湾沿岸有一些可能是芬兰人的群体定居，Cwenas 指的是与这些群体联合的人群。

基辅，从那里他们沿第聂伯河而下占领君士坦丁堡。等秋天再一次来临，他们就去斯拉夫，为了收取贡品他们会在那里过冬，第二年春天再回到基辅。在大诺夫哥罗德的考古挖掘中发现了50多个有两个垂直开口的木制圆桶。这些圆桶可以追溯到10—11世纪，它们上面刻有铭文，标明了王公或征收者的名字，还有征收到的财物的价值，有些税收是以皮毛的形式上缴的，这些木桶的用途被解释为用来封装装有这些皮毛的袋子，这个做法可能源于在罗斯北部领土上设立的纳贡制度。在《圣马洛生平》中，执事阿莱特的比利讲述一个奇迹事件时，提到这种有组织的征收行动是占大多数的。这位作者用一个神奇的故事，精心包装了一起类似于诺曼人在谢尔吕村征收贡品的事件，这很可能是与袭击者达成协议的结果（这位圣徒传记作者并没有透露这些），谢尔吕村有一半属于阿莱特教会，另一半属于布列塔尼王子朱迪凯尔，然而这一半的村民却被排除在协议之外。这些村民眼睁睁看着自己的房屋被烧毁，同时诺曼人还抢走了他们的牲口，村子里属于阿莱特教会部分的那一半村民,他们将4丹尼尔[①]放在他们的家门口后便免于遭难。这是一个罕见的案例，甚至可以说是独一无二的案例，在这个案例中，同一地点存在两种得到证实的掠夺形式，一种是暴力的纵火和掠夺，另一种是上贡免灾的形式，但此处就不用“上贡”这个说法了，而是生活在圣马洛庇护下的居民的幸福命运将归功于圣人在英勇地保护众人。

17.2 焦点：西法兰克王国的“丹麦赋税”

让我们再来看看从9世纪中叶到10世纪20年代法兰克世界给维京人纳贡的情况。20世纪20年代几位历史学家（埃纳尔·约兰森、费迪南德·罗特，他们的主要观点后来被阿尔伯特·德海宁斯所采纳）论述过这个主题，而后珍妮特·纳尔逊和西蒙·库普兰对其进行了重新评价。

严格意义上说，“danegeld”（丹麦赋税）一词出现较晚，是在诺曼人征服英格兰之后才有的，它用来指一种税收，其起源可追溯到11世纪初埃塞尔雷德二世用于支付“高个子”托鲁克尔指挥的一支丹麦雇佣军的费用。这种税，最早被称为“heregeld”，后来盎格鲁－诺曼底的国王们重新用回“danegeld”。

① 丹尼尔：denier，旧时法国辅币。

这个词被历史学家用于表述10世纪末埃塞尔雷德二世统治时期以及12世纪初埃塞尔雷德二世统治期间，向维京军队支付的款项。《盎格鲁－撒克逊纪事》提到了991年、994年、1002年、1007年和1012年征收的一系列款项（它被称为“gafol”，意思是“贡品、税收”），其数额从1万里弗尔（991年）到4.8万里弗尔（1012年）不等。在1018年英格兰国王克努特大帝的统治初期，还征收了一笔数额不小的税款（72000里弗尔，再加上伦敦支付的10500里弗尔）。“丹麦赋税”一词后来被广泛用于指代支付给维京军队的金钱或实物贡品，以求他们大发慈悲饶过居民，或者离开一个地区或城市。因此，它在9世纪被应用于法兰克世界，当时这个词还未在欧洲大陆使用过，用在英语语境中和稍晚的时期比较合适。欧洲大陆的史料使用了各种各样的词汇：tributum、census、munus、pecunia、dona、locarium、exactio、conlatio、conjectus，这一系列的表达既指税收，也是指支付。“丹麦赋税”一词通常是指征服当局主动征收的直接税款，与其他私下或更常见的社区（例如宗教或领土相关的）收缴的税款不同，后面所说的这些税款是为了避免被掠夺骚扰。同样，可能是相当大数额的赎金也不被认为是“丹麦赋税”。

已知在9世纪中叶至10世纪20年代之间，西法兰克王国征收了十几次“丹麦赋税”：在845年、853年、857—858年、860—861年、862年、866年、877年、884年、886—887年、889年、897年、923—924年以及926年。上述十几次征收中的大多数情况是，当军事解决手段已失效或王国的局势已经使军事上的努力变得寸步难行时，只能收买维京人以避免这些海盗的威胁。845年，由于派去遏制拉格纳·洛德布罗克舰队的军队被击败，“秃头”查理不得不以7000里弗尔的价格解决这个问题。853年，他因为自己的军队拒绝与海盗作战而开启谈判。865—866年，塞纳河谷的防守仍然失败，维京人袭击了圣丹尼修道院（865年10月），占领该修道院三周之久而丝毫未受打扰。877年春，法兰克人向前一年9月进入塞纳河谷的诺曼人交了贡品。876年10月，查理的军队在安德纳赫与“日耳曼人”路易（路易三世，又称“青年”路易）的军队交战，遭遇惨败。国王下令与维京人达成妥协方案，尤其是此时教皇还敦促他介入意大利对抗撒拉森人的战争。因此，在他启程前往半岛的前夕，他采取了一系列措施，确保他不在的时候政府还能把王国组织好，并确定了向进攻者进贡的条件。另外，纽斯特里亚的居民也被征收过贡品，以满足在卢瓦尔河谷行动的诺曼人。

此后，在880—890年间支付的贡品，首先是为了让攻击者停止横行霸道的掠夺，最终是为了使其退出被攻击的王国或地区。884年，法兰克人注意到他们无力阻止诺曼人的蹂躏，于是答应支付一笔高额的贡金（12000里弗尔）。886年，“胖子”查理以700里弗尔的价格解除了巴黎被围困的局面……但他允许诺曼人在勃艮第过冬。889年和897年，国王厄德的两次进贡都是为了使敌人从巴黎地区撤出。最后的两次“丹麦赋税”（923—924年，926年）是在一个特殊的背景下征收的：他们是付给定居在法兰克王国的斯堪的纳维亚人的，这不是为了让他们离开西法兰克王国，而只是为了让他们停止战争。这次做法应该取得了一定的成功，因为同样的做法在926年后没被证实再次出现。

支付的款项有时被用来支付作为雇佣兵的维京团伙，这种情况被多次证实，特别是在9世纪60年代早期。860—861年，“秃头”查理利用韦兰率领的在索姆河谷活动的一支队伍，将维京人从他们在鲁昂附近的欧塞尔的藏身处驱逐出去。第二年（862年），纽斯特里亚侯爵“强人”罗贝尔支付了6000里弗尔，让刚到卢瓦尔河谷的维京人为其服务，对付布列塔尼的国王所罗门（他也曾雇用诺曼人的船只）。864年，国王洛塔尔二世也采用了这一办法。

这些贡品的数额并不总是为人所知的。从几百里弗尔（886年为700里弗尔）到12000里弗尔（884年）不等，最常见的是4000里弗尔到7000里弗尔，有时还伴有实物（酒、粮食、牲畜）一起被运送。已知的总金额为39700里弗尔，即阿尔伯特·德海宁斯在9世纪和10世纪初征收的总金额的三分之一到一半之间。相较之下，“丹麦赋税”在欧洲大陆上的其他王国被证实的次数较少——两次在洛塔林尼亚（864年和882年），另外至少两次在布列塔尼（847年，869年）。其他在地方级别的征收也有证据。对要不要称其为“丹麦赋税”，人们犹豫不决，因为它们不太可能是得到国王授权的支付行为，弗里斯兰在810年、836年、837年、846年以及852年的情况就是如此。

当时的作者们对进贡做法进行了强烈的批评，他们几乎都是教会的人，他们痛斥了国王的软弱和怯懦，并为他那迫使穷人和教会支付贡金的态度感到痛心。20世纪的史学界也以一种非常负面的方式来呈现进贡这种做法。直到最近，历史学家们都认为这是一项军事行动失效导致的做法，而且，这做法对王室威望是灾难性的，对王国经济是毁灭性的，对王室权力（的伤害）是惨烈的。更多的时候，这个过程被认为是一种投降，是加洛林王朝不可挽回的衰落标志。到底发生什么了？

在军事上，上交贡品通常被看作是一种无效的权宜之计，比糟糕更糟糕的补救措施。它们就像是一种临时性的解决方案，或许能够应对眼前的威胁，但从中长期来看，却是无法解决维京问题的。更糟糕的是，这种做法会促使维京人回来索取更多的东西，并且利用他们所激发的恐惧来勒索新的贡品，这是吕西安·缪塞提出的论点之一。他认为维京人活动的某一阶段的特点是对“丹麦赋税”的征收。总之，这种做法通过某种滚雪球效应，鼓励斯堪的纳维亚人继续突袭，以期轻松致富。这些观点现在已经有了细微的变化，特别是西蒙·库普兰的观点。他认为，至少在“秃头”查理统治时期，接受过贡品的维京军队没有一支重新回到西法兰克王国，从这个角度看，那些答应以贡品换取撤退的维京首领们似乎都遵守了自己的诺言。另一方面，这种做法似乎比军事交战能更有效地除掉一伙海盗，哪怕跟取得胜利的军事交战相比也是如此，因为交战方往往会在撤退后重建部队，继续进攻。最后，西蒙·库普兰用两个论据反驳了吕西安·缪塞的论点：一方面，已知的贡品数量比王国记载中的维京人突袭的数量要少得多；另一方面，似乎是法兰克人而不是维京人，更频繁而主动地提出支付“丹麦赋税”。但从细节上看，这些反对意见本身是可以被驳斥的。关于845年的事件的一个版本（圣日耳曼的艾莫因所写的版本）明确指出，是维京人要求缴纳贡品。884年，维京人威胁王国要发动新的攻击，但他们曾答应国王卡洛曼二世，作为收取贡品的回报，他们将不再攻击西法兰克王国，由于后来国王死了，他们便认为自己不再受这个承诺的约束……除非他们再收取另一次贡品。889年维京人向国王厄德许下的承诺几乎都没有得到兑现：他们在889年撤离塞纳河谷，并在布列塔尼进行了一次不成功的战役后，890年又回到塞纳河谷，并上溯到瓦兹河谷。

在政治上，则在很长一段时间内，各人的观点是毫不含糊的。在埃纳尔·约兰森看来，向诺曼人进贡大大削弱了法兰克王国的君主制，有利于其作为大国的发展，为封建时代来临铺平了道路。他辩解道，王国的大人物们不仅想逃避税赋，而且利用税赋来加强他们的权力和特权。他们故意不履行自己的军事义务，从而迫使国王与诺曼人打交道，他们希望在交付贡品时，自己留一部分钱来致富。费迪南德·罗特却并没有得出这样的结论，而是把纳贡与封建时代的开端联系在一起：到 877 年的时候，国王将不能再依靠公众捐款来征税，而只能求助于各诸侯和利害关系人，这种征收制度已经宣告了封建间接税的到来。特别是在高卢，领导层的“崩溃”（吕西安·缪塞）或“退出”（阿尔伯特·德海宁斯）这样的观点，使画面更加黑暗，呈现出一个被自己的随从抛弃，被迫放弃战局以争取喘息的国王的形象。在这里，这些观点又不能一概而论，即使有时它们被证实是有根据的。有好几次国王因为军队的软弱或无能，因部下拒绝与维京人交战，或因王国处境特别困难而与维京人妥协。但我们不能把这一切都归因于王国的重臣们，认为他们为了逼迫国王提高贡品进而增加自己的财富而故意不履行义务。但国王为了国家的安宁而必须收买诺曼人这一现实，确实产生了重大的政治后果。首先，在教会中它导致了对世俗贵族相当大的怨恨——神职人员可以把进贡的责任推给大人物们，指责他们没有正确地履行抵抗异教徒保卫王国和守护教会的义务。国王也因为压迫穷人而招致神职人员的批评。其他教士，如洛塔林尼亚的克桑滕的年鉴作者（869 年）和东法兰克王国的《富尔达年鉴》的作者（875 年）都指责了国王懦弱无能，因为他宁可进贡也不打仗，在外部看来，这种做法可能助长了反对西法兰克王国国王的论调。查理决定不仅要求权贵去征收税款，而且要求他们自身也要缴纳 877 年的贡金，这种做法可能导致了同年部分法兰克贵族对他的反抗。“胖子”查理答应向丹麦人支付 700 里弗尔的贡品，以解除他们对巴黎的围困（886 年），这个决定可能是违背巴黎伯爵厄德的意愿而做出的，因为厄德曾率领巴黎人对抗维京人，相较之下国王这样的做法贬低了他的形象。

最后，在经济和货币方面，人们对“丹麦赋税”产生的效果有不同的评价。对菲利普·格里森来说，许多工坊的建立是为了方便收集为维京人征收的贡品：这个说法值得商榷，因为在洛塔林尼亚也建立了许多工坊，而洛塔林尼亚在 866 年还不是“秃头”查理的王国的一部分，在 877 年此地也被免除了税收。从征税对“秃头”查理王国的经济和财富的影响来看，埃纳尔·约兰森认为，“丹麦赋税”造成了“西法兰克王国非常严重的贫困化”。在西蒙·库普兰看来，则恰恰相反，西法兰克王国有能力承受维京人强加的税金，并没有太大困难：教会宝藏清单揭示了教会的财富，这显示出，即使因为支付“丹麦赋税”和各种赎金而导致经济受到打击，其资金财富还是相当可观的。866 年向农民索要的税金以及在 877 年更重的捐税，似乎完全是可以承受的。一些历史学家，如阿尔伯特·德海宁斯和最近的安德斯·温罗斯，他们坚持认为维京人索要贡品或赎金是给该国带来了好处的，这种做法会导致财富大规模地去储蓄化，从而刺激了经济。事实上，很难判断这样释放出来的贵金属在多大程度上被重新注入经济循环。在让－皮埃尔·德弗罗伊看来，“向维京人进贡的贡品可能使王国和王室金库中的大量货币存量外流”。在845—877年之间，他们的金额至少达到21000里弗尔，相当于是500多万丹尼尔（自845—926年，贡金的总金额为39700里弗尔），在他看来，维京人是否将这样高额的钱财重新投入到整个西欧的经济流通中是值得怀疑的。贡品带来种种影响，这些影响可能是实实在在的，也可能是我们假设的，但可以肯定的是，它们催生的谈判揭示了有关各方的权力关系，这是和平做法的一部分，在下一章我们将会讨论这一主题。

第18章　与维京人和平相处

和平，安抚的模式和调解的仪式，从这些领域中，历史学家们可以看到了融合亲近，“文明冲突”有时被用来解释维京人与他们所遇到的社会之间的关系，历史学家们观察到的这种亲近打破了这种“文明冲突”论。历史学家的研究包含了了解相关各方关于“和平”的概念，以及这些概念潜在的演变，特别是在与基督教接触的过程中的这一概念的演变过程。（维京人）安抚平定时所采取的行动、仪式和形式，也引发了相关各方对他们这些行为的认知的问题，更广泛地说，是维京人的一些安抚行为所引起了对方抗议的问题。事实上，就这个问题，虽然可以根据一系列的行为（宣誓、人质移交、共餐仪式、馈赠交换等）来确定大多数社会共同的“语法”，但还是需要具体说明各方对这些行为的接受程度。达成妥协还涉及一系列的行动者和中间人，应当理解他们在开展和完成和平进程中的作用以及牵绊，尤其是他们中的一些人参与或促进了斯堪的纳维亚元素在斯堪的纳维亚人定居的社会中的融合进程。因此，与维京人就和平问题进行商讨时的利害关系是多方面的。长期以来我们是从武装对抗的角度来表述各方与维京人之间的关系，这些关系与战争和暴力密不可分；而现在这些关于和平议题（而非战争和暴力）带来的利弊得失给原来的表述增添了细微的差别。

18.1 和平：词汇、想法以及形式

由于上述原因，与斯堪的纳维亚人达成的协议并没有被系统性地定性为“协议”。和平的叙事与战争和掠夺的叙事一样，有助于树立参与和平进程的领袖或王公的形象，有时最好对与攻击者达成的妥协保持沉默，或者至少不要对其定性。这种做法可以凸显第三方行动的成功，例如圣人奇迹般的显灵，阻挡了侵略者前进的步伐，保护了社群。在斯堪的纳维亚半岛方面，和平主题在斯堪的纳维亚诗歌中很少出现，它们更倾向于突出首领的战功，但也并非完全没有提及，在 11 世纪就有过。另一方面，在后来的王室传奇中，和平倒成了根本性的东西，在彰显和平协议是王室功绩的表现的同时，它还有助于树立君主的形象。

通过一些法兰克人处理与斯堪的纳维亚人关系的史料，人们对属于和平或以和平为目的而构成的语义范畴内的词汇（pax、foedus、pactio、pactum、amicitia，甚至是 sociare、societas、securum、securitas）进行术语调查，但因为这些词汇并不中立，也没有提供所有必要的细节来描述所达成的妥协，所以，该调查显得更加微妙了。“和平”可以用来指代不同的现实，从一次简单的中途休战到一份持久的协议，似乎没有什么特别的内涵。它通常是以誓言和（或）人质为保证的协议，一般由国王下令或他的代表下令，至少在 9 世纪是这样的，王室对“和平”的这种垄断似乎没有延续到 9 世纪末以后，此后，除了王室以外，和平进程还由肩负地方防务的实力派负责，这也许证明了王室特权的削弱和地方实力派在保护国家方面的作用的增加。“Foedus”一词总体上保留了建立和平关系条约的含义，史料有时会具体说明条约的内容，但“Foedus”一词也可作为“pax”或“amicitia”的同义词。“amicitia”一词通常指的是平等双方之间的对等承诺，保证双方的安全，承担相互的义务，在此似乎是用来描述建立相互信任，虽说如此，但它也指合同协议、条约，例如，旨在使攻击者撤离的条约中包括反对支付贡金的条款（因为在原则上与自由建立的友好关系不相容）。“amicitia”和“amici”用于表明与诺曼人首领之间的关系，也可能有积极正面的内涵，表明诺曼人首领融入了法兰克人的社会，双方关系通过联姻或者精神亲属关系而得到了加强。虽

然“pactum”一词很少使用，但它似乎保留了中性和一般性协议的意义，其他术语的内涵更明确，并清楚地带有负面意义，如“pactio”（公约、协议、条约）表示被拒绝的条约，“societas”和“sociare”（结盟行为）则用于谴责与维京人建立的联盟。稍晚期所使用的“securum”和“securitas”两个词更具体地指一项协议的内容条款，通常是由地方防务官员，然后是领地公爵主动达成的，目的是确保“保护”某个地点或某个特定的空间，使这些地方在一定的时间内不受攻击者袭击。最后，我们注意到了某些词汇的缺失，这也导致了我们对当时与诺曼人达成协议的认识受限。“concordia”和“caritas”两个词就属于这种情况，它们在加洛林王朝的资料中被广泛使用，而当涉及处理诺曼人的事件时，则几乎没有，由此可以推测，这些词仍饱含基督教价值观的内涵，不能用于表述与维京人以及他们的伙伴之间的关系（维京人是异教徒）。

在挪威语中，和平的概念是由“friðr”和“grið”这两个词来表达的，这两个词也出现在古英语中（friþ/ frið；grið）。“friðr”原指两个或两个以上的人之间的仁爱关系，具有友谊或爱情的内涵，传达出一种安全、和谐的理念。随后，这个词的语义变得更加丰富，被用来描述社群或社会团体之间的关系，再后来，具有法律层面的意义。“和平”一词不能简单归结为“非战争”状态，它的反义词 “unfrið”反而可以让人更好领会其中的意思，在《奥罗修斯古英语史》一书中“unfrið”就被用来描述挪威首领奥瑟尔与比亚尔米亚人之间的关系。“unfrið”（在古挪威语中写作“ó friðr”）指的是一种中间状态，在这种状态下，群体之间的关系尚未确定，但不一定是敌对的，它的特点是，个人的流通状况以及他们的安全尚未得到各方达成的协议保证。“friðr”一词则源自于旨在防止群体间对抗风险的协议。另一个术语“grið”是指庇护所、避难所的概念，特别是为家庭提供的庇护所，后来它有了休战的意思。随后，它表述的是实现和平的一个阶段，规定了必要的条件：首先是要结束对抗，以便开始谈判。

18.2 书写和平

术语和相关概念之间的迂回，为理解和平进程提供了一个有用的框架。这至少在一定程度上解释了，斯堪的纳维亚人在为了缔造和平而提供合同框架这件事上所采取的谨慎态度，而且，在把一些协议写成书面文件这件事情上，他们发挥了积极的作用，至少他们已经熟练掌握了使协议得以保存的工具，这是可能的。

叙述性的史料很少向我们提供更多的条款内容，它们记录的只是一些一般性的条文，这些条文规定了与维京人休战或达成和平的条件，还包括这些条件是否伴随着进贡以及交换条件。这些条款一般包括停战的时长、涉及的空间和（或）人口，有时还会表明什么人被协议排除在外；协议还包括攻击者有可能执行的撤出阶段或撤退时间表；有时包括承诺不会重新攻击该地；有些情况下，还包括其他特殊的条款，例如 873 年的协议规定在昂热开放卢瓦尔河上的一个岛屿的市场。著名的《埃普特河畔圣克莱尔条约》是后来由弗洛多阿尔以及圣康坦的杜东为我们提供的，该条约仅仅记录了关于授予罗洛的领地划分的一般规定，里面还有一个兑换条款，还附带记录了罗洛开始对国王尽忠以及与“糊涂王”查理之女吉斯拉的（或有其事的）婚姻。另一个独立的史料来源，即“糊涂王”查理颁布于 918 年的关于圣日耳曼德佩的一份文书，完善了土地方面的记录，并在某种程度上明确了新的鲁昂伯爵的军事义务，即负责保卫王国。大约在 1003 年或更有可能是在 1013 年，理查二世与丹麦国王“八字胡”斯文缔结的和平协议，半个多世纪后的瑞米耶日的威廉证明了这份协议的存在，它在两位王子之间建立了“永久和平”，这份协议允许丹麦人在诺曼底出售战利品，并为他们中的伤病者制定了一项援助条款。另一方面，涉及条约的叙述性文献很少具体说明种群之间的共栖问题，但在 866 年“秃头”查理与在塞纳河谷活动的维京人缔结条约时，却可以看到涉及种群共栖的内容。除了缴纳贡金（4000 里弗尔）外，条约还包括了关于奴隶的规定：被诺曼人俘虏的奴隶和在条约签订后逃跑的奴隶将被归还或重新购买，条约还规范了造成一个诺曼人死亡导致的经济问题要怎么计算，其中的金额将由这个诺曼人的同伴确定。这些做法，是为了防止冲突，或至少为解决可能出现的冲突提供了一个框架。

同样性质的条款可以在我们保留了其书面文本的协议中找到，这些是在盎格鲁 - 撒克逊人和维京人之间的协议，甚至是《罗斯 - 拜占庭条约》。阿尔弗雷德和古特仑在 879—880 年间还有 890 年缔结的协定，是至今为止英格兰外交史上保存的最古老的文物，它载于阿尔弗雷德国王的法律中，而且在 12 世纪初的法律汇编《四论说》中也有它的拉丁文版本，这份协议被视为英国法律语料库中的一部分，它的保存条件显示着它的重要性。虽然它是阿尔弗雷德王朝的产物，而且与威塞克斯王国的政治和社会规范有所关联，但其文本内容让人想起了与加洛林王朝国王之间的那些条约，如划定双方的权力界限，控制了两个空间范围之内的人员流动。除此之外，肖恩·麦克里奥德最近还为这样的观点进行了辩护：古特仑的一部分战士早已熟悉了欧洲大陆订立书面条约这种做法，而且，是维京首领这一方（例如阿尔弗雷德）主动提出立下书面条约的，因为他们急于让自己的政府得到法律承认。无论古特仑的意图是什么，书面文件的使用，可以被视为他进入基督教世界的象征。该条约除了划定两国国王权力延伸的边界，还制定了一系列规定，旨在避免冲突，并在冲突发生时调解冲突。它明确规定了与命案导致的财务问题的条款、应支付的赔偿金额，并规定了被告可以为自己辩护脱罪的流程。有一项条款限制自由人或奴隶从一个领地通行或者逃亡到另一个领地，并制定了确保交易公平的规定。在一个关键点，即丹麦人的安全问题上，该条约将新来的定居者纳入到了盎格鲁－撒克逊的法律体系中，从理论上，防止了这些与盎格鲁－撒克逊人作战多年的人遭到报复，另一份现存的盎格鲁－斯堪的纳维亚条约，代号为“II 埃塞尔雷德”，也被纳入了盎格鲁－撒克逊法律语料库，它可能是在994年签订的，该条约不涉及对领土实体拥有公认权力的王公，涉及的双方是国王埃塞尔雷德二世与奥拉夫·特里格维松以及另外两位维京首领乔斯坦和古斯蒙德所指挥的舰队。和平协议涉及的范围主要是英格兰南部，有观点认为，这个和平协议其实是重申了此前与坎特伯雷大主教西格里克和郡长埃瑟尔沃德及奥弗里克早前达成的协议。坎特伯雷大主教西格里克和郡长埃瑟尔沃德及奥弗里克达成的协议规定了舰队在英格兰停留期间的补给，同时也保护了国家免受其他舰队的侵略。这些规定用于保护商人和商船，还包括来自条约未包含在内的地区的商人。条约还对解决“丹麦人”与盎格鲁－撒克逊人之间的纠纷，特别是谋杀案，做出了规定，这份条约规定盎格鲁－撒克逊当局要惩罚杀害“丹麦人”的凶手。虽然在该条约缔结之前的暴力行为被重提，但它们不构成惩罚或赔偿的对象。关于对贸易保护的重视程度以及王室保护其舰队人员安全的意愿这两点，人们对该条约有不同的解读，该条约与一个世纪前阿尔弗雷德和古特仑之间的条约一样，除了和平进程和政治解决手段之外，还试图解决可能出现的非常具体的问题（诸如个人安全、发生争端时解决的流程、人员流动、关于贸易和商人的规定等），为不同人口之间的共同生活奠定了基础。

这同样适用于《罗斯－拜占庭条约》（907年、911年、944年以及971年），只不过这些是独立的、完善的政治实体之间的条约，这些条约在拜占庭帝国受到攻击后生效（907年、944年以及971年）。前两个条约（907年和911年）有可能是同一次协议的结果，其中一版条约是几年后一个更全面公约的初步版本，留里克人在拜占庭定居了已经有一代人的时间了，无论如何，这些条约都可以被看作是留里克王朝与拜占庭帝国之间外交关系建设的一个阶段。944年的条约旨在恢复“旧的和平”，这里指的是被941年和944年的罗斯人远征所破坏的和平；971年的条约则是在斯维亚托斯拉夫在多罗斯托隆惨败之后签订的。这些条约中有一些条款与我们前文提及的例子中已经遇到的条款性质相同，但比前述条约的条款更加详细，且根据条约的不同而有所变化，其中最完整的是911年和944年订立的条约。条款涉及罗斯人进入拜占庭帝国和在帝国生存的方式，他们在那里可以得到的款待，还有与商业贸易有关的条款，特别是关于丝绸贸易的，还包括关于犯罪和违法行为（谋杀、攻击和殴打、偷窃、勒索以及逃债）的条款，涉及偷窃奴隶或奴隶逃跑、对沉船或遇难船只的援助、囚犯的赎买以及无遗嘱死亡的相关事宜。更具体的条款涉及拜占庭皇帝招募罗斯战士一事，这是为了守卫和保护盖利博卢半岛①和第聂伯河口的某些领土。在这些条约的批准和缔结的过程中，书面文字和宣誓（我们稍后再谈及宣誓方面的内容）是十分重要的，它们见证了罗斯人开始以书面形式制定规程。911年的条约，是一份“不仅要用简单的文字，而且要用正式书面文件和有效的誓言来公布”的条约，它是由皇帝起草并签名的两份契约，然后起草契约被交予罗斯使节，书面文件也必须交给拜占庭政府，然后双方审批承认。关于944年的条约的签订过程，其描述更为精确：起草的契约一式两份，其中一份保存在拜占庭帝国，上面有一个十字架，并且写着拜占庭代表和罗斯人代表的名字；另一份契约则由拜占庭特使带给（基辅）大公伊格尔和他的部下，以便他们在得到这份文件后，发誓遵守其中所写的一切。在外交实践的其他方面也可以观察到书面文件日益增长的重要性，因为从这时候起，明确规定了皇帝不在对方只出示印章的情况下（分别是金印章和银印章），便接

① 原文用的是旧称 Chersonèse。

待大使和罗斯商人，他们必须出示王公的书面文件，以证明他们的和平意图。这些条约法律层面的内容一直被广泛讨论，马丁娜·施泰因－威尔克舒斯认为，这些协议中规定的一些法律实践早从 911 年开始，就受到了斯堪的纳维亚法律的启发，（除了那些罕见的符文铭文之外）这些协议带有斯堪的纳维亚法律的最古老的历史痕迹。值得注意的是，受拜占庭帝国做法的启发，罗斯人熟练掌握了书面文字和关于起草条约的法律，这其实传播了斯堪的纳维亚人的做法，这些做法此后影响了俄国最早的法律，即《罗斯法典》。

18.3 建立和平：仪式和习俗

维京人与对手之间采用的调和方法沿用了中世纪早期欧洲普遍采用的做法。虽然可以观察到这些做法之间有许多相似之处，但问题是如何接受它们，特别是那些不具有相同宗教信仰的对手，例如在那些宣誓的场合。毫无疑问，在决定要会面后，会南地点是经过讨论后做出的选择，同样经过讨论的还有确保主要人员及其代表的安全的措施。根据指示双方会面的原由和双方欲达成的协议的性质，会面的地点和条件，还有会面双方任一方的出行活动会有所不同。他们还会分享政治交流的形式和各方权力平衡的界定标准，这一点，在斯维亚托斯拉夫于多罗斯托隆（971 年）败于拜占庭帝国军队的一个世纪后，让·斯基利泽斯讨论双方进行的谈判时，总结得非常好。根据这位拜占庭编年史作者（指让·斯基利泽斯）的说法，（斯维亚托斯拉夫）注意到“他自己一直处于劣势，眼看没有希望了，（他）决定进行谈判”，并派出了大使，这一做法，在作者看来，是对拜占庭皇帝的统治地位示威的表现。在对国王哈夫丹[①]和西格弗里德[②]于873年向“日耳曼人”路易派遣丹麦使节一事进行解读时，也应该朝着上面说的这个方向进行——丹麦王公们明显处于弱势地位，他们需要 “永久和平”，当代的史料则坚持把双方之间的关系说成是以父子关系为模式建立起的等级关系，如此表述对“日耳曼人”路易有利，这么写他的力量和勇气便得到了歌颂。

和平谈判或缔结条约的会面，有多次被证实是在边界或者是在行进的过程中进行的，这样的做法使双方处于平等地位，至少是象征性的平等地位，并且承认

① 哈夫丹：异教徒大军的领袖，曾在 871—872 年短暂统治伦敦。

② 西格弗里德：被誉为维京战神，曾围攻巴黎，但没有夺下。

了对方在会面范围以外的力量。在809年、811年、813年、825年以及828年，就法兰克王国和丹麦王国的边界问题举行过这样的会面，这些反复举行的会面，尤其是在埃德河畔的会面，在更准确地界定法兰克世界和丹麦的边界这一问题上，很可能做出了一定的贡献。约塔河大概就属于这种情形，尤其是科农加雷拉镇（位于挪威这一侧河岸）的情况，从1017年起，有两位甚至是三位斯堪的纳维亚国王在这里举行了数次会议，讨论了关于各自王国在这一领域的边界划定问题。法兰克国王和一些在法兰克王国定居的斯堪的纳维亚首领，在当时存在的政治统治范围内（“秃头”查理和“日耳曼人”路易，马斯特里赫特，872年），有过好几次在行进过程中的会面，还有另外一些是在斯堪的纳维亚首领退让或他们控制的领地上进行的（赫雷斯皮奇，885年；埃普特河畔圣克莱尔，911年）。毫无疑问，我们必须在同样的框架内解读1016年克努特大帝和“刚勇者”埃德蒙在阿尔尼附近的奥洛岛上的那次会晤。其他会面的地点似乎是由环境决定的，选址的缘由并不总是那么容易解释清楚（例如，858年在韦尔伯里耶郡，国王为了让一位斯堪的纳维亚首领对自己尽忠，选了王室住所会面；另外还有教堂）。无论动机如何，史料往往加强了这么一个印象，会面的地点是经过精心挑选才决定的，它们有时会极其精确地描述这些地点。

因此，主角之间关系的对称性或不对称性不仅表现在协议的内容或缔结协议的情势上，还表现在主角的实际做法上，另外，记述这些做法的人在记录时所用的笔法也对此有所展现。在人质制度上，叙述方式尤其如此，移交人质有时被认为是一种普遍的做法或是“跨文化惯例”。在维京时期之前，斯堪的纳维亚半岛似乎是这样，这种做法确切地出现在古代北欧的吟唱诗集和一些古代冰岛的诗歌中。一些西方资料（《法兰克皇家年鉴》《安斯凯尔生平》）也显示，从9世纪上半叶开始，移交人质是在波罗的海地区活动的斯堪的纳维亚人所熟知的一种手段。然而，不同地区使用该手段的频率或强度似乎并不相同。与斯堪的纳维亚半岛不同，移交人质这一做法在冰岛几乎没有得到证实，原因可能在于冰岛的法律、政治和经济结构，因为冰岛离外部威胁相对较远，使得与人质相关的手段不适合冰岛社会。在西方，维京时期的到来如果说没能完全使移交人质成为一种制度，那它至少使这种做法重新流行了起来。

释放人质的做法既是双方妥协的技巧，也是权力平衡的需要。关于这后面一点，史料通常会具体说明是双方交换人质还是单向的移交人质，而在单向移交人质的情况下，实力占上风的一方有权明确指出人质的人选和数目，通过这一点，这些史料突出了强势一方所处的情形。而关于释放人质是妥协的技巧这一点，对9世纪初—10世纪20年代法兰克人和维京人之间移交或交换人质的研究表明，在各种不同的情况下，这种人质制度得到了务实的运用，它首先是为了确保有明确规范和时间限制的协议得到遵守。从这一点来看，这种做法似乎与840年以前在加洛林世界及其邻国观察到的做法不同，尽管这其中可能存在史料记录的影响，在加洛林世界及其邻国，移交人质似乎首先是为了保证一个社群在屈服后保有忠诚。虽然，在维京压力下，很难对人质处理的演变做出结论，但值得注意的是，在各种各样的情况下，以人质为手段，似乎是斯堪的纳维亚半岛在很长一段时间内（8—13世纪）的制度特点。与盎格鲁－撒克逊英格兰在面对维京人时的情况进行比较，就会明白：虽说在订立各种协议时——这些协议性质虽各不相同，但都有明确的定义和限制——会释放人质，但在丹麦人建立了后来的“丹麦法区”（874年，878年）和丹麦国王征服（1013年，1016年）之后，新的政治秩序正在形成时，人质制度其实是应对新秩序的一种工具。后来，克努特大帝在1028—1030年征服挪威时也采取了这种做法。最后，应该指出，使用人质或许是一种有效的保证手段，虽然它并不总能让人达到目的，但以这种方式做担保的协议，很少会出现违背协议的情况，在这种大前提下，违反协议的总是斯堪的纳维亚一方。处决或残害人质的行为很少会得到证实，这些做法不仅违反协议，还有其他原因：克努特大帝的父亲临死前接收了一批盎格鲁－撒克逊俘虏，克努特下令残害这些盎格鲁－撒克逊人（1014年），因为在这之前（英格兰人）拒不承认克努特是国王却赞成埃塞尔雷德二世为王，他这么做大概就是以此向世人宣告，他深知这违背了他对父亲斯文的诺言，但也宣告了他回国（英格兰）治理的决心之坚定。

人质移交往往与效忠宣誓联系在一起，但这不是一定的，特别是对一些一般性的和平协定或旨在维持和平或确保国家安全的具体规定（例如，保证一支舰队的撤离、特定地区的安全和禁止恢复敌对意图等具体规定）。在这里，释放人质是由双方或一方执行，在后一种情况下，象征性地标志了一种不对称的关系。书面文件很少向我们提供宣誓形式的细节，只是简单地表明已经进行了一次这样的仪式。在几个案例中，很明显，双方都可以按照自己的习惯进行宣誓。每一方都有不同的方式或对神灵的崇拜仪式，这似乎并不妨碍条约的缔结以及遵守。在944年罗斯与拜占庭签订条约时，宣誓的罗斯人中既有异教徒，也有基督徒，他们各自遵循着不同的仪式，没有任何迹象表明拜占庭人区别看待两者的宣誓。西方和罗斯的史料同时指出了北欧风俗的特殊性，表达这些风俗时用的是含糊的词语（习俗[①]，仪式[②]），它们通过描述在武器装备上或手环上的誓言来表达古代北欧的风俗时，表述会更加精准，这些风俗可能伴随着对异教神灵的召唤，也可能没有。法兰克人的史料（811年的《王室年鉴》和873年的《富尔达年鉴》）记载了武器上的誓言。而《往年纪事》[③]中写道，在907年和971年，罗斯人“以自己的武器向雷电之神佩龙[④]以及牛神维列斯[⑤]起誓”。944年同一资料也提到了武器相关事宜，罗斯人在宣誓前必须先放下武器。据《盎格鲁－撒克逊纪事》记载，在876年阿尔弗雷德和古特仑进行和平谈判期间，维京人“以一只神圣的手环宣誓，这是他们以前未曾有过的举动”，这或许是斯堪的纳维亚人特有的做法，在英格兰从未使用过。北欧的资料，特别是那些古代的冰岛诗歌也表明，人们会以各种东西立誓，例如船舷、盾牌、马的肋骨、剑刃、床柱或高椅等。我们没有理由怀疑，誓言对古代斯堪的纳维亚人的约束力。西蒙·勒布蒂勒近期的研究表明，不应过高估计宗教的重要性，因为它实际上可能是由于基督教的影响日益扩大才发展起来的做法。通过对武器、手环或其他物品起誓，违背誓言的人有可能看到誓言应验到自己身上，更宽泛的说法是，这样他会失去对他有利的一切。除此之外，背信不仅会抹杀赎罪的力量，而且通过这些用来发誓的物品所代表的象征意义，会威胁到背信者在这世上的地位荣誉。

① 原文用的是拉丁语 mos。

② 原文用的是拉丁语 ritus。

③ 《往年纪事》：俄罗斯历史上很重要的一部历史著作，约成书于12世纪初，是俄国第一部完整的编年体通史。作者涅斯托尔是基辅洞穴修道院的修道士。

④ 佩龙：雷电之神，同时也是战争和锻炼之神，在基督化时期，他被转化为圣徒“雷电的以利亚”。

⑤ 原文用的是Volos，同Veles：大地、水和冥界之神。他与佩龙作对。在基督化时期，他被转化为圣徒“弗拉西奥斯”。

斯堪的纳维亚人的对手是否认为这些誓言有效呢？对异教徒宣誓的接受度，历史学家们并没有达成一致的意见。说到对斯堪的纳维亚人的誓言的怀疑态度，他们的誓言里缺少一个让基督教精英承认其誓言的基本要素“fides”，即“信仰”。这是要获得信任所必不可少的，异教徒无法证明，因为他们没有接受过洗礼。因此，斯堪的纳维亚首领受洗的利害关系之一，就是让建立这种关系所必需的“信仰”，以及让斯堪的纳维亚人融入基督教社会所必需的“信仰”得以流通。虽说如此，但无论采取何种形式、无论是对什么东西发誓，基督教领袖们很可能仍然相信誓言对斯堪的纳维亚人是具有约束力的。虽然维京人的“弄虚作假”在史料中反复出现，但维京人对他们所达成的协议并没有明显表现出不尊重。在这方面，史料对维京人的评判是矛盾的，当然盎格鲁－撒克逊人比法兰克人对维京人的评价更为负面。无论是异教还是基督教，誓言在不同文化习俗里的有效性似乎并不妨碍誓言本身的功能，也不妨碍有关各方对誓言的承认。誓言破裂的原因似乎更多的是在于政治问题，而不是缘于宗教或仪式问题。

第五部分　接触、文化传承和身份认同

维京人在扩张的过程中，遇到了各种各样的社会：组织严密的国家，如法兰克王国、盎格鲁－撒克逊王国、拜占庭帝国和阿拔斯王国；政治实体不太（或还没有）稳定的群体，例如斯拉夫世界和凯尔特世界（这两者其实情况也不一样）；各部族的联盟（伏尔加河畔的可萨人和保加利亚人）。维京运动是在某些社会其自身正在经历重大内部变革的时候发生的。在这些社会的内部变革（在某种程度上，这是另外的讨论话题），或者这些国家结构和民族实体形成的过程中，斯堪的纳维亚人也参与其中。

维京人在各处定居的情形不尽相同，这取决于他们是在无人居住的土地上定居（冰岛），还是以军事为手段征服这些地区（英格兰丹麦法区），也可能是与当地掌权者协议后定居（诺曼底），还可能是族群沿贸易路线散居（罗斯）。定居后建立的架构也各不相同，在一些地方（如冰岛、奥克尼群岛），维京人复制了从斯堪的纳维亚带来的模式，这些模式大多适应了当地的情况。在其他地方，他们为管理领土而采用原有架构，与当地统治者及民众的关系在很大程度上受到这些因素的制约。最近的研究认为，在与斯堪的纳维亚人对抗的过程中，或者因为斯堪的纳维亚人在某一领土上定居，这些地方或区域的族群产生了新的特性或是原有的特性发生了改变。

与上述情况的方向相反，我们可以想象，在与欧洲各种社会接触的过程中，这些社会不可能不对斯堪的纳维亚社会产生一些影响。此时的斯堪的纳维亚社会正经历着快速的变化——例如，人们会设想基督教的传入而出现类似西欧基督教君主制国家的组织形式。外生因素在这些变化中所占的比重成了各种研究的主题，越来越明显的是，扩散论模式被高度简单化，我们有必要认真考虑斯堪的纳维亚社会在各种变革中发挥的作用。

在讨论这些关联的细节之前，我们先回顾一下对后文分析有用的几个概念。有些概念我们在前文已经遇到过，但在这里需要进一步展开讨论，特别是因为后面的章节会再次使用到这些概念。“同化”表达的是适当地融入、适应（包括宗教或哲学话语，以促进理解）、让步及达成协议的意思。这个词在研究罗马帝国蛮族定居的历史学家中是使用频繁的用词，也适用于定居在英格兰或法兰克世界的维京人。它被用来指代新来者适应与当地社群关系的大致过程，也可以指代这些群体共存的策略。因此，这一概念似乎适用于讨论不同背景下的妥协和适应现象，这些现象中包括下面这种情况：一个社会面对一个它曾考虑在其领土上定居和（或）融入其社群的人口。“同化”的形式是多种多样的，它会表现在经济、社会、文化以及其他一些方面。

“融合”指的则是个人或群体融入一个社会的过程，在这个社会中，个人或群体共用相同的社会和文化准则，至少共享其中的一些准则。它与“同化”不同，同化会导致该群体的文化特征和它特有的身份认同感丧失。移民在已被占领的土地上定居，或者被征服者依附于一个政治实体，这就会形成融合。这种现象可以发生在不同的层面，在地方层面（如居民社区和城市），在公国或王国层面，在某个延伸的网络层面（贸易社区、宗教或精英网络），在基督教层面，而这些层面往往是相互交织的。在这最后一个层面上，一些融入基督教的人口并不是在被征服后立即融入的，冰岛和一些10世纪末建立在斯堪的纳维亚半岛的新王国尤其如此。最后，为了理解融合的过程，还必须研究抵制、反抗和拒绝的情况，并考虑到其他模式，这些模式的做法有好几个源头。

在维京人的世界里，种种新的经验产生了，这为后来一系列的过渡情形，为可能存在的“中间地带”留下了空间。历史学家们对这些过渡时期以及在其中发生的互动过程有各种表述，有的被称之为“两者之间”或是“中间地带”。这些概念应该辩证地使用，而其优势就在于具有“中间思维”这一点。“中间地带”的概念是从理查德·怀特那里借来的，它本用于描述17—18世纪大湖区印第安人与欧洲人之间的关系，适用于描述双方都不称霸、彼此需要对方或者必须进行调解的情况，还适用于使用一种“通过符号、象征、手势或话语等方式”而被对方理解的语言的情形。

我们接下来将试着分析清楚上述概念在多大程度上与维京人的经历的有所

关联，它们也可能是完全不相关的。通过对维京世界的文化迁移进行初步考察，考虑其中最引人注目的两个方面：第一，斯堪的纳维亚地区里基督教的传入，第二，在西方影响下的社会和政治的组织形式，这将促进我们对维京世界的理解。

第19章　文化迁移时期

有几个术语或概念被用来描述不同文化之间的接触及不同的接触方式所导致的文化迁移。在思考维京世界中的各种交流时，文化同化和文化迁移，接受和占有，文化互交和文化交杂等过程占据了越来越重要的位置。我们面临的困难之一是确定维京文化所接触文化的具体内容以及各种不同文化之间互动的不同程度。

文化同化概念常常被使用，但其实这一概念并不能完全令人满意。对一些人来说，这个概念中殖民统治史的内涵太重，对另一些人来说，它则过于精简或者说太过含糊，还有其他一些对这个概念的批评，则是出于认识论的原因。这一概念更多地关注“源”文化和“目标”文化之间的变迁，但对变迁的方式或过程却强调不够，而且它意味着，某些文化中可明确识别的文化特征被限定和被并列了。这些局限性促使一些专家倾向于使用文化迁移的概念，因为这些概念被理解为不同文化群体之间的互动过程。

文化迁移的概念使人们对文化的传播、接受、适应、采纳和排斥的过程产生了特别的兴趣，它显示了这些动态是如何导致文化演变的。这个概念意味着我们要去关注这些文化迁移的参与者，去关注发生接触和文化变迁的背景、地点，去关注新的表征或身份的产生。某一个文化对象从一个环境迁移到另一个环境，它的意义通常会发生改变。文化对象从一个群体或社会迁移到另一个群体或社会，很少是一成不变的重构，这是一个有选择的过程和被重新解读的结果，需要结合其所处的环境来理解。

发生文化迁移的对象数不胜数。由于最初以知识交流为中心的史学定位，某些领域被赋予了特权，例如翻译、手稿的流传、思想、知识学问、文学主题和流派、艺术影响的传播，等等。其他要素，如语言、信仰和法律，也受到特别的关注，因为人们认为它们是区别于他方和代表己方的重要因素。生活方式、物质文化、行为习惯和社会习俗也是迁移的对象，我们不打算在此详细列举，但要加以说明，以便掌握这些交流的形式、过程和参与者所引发的一些问题。

19.1 文化、种族和身份展示

我们面临的困难之一，是确定发生接触的各种文化的具体内容及其互动的不同层次。这个过程最常导致的结果，是将讨论定位在种族身份和身份展示等方面，这几个概念也是近半个世纪以来激烈讨论的主题。现在大家都认为，种族身份（其他形式的身份也是如此）不是一成不变的，也不是稳定的，它首先是一种社会和文化建构，具有足够的灵活性，可以根据群体和个人的情况、利益及认知进行调整或谈判。最后，应该指出，虽然“种族”可能在界定群体上发挥了作用，但它并不是唯一的要素，我们必须考虑到其他因素（社会、文化、宗教）。一些研究者更倾向于用身份展示来进行思考，身份展示这一表述更准确地反映了一些个人或群体的自我表达，这些个人或集体重视群体识别的标志，尤其是出于社会正当性和炫耀权力的目的。在这里，我们使用这个说法的好处是，它让我们可以更好地认识到，某些曾经被认为是种族性的部分特征具有多义性，并且使我们可以更好地了解相关人群对这些特征的保护或适应。

人们经常强调用民族标签来描述所谓的“斯堪的纳维亚”（或“盎格鲁－斯堪的纳维亚”以及其他标签）物品或习俗时所遇到的困难，更不用说要描述这个人群了。语言学家们都很清楚这种困难，对这些扭曲了语言学、地名学和人名学数据分析而只图便利的行为和错误，提出了警告。关于物质方面的发现，安妮·尼森约在12年前就曾指出，“被划归为与维京人相关的遗址和历史阶段，事实往往就是如此，因为他们就是时代背景的一部分”。她还指出，那些可以用来帮助鉴定（维京遗址或维京时期）的物品均来自一个非常有限的物品名录。在一些国家，如英国，我们借助金属探测器进行探测，从中收集到新数据，使我们有可能扩大这一物品名录的范围，使我们对某些类别文物分布的看法大大改变。例如，在丹麦法区发现的女装金属配件中，有记录的衿针类型，其范围几乎涵盖了斯堪的纳维亚半岛南部发现的所有同时段衿针的类型。我们还必须考虑到在斯堪的纳维亚地区和在英格兰都存在的其他影响，特别是法兰克人的影响，这些影响促成了这些国家的文化动态，这使“盎格鲁－斯堪的纳维亚”文化的定义变得异常复杂。不过，斯堪的纳维亚元素存在的可能性，我们更多的是从考古学背景下的材料组合中推断出来的。最后，在斯堪的纳维亚半岛和维京人的定居地上，与殡葬相关的发现数量众多，因此辩论往往集中在殡葬和埋葬的方式上。我们要如何识别一个“斯堪的纳维亚”或一个“异教”墓葬（其实这两者已经不太一样了）呢？许多研究认为，为了认定入葬者是否北欧人，应采用某些标准，例如土葬和火葬的存在，或是某些随葬品等。但有一些研究更强调殡葬习俗的社会动机以及这些习俗所暗含的那些表述体系，这些研究使得上述观点有了一些细微的变化。贴种族标签的做法如果没有直接被否决，那它是非常危险的。最重要的是，人口交流以及随之产生的文化迁移，在某些情况下，似乎已经重构了个人或群体的身份，这就使种族绝不能成为身份识别的唯一标准。

19.2 文化迁移的形式与过程：若干案例

文化迁移可能以多种形式呈现。语言学家们辨认出了欧洲不同语言对北欧语的借鉴，还做了相关领域的语言对比，例如从一种语言到另一种语言的替代现象（例如，在苏格兰北部的群岛，使用的是古北欧语），语言克里奥尔化后的形式（古英语），某程度上局限在某些领域里的词汇借用（例如奥依语里的海洋相关的词汇），或者是一些反映语言交流极少的情形（如爱尔兰语），在另一些地方则存在无可争议的文化交流互动（爱尔兰的例子也同样适用于解释这种情形）。应该指出的是，语言的影响与其说是反映了（或许不仅是反映，这个问题还在争论中）个人的数量或居住的密度，不如说是反映了居住的形式、融合的过程、语言间可能存在的亲缘关系，以及语言使用者的威望等因素。

借鉴和改编的现象也是文学学科专家所熟悉的。古代北欧吟唱诗歌歌颂了维京战士的高尚道德，从 12 世纪创作的作品中仍可看出其重要性，但这些作品也展现出了它们受到基督教的影响，甚至是礼仪上的影响，并根据他们自己的目的进行了调整。我们还应该记住，这种诗歌体裁的起源年代似乎与维京人扩张的时代相吻合（尽管诗歌体裁的起源一直是让人争论不休的主题），它们与9世纪斯堪的纳维亚世界王室或贵族的兴起有关。同样，悉心保留文学传统也是人们关心的事情，瑞典最著名的卢恩[①]铭文之一，刻于9世纪上半叶的洛克卢恩石[②]，充分证明了这一点，“这是一篇让我们知道了英雄传奇世界的文字，此前我们甚至不知道有这样的世界存在”（阿兰·马雷斯）。有人认为，这段文字中提到“英勇的泰奥多里克……坐在他的哥特式马背上，肩上扛着盾牌”，其实是暗指801年查理曼大帝运到亚琛王宫的东哥特国王的马术雕像。伊丽莎白·阿威尔－诺德布拉德提出，西方的手稿可能给碑文的作者瓦林带来了灵感，斯堪的纳维亚人可能与加洛林世界的文学曾有过接触。

对模型和装饰品的接受、借鉴或改造，人们采取的形式是复杂的。在北欧和东欧的精英战士中，法兰克人的武器大获成功，这是众所周知的。战斧是爱尔兰人从维京人那里借鉴而来的，可能是从9世纪起便这么做，马镫可能是丹麦人引入英格兰的，从克努特大帝统治时期开始，在熟悉斯堪的纳维亚风格动向的精英团体中得到传播。简·克肖对丹麦法区发现的带有斯堪的纳维亚风格（博勒风格或者耶灵风格）装饰的女金属饰物进行了研究，结果表明，这些所谓的斯堪的纳维亚衿针[③]在该国非常普遍。这种普遍性不仅体现在数量上，还体现在种类上，在这些物件中也出现了英格兰当地制造的作品，证明了这种配饰在英格兰国内是有市场的。其他物件中，盎格鲁－撒克逊盘状衿针似乎是一类很容易融入斯堪的纳维亚风格的物件，但反过来，将盎格鲁－撒克逊装饰应用于斯堪的纳维亚物件上则只有零星个例。对这些器物的装饰的研究也表明，它们的使用者清楚了解10世纪斯堪的纳维亚半岛的时尚及其演变，并能接受这些新的艺术影响，这说明丹麦法区和斯堪的纳维亚半岛南部之间保持着文化接触。即使在盎格鲁－撒克逊人彻底征服这个国家之后，这类物品也会继续被使用，它们的使用者以此展示自己的斯堪的纳维亚身份或他们的文化归属。

① 卢恩字母，即前文所述“如尼字母”。

② 洛克卢恩石：9世纪左右，一个叫瓦林的维京人给他的儿子瓦姆特立的碑。

③ 所谓的斯堪的纳维亚衿针，在制作工艺和装饰风格上都与斯堪的纳维亚半岛生产的衿针相同，它们有可能是被带到英格兰，也有可能是由从事斯堪的纳维亚传统制作的工匠在英格兰当地制造的。

某些物件的发现，证明了它们的用途及其最终归属者的转变。一个著名的例子是加洛林王朝时期（挂军刀的）肩带的附属配件，它是一种与权力有关的男式配饰，但后来在斯堪的纳维亚半岛，它被重新用于固定女性服装的上披肩。在一些明显经过重复利用和改造的物件的基础上，人们创造出一种专门适应女性服装的三叶形衿针。这些器物不仅在斯堪的纳维亚半岛生产或使用，在丹麦法区也发现了几十个案例，其中许多可能是在英格兰当地制造的。这些物品可能与权威有关，也许带有使新来者的存在和权力合法化的意图，在这里这种意图以女式服装为媒介向大众传递。最近有一项研究，对进口到丹麦的法兰克物品和岛国物品进行了分析，它指出了这些物件在新背景下被重复使用的频率：50 件岛国物品中的 22 件被改造过，主要是被改造成了胸针和砝码。一半（66 件中的 34 件）加洛林时代的银器（主要是腰带或肩带配件）都是以这种方式被改造的，最常见的情况是改造成首饰配件。而在里伯和费约岛发现的两件 9 世纪的珠宝盒与斯堪的纳维亚生产的杯子结合在一起，被做成了饮具，我们不能排除这些物件保留了祭祀的功能，只不过从物件原有的基督教背景换成了异教背景。

又如，硬币使用的差异化。除了在哥得兰被用作交换手段外，在斯堪的纳维亚发现的拜占庭钱币主要用于象征性的目的，人们把它们作为装饰品佩戴，它们通常以挂件的形式出现。用于经济用途的仿制品与原始钱币被清楚地区分开，后者似乎被赋予了特殊的威望，因为它们可以表明与拜占庭帝国有更为直接的联系。对一些加洛林王朝的钱币来说，也是同样的情况，但绝大部分迪拉姆则属于专门用于贸易的货币之一。

对维京世界发行的钱币进行的研究，为上述硬币使用的适应和改造过程提供了一个相关的例子，在这里可以将其与政治和宗教议程联系起来。在里伯遗址的挖掘过程中，我们发现了大批 8 世纪的钱币。虽然这些钱币的产地（弗里斯兰，更可能的情况是它们就是在当地铸造的）和发行者尚有争议，但这些钱币的使用既证明了该地区对欧洲西方货币使用的开放性，也证明了该地区想把这些货币占为己有，不过和后来在海泽比发行的钱币一样，这些钱币的传播仍局限于帝国地区内。仿制外币的现象很常见。9 世纪铸造的丹麦钱币是以加洛林王朝的钱币模型为基础的（特别是多尔斯泰德[①]作坊的模型），一个世纪后诺曼底公国的钱币也是如此；丹麦法区的钱币（可能约克王国除外）则是以东盎格利亚和威塞克斯的盎格鲁－撒克逊钱币模型为基础的；而后来在10世纪末，丹麦、挪威、瑞典和都柏林等地的发行的钱币模仿的则是国王埃塞尔雷德二世的钱币。这种仿制现象在货币史上常见于钱币引进阶段，随后将发展出更具自身特色的各种钱币。引入钱币的决定并不只是经济上的选择，也不只是为了解决需要诉诸货币交易的问题，它是一个更宏大的发展进程的一部分，在这个进程中，包括建立结构优化的权力机构，这主要是受欧洲西方模式和基督教的启发。据布里塔·马尔默所说，丹麦发行的货币，可能是由9世纪20年代中期的两个作坊负责铸造的，这或许与大主教埃邦和"虔诚者"路易发起的向北方国家传教的努力有关，当时法兰克王国在斯堪的纳维亚南部的政治影响力正在提高。因此，我们不排除下面这种可能性：钱币引进这种行为其实反映出维京人已经采纳了法兰克世界的权力形式或是受其做法的启发，至少在一个短暂的时期内是这样，而不是说维京人仅仅是对法兰克钱币单纯和简单地进行仿制。从10世纪末开始，斯堪的纳维亚国王一直坚持西方君主制的模式，这一方向发生了决定性的转变，但并非没有起伏反复。正如加雷思·威廉姆斯所说，值得我们注意的是，斯堪的纳维亚半岛的钱币的变化无常与丹麦、挪威和瑞典的君主制建设过程相一致。

同样有趣的还有错位和排斥的现象。都柏林的海博诺－斯堪的纳维亚国王比较晚才开始铸币，在10世纪末，他们采用的是盎格鲁－撒克逊模式。他们这么晚才引入铸币这一说法值得商榷，因为都柏林的国王也在统治约克，并在那里铸造钱币。然而，在"白胡子"西特里克[②]（989—1034年）掌权之前，他们并不觉得有必要在都柏林发行钱币。同样，在维京时期的大部分时间里，苏格兰也因没有发行钱币而显得突兀。当地最强大的首领——奥克尼群岛的统治者们，他们虽然知道货币的使用已经到了需要重新评估的地步了，但他们并没有发行钱币。与爱尔兰的情况一样，很可能并不是经济条件推迟了货币的铸造，而是政治背景使奥克尼群岛的统治者们认为没有必要通过这种手段来使自己的权力合法化。值得注意的是，尽管有大量的迪拉姆在斯堪的纳维亚内流通，但这种阿拉伯货币并

① 多尔斯泰德：加洛林王朝时期的商贸重镇。

② 西特里克：统治都柏林的维京国王，是在爱尔兰最后的几个重要维京人物之一。

没有影响到这一地域的货币发行类型，另一方面，阿拉伯国家的重量制度对斯堪的纳维亚半岛相当一部分地区的经济实践产生了影响。

一些展现出混合风格的物品特别引人关注，它们有时被称为“殖民”的产物，在斯堪的纳维亚半岛不存在类似的产品，它们是新文化背景的一部分。弓背石是10世纪在大不列颠部分地区（主要是北约克郡和坎布里亚郡）发展起来的一种特殊类型的丧葬纪念碑，是不同文化传统混合在一起的创新案例。我们还可以找到其他的例子，例如在爱尔兰（都柏林）生产的北欧小铃铛和宽臂环等，都是根据经波罗的海和丹麦运来的东欧模型生产的。这些东西的用途，在维京人来定居之前，爱尔兰岛人并不知晓，它们被作为财富囤积和流通的手段，它们的使用伴随着海博诺－斯堪的纳维亚中心商业活动的发展而增多，但它们的这种经济功能在斯堪的纳维亚半岛似乎是次要的。在赫布里底群岛，维京时期出现的新型陶瓷器，其形式更加开放，制造技术也不同，这与新的饮食习惯有关。这些都是在苏格兰北部或斯堪的纳维亚半岛的群岛中找不到的原创作品（但它们可能是受到了斯堪的纳维亚餐具中常见的滑石制成的器皿或木材制成的物件的启发）。

当我们观察到某些系列的金属物件时，混合形态是非常引人注目的。与爱尔兰海接壤的地区出现了一种特殊的传统，接近戴维·格里菲斯所说的“独特的‘混搭’爱尔兰海风格”。最能说明问题的是一种末端带有一个环状物的别针，它们主要产于都柏林，并广泛分布于维京世界的西部，还有就是带有凸纹装饰或末端带有蓟形装饰的银质不封口衿针，其源头是前维京时期在爱尔兰和英格兰发现的胸针类型（如8世纪生产的塔拉胸针和亨特斯顿胸针）。海博诺－斯堪的纳维亚作品被证实在不列颠群岛和西斯堪的纳维亚半岛得到广泛传播，而且这一传统很可能反过来影响了挪威的一些作品。

归根结底，文化影响的结合才是有意义的。定居在爱尔兰、坎布里亚和马恩岛的维京人，将他们与斯堪的纳维亚半岛过去和权力地位相关联的元素（土丘、武器、艺术图案），与他们所居住国家的人民所熟悉的信仰、习俗和地方关联了起来。对戴维·格里菲斯来说，“考古学的证据确切地表明了，爱尔兰海周围的维京人定居点的权力和权威的建立，依赖于对古代斯堪的纳维亚过去的重塑和操纵，主要是由统治家族执行，但也许还有一些比他们的身份稍卑微的同伴在其中发挥作用”。

19.3 文化交流的媒介

文化交流中的行为主体可以根据其地位和职能来区分，也可以根据其在文化交流过程中所扮演的角色来区分，两者可以有所关联，但也不一定。在第一种情况下，一些行为者由于其地位或职能，将在（文化）迁移中发挥特定的作用（这些行为者如大使、传教士、商人、翻译也可能是某些类别或成群的工匠等）。然而，除了功能类型学和社会类型学，还必须反思以下几点：发起或促进文化交流的能力、行为者的参与程度，以及促使他们采取行动的动机（这一点在传教士身上表现得很明显）。就我们研究的时期而言，这两个层面（地位、角色）在分析中经常发生重叠：人们更好地认识了精英阶层的作用，他们的生活方式和流动性使他们更容易参与文化迁移；妇女的作用也开始得到探讨；还有此前我们已经提到了商人和手艺人的作用。

在维京人和法兰克人之间有各种中间人，这其中就有至少早在 9 世纪中叶就已经融入了法兰克社会的斯堪的纳维亚人，甚至可能比 9 世纪更早。根据《圣里基埃的奇迹之书》记载，“有一个叫安斯莱克的人，他祖上是来自丹麦的，由于他用了基督教的标志，加上虔诚的国王查理的慷慨，他成了宫廷的座上宾”。这名男子受“秃头”查理的指示，与韦兰率领的维京人雇佣兵部队进行谈判，为了把盘踞在鲁昂附近的奥塞尔岛上的海盗赶出他们的藏身之处。883—884 年，另一个丹麦人西格弗里德是法兰克人与定居在索姆河谷的一个维京团伙间的中间人，这个中间人的存在，为的是以 12000 里弗尔的贡金为代价，让这些攻击者离开。圣瓦斯特的年鉴作者记录的关于他的细节十分有趣，这其中有好几个原因。首先，这个诺曼人是丹麦王室的王子，他是霍里克（一世或二世）的后裔。其次，西格弗雷德似乎已经融入了法兰克世界的政治圈：一来他皈依基督教了，二来他对年轻的法兰克国王卡洛曼二世很忠诚，他被贡比涅宫殿里的一些最重要的贵族指派为全权代表。

书面和考古资料都证明斯堪的纳维亚精英被法兰克人的生活方式和组织形式所吸引。艾尔莫杜斯写的关于“虔诚者”路易的诗，突出了丹麦国王哈拉尔·克拉克[①]及其随从对这位君主的宫廷、狩猎、共餐场面、皇家菜肴以及世俗和宗教

① 哈拉尔·克拉克：约 785—852 年，丹麦维京军事首领，法兰克帝国国王“虔诚者”路易曾试图借助他的力量使整个丹麦皈基督教。

仪式等各种盛况的崇拜。当然在一篇带有目的的颂扬国王的赞颂文中，毫无疑问我们必须把这种文学体裁的要素考虑在内。除此之外，诗歌的内容还强调了一种融合的模式，这种模式，几乎没有给与法兰克身份构成竞争关系的维京人身份留下多少空间。信奉基督教、承认王室的优越性和适应法兰克王国的风俗[①]，这一切都促进了这种模式的形成。这可以解释为什么在维京人定居的法兰克土地上，几乎没有证据表明有什么文化混合形式会导致"法兰克－斯堪的纳维亚"文化的产生。其实这句话与斯堪的纳维亚半岛向往法兰克模式的说法是一致的。1908年在海泽比半圆形城墙南面挖掘出的一座葬有殉马遗骸的船葬墓中，被埋葬的首领躺在一个墓室里，离他稍远的地方有另外两个人（目前这个数量尚有争议），据德特勒夫·埃尔默斯和埃贡·瓦默斯的研究，这两个被埋葬的人长期以来被称为"司酒官"和"饲马官"。对首领的侍从人员的这种新式的称呼，被认为是模仿法兰克宫廷礼仪。墓中发现的大部分物件都是外来的。它们主要是法兰克制造的物品，带有毋庸置疑的基督教装饰图案，而且是精英阶层专用的物件，其中包括三把剑、若干腰带配件、一个玻璃制平底大口杯、一个水桶以及一些马具和马刺的碎片。对这些欧洲大陆物件进行分析，其结果主要指向9世纪初，这些器具应该是在830–850年（埃贡·瓦默斯）或更晚的900年左右（迈克尔·穆勒－威利）被埋在墓室里的。此后，对这些数据的解读招致了批评，特别是在以下几个问题上：被埋葬的"首领"的身份辨认（这位首领是不是哈拉尔·克拉克？）、墓中人物的数量（到底是两个还是三个？）以及其年代和这处墓葬所表达的意图。然而，哪怕我们将其意图视为面对加洛林王朝时"展示出王权的政治象征"，这些批评也不会影响到法兰克陪葬品的象征意义，在这个例子中，这些法兰克物品的象征意义与这个特殊墓葬的奢华排场（船葬、马匹陪葬）有关。加洛林时代传入丹麦的银器主要在丹麦边境地区的精英阶层中流通。在这些边境地区，人们挖掘出了主要由银器组成的宝藏，具体是在罗兰岛的杜伊斯明德。它们没有被砸碎用来作为支付手段，这既表明了它们的象征价值，也表明了它们的传播是在专门的精英网阶层进行的。对卡邦（冰岛地名）遗址发现的玻璃和陶瓷物件以及它们的组合方式进行分析，在比雅恩·高特看来，其结果显示出了共餐这一做法和餐

① 原文用的是拉丁语 mos Francorum。

桌礼仪的传播可能深受法兰克习俗的影响。这种对法兰克人生活风尚或生活方式的向往并不局限于精英阶层，例如，在丹麦，广泛流传着法兰克世界（7—11世纪初）制造的铜合金胸针，普通人也能拥有。进口（无论以何种方式）和再利用岛国物品（珠宝、装饰品、礼仪器皿、圣物、装订手稿等），这些行为在挪威和丹麦也得到了很好的证实，这些艺术品融入了这些国家不同阶层（主要是精英阶层）的物质文化中。而在其他背景下，与斯堪的纳维亚文化相关的物质元素享有无可争议的威望，甚至影响到了殡葬模式和习俗。

在11世纪和12世纪之交，定居在现在的波美拉尼亚西部、梅克伦堡和北勃兰登堡的西斯拉夫精英们，尤其是多萨尼人，他们采用了基于早期斯堪的纳维亚传统或波兰传统的奢侈铺张的葬礼形式。也许这就是在深刻变革的背景下，精英们急于通过采用威望尚明显的文化模式来展示自己权力的做法。对斯堪的纳维亚文化的崇拜或迷恋的并不仅是仍然信仰异教的民众。无可否认，斯堪的纳维亚文化在11世纪头几十年的英格兰享有无可争议的威望，它超越了已经在那里建立起来的北欧或盎格鲁-斯堪的纳维亚混合文化元素，这使接近权力中心圈子的某些神职人员感到不安，例如，恩舍姆的奥弗里克和沃夫斯坦二世，他们是约克郡的大主教，世俗精英对可能真实也可能是虚构的异教习俗迎合顺从，面对这样的现象，他们感到十分不安。

在其他情况下，精英们通过接纳斯堪的纳维亚和土著传统来协商自己的权力地位。这种做法的一个有趣的线索可以在雕刻的石碑中找到，这点我们在后文再谈。因为石碑资助者尤其是在俗资助者的数目增长，所以石碑散布在丹麦法区的各处——这种现象正好与当地新的地主精英的存在相吻合，这些新精英在此找到了一种展现权力和财富的方式。我们很难精确地确定这些古迹的年代，但它们中有许多是在盎格鲁-撒克逊被征服之后建的。在德比郡，大多数石质十字架制作于910—950年之间，即英格兰国王权威得以建立后不久。这些十字架既是他们归顺新政权及其教会的标志，对当地精英阶层来说这也是他们维护自己土地所有权的手段。最后，我们根据样式和装饰去辨认不同地区的纪念碑群，从而确定它们的生产者所属的“流派”，这些流派可能反映了背后的权力集团，至少反映了通过委托制作某类雕塑来显示自己地位的地方领主的身份。因此，该国的精英们从这种英伦-斯堪的纳维亚文化的表述中找到了一种维护自身社会地位的手段。

在英伦三岛斯堪的纳维亚人占领的一些地区，地方精英们通过保留自己身上从前的斯堪的纳维亚特征来显示他们的权威，同时对这些特征进行改造，以适应他们定居地区的权力象征和宗教象征。显然，为了表现出自己处在社会的主导地位，必须了解在英格兰的斯堪的纳维亚人使用的某些殡葬习俗。这种诉求的表现形式是多种多样的，包括对象征着旧权威的地点的再利用，例如雷普顿王室遗址，还包括选择将陵墓设在靠近教堂的地方，以及把坟丘建高，这些坟丘是权力象征之地，这一点仍为盎格鲁－撒克逊人所熟悉。因此，采取被认为是斯堪的纳维亚式的丧葬习俗，与其说是对维京人带来的习俗的简单移植，不如说是对盎格鲁－撒克逊地区权力和权威要素的适应。在爱尔兰海沿岸地区，人们的意见比较一致。在马恩岛的巴拉多莱，一个气势磅礴的船形墓葬叠加在一个已经存在的基督教墓地上，这说明了这个地方被来到岛上的新主人占领了。这个例子不是孤立的。马恩岛和坎布里亚的几处墓地遗址都以气势磅礴的坟丘为特色。新来者以这种方式将自身融入到地方的象征性元素中，他们可能是想让自己的统治地位合法化，他们还想以国家之前的掌权者的继承人自居。在马恩岛的廷瓦尔德[①]和都柏林的泰姆特[②]等地，墓葬地与象征权力的地方（如“庭”）的联系非常明显，这种联系普遍存在于爱尔兰海周围的定居者的认知中。

精英的流动也是文化变革传播的一个因素。在扎内特·齐加里达斯·格拉尔斯塔德看来，斯堪的纳维亚地区那些不闭合造型的衿针被接受，其实是一种象征性的展示，这种展示最初是通过女性完成的，她们是这种类型物件的最初传播媒介，这种展示意在显示参与远征行动的团体之间的联盟关系，也是在远征过程中获得相关特殊地位（财富和声望）的标志。该物件最初用于标志北海地区团体间的隶属关系或联盟关系，在挪威，人们对它进行了复制和改造，挪威产品用了不一样的材料，加上了一些新的装饰，这些衿针被纳入男性服饰的一部分，具有强烈的权力内涵，也许还成了某一个社会群体的标志，无论如何，该群体都区别于那些军事贵族。在瑞典中部发现的几座墓地，特别是在比尔卡发现的墓地，考古

① 廷瓦尔德：马恩岛的议会，过去“庭”召开的地点的名字，后该单词也有了“马恩岛议会”的意思。

② 泰姆特：在爱尔兰首都都柏林的一座小山丘的名字，这里是过去当地的诺尔斯人集会并制定法律的地方。

发现向世人展示了当时曾有穿着东方服饰的人，他们的服饰包括草原民族的元素。罗斯人在此之前已经采用过了这些元素，此后可能以赠礼或贸易的方式传到了瑞典人手里。这种服装的特殊之处在于，它们是与远方有所接触的精英阶层穿的服饰，这些精英积极参与贸易，因此行使着某种形式的管控和权力，在10世纪的一部分时间里，服饰是其中一种展示身份的方式。

19.4 地区间差异

有一些研究将斯堪的纳维亚地区作为一个文化联系紧密的整体，另一些研究的侧重点不一样，它们更关注斯堪的纳维亚地区之间存在的明显差异。弗雷德里克·斯万贝格根据对丧葬习俗的考察，提出了区分辨认瑞典南部不同文化区域的建议。安妮·尼森在研究人口贩卖地和中心城市的基础上，强调了丹麦各个地区间的区域差异。同样，索伦·迈克尔·辛德贝克在对考古物件进行研究的基础上，强调了维京时期斯堪的纳维亚南部地区之间物质文化的深刻差异。菲奥尼亚岛和西兰岛之间的大贝尔特海峡是真正的边界，它将丹麦东部和西部分开，使两岸的房屋建筑、陶瓷、墓葬中发现的某些随葬品、纺锤和其他形形色色的物品都有所不同。每一个地区自身内在的差异，也被凸显出来。

对这些地区差异的重视还涉及斯堪的纳维亚半岛以外维京人居住或占领的领土。它所涉及的不仅是大范围（如丹麦法区、爱尔兰、苏格兰、诺曼底和罗斯）之间的差异或趋同。其中一个显著的进步还包括更好地认识到局部地区内部可能出现的差异。在苏格兰，在不同方面展现出的区域间或地方局部性的对比尤为明显，例如语言（在奥克尼群岛、设得兰群岛和外赫布里底群岛，古诺斯语成为了主要语言，但在阿盖尔郡则不是这样），还有房屋建筑（北部的建筑受斯堪的纳维亚风格影响较严重，而在西部的土著建筑则仍是以半埋地式的建筑为主流）。移民的密度或是与斯堪的纳维亚半岛的连续性接触（如果此二者有发挥作用的话）并不是上述现象的唯一解释，与此同时北方皮克特人灭绝的假设或他们社会地位下降的假设也不能令人信服。在詹姆斯·巴雷特看来，土著的地位和他们的某些权力的谈判方式，还有苏格兰王室权力是否干涉其中也同样是决定性的因素。在苏格兰北部，斯堪的纳维亚移民及其后裔保留了他们的语言和大部分物质文化，与此同时，皮克特人则采用了北欧精英的习俗，甚至是身份。西部的情况则与此不同，在苏格兰西部出现了混合的文化形式，甚至那些被贴上“讲盖尔语的外国人”标签的新移民的后代也继续使用盖尔语。

一些分析使我们能够进一步把范围精细化，例如，在爱尔兰海周围的地区，戴维·格里菲斯建议，将被描述为“维京”的“范围”或圈地的标记进行个性化区分，因为这些地区的统治精英所属的北欧文化可能是建立在混合人口居住地区的。对丹麦法区，简·克肖强调了城市中心与农村地区之间的差异，前者更加国际化，对盎格鲁－斯堪的纳维亚产品持开放态度，而后者的居民似乎对传统的斯堪的纳维亚物件更长情。还有其他方面的区域差异值得我们注意。在东盎格利亚王国（诺福克、北萨福克）和林肯郡，女士服饰中金属元素的使用，比那些根据地名学数据被认为受丹麦人影响更深的地区（如约克郡、东米德兰兹），其实更为普遍。对此其中一种比较超前的解释是，这些不同地区的居民用以表达自己文化归属的形式和策略（通过名称或外观）具有多样性。埃琳娜·梅尔尼科娃指出，在大诺夫哥罗德地区那些与斯堪的纳维亚相关的文化传统（在专有名词使用上的传统和符文的使用）直到晚期（11 世纪及以后）一直存在于整个俄罗斯北部周边地区。她将这个传统持续存在的现象，与 10 世纪末为了守卫国家而在罗斯郊区定居下来的瓦良格雇佣军联系了起来，她还强调了斯堪的纳维亚文化在城市地区和农村地区之间的对比，在城市地区，斯堪的纳维亚元素的同化发生得更快，而在农村地区，这一过程似乎慢一些。拉多加湖东南地区主要住着芬兰人，那里受到的文化影响的复杂性也是公认的。随着通往东方的贸易路线的发展，当地人与斯堪的纳维亚人之间的互动是显而易见的，但（当地文化）受北欧人的影响程度与其说标志了这些接触的强度，不如说标志了当地人接受和适应北欧文化元素的能力，不同区域之间存在着明显的差异，离贸易路线最近的人所受的影响不一定是最持久的。同样，8—10 世纪在波罗的海南岸的西斯拉夫社会和斯堪的纳维亚社会没有产生混合的文化形式，他们似乎也没有克服政治和文化空间的差异。在产生了文化交流的地方中，其中一些地方（雷里克、特鲁索）无疑具有国际作用和吸引外国因素的真正实力，但这些地方并不是通往内陆国家的连接站，内陆国家仍然不受大多数外部文化的影响，至少不受可感知的物质文化方面的影响。在斯堪的纳维亚半岛挖掘到的物件（衿针、武器、如尼铭文、护身符——如雷神之锤，类似在比尔卡发现的女性塑像、宗教符号[①]）主要是在现今波兰的沿海地区发现的，在内陆地区的分布更为分散。武博沃和卢邦（大波兰地区）的墓地，还有锡普尔（波美拉尼亚）和卢托米尔斯克（波兰中部）的墓地，没有找到任何确定是斯堪的纳维亚生产的物件。但斯瓦尔杜维（波美拉尼亚）的墓地就不一样了，在那里，这类物件主要出现在女性墓穴中，似乎再次强调了女性作为北欧文化特征载体的作用。

在创作、转变及对他方身份认同或表述的讨论中，文化迁移所起的作用已被多次强调。考虑到存在不同的背景，可能会有形式各异的身份展示，所以关于文化迁移的分析，我们要非常谨慎地对待。在许多情况下，我们要问自己一个问题：这些个人或群体有没有调动指涉特定文化要素的能力、他们有没有思考这些机制的社会深度的能力。这些指涉特定文化的要素是多种多样的，可以全部一起使用或者部分优先使用，根据社会群体或环境的不同而有所区别。前文多次提及的丹麦法区，它的情况就是，从9世纪末到10世纪的大部分时间里，在某些地区，特别是东盎格利亚地区，无论是在新移民之间，还是在向盎格鲁－撒克逊人传播的过程里，女性服饰元素都被用来标志斯堪的纳维亚文化的归属。然而到了11世纪，标志物发生了变化，当时女性时尚似乎失去了文化归属的功能，这种标志换成了其他更多与男性和战争属性相关的事物，在丹麦新政权被认可的背景下，这些标志性参照物的社会地位更高，地理分布更广。这些要素与其他要素（如语言、名称或石刻碑）之间的关联，无论是统一性还是差异性，都需进一步调查。从本章可以看出，对文化迁移的调查涉及的范畴非常广，但观察文化迁移的其中一个最好同时也是记录得最完整的窗口，是向基督教过渡所带来的长期变化。

第20章　向基督教过渡

向基督教过渡是维京历史上的一个根本性变化。这个过程也是最容易被定向叙事的现象之一，因为它具有象征意义和意识形态意义。由于这通常是

① 三位一体结。

从皈依或基督教化的角度来考虑的，所以首先应该简单回顾一下这两个词所涵盖的内容。皈依描述的是个人或集体转向信仰另一个宗教的过程。皈依可以是自愿的或是被迫的，有时也是出于机会主义的原因，它传达了新皈依者在精神和道德上的转变，这是这个词的其中一个含义的起源，然而在实践当中，加入新宗教的行为往往需要一个调适过程，新的宗教制度要适应于旧的制度。基督教化是一场运动，其范围超越了宗教皈依，推动社会建立起生活、思维和行动的框架，还建立起了倚仗基督教的政治和社会的组织形式，其目的是将个人纳入这些框架之中，并使基督教思想渗透到全社会。在宗教领域之外，它还催生了一种"文化包"（cultural package），而教会是其占有者之一，这个"文化包"里面包括了拉丁语和拉丁文字、法律和国王行动的设计以及物质文化的一些方面。这里选择讲"向基督教过渡"，并不是对"皈依"或"基督教化"这样的既定术语提出挑战，而是为了更好地说明从一个文化和宗教宇宙过渡到另一个文化和宗教宇宙。这一表述恢复了过渡期间必要的中间环节，以更好地描述文化迁移的过程，在描述这个迁移过程的种种表述里，"向基督教过渡"是最完善的表述之一。

20.1 整体问题

向基督教过渡，提出了与这一现象的年代、这一过程的方式、给我们提供信息的来源以及重建这一现象的中世纪和当代话语等多个方面有关的问题。同时，向基督教过渡还提出了一个问题：历史学家究竟是将作用（或行动）归因于当地的行为者，还是归因于促成这一过渡的外来行为者。所有这些问题都值得详细阐述，但我们将只对其中的几个问题进行总结。

首先，皈依是史料中记载的关于某次经历的叙述，这些史料往往是在事件发生之后写成的，对于它们所谈论的话题，这些史料会给人以某种定向视野。这些史料的作者意在颂扬使徒的英雄主义，增强教廷对他们所代表机构正统性的认可，美化某个神圣的场景，这些可能与其他一些意图有所交叉。在安斯凯尔去世后不久（865 年），可能是在 865—870 年间（876 年之前）写就的《安斯凯尔生平》，是一个复杂的文本，它不仅是一本意在缔造安斯凯尔这一人物和汉堡 - 不来梅教会形象的神圣的圣徒传记式论著。它还可以被看作为科尔比（安斯凯尔的故乡）

僧侣而写的读物，旨在鼓励他们继续努力传教，还作为准备开始使徒人生的候选人的指南。这部作品字里行间偶尔会给出许多关于斯堪的纳维亚传教的细节。但它终归是一个综合文本，其核心就是一部记录档案，它并不回避造假的指控，该文本意在为汉堡教会的关于大主教府所在城市的主张及其与不来梅主教区的融合找到依据，并在此基础上附加了其他内容，其中包括了发生在安斯凯尔身上的异象和一些奇迹的描述（在这些奇迹异象里，圣人并不是主角），以此作为“宗教教训”予以保留（伊恩·伍德）。关于挪威皈依，中世纪挪威和冰岛史学把传教国王放在了核心位置。档案辩称，这个国家皈依不是外来传教士的传教行为所导致的，而是由本国国王所致，首先是奥拉夫·特里格维松（995—1000 年），他的生平事迹被大量的《圣经》相关资料和圣徒传记式的材料所记述，然后是奥拉夫·哈拉尔松（1015—1028 年），他成为了挪威的主保圣人。基督教的胜利与普遍的救世史相联系（僧侣西奥多里克的观点），或者与国家的统一史相联系（冰岛诗人斯诺里·斯图鲁逊的观点）。总之，作者不同或者时期不同，给皈依叙事的定位也随之有所不同，另外，对异教经历在叙事中的处理方法不同（被遗忘、被拒绝或被假定），皈依故事的定位也会有所变化。因此，丹麦历史学的早期文本（盎格鲁－撒克逊本笃会僧侣阿尔诺特什写的《国王斯文德·马格努斯的事迹》，《罗斯基勒纪事》）“遗忘了”异教时代，我们后来发现异教时代被斯汶·奥吉森写进了丹麦国家史中；至于挪威，在《挪威历史》一书中，阿尔班·戈蒂埃最近揭示的“1125 年转折点”的前后都能找到异教时代的表述。

我们暂且先放下编年大事记，在后面的讨论中我们会重新回到这上面来。现在让我们回顾一下，维京人并不是在 9 世纪和 10 世纪的时候才得知基督教的，甚至在维京时代开始之前，斯堪的纳维亚世界就已经接触到了基督教，即使他们几乎不能知道基督教符号该如何领会或解释，但他们绝非不知道这些符号的存在。在 8 世纪下半叶到 9 世纪中叶早期制作的椭圆形衿针上，基督教图案的出现程度做了很好的证明（主要是十字架），这可能是受到了凯尔特传统的启发。人们复制这些十字架，很可能是具有目的性的，十字架被认为是与其他更为人熟知的斯堪的纳维亚艺术元素可以兼容并存的图案。对基督教图案的文化认同，后来被加洛林王朝的传教士打断了，这或许是一种宗教对立的证明，但这种对立仍然是引起各方争辩的话题。各类交流的发展，贸易场所中的频繁往来以及旅行都使斯堪的纳维亚人和基督徒之间的接触倍增。我们还可以把对西方传教士的接纳与流动资金起源的演变这二者联系起来，从而用波罗的海贸易日益向穆斯林－阿拉伯世界倾斜来解释 9 世纪法兰克传教士的失败，反过来说，我们也可以注意到，这种资金流向趋势在 970 年前后的终止（转而接受来自英格兰或德国的资金）与基督教的推进发展之间的巧合。

就这一过程的阶段划分和解读，人们提出了不同的方案。例如，彼得·富特提出了一个叫“皈依时刻”（conversion moment）的概念，意思是由国王或公共权力机构颁布的皈依时刻，在此之前是熟悉基督教形象和概念的阶段，在此之后则是基督教的巩固期。在 20 世纪 70 年代，弗里德约夫·比尔凯利为挪威（的皈依过程）划分了三个阶段：渗透阶段（直到 10 世纪中叶），然后是传教阶段（约 950—1030 年），最后是教会机构的组织阶段（约 1030—1153 年，最后一个阶段的时间与尼达罗斯/特隆赫姆被设立为大主教府的时间相吻合）。最近，乔恩·维达尔·西古尔松还提出了一个三阶段的模型：阶段一，北欧和欧洲基督教之间的接触；阶段二，文化协商；阶段三，教会机构的组织。这个模型更加关注的是文化认同和文化同化的现象，这并不是挪威独有的，它可以适用于斯堪的纳维亚地区以外的维京世界的各个地区，不过对每一个阶段的时间划分要根据分析地区不同，而且有不同的时间表。文化协商要求两个宗教之间存在某种形式的渗透。新的习俗，如基督教的葬礼仪式或洗礼，促进了基督教思想的传播（即便这并不一定伴随着皈依）。这种协商可以在两个宗教之间进行，以便在考虑到原有信仰的情况下解释新的基督教思想；另外，两个宗教之间不存在根本性的差异，这一点也很重要。

书面资料特别强调传教士的作用，尤其是对挪威来说，特别强调国王的（传教）作用，这些资料把传教行动、国家的统一和对王朝的忠诚这三者紧密地联系了起来。这些书面资料使历史学家认为基督教化是一个自上而下的过程，换言之，即从上层（国王和精英）往社会下层发展。其他一些资料则表明，这其实是一个更为复杂和渐进的过程，但目前我们仍很难完整全面地了解向基督教过渡的情形。一些接近社会科学方法（社会学、社会人类学）的分析模式更注重将基督教化解释为一个文化转型的过程，强调这个过程的行为者和网络的多样性及其认知角度。这些方法导致了另一种观点的诞生，即自下而上的皈依模式，这种模式更加注重社会的不同层面和个人的决定，并且将向基督教的过渡纳入更广泛的文化背景中。自上而下和自下而上这两种模式其实并不是完全相互排斥的。精英的皈依是基督教化成功的必要条件。这对王公们有利，也符合政治利益的考量。国王成为了新宗教的首脑，主教们处在他的领导之下，教会的结构有助于巩固王朝的结构。此外，使地方首领和社区的从属地位合法化，还强化了国家君主制的思想。改变宗教信仰对地方首领也是有利的，首先就是他们可以借此获得国王的青睐。我们较难在文献中清晰地辨认出自下而上的皈依过程，不过，在国王们正式皈依之前，一些基督徒就一直生活在斯堪的纳维亚半岛，一些斯堪的纳维亚人曾在国外皈依，而基督教也曾影响过一些信奉异教的地区。所以，国王们的皈依行为其实只是为一个已经开始了的进程加冕。无论如何，新的宗教需要王室的保护来扩大其影响，而这种来自王室的支持对基督教的稳固及其习俗和道德规范的传播是不可或缺的。

历史学家对外来因素在皈依基督教的过程中所起的作用提出了很多问题，特别是法兰克人（这其中主要是汉堡 – 不来梅教会）和盎格鲁 – 撒克逊人的一些举措在此过程中的作用。针对“征服和殖民化”的模式，即将斯堪的纳维亚的基督教化呈现为几代传教士努力的结果，或者是将其视为欧洲基督教地区发起的更广泛的基督教欧洲化进程，研究者们其实更倾向于强调斯堪的纳维亚人自己本身在皈依中起主要作用的这种模式。研究者认为，这与其说是一个外部驱动的（甚至是强迫的）而且不能回头的过程，不如说是人们充分意识到自己对信奉基督教的兴趣之后，个人自愿选择的结果。因此，在安德斯·温罗斯的笔下，基督教进入了一个赠予体系，那些最有权力的人介绍宣传基督教时，把它作为一种威望的承载物，因为基督教是西欧一众国王的宗教，这些权贵这么做有助于团结身边的亲信群体，就像一个领袖给他的战士分发珍贵的物品一样。

与以往一样，在这个问题上我们必须考虑到区域差异。关于基督教的接受度和教会结构的建立，可能会因先前存在的宗教传统及其演变、社会政治结构或与外部世界的关系而在各个地区有所不同。可以肯定的是，政治竞争已经在宗教方面得到了体现，行吟诗人哈尔弗雷德的职业生涯和他的诗歌就显示出了这一点。原先他是为异教徒拉德伯爵哈康·西居尔松服务的，在10世纪末，他转而为基督徒国王奥拉夫·特里格维松服务了。来自英格兰的传教士对挪威的影响比对丹麦和瑞典的影响更大，因为丹麦和瑞典更倾向于汉堡 - 不来梅的大主教府的教会，而在挪威出现属地化的主教席位还需要更长的时间。因此，影响基督教走向北方的因素是非常多样的，这其中还包括来自拜占庭世界的影响，但这些与拜占庭的宗教和文化交流的事件记录仍然需要进一步厘清。有关异教“不堪一击”或“异教的反抗”的问题也引起了人们的质疑。关于后面一点，在挪威西部和韦斯特福勒发现的10世纪船葬墓中，那些可见的奢华陪葬品以及在同时代丹麦马车墓葬中发现的隆重陪葬品，在宗教转变或与基督教对抗这样的大背景下，都被视为异教复兴的标志。然而，这些发现也有另外一种解读：与其说这些东西是一种宗教身份的表达，不如说是一种高社会地位和军事精英成员身份的体现。

冰岛前基督教的风俗和习惯相对迅速地消亡，对此一种解释是，那里的异教势力相对薄弱。与斯堪的纳维亚半岛相比，在冰岛上，相当一部分人已经接触过基督教，特别是当地的精英阶层，他们接受认可宗教改革，不必担心他们的政治和社会地位因此受到影响。在罗斯的情况是，斯堪的纳维亚人的崇拜习俗被移植到另一种异教的背景之下，对私人宗教物品的研究显示了这些器物逐渐世俗化和个性化的过程，它们后来变成了装饰品。在亚历山大·穆辛看来，北欧异教在东欧的转变，甚至可以说是危机，构成了欧洲大陆这部分地区的基督教化的背景。在西欧的维京人定居点里，新来者相当迅速地接受了基督教的习俗，但方式和年代可能因地区不同而有所不同。失去了异教的底蕴，定居在斯堪的纳维亚之外的维京人会更容易接受新的宗教习俗。另一方面，新来者所加入的社会网络可能创造了一个有利于接受基督教的环境。因此，由婚姻联盟、朋友情谊、赞助关系和尽忠关系等建立起来的个人人际网络，在基督教的传播过程中发挥了重要作用，包括在斯堪的纳维亚半岛，有一些精英成员在回国前已在国外皈依了。异教能接纳容忍其他神明，并且采纳了某些基督教的元素。异教与基督教的长期接触改变了北方地区的宗教背景，基督教要素变得越来越明显。与基督教日益增多的接触，加上异教的相对“不堪一击”，为北方地区的皈依铺平了道路。

渐渐地，基督教元素被融入了（*而不是被取代*）斯堪的纳维亚人的身份和维京人建立的定居点之中。从9世纪末开始，正如我们所看到的那样，古特仑在他下令铸造的钱币上彰显了盎格鲁 - 撒克逊人和基督教徒的身份。这种基督教的身份显然后来被“蓝牙王”哈拉尔接受了，在耶灵的一处如尼碑文上，记录了国王庆祝丹麦人接受了洗礼，展示了耶稣受难的形象。奥拉夫·哈拉尔松死后不久，围绕着这位埋葬在尼达罗斯的被列圣的国王，凝聚出了一个新生的挪威身份。

20.2 传教士和国王——最初的传教活动

最早对丹麦人进行的传教活动，我们是通过阿尔琴于 796 年前后写就的《威利布罗德生平》得知的。8 世纪初，乌得勒支（荷兰城市）的主教威利布罗德（死于 739 年）会见了丹麦国王安根泰尔，这位国王被描述为一个顽固的异教徒，但他还是让传教士进行传教布道，还允许威利布罗德从该国带走了 30 名儿童进行基督教信仰的教育。阿尔琴所写的这一情节可能反映了他心心念念的一件事，他当时主张对阿瓦尔人和平地进行布道，而且他也对丹麦人的皈依感兴趣。如果传教确有其事，那么它并没有得到很好的跟进，但这并不意味着丹麦人没有继续与基督教世界接触。根据阿尔特弗里德的说法，蒙斯特主教柳德格（死于 809 年）将他的传教活动范围扩展到了丹麦，在他死之前，他仍计划着向丹麦人传教。但后来查理曼大帝劝阻他打消了这个念头。

对斯堪的纳维亚半岛的传教活动，确切说来，是从“虔诚者”路易时期开始的。主要的创导者是兰斯大主教埃邦，由于法兰克王国危机发生时，时任主教后来的态度，导致埃邦的作用一直被掩盖。虽说，在加洛林传教士在向北方地区传教的历史著作中，安斯凯尔的形象是压倒性的，这是从 9 世纪起至今由他的形象而产生的大量圣徒传记作品和历史作品造成的，但它不应该掩盖其他主要参与者从 9 世纪 20 年代起为发起和推进传教活动所做的行动，例如埃邦和他的侄子高兹贝特主教。当时，丹麦正经历着王族之间争权夺利的政治困局。丹麦内部的困难有利于法兰克人干预他们事务，法兰克人支持受国王（“虔诚者”路易）保护的哈拉尔·克拉克国王。传教活动与政治活动密不可分：传教的目的是宣传基督教信仰，同时也是为了在维京人威胁加倍的时候，确保王国边境的安全。822 年，兰斯的埃邦在国王和教皇帕斯卡尔一世的支持下前往丹麦，并在为大量的人洗礼后返回（根据《法兰克皇家年鉴》）。他有可能在回来的时候还带回来了一些年轻的丹麦人，指导他们学习基督教信仰，以便日后派他们去传教。根据诗人艾尔莫杜斯的说法，埃邦还让哈拉尔信奉了基督教。哈拉尔于 826 年访问法兰克宫廷时，他与他的竞争者——戈德弗里德的儿子们——的继承权之争还很激烈，这位丹麦国王在英厄尔海姆受洗，这里正是“虔诚者”路易的宫廷所在地，也有可能他是在美因茨受洗的，这个地点的可能性更大。“虔诚者”路易在洗礼池中“接见”了这位新受洗者，并为他穿上白袍，这一切为利用教父身份达到政治目的的做法提供了良好的佐证。这种利用帝国宗教庇护的做法在 6 世纪拜占庭年代已经为人所知，这样的做法在加洛林国王中很常见（查理曼大帝是维杜金德的教父，维杜金德是一个造反的撒克逊领袖，后来他在 785 年接受了洗礼）。这种做法在“精神之父”，即教父，和他的教子之间建立了一种象征性的等级制度。哈拉尔并不是唯一一个受洗的人，他的家人也接受了洗礼，并得到了有名望的教父教母：朱迪斯王后（哈拉尔的妻子的教母）和洛泰尔（“虔诚者”路易的长子，哈拉尔儿子的教父）。无论是“贵族”还是“百姓”都会成为其他丹麦人的教父教母，而这显然是按受洗者的社会等级而定。每一个新受洗的人都会收到礼物，礼物同样也是按照等级而定的。按照这样的规矩，哈拉尔夫妇因此得到了王室赏赐的礼物。他们的礼物是法兰克王国的封地，其他一同受洗的丹麦人则每人得到了法兰克王国的白袍。正如厄莫杜斯·尼格卢斯在他的诗中所描述的那样，洗礼似乎是一种转变的开始，这种转变不仅是精神上的，还会促使人采取法兰克式的生活方式，正如诗中其他节选所证明的那样。诗中描述的仪式突出了“虔诚者”路易和法兰克人民的荣耀：是路易给上帝带去了“无数的信徒”；丹麦人赞美神龛、神职人员、职务庆典、国王的财富和权力。当然，我们必须考虑到这首诗的讴歌性质，但诗歌确实反映了法兰克人的生活方式和法兰克王权所具有的非常真实的吸引力。

哈拉尔在两位传教士安斯凯尔和奥特贝特的陪同下回到了自己的国家，但在第二年，这位丹麦国王就被赶下台了。丹麦传教活动随即失败，安斯凯尔转而去了瑞典，根据《安斯凯尔生平》的记载，特使们从瑞典到“虔诚者”路易那里，“因为他们中有许多人想皈依基督教”。829 年，安斯凯尔去了比尔卡，在那里他的传教活动受到了鼓舞人心的欢迎。他得以为瑞典国王的代表赫里加施洗，并且获得了建造教堂的土地。831 年，大获成功的他回到了“虔诚者”路易身边，据兰伯特说，他被晋升为大主教，受国王委托，担任汉堡的主教职务，而且还从教皇格里高利四世那里获得了教皇的白羊毛披风。这个版本的叙事是后来由兰伯特构思出来的，这是回到了把安斯凯尔塑造成从一开始就是汉堡首任大主教这点上来。事实上，真实的情形更可能是他从教皇那里收到了一个类似埃邦收到的传教任务，去为丹麦人、瑞典人，也许还有斯拉夫人传福音。安斯凯尔后来在 847 年被任命为不来梅的主教，在他生命的最后，不来梅与汉堡结成一个大主教区，而他获得了这个大主教区的大主教的称号。他的传教活动因为“虔诚者”路易的几位继承人之间争权夺利和汉堡被洗劫（845 年）而受挫。大约在同一时间，异教反扑，他们赶走了高兹贝特主教和瑞典的传教士。尽管瑞典传教士的传道活动后来有所复兴，但根据《安斯凯尔生平》里的描述，9 世纪 50 年代中期在比尔卡，他们就是一个奄奄一息、秘密活动的牧师群体。

在丹麦，安斯凯尔与国王霍里克一世建立了良好的关系，但在国王死后，他的活动受到了影响。他当时已经能够获得国王的信任，还有另外的文字描述了他们两人之间的友谊，以至于丹麦国王要找安斯凯尔商量王国的事务。这位传教士还通过增加他的赠礼拉拢到一些有权势的丹麦人：他成功建立起了一个亲信网络，这对他传教活动的成功是不可缺少的；他还成功地在海泽比建了一座教堂。所有这些辛劳都因霍里克一世和他的大部分部下死于动乱而受挫。新国王（霍里克二世）在海泽比的代表对基督教传教士怀有敌意，他关闭了那里的教堂。不过，安斯凯尔还是凭借着中间人伯哈德，成功地重获王室青睐。他成功地让牧师回归此地，而且获得了在海泽比教堂安装钟的权利，他在里伯又开设了另一座教堂。《安斯凯尔生平》里还详细介绍了传教活动的背景和具体行动。有几次，安斯凯尔和他的同伴们受到了王公们的优厚接待，尽管这些王公自己不皈依，但他们授权给安斯凯尔和他的同伴们进行基督教布道，让他们的一些代表皈依，并开设教堂。这种务实的开放态度，特别是在基督教商人居住的商业中心城市（比尔卡、里伯、海泽比），也为异教和基督教之间的竞争以及在异教神殿里容纳基督在其中的混合宗教形式开辟了道路。这种实用主义的结果，是各种（宗教）形式的调和，这些调和的做法，使异教的一些习俗（例如占卜）可以被用作一扇引人走向基督之门，也使那些希望与新信奉的神和解的异教徒可以通过采用基督教的做法（禁食、施舍）来达成心愿。尽管上述这一切是由未受洗的人来做的，但这些做法也标志着向承认基督迈出了第一步，在向基督教过渡的漫长过程中，教会的行动首先是针对这个（实践）层面的，而不是教条层面。

865年安斯凯尔去世时，结果似乎好坏参半。在斯堪的纳维亚半岛的主要国际贸易中心出现了教堂。根据《安斯凯尔生平》的记载，传教士大部分时间都受到了国王们的欢迎，但其中只有一个国王接受了洗礼，基督教团体一直显得非常脆弱。在安斯凯尔去世和他的继任者兰伯特的主教任期结束之后，我们在近四分之三世纪的书面资料中几乎没有看到传教活动的痕迹。根据不来梅的亚当的说法，大主教阿达尔加尔（888—909年）“对积极投身于他所接受的向异教徒传教的使命，他丝毫没有怠慢”，而且“他十分留意身边，与那些注定要完成这一使命的牧师围绕在一起”，但我们现在对他们的行动一无所知。亚当补充说，大主教阿达尔加尔的其中一个继承人，乌尼大主教（约917/918—936年），利用日耳曼的亨利一世（919—936年）战胜丹麦人的契机，在斯堪的纳维亚半岛和丹麦，在那些“重新陷入异教”的苏翁人和哥特人中恢复传教活动，范围一直到比尔卡，他最后在比尔卡去世了，尸体被埋葬在了那里，但他的头被带回了不来梅。十几年后，三个主教在海泽比、里伯和奥胡斯被祝圣，据不来梅的亚当所说，很可能是在英厄尔海姆的主教会议上，大主教阿达尔达克（937—988年）委托新任命的主教负责在菲奥尼亚、西兰岛和斯科讷组成的教会。虽然不能确定主教们是否真的回到了日德兰半岛的主教府，但上述举措表明，汉堡－不来梅教会和日耳曼统治者有意将其影响力扩大到丹麦，如果不是这样的话，那这些举措证明了汉堡教会希望扩大其大主教府的基础拥有更多新的主教（这与前者其实并不矛盾），这样它便可以为此而自豪。后来，大约是在965—966年，易卜拉欣·伊本·雅·库布记述说，石勒苏益格（海泽比）的居民“崇拜ash-Shirä”，他是这么形容他们的异教崇拜的，但他也提到了“少量的基督徒拥有一个教会”。这些零散的信息，与基督教团体的坚持以及恢复和这些团体的联系的愿望并不矛盾，尤其是从不来梅－汉堡教会的角度来看，这些信息并不涉及其他教会可能的传教行动。就在记述丹麦人奉“蓝牙王”哈拉尔之命信仰基督为唯一的神之前，科维的维杜金德回顾道，“丹麦人以前是基督徒，但他们还是像异教徒一样继续崇拜其他偶像”，他没有进一步详细介绍这种混合宗教的实践方式。

20.3 国王与主教

国王们的皈依代表了基督教发展进程的一个决定性阶段，它巩固了基督教的地位，伴随着斯堪的纳维亚王室向受西方基督教启发的君主制形式演变，但我们要避免将这种转变看作是一种外来模式的线性扩散过程。国王皈依在丹麦更为人所熟知，它曾发生在“蓝牙王”哈拉尔（约958—约987年）的统治期间，对此我们有现代的史料，它们主要是科维的维杜金德的叙述，他在968年写了他的编年史[①]的第一个版本，尤其是写了关于耶灵的复杂宏伟的部分，耶灵是这个王朝10世纪下半叶的主要权力中心。在那里人们发现了两处碑文，其中较大的一块碑（DR 42）是为了纪念哈拉尔的父母、丹麦的统一和居民的皈依。

> 国王哈拉尔下令建造这座纪念碑，以纪念他的父亲戈尔姆和他的母亲提拉，哈拉尔为自己赢得了整个丹麦和挪威，并且使丹麦人成为了基督徒。

这块哈拉尔下令立的石碑位于一个多次挖掘的建筑群的中心，由几个元素组成，包括：

> 一个长近360米的船形石阵，这是斯堪的纳维亚半岛上此类纪念碑中最大型的。这也许是该遗址中最古老的组成部分。
>
> 两座宏伟的土丘（丹麦最大的土丘）。
>
> 一座石质教堂，其下方被辨认出了有木质结构。
>
> 两块如尼石，是受戈姆国王和他的儿子“蓝牙王”哈拉尔委托而造的。
>
> 围绕着整个遗址的大型四角围墙。
>
> 在几个地方，尤其是在北边，有几座建筑，包括至少三座10世纪末的特雷勒堡式房屋（长屋，有弧形墙，在几个当代丹麦遗址上都发现这类房屋，尤其是在特雷勒堡营地）。

① 原文用的是拉丁语 Gesta，指他所写的撒克逊编年史。

北面的土丘之下覆盖了一个更为古老的土丘，下方的土丘可以追溯到青铜时代。对其进行挖掘，我们发现了一座木质墓室，它的年代为958—959年（965年左右有第二阶段的布置），这里被解读为国王戈姆的初葬地。南面的土丘没有墓室，也不能确定王后提拉是否葬在这里。它的建造时间比北边的土丘晚了几年，可能是作为衣冠冢，也可能是举行公共仪式的地方。

两座土丘之间的空地现在被一座教堂的围墙所占据。在现在的教堂下面，发现了一座木制建筑的遗迹，这可能是一座古老教堂的遗迹，这座古老教堂的东部有一座坟墓。在这里发现了一具35岁到50岁男子的遗体，墓中有与前述北面土丘中发现的物品类似的物件。有一种可能的解释，但这个解释并没有得到一致的认可，那就是这其实是国王戈姆的尸体，哈拉尔将其从异教土丘中挖出，埋在基督教的圣殿里，从而使他父亲在死后完成了基督教化。在涉及死者的身份和坟墓结构的其他解释中，阿尔班·戈蒂埃最近提出了这么一个观点：死者被埋在一个大厅里，而这个大厅后来被改造成了教堂，这样就把戈姆的尸体归并进了一个神圣的地方。哈拉尔本人可能打算死后埋葬在耶灵，但他却被葬在了丹麦王国的新首都罗斯基勒。963年左右，耶灵皈依基督教后，这座城市进行了重建。

除了教堂之外，耶灵的大部分古迹都是传统的斯堪的纳维亚式的。有些古迹（船形石阵、如尼石）在斯堪的纳维亚半岛为人熟知，这些形式很可能被重新使用，以示对过去的尊重。不过，那块主如尼石有一些创新之处：铭文的文字是写在水平线上的（而不是像其他铭文那样竖向写出来的），并且有大面积的雕刻画，可能是一开始就画了的。纪念碑的其中一面刻有耶稣受难像，是丹麦发现的最古老的此类画像。因此，这块石头的创作似乎是受到了彩色书籍以及基督教手稿的启发，某种程度上它似乎是一本“石质书”。在装饰上也呈现出创新，因为耶灵石采用了新的图画风格，即后来广为流传的马门风格。该遗迹颂扬了哈拉尔和他的王朝，还颂扬了王权，他的功绩被写进碑文，被颂扬的还有新的宗教。这处遗迹在保留传统元素的同时，还对这些元素重新利用和进行了改造，为王权谋取利益，王权的基督教取向从此得到了清楚明了的确认。

据科维的维杜金德所说，“蓝牙王”哈拉尔大约在962—963年间皈依，在他皈依之前由牧师波庞，也可能是牧师福克马——科隆大主教布鲁农的合作者和继任者——完成了一个奇迹，牧师使国王相信基督比异教徒的神灵更有力量。哈拉尔后来命令他的臣民放弃了他们古老的信仰。事实上，严格地说维杜金德并没有讲到洗礼，他只是讲到哈拉尔下令“基督是唯一要去崇拜的神”，这就给这位丹麦国王到底是何时皈依的留下了疑问，而这位丹麦国王在耶灵石上宣称自己“使丹麦人成为基督徒”时，并没有给出其他的信息。这个（让全国皈依的）倡议并不是来自汉堡大主教区，而是来自一个与之有竞争关系的教会——科隆教会，这也许可以解释不来梅的亚当试图对波庞的企图混淆视听，还解释了哈拉尔在被日耳曼的奥托一世打败后被迫受洗一事。这样的干预如果确有其事，维杜金德不会不记述的，但这些干预的说法是值得怀疑的，哪怕哈拉尔对基督教的调和态度可以用政治动机来解释。965 年，奥托签发了一份关于石勒苏益格、里伯和奥胡斯教会的文书，这些地方显然属于汉堡 - 不来梅大主教阿达尔达克的管辖范围。988 年之前，在菲奥尼亚建立了第四个教区。但在不来梅的亚当的叙事中，哈拉尔倒成了丹麦基督教的奠基人，他后来的命运，通过流放、殉道等事迹和那些圣迹，将他烘托成一个几近神圣的人物，不来梅的亚当同时是哈拉尔的曾外孙国王斯韦恩二世（1047—1076 年）的文人写手，亚当的这种尝试或许是为了提倡王朝崇拜，以此对抗挪威人对圣奥拉夫的崇拜，然而他并没有成功，丹麦不得不等到 11 世纪末才有一位国王加入封圣的行列。

挪威情况有所不同，这方面挪威的历史学是以传教士国王为标志的，首先是奥拉夫·特里格维松和奥拉夫·哈拉尔松，在他们之前，是“好人”哈康所做的尝试。这三个人物的共同点是，他们都是在国外、在外国统治者的宫廷和（或）在维京远征期间接受洗礼（或受按手礼）的，而且，他们都遭到了自己臣民的强烈反对，不仅是权贵的反对。在两位奥拉夫的例子中，他们都得到了外国王公的支持，这些人当中有一些是基督徒，这里的宗教对抗往往被嫁接到反对加强挪威君主权力的政治动机上。

“好人”哈康还是小孩的时候，就被他的父亲“金发”哈拉尔送到英格兰国王埃塞尔斯坦的宫廷里寄养，并且得到了“d'Aðalstreinsf ó stri”（“埃塞尔斯坦收养的孩子”）的昵称，这似乎早在 11 世纪 30 年代就被冰岛诗人西格瓦特·索尔达松的行吟诗广传。“好人”哈康以基督教徒的身份回到了挪威，据后来的挪威史料（阿格里普《挪威王列传》）记载，他是第一个把传教士带到挪威的人，为此他还派人前往英格兰去寻找一位主教和若干教士，他还下令修建了教堂并安排了牧师。某位“叫西格弗里杜斯的挪威主教”是格拉斯顿伯里的僧侣，他是在英格兰国王埃德加（959—975 年）的统治晚期去世的，后来的英格兰史料证实了这位僧侣的存在，但他作为一个转瞬即逝的人物，存在的时间过于短暂，以致我们无法确定他是不是“好人”哈康下令从英格兰带来的牧师。“好人”哈康与特隆赫姆的领导人发生了冲突，后者放火烧毁了教堂，并杀死（或赶走）了那些牧师，据历史学家、诗人斯诺里·斯图鲁逊所说，该地区的居民强迫“好人”哈康信奉异教，并且吃下了献祭动物的肉。在这一事件后，“好人”哈康的宗教信仰和他去世时的宗教信仰，尤其是他是否有可能叛教了这一点，仍然是一个让人争论的问题。后来有资料记述说他放弃了基督教，重操异教习俗，这似乎得到了吟唱诗《哈康之歌》的证实，这是由行吟诗人埃文德创作的关于国王之死的诗歌，但这首诗歌更多的是向我们透露了作品的赞助者想要纪念“好人”哈康的方式，而不是关于他的宗教信仰的信息。

“好人”哈康的继任者，即“血斧”埃里克的儿子们，关于他们的举措，记录不多。“灰袍”哈拉尔是一位信奉基督教的王子，但在他死后不久，这个国家就被拉德的哈康伯爵（非“好人”哈康）所控制，在《缺乏黄金》一书中，这位哈康伯爵被称为“异教习俗和异教神殿的积极捍卫者”。这位哈康伯爵的死，为奥拉夫·特里格维松打开了权力的大门，不来梅的亚当认为奥拉夫·特里格维松是第一个将基督教带到挪威的人，尽管他本人醉心于异教的占卜之术。994 年奥拉夫·特里格维松在《安多弗条约》签订后接受了洗礼或是按手礼，埃塞尔雷德二世是他的教父，他的传教行动多见于拉丁文和古北欧文的史料（特别是 1190 年左右奥德·斯诺拉森献给他的传奇和后来的《挪威王列传》），这些史料把他书写成设得兰群岛、奥克尼群岛、法罗群岛、冰岛和格陵兰岛这些地方进行皈依的倡导者，并详细介绍了他在挪威开展的争取居民皈依基督教信仰的运动，特别是在该国沿海地区。在中世纪的历史学中，奥拉夫·特里格维松是传教士国王的典型代表，这就使我们更难评价他在位的几年中所采取的行动。《挪威王列传》详细介绍了这位国王为了实现其目的所使用的方法，从公开宣布其意图的阶段，到谈判和妥协阶段，再到后来合法地使用强制或粗暴措施的阶段（摧毁神像和庙宇，处决、放逐和交出人质）。奥拉夫是在传教士的陪同下回来的，这些传教士中包括英格兰主教西格鲁德，奥拉夫的统治无疑标志着基督教在该国的进步，但他受到了精英阶层的敌视，特别是拉德伯爵埃里克·哈康森的敌视，他与瑞典的奥洛夫·舍特康努格和“八字胡”斯韦恩结盟，对抗这位挪威国王，国王在1000年的斯沃尔德战役中被击败了。他死后，这个国家由拉德伯爵埃里克和斯韦恩（这位斯韦恩是指拉德伯爵哈康的儿子）统治，他们身上具有丹麦和瑞典国王的血统，他们都是基督徒，但我们不知道他们是否推广过基督教。

挪威和冰岛史学界认为奥拉夫·哈拉尔松完成了其同名前辈（指奥拉夫·特里格维松）的工作。奥拉夫·哈拉尔松大约在1013年受洗，仪式很可能是在鲁昂进行的，由诺曼底的理查德二世的叔叔罗伯特大主教为他施行，他在1015年回到了挪威，随行的人员中还有一些传教士，其中至少有一个叫罗杜夫的，他也许是与公爵家族关系密切的诺曼人，后来在冰岛当了主教，另外三位传教士则来自英格兰，他们很可能出身于盎格鲁－斯堪的纳维亚家庭。后面三人里，其中一位是格里姆克尔主教，他是国王奥拉夫的忠实顾问，也是国王死后对“奥拉夫崇拜”的主要推动者。历史学传统将挪威国内的福音化归功于奥拉夫·哈拉尔松，并且，把在奥拉夫·特里格维松死后远离基督教的地区重新信仰基督也归功于他，他因此完成了奥拉夫·特里格维松的工作。史料总结了奥拉夫·哈拉尔松的传教活动的一个特别之处是，他制定了旨在确立基督教地位并确保其连续性的法律。据说，在1022年左右，奥拉夫和格里姆克尔主教可能在莫斯特议会立了该国第一部基督教法律。一些法律文本，特别是那部《古拉兴法》，其中包含的一些条款，据称可以追溯到圣奥拉夫①的这次立法，但这些法律文本的保存情况并不可靠。虽然他们以立法者之姿来塑造奥拉夫·哈拉尔松，而且往往把他与种种创始者的神话联系在一起，但他们起草的法律的影响和作用可能并没有超过“和平者”奥拉夫（奥拉夫三世）的统治时期（1066—1093年）的法律。

奥拉夫·哈拉尔松在位至1028年，出于政治原因，他被部分受克努特大帝支持的贵族赶出王国，后来他不得不逃往瑞典，然后又逃往罗斯。他于1030年死于尼达罗斯附近的斯蒂克莱斯塔，其实当时他曾试图重新夺取政权。挪威再次处于丹麦人的统治之下，直到1035年，在克努特大帝死后，丹麦权贵决定立奥拉夫·哈拉尔松的儿子马格努斯为国王，几年后奥拉夫被封圣，成为了挪威的主

① 圣奥拉夫：即奥拉夫·哈拉尔松，他后来封圣，成为了挪威的主保圣人。

保圣人圣奥拉夫。“（格里姆克尔主教）通过促进其前主人被封圣，他宣告了他本人作为主要参与者之一的使命达成了，而且这开启了一个全新的时代，即挪威教会组织化的时代。”

我们对瑞典国王的皈依了解得最少。据不来梅的亚当说，“胜利者”埃里克（约死于995年）曾在丹麦皈依基督教，但据斯韦恩·埃斯特里森[①]所说，埃里克后来又重新信奉异教。对亚当所说的这次皈依的说法，我们要采取更加谨慎的态度，因为亚当曾经在他的叙事中混入了一些科维的维杜金德记述的传说，维杜金德说“蓝牙王”哈拉尔被牧师波庞改变信仰的时候，波庞曾当着“蓝牙王”的面接受对基督信仰的考验，据说波庞扛着“巨大的烧红的铁块”却没有被烧伤。假设埃里克皈依这事真的发生了，那埃里克与一位刚皈依基督教的王朝的波兰公主的结合很可能是促成事情朝这个方向发展的原因。埃里克的儿子奥洛夫·舍特康努格（995—1022年）是该国的第一位基督教国王，他应该是想让他的臣民都皈依基督教的，这种意愿之迫切以至于他想摧毁乌普萨拉的圣殿。他在斯卡拉（西约特兰）建立了一个主教区，其第一任主教多尔高是由乌万大主教（1013—1029年）祝圣的，奥洛夫发行的钱币表面上公然带有基督教符号标志。经挪威而来的英格兰传教士也曾访问过瑞典，根据晚期的传统，奥洛夫在1008年左右接受了其中一位主教西格弗里德的洗礼。奥洛夫的两个儿子有着截然相反的名声，一个是阿农德·雅各布，这位是一个非常虔诚的基督徒国王，而且在他的统治期间基督教得到了蓬勃发展，另一个是“长者”埃德蒙[②]，他有着“不怎么重视我们的宗教”[③]的名声，尤其是因为这一点，在不来梅的亚当眼中是不可原谅的，另外，他还让一个波兰大主教为他的一位主教祝圣。不是所有的主教都是由汉堡的大主教祝圣的，不来梅的亚当提到至少有六个人由阿达尔伯特单独祝圣的（1043—1072年），其中一个人承诺将向“Scrithefennes”（地球极北岛屿上的人）传播福音，即该国范围内的萨米人。大量的如尼石证实了基督教的传播以及基督教在某些地区与异教的共存，在梅拉伦湖地区（如南曼兰的都灵根）观察到的丧葬习俗可能是混合宗教特征的证据。然而，直到12世纪在两次异教反抗（一次是11世纪80

① 斯韦恩·埃斯特里森：即斯韦恩二世，又译作“斯文二世”。

② “长者”埃德蒙：即瑞典国王埃德蒙一世。

③ 不来梅的亚当原文写的是：non multum de nostra religione curavit。

年代，另一次是12世纪20年代）失败后，新宗教才站稳了脚跟。王位之争阻碍了一个能够接管国家皈依事业的王室的发展，直到12世纪30年代，代斯渥克尔一世建立王朝，情况才有所改变——这个国家的权力巩固集中过程比其他斯堪的纳维亚国家更为漫长，因此基督教的胜利也来得更晚。

教会结构的建立历时一个半世纪以上，不同的王国有不同的模式。国王们想要保留对任命主教和建立新主教区的控制权，而且他们经常反对汉堡-不来梅教会拥有的特权，直到12世纪初，汉堡-不来梅教会仍是管控所有在建的斯堪的纳维亚新教会的大主教府。

在丹麦，“蓝牙王”哈拉尔的儿子“八字胡”斯韦恩驱逐了汉堡大主教任命的主教，并且招用了没有担任固定主教职位的盎格鲁-撒克逊主教，这样的做法，使他在不来梅的亚当的著作中，承受了迫害基督徒的恶名。直到他的儿子克努特大帝在位时，才依据在王国重要地区（日德兰、菲奥尼亚、西兰岛、斯科讷）各设一名主教的原则，建立了主教组织结构。其中一位教长，罗斯基勒的格布兰德在从丹麦前往英格兰的途中被俘，被迫向汉堡的乌万大主教（1013—1029年）屈服，并向他宣誓效忠。克努特试图通过向罗马教廷捐款来加强丹麦教会与教廷的关系。在斯韦恩·埃斯特里森的领导下，与汉堡的关系在11世纪50年代实现了正常化。汉堡-不来梅教会的大主教府权威似乎得到了更广泛的认可（但这并不妨碍斯韦恩试图建立一个丹麦大主教区），丹麦教区从这个时候开始有了固定的主教，教区的数量也有所增加：里伯、奥胡斯、维堡、温迪拉（温迪拉是不来梅的亚当对此地的称呼，其实即利姆水道的文叙瑟尔，该区的教区后来建在了伯格卢姆）、欧登塞、罗斯基勒、伦德、达尔比（但很快被并入到了伦德）。教会机构的巩固也有利于教堂的建设。在11世纪70年代，不来梅的亚当统计了教堂的数量：在斯科讷有300座教堂，西兰德岛有150座，在菲奥尼亚有100座；而大约在同一时期，罗斯基勒和伦德才刚刚开始建它们的第一批教堂（约1085年）。在挪威，第一批主教（通常是来自英格兰的）似乎并不隶属于某个特定的城市或地区，他们往往是被任命为整个王国的主教，他们游历了整个王国，同时为了各种各样的传教活动与国王本人以及国王的大臣有密切的联系。从11世纪30年代末开始，在尼达罗斯/特隆海姆固定的主教席逐渐出现，而后，在“和平者”奥拉夫的统治下，到了11世纪60年代末塞尔耶（然后是卑尔根）、奥斯陆也设立了，最后在12世纪，在斯塔万格（大约在 1125 年）和哈马尔（1153 年）也设立了固定的主教。最初，主教团仍然是对外国人（英格兰人、德国人、冰岛人）开放的，“无情者”哈拉尔的统治期间，出现了第一位挪威主教，“无情者”哈拉尔和“和平者”奥拉夫一起推动了挪威主教团的建立。在瑞典，最早得到证实的主教席位在斯卡拉（约 1020 年）和锡格蒂纳（11 世纪 60 年代），伦德（丹麦）大主教的晋升似乎促进了新的主教席位的形成，使其数量达到 6 个（斯卡拉、林雪平、斯特朗格纳斯、埃斯基尔斯蒂纳、锡格蒂纳以及韦斯特罗斯），后来又增加了乌普萨拉（12 世纪 40 年代取代了锡格蒂纳的位置），在 12 世纪 60 年代后期又增加了韦克舍和奥布（今芬兰）。12 世纪上半叶，各地都在推行什一税，丹麦从 1100 年开始，挪威最早是从 1111 年开始的，我们可以把在挪威的情况看作是什一税在 12 世纪中叶被确立和接受，而在瑞典则是在 1100—1150 年之间。

在整个 11 世纪，斯堪的纳维亚教会一直处于汉堡 - 不来梅大主教的管辖之下，但在 12 世纪获得了自由。斯韦恩·埃斯特里森试图争取设立丹麦大主教区，但没有成功，直到 1104 年，伦德才被承认为大主教府所在地，其权力范围包括瑞典、冰岛，原则上还包括挪威。挪威则在尼古拉斯 · 布雷克斯佩尔任职后，于 1152—1153 年间在尼达罗斯设立了一个大主教区，他在挪威进行了重要的改革（引入了给罗马教廷捐款的做法，建立了教士集会点）。新的大主教区还对冰岛、格陵兰岛、法罗群岛、奥克尼群岛、赫布里底群岛和马恩岛等七个教区行使管辖权。几年后（1164 年），乌普萨拉第一任大主教被祝圣，瑞典的宗教自主权得到了承认。

20.4 在两个宗教系统之间

从 10 世纪中叶开始，斯堪的纳维亚国王皈依基督，他们参与或支持传教行动，建立教会机构，这些是因为北方的宗教氛围发生了变化。根据阶段或过程不同，人们把向基督教过渡描述为“渗透”“文化协商”或“宗教同化”等，这涉及两个宗教系统之间的一系列互动，而这些互动不能简单归结为两者对抗。

在斯堪的纳维亚半岛的各处遗址上发现的基督教物品或符号是在皈依之前就已为人所知的现象，但它们被接受的程度仍然是一个值得探讨的问题。例如，博格（地处挪威罗弗敦群岛）那个意义重大的遗址给世人呈现了在 10 世纪之前的一套器物（镶嵌有金饰的平底大口玻璃杯或是大柄小口壶，都装饰有十字架；还有可能是用于宗教礼拜仪式的具有岛屿特色的青铜容器）。这些手工艺品的存在，可能是各种交换的结果（发生在基督徒地区的掠夺、赠与以及贸易），它们的存在不一定表明它们被视为宗教象征，也可能是声望的象征，是某种炫耀文化的一部分。在瑞典的黑尔戈兰岛上的一座建筑中（可能是一个大厅中的审判庭），直到维京时代初期该建筑一直在使用，在某个明显具有崇拜用途的综合区域内，人们发现了一组“来自异域且神圣”的物品，这些物品包括一个具有岛屿风格的主教权杖头，一个装饰有十字架的铜制高脚杯，还包括一个科普特人在礼拜仪式上用的勺子和一尊佛像（此外还有罗马、拜占庭、萨珊波斯和西方的钱币）。不可否认的是，当时的人充分认识到这些物品是具有宗教含义的，再加上它们来自远方，所以很可能待它们如珍宝，这些物品也提高了主人的声望。就算我们拒不承认 9 世纪初爱尔兰存在传教士，也不为“如人得鱼”这样的基督教故事情节辩护，但这些沉睡多年的物品如果还不能表明宗教思想的传播（但为什么不呢？），那至少也表明了这些物品对当时的人具有不可否认的吸引力和它们在异教文化背景下融入了当地。

试想有这么一个神迹剧，其主角是一本圣书《坎特伯雷奥勒乌斯法典》，被海盗作为战利品带回了家，这给偷书者的家庭带来了不幸，甚至是这样的故事：抢劫者要求收到赎金才会归还，这些都在提醒我们，维京人当时清楚地意识到这些物品在基督徒眼中的价值，即使他们当时还没有明白其中的内容。从 6 世纪起在护身符上饰上基督教图案，从 8 世纪开始在衿针等饰品上装饰上基督教花纹，基督教图案作为装饰元素融入了斯堪的纳维亚文化中，这证明了斯堪的纳维亚人熟悉了解这些图案。但令人觉得矛盾的是，这些图案在 9 世纪中叶消失了，这有可能是一种明显的宗教观念的反映，这种观念在斯堪的纳维亚地区的基督教传教活动有所发展的时候表现为一种对基督教的排斥。与此相反，在丹麦东南部莫恩岛的拉比利发现的一只金手镯，是 9 世纪下半叶的作品，它的装饰很精致，上面有两个凸起的十字架和一棵生命树，可以被解释为各各他山的形象。毫无疑问，这一切都见证了一个对基督教接纳（积极或不积极）的环境和背景的诞生。

两教之间的共栖关系，有许多证据将其记录了下来，但这些证据的解读有时并不容易。例如，在特伦德加登（丹麦，10世纪下半叶）发现了一个模具，工匠可以从这个模具中同时辨认出十字架和雷神托尔的锤子，这么做很可能是为了能够向信仰不同宗教的顾客进行销售……因此选择采用两种宗教的某些符号。雷神之锤样式的吊坠和装饰品尤其是在10世纪广为流传的现象，引起了激烈的辩论，这些饰品上有时还有十字架。这种传播现象可以反过来解释为当时异教对基督教传教时思想和符号兴起的反抗，即异教重生反扑的迹象，又或者是完全相反的解释，认为这种传播是异教出现危机、两种宗教混合的一种表现，甚至是对十字架（命运）的一种预言——人们将雷神对巨蛇的斗争类比为基督战胜邪恶。这种现象不仅是两种对立的宗教系统的表现，而且反映了“在一个变革时期，原有的信仰和个人身份受到挑战，面临着新的选择，但尚未达成普遍共识的情况下，个人对保障、援助和受保护的普遍需要”。

关于最初的基督教社群的定居情况，在文献中记载不多。《安斯凯尔生平》详细记述了国王在比尔卡的代表“地方长官”赫里加的行动，记述了他是在安斯凯尔第一次到瑞典传教时皈依的，除此之外记录了他祖先的庄园里建造的一座小教堂。文中还描述，在异教徒进行反抗将高兹贝尔主教赶出瑞典后不久，他接待了隐士阿德加，他对信仰的坚定性——他向同胞们宣称自己的坚定性，还有他所创造的奇迹。这个人物无疑属于精英阶层，但他并不是最高层精英的代表。在《安斯凯尔生平》中有另一个情节，有一位姓弗里德伯格的虔诚女人和她的女儿卡特拉住在比尔卡，她们都是基督徒。这位母亲即将去世的时候，她让女儿去多雷斯塔德把从遗产中得到的钱施舍给教会和穷人。弗里德伯格可能属于在瑞典立足的外国商行中弗里斯兰商人中的一员，她的故事让人知道了当地与弗里斯兰的港口保持着联系。那些建立在瑞典的外国商行中，商人来自四面八方，他们与传教士网络有紧密的联系，所以这些商行是斯堪的纳维亚半岛最初的已知的基督教社群的容身之所。在现在那所大教堂附近，我们发现的可能是里伯的最初的基督教社群墓地，而安妮－索菲·格拉斯隆说，早从9世纪起，就在比尔卡发现了受基督教影响的丧葬习俗的演变。在瑞典发现的最古老的带耶稣像的十字架（10世纪）是在比尔卡（Bj 660）的一座女性墓中发现的，在一个墓地的墓室里，异教徒和基督徒被紧挨着彼此埋在了一起。这个带耶稣像的十字架是在当地制造的（总之不是进口的），与许多其他物件（椭圆形的衿针、项链）一起被发现，这些物件中有一根金属棍子，这是一种与女预言家相关的象征性物件。这些外国商行并不是带来基督教影响的唯一媒介。在瓦恩海姆（西约特兰）挖掘出了一座约 1000 年建立的小型木质教堂，后来被一座较大的石质建筑所取代（约 1030—1050 年）。教堂周围是基督教墓地，显然从 900 年左右开始使用，这表明基督教从 10 世纪开始对该地区产生了强烈的影响。通过对位于罗姆斯达尔（挪威西部）的维约教堂进行的挖掘，我们发现了两处墓地围墙，而且该遗址的年代可以追溯到 10 世纪上半叶，甚至是 9 世纪末，在现阶段的研究中，它是挪威最古老的基督教墓地。对这个 20 世纪 80 年代发掘出的遗址重新进行分析，结果发现该遗址与在该地区发现的岛屿风格的物件有关，这些新的发现让塞比约尔・诺代德提出了新的假设：在"好人"哈康统治时期，甚至是更早的时候，一个来自不列颠群岛的僧侣社群来到了这里。

记录向基督教过渡的过程的尼纪念碑极为罕见。除了"蓝牙王"哈拉尔的耶灵石和挪威的库利（N449）的铭文，该铭文记录了一次在基督教传入此地 12 个冬天后发生的事件。那些文字很难读懂，有时人们把这些文字与 1022 年左右的莫斯特集会关联起来，它们突出了引入基督教这个做法的新颖性，而且把这次引进作为荣耀后世的功绩。这是一个特殊但并非唯一的情形。同样地，我们在 12 世纪立于瑞典的耶姆特兰的弗罗索铭文上（J RS 1928：66），读到了下面的文字。

> 古德法斯特的儿子奥斯特曼下令立起这块石碑并建立这座桥梁，他让耶姆特兰实现了基督教化。阿斯比约恩建了这座桥，特林和斯滕（雕刻）了这些符文。

奥斯特曼很可能是该地区的一个名人，就像我们已经讨论过的贾拉班克一样。最引人注目的是在弗罗索教堂附近，人们挖掘出了一个在 10 世纪仍在使用的异教神殿，当时的社群可能因为崇拜活动而聚集在这个神殿里。因此，很有可能是奥斯特曼或与他关系密切的人原先负责异教崇拜，而后他本人结束了这种崇拜行为，并且引入基督教的习俗。改变宗教信仰至少在最初并不意味着地方精英放弃宗教责任，至少不意味着让他们放弃对宗教的控制。许多如尼石都是由这些地方精英下令竖立（虽然有地区差异），他们还着手建造了最早期的教堂。对南斯堪的纳维亚半岛来说，已经发现了大约 30 座 1100 年之前建造的木制教堂，这其中大部分可以追溯到 10 世纪下半叶，这个时间节点已经接近斯韦恩·埃斯特里森（1047—1076 年）领导丹麦教区建立的那个时候了，即在“蓝牙王”哈拉尔皈依后的近一个世纪。基督教的礼拜活动很可能一开始是在某个有权势的人的大厅里举行的，李斯比约格（丹麦）的情况也许就是这样，那里的第一座木制教堂（11 世纪末）是由某个大厅改装而成。关于这座建筑，我们不能完全排除这样的情况，大厅的主人及其家族原先负责异教的礼拜活动，后来才将这座建筑提供给基督教社群使用。

接触阶段之后，在很长一段时间内，两个宗教系统共存，两者间也存在此消彼长的互动，具体情况在不同地区有明显差异。我们一般认为，如尼铭文的发展受基督教的传播影响，它们大多是在 950 年以后出现的，而这些如尼铭文的发展进程，随着教会权威的建立而逐渐式微。就瑞典而言，林恩·拉格指出，最早的基督教如尼铭文产生于东约特兰、西约特兰和斯莫兰，其传播似乎在 11 世纪中叶停滞不前，在这些地区更北边的南曼兰，它们的传播保持着较高的水平，而在乌普兰这种快速发展局面还要等上一段时间才出现。在乌普兰，这种缓慢发展的，可以理解为由于这一地区的基督徒的发展还没有跟上教会制度的发展。在挪威，塞比约尔·诺代德根据考古证据（祭祀场所的遗址、坟墓），注意到在 950—1050 年之间，前基督教的一些场所和习俗被抛弃了，在某些地区这种现象出现得晚一些，例如阿格德尔和挪威东部的内陆地区。基督教祭祀活动的痕迹最早出现在西部的罗姆斯达尔（从 10 世纪上半叶开始）和奥斯陆峡湾地区（10 世纪末至 11 世纪初，例如奥斯陆的圣克莱门特教堂遗址）。然而，这个并不是一个统一的过程。在特伦德拉格，特隆赫姆在 10 世纪末建立，并成为该地区主要的基督教中心，异教崇拜在霍夫一直持续到 1000 年左右，在梅尔则一直持续到 11 世纪第三个 25 年，这两个地方表明了从异教向基督教过渡有两种模式，一种是逐渐放弃异教，另一种是异教圣地被摧毁。总的来说，在挪威，异教崇拜似乎是戛然而止的，但其实根据地区不同，皈依进程的时间表也有所不同。

向基督教过渡的各种不同形式都得到了证实，在这个过程中有的和异教有相互作用，有的则没有。在兰德斯附近的霍宁（位于日德兰北部），在一座 12 世纪建筑下发现了两座木制教堂遗迹。其中一座木制教堂或许可以追溯到 1070 年左右，但也不排除是更早期的。这些木建筑是在此前一个多世纪兴建的，它们被建在一个异教土丘之上，在10世纪，因为建筑工事这个土丘被夷为平地，又修起了一个被埋在马车里的女人的坟墓，这个坟墓保存完好。这座木制教堂的工事是经过精心布局的，以便让它正好建立在墓穴的上方，而墓穴位于建筑的入口处，这就使得教友们必须经过墓穴才能进入教堂。这位被埋葬的女人无疑地位很高，她死后的名声很有可能还在委托建造霍宁教堂的社群成员中口口相传。这里的情况很有可能是，当时的人希望让异教坟墓融入基督教的建筑中，确保逝者在教堂入口处于一个显眼的位置，他们还希望这位妇女死后被基督教化，她很可能是控制这个地方的家族的祖先。这个案例让人联想到了耶灵石，但这个案例中能让人评论批判的地方少一些，因为较之耶灵石的情况，这个案例中，前基督教墓葬和基督教纪念建筑之间的接续关系得到了更好的证明。然而，在这两个例子中，我们必须强调的是当时的做法对遗址中异教元素的尊重，因为这些异教元素并没有被毁掉，而是被融入到了新的宗教秩序中。菲奥尼亚的索莱斯特土丘和莫莱姆塞加德土丘建于10世纪中叶以后，因而几乎与耶灵石是同时代的，它们展现出了一种明显具有异教葬礼色彩的盛大排场（马术装备、马车），但同时也有基督教习俗的痕迹（索莱斯特土丘中有蜡烛，可能是下葬时使用的），这就向纯粹的二元对立说提出了挑战，即简单的异教与基督教的对抗关系说。这些案例并不是孤立的，它们都反映出了复杂的身份问题，在这种的背景下，社会地位可以通过穿上异教的服装来表达，因此我们并不能通过这一点来判断死者和埋葬他们的人的宗教信仰。

到底传递给北欧最初的基督教社群的信息是什么以及是用什么载体传递的呢？首先我们要记住一个事实，大量的如尼铭文都带有基督教的图案，最常见的是十字架（乌普兰50%以上的符文石都有十字架图案），相较之下，基督教的信息则少一些，一般诉说上帝或基督救助死者灵魂的箴言，对种种圣事的描述（死前接受的洗礼或按手礼，这些是用“身着白衣”的隐喻来表达）；经文；圣人（圣母玛利亚、圣米迦勒）的代祷，最后这一点更为罕见。古代北欧吟唱诗大量使用了斯堪的纳维亚英灵殿的神话人物，这些诗歌其实已经开启了基督教的叙事，如在行吟诗人哈尔弗雷德的作品中就可以找到，这位诗人自己后来也皈依了，并且为信仰基督的国王奥拉夫·特里格维松服务（为他创作了一些单节诗，还有《奥拉夫挽歌》），后来冰岛诗人西格瓦特·索尔达松也写了一些作品（单节诗《东方游历之诗》《西方游历之诗》《致圣奥拉夫的纪念诗》，这些作品也是对圣奥拉夫的崇拜的最古老证据之一）。在10世纪末，皈依基督教的哈尔弗雷德在诗歌中表达了对自己的灵魂在冥间的担忧。

我现在应该可以无忧无虑地死去，
如果我知道我的灵魂得救了；
少时的我伶牙俐齿；
自问无所畏惧；
每个人都终有一死；
除了一点，我畏惧地狱；
上帝决定我死后在哪里。

这些文字中透露着对异教神灵的贬低和排斥，虽然异教众神的存在没被否认，但他们已被上帝的力量剥夺了资格。首先是全能的上帝主宰一切的形象占了上风。与此相关，创世的主题也存在，但另一方面，几乎完全没有提及三位一体，尽管对三位一体论的崇拜从11世纪起就在斯堪的纳维亚广泛存在。同样，虽然在行吟诗人所写的铭文中出现了一些中保，但在早期基督行吟诗歌中是没有的，这样的做法似乎是为了更好地确保上帝是唯一的。基督教的末世论述似乎很快就被理解了，这从碑文和诗歌中反复重申对拯救死者灵魂的召唤中可以看出来。如果说“罪”的概念出现得不多，那么对地狱的恐惧是显而易见的，“天堂”是为人熟知的，同样“魔鬼”也是。总而言之，古代北欧的文本反映的是一种相对简单的教义，也许是受10—11世纪盎格鲁－撒克逊布道的影响，这些文本以基督教的神的全能性为基础，使异教众神失去了资格，它们还在几个主题（最后的审判、地狱、天堂、魔鬼）中体现了末世论。也许正是因为这一教义加入了北欧宇宙观的某些主题（如诸神的黄昏、阴间），它才可以更好地适应斯堪的纳维亚半岛的语境。

传教士摒弃了古代纪念活动中的异教习俗，鼓励亲属为死者的灵魂祈祷并进行捐赠。其中最负盛名的赠予是建造一座桥，这是在异教神话宇宙中的一个元素，在引入了基督教的“通向死后的世界”这一内涵后，桥也可以重新被介绍——这样的做法同时也会给提出倡议者带来荣誉。这类工事的建造是教会鼓励的虔诚的善行之一，在大约 141 处如尼铭文中提到这样的工程（其中一半以上在瑞典的乌普兰）。在乌普兰的布罗有这样的记录（U 617）：

> 金因洛格是霍姆格的女儿，她是希格罗德和戈的姐妹，她让人建了这座桥，并立了这块石碑，以纪念她的丈夫亚述和她的儿子伯爵哈康。他（指哈康）和吉特一起当过"维京战士"。愿上帝现在救助他的精神和（他的）灵魂。

布罗的铭文可以追溯到 11 世纪初。在 81 块记录了桥梁建造并且可以追溯到明确年代的乌普兰如尼石中，几乎有三分之二的年代是在 1070 年之前（三分之一在 11 世纪中叶之前）。这一时期基督教在瑞典流传，但异教活动仍然活跃。据布罗的碑文记载，是一位名叫金因洛格的女子资助了这座桥的建造。这显示了女性所扮演的角色。虽然在乌普兰的如尼石中，只有 28% 的石碑是由女性赞助的（单独赞助或共同赞助），但在与建桥有关的石碑中，则有一半是由女性赞助的。妇女的这种积极参与应该与神职人员对这类做法的鼓励关联起来。这种参与行为也证实了她们在推动皈依的过程中所起的积极作用。

金因洛格是霍姆格的女儿，可能和南曼兰的拉姆桑德斯贝格特铭文（瑞典，Sö. 101, 约 1010—1040 年）中所提及的人物是同一个人。这篇碑文同样叙述了一座由女性捐助建造的桥梁，霍姆格的儿子希格罗德的妻子西格丽德资助修建的。石头上还有一幅非常著名的雕刻，石雕取材于西格鲁德的故事，西格鲁德的传说尤其因为北欧古老叙事诗《埃达》和《沃尔松格萨迦》（约 1260—1270 年写于冰岛）而为人所知。这个传说说的是，西格鲁德在他的养父铁匠雷金的唆使下，去夺取法夫纳的宝藏——法夫纳是雷金的兄弟，后来化身为龙，小心翼翼地守护着那些宝藏。在雷金锻造的剑的帮助下，西格鲁德杀死了巨龙。根据传奇的，西格鲁德的手指被灼伤了，他于是把手指放到了嘴里，这时他突然能听懂鸟儿的歌声，它们说雷金其实是想欺骗他，还劝他杀死铁匠雷金。这些图案都重现在了雕刻上。龙是蛇形的，它蜿蜒的身体上刻了铭文的内容。底部是西格鲁德用剑刺穿巨龙的图案，上方是西格鲁德的坐骑格拉尼掌管着宝藏。西格鲁德被刻在马的右边，他把手指放进嘴里后，明白了树上小鸟的鸣叫是什么意思。在这幅雕刻的边缘，是被砍头的铁匠以及他的工具；西格鲁德已经掏出了巨蛇的心脏，他把它拿在手里，正在火上烤。

虽然这幅画的解读很简单，但它与铭文（无可争议，铭文的内容是基督教相关的）的关系却比较难确定。有人提出了几条线索，如西格鲁德和西格丽德的丈夫希格罗德的名字相似。按照伯吉特·索耶的说法，西格丽德的儿子阿里克可能与附近不远处发现的另一个铭碑（昆沙莱特，Sö. 106, 960—1020 年）中提及的阿里克是同一个人。不远处铭文提及的这个阿里克是为了纪念他的父亲而立下这个碑的，其父是一个维京首领，这个维京首领也许是西格丽德的第一任丈夫。西格丽德从这位维京首领那儿继承了他远征得来的财富，这正好与传说中西格鲁德夺取宝藏的情节相类似，于是她把这笔财富用以行善，在献给她第二任丈夫的铭文旁建了那座桥。此外，西格鲁德的形象可能与圣米迦勒屠龙有一定的联系，龙被认为是撒旦和堕落天使的化身，圣米迦勒屠龙代表了正义战胜邪恶，与他相关的菜肴被认为是神圣的象征。上面这个例子中用的是他们所熟悉的英雄传奇故事，可见，基督教主题可能就是这样用斯堪的纳维亚人的神话，置换成了斯堪的纳维亚社群所熟悉的语言。

从这个角度来看，另一个有趣的例子是11世纪末的诺鲁姆教堂（瑞典布胡斯）的洗礼池。它的侧面刻有各种装饰，其中有两个置于双弧形下的十字架。第四面有一处铭文（“斯韦恩制造了我”），这指明了雕刻这个洗礼盆或是委托制作了它的人。铭文下方的石板上雕刻了讲述故事的图案，其中可以辨认出一个身穿外衣的人置身于一群交织的蛇的中间。这个场景代表了《沃尔松格萨迦》中的另一个情节，这个情节也是通过埃达诗歌（如《阿特利的格陵兰岛之诗》）为人所知的。贡纳被扔进一个充满了蛇的坑里，双手被绑在背后，用脚弹奏他的妹妹古娟（西格鲁德的妻子）给他的琴来催眠那些蛇，后来被蛇咬了一口而死。这个图案非常古老，在奥塞贝格墓地（9世纪）中挖掘出来的雪车的前端部分也有类似情节的图案。洗礼池上出现这样的场景并不让人觉得意外，这表明教士们当时已经改编了西格鲁德的故事，并将贡纳的故事与《圣经》中的一个情节，即丹尼尔被扔进狮穴的故事进行类比，这个形象代表了地狱中受折磨的灵魂，进而代表了若想得到救赎必须洗礼。这个形象借“磨难”来引出“净化”，因此似乎与洗礼仪式的概念是相适应的。

西格鲁德的传说在其他如尼石上也可以找到，还可以在其他斯堪的纳维亚遗址的石质十字架上找到；在英格兰北部，西格鲁德传奇情节是维京时期石刻上最有代表性的图案之一。此外还有铁匠伏伦德的传说，在马恩岛也有它的身影。它还出现在挪威南部一群建于 12 世纪末和 13 世纪的教堂中（如许勒斯塔教堂的门和维古斯达尔教堂的大门上）。鉴于这里的建造年代较晚，因此不可能是在用古老的传奇人物图案向新皈依者传递基督教的信息，但这些人物在教堂大门的位置可能不是巧合：西格鲁德在这里完全放弃了异教服饰，他扮演的是一个穿上基督捍卫者服装的教堂保护者的角色。

20.5 进入基督教社会：习俗以及对圣人的崇拜

新生的基督教表现出各种适应前基督教观念的迹象，这一时期，由于两种信仰系统的交锋，经历了各种形式的发展。这一切也得益于异教的多神论特点，基督教的神可以在其他异教神灵之间找到自己的位置。虽然皈依可能伴随着强制性的手段，特别是国王们也试图以这种方式来加强自身的权力，但基督教化是一个较长的过程，是北欧世界更广泛的同化现象的一部分。

接受洗礼并不意味着事实上遵守教会的教条和规则。科维的维杜金德（约 968 年）报告说，丹麦人虽然是正式的基督教徒，但继续崇拜他们的异教偶像。这个适应过程是被容许的：冰岛议会（999—1000 年）决定采用基督教，但为了有所缓和，也允许向异教神灵献祭，前提是这种崇拜献祭是私下发生的。约在 1110—1120 年，僧侣阿尔诺特什指出，当皈依的进程对他们不利时，“Svear”人（瑞典中东部人群）和“Götar”人（瑞典南部和哥得兰岛人群）对基督教信仰尤为不坚定。原先的宗教在其神殿内能容纳万神，而基督教只能有一个神，而且这个唯一的神把旧宗教的神视同恶魔。基督教意味着一种严格的等级观，在这个世界上，不公正、暴力和冲突并不是自然秩序的一部分，也不是超自然力量的斗争，而是撒旦通过对第一对人类夫妇的诱惑而把罪恶置于人间的结果。基督教引入了新的概念，罪恶、恩典、在救赎和诅咒之间的个人选择以及谦卑、节制、保护弱者和爱同类等品质。基督教的道德学说，通过教会的规定来传达，进入到日常生活和社会关系的各个方面。新的宗教是牧师们的事务，只有他们才能主持圣礼，从而调解人与上帝之间的关系。教士们的努力首先是集中于针对异教的习俗，而不在于（基督教）教条的内容。插手控制异教习俗、管制或禁止它们，也比了解个人的宗教感情来得容易。对异教的取缔首先涉及对异教风俗的禁止，这一点在很久以后的法典中仍有呼应。

首先是对圣事习俗的鼓励，这从标志着进入基督徒群体的圣事洗礼开始。这一点在史料中经常提到，不必赘述。同样，基督教的丧葬习俗（墓葬，墓穴以头在东边脚在西边安置，放置极少或者不放置随葬品，极少或者不以牲畜祭祀，极少或者不设土丘）也受到鼓励。不过，有一点从没改变，就是当人们通过坟墓的形式或内容推断死者或埋葬死者的人的信仰的时候，应该十分谨慎。还有一个重要的问题是采用基督教历法来标记年份。《古拉兴法》中的“教会法”第十七章（源于圣奥拉夫和格里姆克尔主教在莫斯特议会时立下的法典）列出了哪些节日前应该斋戒，哪些节日应该作为礼拜日。虽然该法的作者有待商榷，但提供了一份非常古老的节日清单，这些节日被认为是在该国基督教制度化之初就确立的。从这个角度看，这些节日（除了少数例外）与11世纪初英格兰国王埃塞尔雷德二世的几部法律中给出的节日重叠，这一点让人觉得意味深长，认为是格里姆克尔主教倡议引入这些节日的观点也不会让人觉得奇怪。基督教教会对这些习俗的攻势表现为禁止对异教崇拜（尤其是初期阶段的公开崇拜），尤其是初期阶段的公开崇拜，禁止进食某些食物，禁止抛弃婴孩等。然而，这并不排除在基督教的背景下，采取更加务实的态度，或重新利用异教的习俗，特别是在一年中的特定时间组织的酒祭或是与法律行为（奴隶更改地位；父亲承认孩子的身份；继承遗产）相关的酒祭。在挪威，《古拉兴法》要求农民组织一次“邻里啤酒”活动，让整个社群可以聚在一起，该活动在万圣节之前举行，并祝愿“til árs ok friðar”（意为“为了丰收与和平”），这是一个古老的、可能是皈依基督教之前的做法，后来被教会采纳了，赋予了该活动基督教含义。

对圣人的崇拜代表了北欧族群与基督教社会联系的另一个方面，从地方崇拜到普遍崇拜（或者说至少是大多数基督国家的崇拜），在不同的层面中发生，但崇拜的形式和获得神圣性的方式可能因国家不同而大相径庭，这反映了，或者说至少部分反映了皈依的条件。在挪威和瑞典，11世纪和12世纪的主教神职人员提倡对同时代皈依的圣人的崇拜。对挪威来说，除了奥拉夫之外（我们后面还会说到他），还有塞尔耶的圣人（这也许是源自挪威人对以弗所七圣童的传说的改编，这个传说可能是由两位奥拉夫中的一位带来的英国主教引入挪威的）、卑尔根的圣苏尼瓦、奥斯陆的哈尔瓦德。而在瑞典，则是殉道者埃斯基尔（朝圣地在斯特朗格纳斯和埃斯基尔斯蒂纳）和殉道者博特维德（朝圣地在南曼兰），还有西格弗里德主教（和埃斯基尔一样是英格兰人，朝圣地在韦克舍）。在丹麦，除了威利哈德（对他的崇拜很可能是由维堡的那位来自不来梅的第一任主教引入的）和形象不太鲜明的一些人物（里伯的西奥德加鲁斯和利夫达格），其他被选择的崇拜对象更多的是国家皈依后的圣人（欧登塞的圣克努特，死于1086年；克努特·拉瓦德，死于1136年；罗斯基勒的玛格丽特，死于1176年）。

按照北欧传统，人们主张快速地为奥拉夫·哈拉尔松封圣，据说在这位国王死后一年就被封为主保圣人，这导致他的尸体在1031年8月3日被挖掘出来。这件事的部分依据是12世纪下半叶的圣徒传记文学，这些文学作品受到尼达罗斯第一任大主教的随从的启发，特别是埃因斯泰恩·埃伦德松（1161—1188年），据推测，他是《圣奥拉夫的热忱和奇迹》的作者，这部作品最晚是在1180年写成的。除了那些传奇故事，其他一些11世纪30年代后的文本也支持了奥拉夫死后不久就被封圣的这个说法。《海洋平静之诗》就是一个例子，这部作品大约创作于1032年，但这个年份备受争议：假设我们同意这个年份，那它就清楚地表明了对奥拉夫的崇拜很快就被丹麦当局所利用，当时丹麦当局的代表是克努特大帝的儿子斯韦恩和他的母亲。还有《致圣奥拉夫的纪念诗》，这部诗集是由西格瓦特·索尔达松在1035年后、11世纪40年代中期（作者去世时间）之前创作的，其中提到了在圣奥拉夫墓和载有国王遗体的黄金圣殿（str.24）中发生的奇迹。这首诗叙述了主角的战斗事迹和他去世后作为圣人的影响，这可能是模仿盎格鲁－撒克逊圣王们的诗歌模式而写的。对奥拉夫的崇拜的主要推动者是11世纪30年代后半期的格里姆克尔主教，其动机更多的是宗教的而非政治的，这个做法巩固和加强了挪威的基督教化。然而，这种快速封圣的做法对挪威产生了政治影响，使圣奥拉夫成为了挪威君主制的守护者，后来他被推崇为挪威的永久守护者，成为挪威身份中的一个不可回避的元素，促进了挪威王国与西方基督教的融合。对奥拉夫的崇拜迅速传到了国外。据考证，从11世纪中叶起，这种崇拜回到了英格兰的阿宾顿和约克（其中一个教堂是由诺桑布里亚伯爵西沃德约 1055 年献给奥拉夫的），还南部地区，这个现象可能是源于传教士主教的影响。奥拉夫被看作是北欧的圣人，更确切地说，是挪威的圣人，因此他当时受到了盎格鲁－斯堪的纳维亚贵族的欢迎。奥拉夫很可能在 11 世纪初，甚至更早的时候，就在大诺夫哥罗德受到崇敬，在那里为他建了一座教堂。大约在 1075 年，不来梅的亚当注意到“在他的坟墓上发生了非常壮观的奇迹，那些怀抱希望的人从遥远的地区蜂拥而至，被这位圣人的奇迹所治愈”，他还描述了通往这个朝圣地的路线。

也正是因为斯堪的纳维亚国家接受普遍的圣人崇拜，他们才成为基督欧洲的一部分。从这一点来看，圣克莱门特是个重要的例子。他是圣彼得的第三位假定继承人（圣彼得的遗物于 861 年在克里米亚半岛的切尔松被发现），早在 867 年就有一些克莱门特的遗物出现在罗马，因此对他的崇拜很快就在斯拉夫国家和西方传播了起来。从那时起，这种崇拜传到了加洛林世界，在弗拉基米尔大帝统治下的罗斯人皈依时，他们也开始了这种崇拜，弗拉基米尔大帝把克莱门特的遗物从切尔松运到了基辅。后来，他让人把它们存放到城里新建的什一税教堂里，后来他也埋葬在那里（1015 年）。当时罗斯对崇拜的兴趣主要表现在，约 1043—1046 年在基辅圣索菲亚大教堂的马赛克装饰中展现了这位圣人的形象他们在大诺夫哥罗德建造了一座专门供奉克莱门特的教堂。该教堂被证实是 12 世纪的，但其起源可能可以追溯到 11 世纪初，当时这个教区被委托给一位来自切尔松的教士管理。无论如何，从 11 世纪开始，克莱门特在罗斯礼拜仪式中得到了很好的证实，他的名字出现在了大诺夫哥罗德挖掘出的 1070—1080 年的个人弥撒物件上。大约在 1049 年，兰斯教会的主事奥达里库斯请夏隆－香槟地区的主教罗杰二世（他当时作为大使被派往罗斯大使馆，为基辅的安妮与法国的亨利一世的婚事进行谈判）打听圣克莱门特的遗物。对圣克莱门特的崇拜是如何传播到欧洲其他地区的，它的传播路径现在已经比较清楚了。11 世纪，在斯堪的纳维亚半岛、英格兰和苏格兰，供奉圣克莱门特的教堂拔地而起。教堂的分布说明了对他的崇拜很早就传播到了斯堪的纳维亚半岛，这很可能是由奥拉夫·特里格维松和奥拉夫·哈拉尔松与罗斯王公之间的关系所促进的，在他们的统治下，在尼德罗／特隆赫姆和奥斯陆，可能已经建起了供奉圣克莱门特的教堂。对圣克莱门特的崇拜，从挪威很可能一直传播到了奥克尼群岛，与此同时，在丹麦和英格兰，它将被丹麦国王所推广。

随着教会的发展，拉丁语和拉丁文字也被引入了，一开始是出于礼教仪式和行政管理的需要（10世纪末开始拉丁文也出现在了钱币上），后来它们则成了拉丁语文学和白话文文学蓬勃发展的基础。拉丁文字的使用并没有立即使古北欧文字消失，直到14世纪（如1310—1311年在丹麦），甚至在这之后更晚（18世纪，在厄兰岛和哥得兰岛以及在瑞典和挪威的一些内陆地区），包括在雕刻一些不是用方言而是用拉丁文字写成的文本时，还是用了古北欧文字。古北欧文字与拉丁字母一起出现在基督教纪念碑上，这些文字被商人用作所有权的标志，或被工匠用来给自己的作品加上印记或指明其资助者。古北欧文字还出现在中世纪城镇的书信往来中，例如在卑尔根的布吕根区约有550处碑文，其中7处碑文证实了直到14世纪中叶人们（用古北欧文字）进行书信往来。然而，在这个时期之后，古北欧文字的使用可能已经成了某些文学界人士对古文化的关注的一部分，这些文字不再是动态文化的一种书面支持，或者说仅仅作为一种日常交流工具的作用都没有了。

众所周知，克努特大帝曾向欧洲大陆的王公和教会赠了一些高质量的盎格鲁－撒克逊手稿，这些礼物有可能也涉及了斯堪的纳维亚社区，但我们没有这方面的记录。对圣奥拉夫的崇拜一开始是依靠某位官员开展的，他对后世用来献给圣奥拉夫的礼教用品产生了影响。达尔比（斯科讷）的福音书制作于11世纪60年代，被认为是现存最古老的斯堪的纳维亚手稿。我们普遍认为，1070年前后的几十年对北欧书籍文化的建立具有决定性的意义。丹麦第一批本地制作的书籍是在伦德完成的，它们以撒克逊模型为基础。最近对挪威和瑞典的羊皮纸碎片的研究表明，至少从11世纪初开始，书籍既有进口的也有本地制作的。这主要是由主教团结构的调整和扩大造成的。对书籍的兴趣，与教士的关注和礼教仪式方面的事宜有关，特别是与教区里罗马仪式的传承和适应有关。教会为了规范宗教信仰和礼教仪式所做的努力，是扫除文盲的一个决定性因素，这和圣徒传记范本的传播、以书面方式订立宗教律法以及以通信或行政为目的而编写文件一样起到同样的作用。对那些试图对王国加强控制的王公而言，这些对他们也同样是有利的。

第 21 章　斯堪的纳维亚基督教君主国的形成

在很多方面，对基督教的认可和中央集权的形成是一个硬币的两面。从 10 世纪下半叶开始，先是丹麦，接着是挪威，再后来是瑞典，建立了以教会为基础的基督教君主制，并采用了与西方基督教君主国的权力组织相类似的形式。这种发展并不意味着简单地全盘接受拉丁基督教的模式，也不意味着社会或政治机制正在经历一场彻底的颠覆。

21.1 中央集权的建立

在丹麦，这是 10 世纪 30 年代上台的耶灵王朝的作品。在耶灵最大的如尼石的碑文里，“蓝牙王”哈拉尔宣称自己“赢得了整个丹麦和挪威”。他的父亲戈姆大约在 958 年去世，戈姆的王朝不甚为人所知，但很可能是因为他与提拉的结合为丹麦的统一做出了贡献，在耶灵有两篇如尼碑文庆贺了这次结合，他的儿子“蓝牙王”哈拉尔从中受益。无论如何，这一时期的建设所做努力见证了这个国家权力结构的巩固。除了耶灵的古迹之外，附近的雷文宁恩格还建有一座气势恢宏的木桥。海泽比、里伯和奥胡斯都有防御工事。为了巩固与日耳曼尼亚之间的边界，“蓝牙王”哈拉尔大约在 965—968 年加固了“丹麦墙”，通过新的防御工事将主城墙与海泽比新建的半圆形防御工事连接起来，人们倾向于把另一个在 10 世纪下半叶建造于帝国南部的城墙也归功于他。他还在 975—980 年让人分别在特雷勒堡（位于西兰岛，980—981 年）、费卡特（974—975 年）、阿格斯堡（约 970—980 年）（这两座都位于日德兰）、诺内巴克肯（位于菲奥尼亚）建造了四座恢宏的圆形营地。除此之外，或许还应该加上特雷勒堡（在斯科讷东南部，但显然是不同的类型）、博尔格比（斯科讷，但信息至今鲜为人知）以及可能还有最近在哥本哈根南部的博尔格林（西兰岛）发现的一个营地（2014 年）。前四座有着彼此类似的特点，都在地面上围成圆形的土城墙，墙上有“V”形垛口，城前有护城河，四座城门（相对的两扇分别）由铺设的木质通道连接。这种排列方式画出的每一个象限，里面都有按规则排成四方形的房屋组合。阿格斯堡在这批军营中脱颖而出，是因为它的规模很大，内径宽达 240 米（是费卡特和诺内巴克肯的两倍），而且军营的位置可以方便地进入挪威——“蓝牙王”哈拉尔在那里重新建立了丹麦的霸权，并控制利姆水道的交通和从那里到斯卡格拉克海峡的交通。这些防御工事是“蓝牙王”哈拉尔倡议进行的一项综合工程的证据，但在他统治后不久这些工事就被废弃了。建造它们的目的仍然是一个讨论的焦点，但很明显，建造它们不仅是为了军事用途，因为这些防御工事里还有一些家庭和手工艺人。也许建造它们的目的是确立王权对治下的控制权，同时为了汇集或征收物资，以显示王权，同时对抗外部威胁。这些工程的实施需要一个劳动力征集系统，该系统也许是源于兵役制度，没有这套制度这些工程不可能实现。从这一点来看，这些建筑展现了斯堪的纳维亚半岛前所未有的资源调动能力，从而使国王对人和领土的控制更加严格。

另一条线索在于货币的铸造。975—980 年，“蓝牙王”哈拉尔在海泽比发行带有十字形状的钱币，在大约 15 年的时间里，这是整个王国最早使用的钱币。当时，流通到达斯堪的纳维亚半岛的迪拉姆已经枯竭，它乘机占领了流通领域，从 10 世纪最后十年开始，德意志或英格兰的硬币补充进来。同时期也正好处于上述主要工程的完成阶段。这种发行量比较大（50—200 万枚）、质量较好的钱币，能够应付军事（支付战士和贵族的费用）、经济（市场控制；满足资金需要，特别是海泽比的需要）、财政（王室从发行货币中抽成）和宣传（通过刻意传播基督教圣像，同时宣传君主存在的象征意义）的需求。这种钱币被“蓝牙王”哈拉尔的继任者抛弃，他们选择仿制盎格鲁 - 撒克逊的钱币，与此同时，在伦德（可能早在 1014—1015 年）、维堡（1019 年）、罗斯基勒（1025 年前）出现了货币铸造作坊。“蓝牙王”哈拉尔约在 986 年、987 年被他的儿子“八字胡”斯韦恩（约 986 年、987—1013 年）策划的叛乱赶下台。可以肯定的是，这一事件削弱了王朝的权力。斯韦恩在那些带来了战利品的远征中以及在征服英格兰的过程中加强了自身地位的合法性，于 1013 年，即他去世前不久[①]，他成为了英格兰王国的国王。同时，在打败奥拉夫·特里格维松后，他曾成功地短暂恢复了丹麦在挪威的影响，他将奥拉夫·特里格维松的政府交给了拉德的一众伯爵。他的长子哈拉尔二世（1014—1018 年 /1019 年）在丹麦继任，而次子克努特则去英格兰试试运气，

① 斯韦恩死于 1014 年。

后来大获成功，在他的哥哥死后，才重新回到丹麦立足。后来，克努特战胜了与瑞典人和奥拉夫·特里格维松结盟的丹麦大贵族联盟（1026 年），并参与了康拉德二世的帝国加冕典礼（1027 年），这揭示了他参与欧洲外交活动的程度之深，我们对此也不曾有过怀疑，他将奥拉夫国王逐出挪威，重新建立了丹麦对挪威的控制，在那里，代表他的是他的儿子斯韦恩[①]和孩子的母亲（来自北桑普顿的那位艾尔夫吉芙）。

事实证明，挪威王国的统一是比较费力的，刚才已经提到了一些原因。丹麦国王几次成功地恢复了他们对维肯以及其他地区的传统影响，在他们试图建立对整个国家的控制时，他们会与这个国家的大人物结成联盟，其中最重要的是拉德的一众伯爵。前面已经提到两位王室主要人物，奥拉夫·特里格维松和奥拉夫·哈拉尔松，他们的权力是建立在作为维京人的生涯基础上的，这使他们积累了相当多的财富，并确保了大量战士对他们尽忠。我们应该记得，这两个人都曾在国外接受过洗礼或按手礼。奥拉夫·特里格维松返回挪威可能得到了盎格鲁－撒克逊宫廷的支持，“好人”哈康此前也是如此，奥拉夫·特里格维松认为得到盎格鲁－撒克逊宫廷支持是对抗丹麦施压的一种方式。伯爵哈康·西居尔松死后（995 年），奥拉夫·特里格维松夺取了挪威的权力，尽管后来的资料对他的传教工作做了大量的描述，但很难精准地从中区分出与传教活动不可分割的政治行动。他的势力基础是维肯族，同时他与挪威西部最强大的家族结盟，并征服了特伦德拉格，在那里他建立了尼达罗斯／特隆赫姆，并致力于使该地区基督教化。他是挪威第一位铸造钱币的统治者，在厄勒松德的海战中，他面对的是“八字胡”斯韦恩、瑞典国王奥洛夫·舍特康努格和伯爵哈康的儿子埃里克共同领导相互勾结而成的联盟（1000 年）。1015—1016 年，这次轮到奥拉夫·哈拉尔松征服了挪威称王，他的政府与他的前任表现出相似之处，但奥拉夫·哈拉尔松得益于更有利的环境——至少在早期是如此——以及更长的任期。奥拉夫在该国东部地区奥斯陆明显建立了较好的基础，他是第一个控制全国的统治者，建立了一个亲信网络，征服了特伦德拉格，他在这个国家的西部似乎也有足够的权威，在那里由一个地方官员作为他的代表。这里不讨论奥拉夫的宗教政策，只想指出，他的行为在国内

① 此指斯韦恩·克努特松。

催生了一种反抗，不仅是出于宗教动机的反抗，1028年能力过人的克努特大帝征服这个国家时，这些反对派倒戈转而支持克努特大帝了。最后于1030年，奥拉夫·哈拉尔松在斯蒂克莱斯塔战役中被杀，对他的崇拜的宣扬也使挪威人的身份认同围绕着圣王的形象得到凝结。到了克努特大帝统治末期，几个曾支持他的权贵对他感到失望，鉴于克努特大帝的儿子斯韦恩在国内建立的政权及其政治的措施失败，这一切都大大削弱了丹麦王朝的地位。奥拉夫的儿子马格努斯趁丹麦的权力空缺期重返挪威，并与克努特大帝的儿子哈德克努特——丹麦国王（1035—1042年）和英格兰国王（1040—1042年）——一起商量这两个王位的继承问题。他提出两人互为继承人，其中谁能活下来，谁就能继承已故统治者的王位（1047—1066年）。就这样，马格努斯在1042—1046年间统治丹麦和挪威，但不得不同意与他的叔父“无情者”哈拉尔分享挪威王位，哈拉尔是从拜占庭回来的，曾在瓦良格卫队服役，积累了巨大的财富，后来他成了唯一的王位继承人（1047—1066年）。

建成一个统一的瑞典王国，经历了较长时间。该国的两个主要省份斯韦阿兰和戈塔兰似乎并不是同一群政治精英在治理。我们对斯韦阿兰人的了解更深，在斯韦阿兰人所在之地，主要的政治、宗教和经济中心（乌普萨拉、比尔卡）都有记载。在《安斯凯尔生平》中提到过的那些国王的后任中，在“胜利者”埃里克（约死于995年）之前统治该国的王子，我们对他们几乎一无所知，“胜利者”埃里克则是定居在乌普兰。他在菲里斯维那战役中取得胜利，这场战役因为符合了晚期的传统做法而著名（可能指联合农民对抗贵族）尽管取得了成功，但他巩固势力的情况仍然模糊不清。正如我们所看到的，他最著名的事件是成为了第一个接受洗礼的瑞典国王以及他与波兰公主的婚姻，这表明他参与了波罗的海地区的政治，尽管他的遗孀后来与“八字胡”斯韦恩的再婚可能被看作是丹麦试图在瑞典建立自己的影响力。正是在他的统治下，从10世纪70年代起，出现了一个很快取代了比尔卡地位的城市锡格蒂纳，这个定居点的规划，暗示了可能有人提出在梅拉伦湖这一地区的建立中央集权的倡议。在很大程度上，瑞典早期国王的历史，与在该国建立基督教的尝试历程混为一谈，所以我们后文只会粗略地谈这个问题。

埃里克的儿子奥洛夫——后来的外号是舍特康努格——被视为呈献给丹麦

国王的质子，后来他从丹麦国王那里重获自由。他是第一个在锡格蒂纳铸造硬币的人，这些硬币上写着“rex Sveorum”（意为“承蒙上帝恩典，瑞典人之王”），而且大家认为是他在西约特兰建立了斯卡拉主教区，这使他成为第一个将未来瑞典王国的两个核心——斯韦阿兰和戈塔兰——结合起来的国王。他的儿子阿农德·雅各布（约 1022—约 1050 年）与奥拉夫·哈拉尔德松和丹麦的一些大人物结盟，于1026年对抗克努特大帝。联军的失败有利于丹麦国王在挪威的势力扩大，并有利于丹麦对瑞典部分地区提出霸权要求。阿农德·雅各布的兄弟（同时也是继承人）“老人”厄蒙德（约 1050—1060 年）去世后，“胜利者”埃里克创建的王朝便结束了。新国王斯滕克尔似乎在西约特兰得到了强有力的支持，并通过娶“老人”厄蒙德的一个女儿来加强自己身份的合法性。但新的王朝未能建立稳定的政权。虽然老斯渥克尔一世（约 1130—1156 年）在位时进行了权力的巩固，但这种不稳定性给王国留下了持久的印记。直到 1164 年，在一份建立乌普萨拉大主教府的教皇文件中，才出现了斯韦阿兰和戈塔兰国王的称号。

君主制是在激烈的权力、财富和声望竞争的背景下建立起来的，国王的成功首先在于他有能力把控这种充满竞争的游戏。这种竞争的游戏并不排除丹麦，丹麦更早地走上了立国之路：正如我们所看到的，促使“八字胡”斯韦恩征服英格兰的动机之一，就是要与一个潜在的危险对手“高个子”托鲁克尔对垒；后来（1026 年），他的儿子克努特不得不面对伊拉夫和他的（可能的）兄弟伯爵乌尔夫组成的强大联盟。然而，正是在挪威，文件记录让人们对这些机制有了更好的了解。奥拉夫·特里格维松和奥拉夫·哈拉尔松先是在维京生涯中取得了辉煌的成就，这使他们能够聚集足够的忠诚战士和财富回到自己的国家并树立起威望，就像后来“无情者”哈拉尔在为罗斯国的一众王子和拜占庭皇帝服务时积累的财富和声望一样，这一切为奥拉夫·哈拉尔松的兄弟谋求夺得挪威王位的计划帮了大忙。奥拉夫在政治上的成败，是以他建立和维持亲情友情关系网的能力来衡量的，这种亲情友情网络是由捐赠、联姻、对经济资源的控制和洗礼产生的纽带所巩固的。在他统治末期，特别是在与瑞典国王阿农德·雅各布和部分反对克努特大帝的丹麦贵族之间的联盟破败之后（1026 年），奥拉夫发现这个网络越来越难以维系，而与此同时，丹麦和英格兰国王则有更多的手段来吸引挪威的一些大人物加入他的阵营，这一点在后来的《圣奥拉夫萨迦》

中也有所体现，它记述了克努特大帝入侵挪威的情况。

> 克努特国王给了他们广大的领地作为报酬，并承认芬马克的贸易，在此基础上还有各种厚礼。所有选择他的伯爵，他都用领地收入和资产使他们富足，让他们拥有比以前更大的权力。

选择皈依基督教是这种竞争性游戏的一部分，因为在面对潜在竞争者和反对加强集权结构的人时，皈依基督教使国王获得了决定性优势，当然，这些竞争者和反对加强集权的人，如后来的历史学所说的那样，并不完全是异教的支持者。

21.2 王权的方方面面

我们在此先搁置教会结构的问题，而要注意，王权最突出的一个方面是国王对主教任命的控制，尽管汉堡－不来梅的主教所在的城市本身有管辖权。不来梅的亚当回忆了阿德尔伯特大主教与“无情者”哈拉尔之间的纠纷，哈拉尔让他的主教们在高卢或英格兰祝圣，并让人回话给对此有所抱怨的主教，“除了哈拉尔本人，挪威的主教或主人还能是谁”。国王一直是挪威教会的首领，直到教省尼达罗斯的建立，这使得主教团为教会夺回了更多的自由。在丹麦，直到1137年才进行了第一次主教的规范选举。

国王可以依靠教会来发展王室行政管理工作，然而，在11世纪，王室行政管理仍然鲜为人知。根据阿恩韦德·内德克维特内的说法，在11世纪20年代和40年代，有文化的教士经常出没于挪威宫廷，传教的主教对早期用白话起草的法律产生影响，效仿盎格鲁－撒克逊的模式，斯堪的纳维亚国王从11世纪40年代开始就已经熟练地与外国统治者用书信交流。作为英格兰国王，克努特大帝为他的斯堪的纳维亚属地树立了一个具有稳固行政传统的国家典范，但我们几乎无法通过文献记录了解他们对丹麦王国的影响（除了货币）。丹麦宫廷，教皇和汉堡－不来梅大主教之间的通信痕迹通过斯韦恩二世得到了证实。从1085年开始，在历史资料中就出现了王室官员“陆军统帅或元帅”这一说法，12世纪初提到了“内廷总管”，由担任王室公证人的教士组成的行政办公室核心可能早在该世纪中叶就存在了（但“公证人”这个头衔在1158年才提到），其存在有可能比这更早，但不可能比这个时间晚，后来瓦尔德马一世（1157—1182年）改革了王室行政管理制度。目前最古老的丹麦王室特许状的日期是在1085年，是用于赞许在伦德的圣劳伦斯大教堂的，我们通过其副本知道了它的存在，另外约有15份1157年之前的特许状幸存了下来。瑞典和挪威最早以原始形式保存下来的书面法令分别可以追溯到1164—1167年（尼达罗斯大主教斯蒂芬的最初的特许状）和1207年（用方言书写的皇家法令）。在丹麦，直到12世纪中叶，在地区一级，行政管理工作被授权给与国王相关家族联姻或本身就来自这些家族的领主，他们的职权目前仍然鲜为人知，而官员则在地方一级代表国王。在挪威，国王通过赐予土地的方式束缚住地方那些达官贵人让他们尽忠，他们原则上参与地方管理事务。在属于王室的财产中设立的地位较低、明显从属于国王的地方代表是"地方行政官"。王家武装卫队的角色十分重要，在"和平者"奥拉夫统治时期该职务向担任宫内官职的官员开放招募。新兴起的势力也有可能依靠招募外部力量来为王公们服务，进而王国精英的一员。安德烈·多巴特认为，在丹麦，为了巩固国家政权，这些外部力量被有意识地纳入王国的社会和政治生活中。

王权中的领土权的表现之一是建立城市。在丹麦，发展出了一个王城网络，位于日德兰北部的维堡（从10世纪最后十年开始）、西兰岛的罗斯基勒和斯科讷的伦德，这三座王城都是在"八字胡"斯韦恩的统治下建成的。后两者紧邻以前的权力中心，也许分别掌握在莱尔家族和乌普克拉家族这两个主要竞争家族的手中。不来梅的亚当将罗斯基勒描述为"（西兰岛上）最大的城市，丹麦国王的所在地"，圣三一教堂就在此城中，教堂是丹麦国王的墓地所在。在挪威，人们早就注意到王城的推广与基督教化之间的联系。尼达罗斯/特隆赫姆是由奥拉夫·特里格维松建立的，作为特伦德拉格的福音传播基地。传说将建立奥斯陆归功于"无情者"哈拉尔，但奥斯陆的建立甚至可能发生在他统治之前，当时丹麦人在斯瓦尔巴战役后暂时占领了奥斯陆峡湾地区。卑尔根大约建于1070年，是在"和平者"奥拉夫的支持下建成的，位置大概就在现今这个城市遗址的附近，12世纪后被转移，后来成为挪威的主要城市。前面已经讨论过锡格蒂纳的情况：该城镇在970—980年作为王权中心和基督教中心出现，1060年左右成为主教团所在地，12世纪时这座城里至少建了五座石教堂。约塔河岸的勒德塞在9世纪成为了一个商贸中心，与此同时，斯卡拉成为一个主教区，周围发展出了一座小城镇。

法律也是一种与主权职能相关的特权。虽然在整个斯堪的纳维亚半岛，这种立法主要是以省级法律为基础的，但其中许多法律都明确提到了国王在制订、撰写和批准这些法律方面所起的作用，又或者要把王室的法律法规纳入其中。有史料认为奥拉夫·哈拉尔松既是国王也是立法者，但在后来的文献中，我们并没有得到什么确切的证据，尽管这些资料中有时会称呼他为立法者。挪威以其早期的书面立法而著称，从 11 世纪末开始就有了，我们所知道的大多数法律汇编都来自晚于该时代的手稿。丹麦法律传统中提到“哈拉尔的法律”，我们无法确定“哈拉尔”在这里指的是“蓝牙王”哈拉尔，还是“无情者”哈拉尔。第一次真正有记载的为整个王国引入法律的尝试可以追溯到 1169—1170 年，阿布萨隆是罗斯基勒主教（从 1158 年开始），也是伦德大主教（1177—1191 年），同时是国王瓦尔德马一世和克努特六世的参赞，他在这一进程中发挥了关键作用，但后来情势突变，为了引入省级法律，这个进程结束了。瑞典现存最古老的法典可以追溯到 13 世纪 20 年代，但大部分立法是在 13 世纪和 14 世纪之交起草的。

21.3 王权的意识形态

吟唱诗的文字，还有钱币，都不同程度地反映了王权观念中的变化和这些变化表现出来的影响。在《致圣奥拉夫的纪念诗》中，西格瓦特·索尔达松塑造了一个原本已经很神圣的国王形象，但同时，他还用了传统吟唱诗的笔调，使圣奥拉夫身上还具备了维京战士的特质，包括提到奥丁神的异教意象。几首可追溯到 11 世纪 20 年代末的吟唱诗证明了克努特大帝在世俗等级制度中的超然地位，这些诗歌把他这个国王和上帝做对比：前者保卫大地，就像上帝保护天国一样。这对吟唱诗是个陌生的主题，在克努特大帝的统治后便没再出现，直到 12 世纪才再次被发现。它突出了一种以基督教上帝为原型的更为稳定的权威，因此，比起吟唱诗经常强调的命运变化，它的随机性更小。这首诗是在康拉德二世加冕后创作的，克努特大帝出席了加冕仪式，十分确切地反映了奥托王朝（而不是英格兰）对盎格鲁－丹麦王室在后者统治末期的权力思想的影响，这也可以从温彻斯特新修道院的《生命之书》（1031 年）中描绘克努特大帝和艾玛女王的著名微型画中看出来。也许这是个特殊的例子，在这个标志着斯堪的纳维亚基督教君主国初期的过渡时期，不能作为王权观念的代表。

斯堪的纳维亚基督教新君主国的权力，是建立在加洛林王朝和盎格鲁-撒克逊王朝的国王们的思想基础之上的，而这些思想基础并不一定与斯堪的纳维亚王室的异教传统相抵触。在基督教社会，和平是王室意识形态的核心，这样既促进了统治者权力的合法性，又塑造了自己作为统治者能够维护社会秩序的形象。虽然国王或首领必须具备带领集团取得胜利和确保集团安全的军事素质，但这种战争功能与统治者必须保证臣民生活的和平与繁荣是分不开的。这一维持和平的任务包括司法行政、建立和（或）维护社会和谐。这种一般的王室责任在某些时候，如受到威胁、政治过渡、不安全、与其他领导人会面时显得格外重要，从这一点来看，斯堪的纳维亚世界的政治和宗教改革背景可能是北欧王室权力合法化的一个有利因素。因此，和平是一个公正的国王的基本使命之一，按照圣奥古斯丁所设立的理想——该理想在加洛林时期被广泛讨论——大卫王是典范，在他治下，他有能力建立和平公正且符合上帝旨意的政府。

“和平国王”的意识形态从7世纪下半叶开始在法兰克人的世界中崭露头角。它是以所罗门王的形象为基础的，一些加洛林王朝的统治者，如查理曼（虽然他更多地被比作大卫），特别是“虔诚者”路易和后来的“秃头”查理，有时也被与之相提并论，这个睿智、公正、虔诚与和平的所罗门王的形象在9世纪末的英格兰也能找到。“和平国王”的思想以及影响范围更广的“公正国王”的思想，渗透到中世纪的所有政治文化中，后来在北欧的新基督教王国中也被调整以更适合当地的情况。这并不是一个新发现，因为，从哈拉尔·克拉克到“好人”哈康和两个奥拉夫（奥拉夫·特里格维松和奥拉夫·哈拉尔松），有许多维京首领和斯堪的纳维亚王子都曾有机会在他们的旅行中访问基督教国王的宫廷，而且，他们都能看到这些基督教国王中的其中一个人——克努特大帝——在他统治结束时所体现的君主制度的威望。后来，圣奥古斯丁的思想在已经基督教化的斯堪的纳维亚地区很早就清楚地为人所知，12世纪下半叶的挪威王国，就可以找到“公正国王”思想的最初痕迹。

最近的研究表明，斯堪的纳维亚人并非以被动的方式被外部意识形态体系所同化，而是他们主动采取对王权表述的调整。这种调整适应的表现之一，无疑是11—

12世纪的“圣王”形象，“圣王”死得很惨，到了后来往往以殉道者的身份出现，奥克尼岛群岛也有该形象的身影（挪威的奥拉夫；丹麦的克努特四世和克努特·拉瓦德；瑞典的埃里克；奥克尼岛贾尔斯的马格努斯·埃伦德松和罗格瓦尔德·卡利·科尔松）。这可能是受盎格鲁－撒克逊模式的启发，正如我们在圣奥拉夫的例子中所看到的，但他们也会借鉴前基督教的日耳曼王室的神圣特征（这是争论的焦点），这种做法赋予了国王人与超自然力量之间的中间人的角色，从而起到了维持和平与繁荣的作用。尽管前基督教的国王（君主固有的神圣性）和“圣王”（死后经教会认可的神圣性）之间存在差异，但这两种情况之间存在着连续性，在这两种情况下，国王对维持和平和富足保持着影响力，这在诸如《海洋平静之诗》和后来有关其他王室或王室圣人的文件中都有很好的证明。因此，圣王在异教时代和基督教时代的国王神圣性的表述之间架起一座桥梁，人们会将埋在坟冢中的异教国王的善举与埋在有圣物陪葬的坟墓里的殉教国王的善举相类比。因此，在12世纪下半叶“公正国王”思想传播之前，斯堪的纳维亚人保留了前基督教王室某些方面并调整使之适应基督教的做法，这么做很可能为“公正国王”思想的到来做好了准备。所以，即使权力组织形式及其意识形态的灵感明显来自西方基督教的君主制，它们的参照物也并不是单一的。维京运动带来的不同经历为历史画像增添了更多的细微差别，也反映了这种多样性。

第22章　北大西洋地区的“新社会”

在“维京人散居”这一表述中以及在斯堪的纳维亚世界融入基督欧洲的过程中，文化迁移起着重要的作用；同时，有必要对维京人和他们遇到的社会之间的互动所产生的每一种经验进行溯源。我们在这里先举几个例子，这些例子并非要穷尽所有可能的情况，首先我们从北大西洋地区开始。

在法罗群岛、冰岛和格陵兰岛，新来者在无人居住的土地上定居，并发展成了一个社会，大多数的定居者来自挪威，而这个新发展出的社会的文化和社会组织形式都受到了挪威的文化和社会组织形式的影响，同时，也受到了在无人居住地区进行定居的新经验的影响。对这后一种假设我们必须加以限定，因为一些移民以前曾在不列颠群岛停留过，并带来了出身于这些群岛自由人或奴隶（男性和女性都有）。凯尔特人的贡献在冰岛社会和文化建设中所起的作用，包括在文学领域的作用，已被讨论过。该岛的部分地名（特别是在西南部）和专有名词学似乎证实了盖尔语的影响，正如该岛河流中的鲑鱼养殖受英格兰岛屿做法的影响。然而，盖尔语对人名学和冰岛语言的影响总体上仍然不大（比盖尔语在法罗群岛的影响小），语言接触很有可能在移民到冰岛之前就存在了，许多凯尔特人出身的新移民是在不列颠群岛或法罗群岛接触到古北欧语的。毫无疑问，他们中间有基督徒，虽然不知道在没有（至少是没被证实有）祭司的情况下，他们的宗教活动可以持续到什么程度。此外，移民显然并不意味着社会和家庭关系以及政治联盟的完全破裂，后来的文本已经显示出了这一点，尽管在大多数情况下它们无法被证实。

22.1 退化?

冰岛没有复制斯堪的纳维亚王国的政治和社会变革形式。它常常被说成是一个无政府的社会，它可能经历过某种“退化”，因为冰岛的组织运行不需要依靠加强等级明显的权力结构这种复杂做法，不像挪威那样。冰岛位于斯堪的纳维亚世界主要商业圈的边缘，相对孤立，没有外部危险，只要注意保持与挪威的良好关系，就不需要建立发展军事结构和贵族制度，也不需要建立能够调动所需资源保卫国家或安定内部秩序的国家组织。这并不意味着这里没有一个共同的组织或机构能够进行立法和司法，这样的组织有时被称为“原国家”，但它们有一个特点，就是没有行政权力。事实上，岛上的机构并不需要军事精英或国王发挥作用和职能，它们要做的事，是适应构成冰岛社会基础的自由农的关切和制约。引入立法的做法和冰岛议会成立（930 年）标志着这一进程中的决定性一步，冰岛议会指的是自由农每年 6 月在岛上举行的首领周围聚会。当时冰岛有一万到两万名居民，必须保证他们之间和平共处，而且大部分可用土地都被定居者占用，这就造成了所有权和资源管理两者间的紧张关系。治理原则的确立，是为了满足在普通法尚不存在的情况下，找到应对管理冲突的共同规则。据智者阿里说，当时某位名叫乌尔弗约特的人被派往挪威，并根据古拉兴（在挪威西部）的法律，设立了冰岛的法律，而且，应乌尔弗约特和冰岛全体人民的要求，建立了冰岛议会。这种集会并不新鲜，其根源在于已知的挪威地方或区域的集会（庭），就像在维京世界的其他领土上，例如在马恩岛或法罗群岛上发现的那样。根据传统，在冰岛议会建立之前，冰岛（在索恩斯和克加拉尼斯）其实已经举行过集会。

其他决策机关开始延伸到全国各地。因此，冰岛有了一个官方的立法机构，负责制定新的法律或在意见不一致时释法，这个机构就是“lögrétta[①]”，它将岛上的“首领”聚集在一起，每个与会者可以带两个人向他们提出建议。首领们选出“法律诵读者”，其职责是每三年背诵法律的三分之一。冰岛在965年前后实行了重要的改革。岛上当时被划分为四大块或者说是四大“区”，每个区有三个“庭”和三个负责的“首领”，除了北区，因为北区此后不久很快就有了第四个“庭”。随着冰岛的这一划分，四个新的法院成立了，在11世纪的前三分之一时间里，又成立了第五个法院，它负责审理地区法院无法解决的案件。司法系统扩展到了全国，但由于它没有行政权力，由胜诉的一方来确保法院做出的判决得到执行。这种缺失使谈判和仲裁作为解决冲突的手段更加不可或缺，以避免发生连串暴力事件，这些暴力事件常常是传奇故事的核心情节。另一个重要的制度我们不知道它形成的时间，也许早在10世纪已有，无论如何是在1096—1097年之前，这个制度就是“hreppr”，这是一个由至少20个富裕农民组成的公社单元。在其成员合作互助的基础上，“hreppar”组织管理夏季牧场，更重要的是，它们为从属于牧场的农民提供火灾和牲畜损失的保险，而且，在设立教会税时（1096—1097年），它们获得了留给穷人那部分的什一税的分配权。据智者阿里在1122—1133年之间写的文章中所说，1117年冰岛议会决定把国家的法律写成文字，以备来年夏天使用。欧洲人在现当代的移民行为而产生的“新社会”，冰岛可以与之类比，在这些“新社会”中，由于传统社群的影响较小，所以有必要建立新形式的团结，并确保法律是权威的根本。

但这一制度并没有使冰岛成为一个平等的社会。实际上只有少数富裕的自由

---

① 意为议会的立法部门。

人参与了冰岛议会，有一个精英贵族群体（930年为36人，后来增加到39人，再后来增加到48人），他们拥有“首领的权力”，这被视为私人财产，可以传给家庭的另一个成员。虽然这种制度或许有宗教成分，但“首领的权力”会先于其他原因为其所有者提供一个基于精英与“庭”代表之间契约关系的社会优越性。这些自由农处于某位精英贵族的保护之下，作为交换，他们在各种场合对这位精英贵族表示支持，例如护送他去庭。这群精英贵族争相承认自己保护的自由农，受保护自由农的数量与他们的社会和政治优越性相关。在实践中，这意味着精英贵族要懂得如何管理他与他在庭的代表之间的关系，要保留对纠纷或冲突的控制权，要作为一个仲裁员能够赢得诉讼，在这一切之外，还要再加上一条，要在财富和声誉带来的好处的再分配一事上起作用。从11世纪下半叶开始，权力开始加速集中于少数家族手中，这在该国的政治发展中留下了持久的印记，直到1262—1264年归顺挪威王室。

22.2 通过谈判从一种宗教过渡到另一种宗教

冰岛给我们展示了一个和平皈依的过程，在这个过程中，向新宗教过渡被规定为解决冲突的方法，这涉及岛上的主要机构冰岛议会和法律诵读者。从冰岛定居的最早时期起，基督教成员便来到这里定居，他们要么是在英伦三岛皈依基督教，要么是征服冰岛的人带来的信仰基督教的配偶或奴隶，但在10世纪末第一次传教尝试之前，基督教在冰岛土地上得以维持的实况和条件仍不太清楚。在该岛西南部发现的异教墓数量较少，而书面资料中提到了信仰基督教的定居者，这可以被看作是该地区基督教影响较强的标志。岛上的正式皈依发生在999年或在1000年，后者更有可能，而最详细的描述已经由智者阿里给出，他的口碑和信誉在这一点上似乎足够坚实。其他后来的资料记述了此前几年进行的传教尝试，首先是一位来自国外的冰岛人托尔瓦德·科德兰松提出倡议，一位不知名的撒克逊主教弗里德里克陪同着他，这次尝试没有成功。后来，有人认为挪威国王奥拉夫·特里格维松鼓励了传教活动，特别是他派遣了一位名叫唐布兰德的日耳曼牧师到岛上，据说该牧师用了最简洁快速的手段，但岛上的人却没有皈依。奥拉夫国王的报复行动（对冰岛人关闭挪威港口、劫持留在挪威的冰岛人作为人质）加剧了支持引进新宗教的冰岛人与敌视新宗教的冰岛人之间的紧张关系。争端被提交给了法律诵读者瑟吉尔·索克尔森进行仲裁，根据《冰岛人之书》记载，他最后决定：

> “所有人都要接受洗礼，只信奉一神，至于弃置小孩和吃马肉，还是维持旧法判决。如果想做的话，可以私下祭祀其他一些神灵，但如果有其他见证者在场，就会遭受放逐。这种异教风俗，”智者阿里补充道，“和其他的风俗一样，在几个冬天之后就被废除了。”

此后不久，冰岛议会批准了一项基于折中原则的宗教改革，这种折中做法使冰岛人保留了大部分的法律传统，并且，允许私人崇拜古代的一众神灵。这一决定使冰岛得以保障其宗教自治，尤其是在面对挪威国王禁令的时候。在此后不久（1000年），奥拉夫·特里格维松去世了，这项决定便没再引起人们的质疑。正如我们所看到的那样，两种宗教的共存似乎在莫斯费德山谷得到了证实，在这个地方，赫里斯布里奇教堂和墓地的旁边就建有一座当代异教土丘。“秃头”格里姆之子埃吉尔的遗体可能（但不确定）从一个土丘转移到这个教堂的唱诗席（在大约130年后的莫斯费德山谷墓地进行新挖掘之前转移的），这可能是一个首领死后与新宗教联系的情景，他没有接受过洗礼就死了，于是他的家人主动提出要这么做，因为他的家人希望表明他们对基督教信仰的赞同。在霍夫斯泰尔，在1030年后，某个大厅被废弃了，这伴随着一个祭祀仪式，一只羊和14头牛被献祭，它们的遗体很可能就暴露在外，这种做法也许公开反对基督教本身，而不是反对从一种宗教到另一种宗教的过渡所进行的谈判。在离这个地方被废弃的时间很近的日期（之前或者之后），有人建了一座小教堂，而且，在离原来的住所200米处，建了一座新居。正如奥里·维斯蒂因松最近所说的那样，这个国家的某些殡葬习俗似乎在一两代人的时间里发生了变化，例如墓地的位置，又如墓地的发展，墓地更广泛地向社群成员开放，还有墓穴中使用的殡葬器具的减少。除了宗教变化之外，这种演变似乎还反映了该国居民对他们身处的环境有了新的态度。宗教信仰的改变并没有威胁到精英贵族们的地位，他们发现自己或亲属在行使基督教牧师的职能时，可以加强他们的影响力，岛上的主要家族通过与冰岛新生教会的密切联系从中获益。从11世纪中叶开始，宗教结构开始形成，在大农场主白皮肤的吉祖尔的儿子伊斯利夫的领导下，人们在斯考尔霍特建立了主教区，主教在1055年由冰岛议会选举产生，次年由不来梅－汉堡大主教祝圣，冰岛（主教）一直从属于这个大主教直到1104年。另一个主教区建立在侯拉尔，在冰岛的北部，它的第一任主教在1106年由伦德的大主教祝圣，伦德在1104年成为了北方几个国家的大主教府所在地。

在基督教成为冰岛人信奉的宗教的同时，格陵兰岛被殖民，在格陵兰岛至今没有发现异教墓葬。很可能从最早的冰岛定居时代开始，格陵兰岛上的主要家庭就在他们的住宅中附设了教堂和墓地，就像我们在布拉塔席尔德（位于格陵兰西北部）看到的那样。这些都是私人教堂，但似乎没有一个家族能够集中足够大的权力或影响力进而成为加达的主教，加达主教区是挪威国王在12世纪初（1126年）应他们的要求建立的。后来没有格陵兰人做过主教一职。

根据某位冰岛作家在13世纪初撰写的《法罗群岛传奇故事》中流传的传统，法罗群岛的居民一直是坚定的异教徒，直到995年奥拉夫·特里格维松委任西格蒙德尔·布雷斯蒂松在此引入基督教。然而，这种自上而下的皈依模式，考古学的数据和证据仍不足以说明，如在托夫塔内斯遗址发现的两个木质十字架，其中一个是爱尔兰风格的，这说明在9世纪和10世纪之交，该遗址的居民可能早在法罗群岛正式皈依之前就已经是基督徒，或者至少熟悉基督教，尤其是因为相当一部分的移民是来自斯堪的纳维亚半岛西部定居点的，他们已经接触过甚至是皈依了基督教。据此，罗莎琳德·勃朗特的近作提出了10世纪两种信仰共栖的情况以及基督教传播过程中自下而上的进程，但这并不能排除日后由挪威国王发起建立了一个教会机构的可能性。12世纪初，斯特莱默岛上的奇尔丘伯乌建立了一个主教区，它从属于尼达罗斯（特隆赫姆），后来特隆赫姆被围攻时，尼达罗斯被确立为挪威的大主教区（1152—1153年）。

无论过程如何，北大西洋土地上的人们对基督教的皈依以及基督教的传播似乎促进了新身份的形成，这使不同来历的人口聚集在一起，他们能够更自由地汲取北欧的文化传统，同时又将自己与斯堪的纳维亚王国（首先是与挪威）区分开来。智者阿里记述的冰岛皈依的故事如此与众不同，在宗教改革的选择上他们提出了集体决定，这样的故事没有其他任何对照，这样的做法有利于将与异教有关的过往融入这个国家的历史。

第 23 章　东欧：中间地带？

在罗斯国（相当于今天部分俄罗斯、部分乌克兰和部分白俄罗斯的领土）的斯堪的纳维亚人的情况，有时会让人将其与 17—18 世纪北美洲的欧洲人和美洲印第安人社群的情况进行比较。1996 年，西蒙 · 富兰克林和乔纳森 · 谢帕德将这些情况比作“北美荒野”，那里居住着捕猎者、商人、旅行者，可能还有殖民者，他们与土著保持着双重关系：有时是敌对的关系，也会共享经验，彼此沟通和组成联盟。这两位作者认为，这种比较有其局限性，“两个荒野地区之间的条件有很大的差异”，主要表现在：在新生的罗斯国里，地区间条件的差异可能没有那么明显，因此，新来者对林区居民的态度受到这一点的影响，他们对林区居民的态度更加温和。那些既是战士也是商人的斯堪的纳维亚人在东欧经历的境遇，最近，被比喻为一种“中间地带”局面。

23.1 背景

斯堪的纳维亚人在开辟通往拜占庭帝国和东方阿拉伯国家的新贸易路线方面，起到了决定性的作用，他们的贸易路线穿过了现在的俄罗斯和乌克兰。在那里，他们遇到了不同的人口：波罗的海部落和芬兰部落占据了俄罗斯北部的部分地区，其中芬兰部落占据了广泛的地区，一直延伸到伏尔加河中游和卡马河；东斯拉夫人在该国的森林地区向东和向北推进，一直到第聂伯河谷上游和伊尔门湖地区。其他族群在顿河上游和奥卡河上游定居。在南方的草原地带，一个讲突厥语的游牧民族在 9 世纪头几十年皈依了犹太教——他们就是可萨人。从 650 年起，他们建立了一个从高加索延伸到伏尔加河下游的强大帝国（他们在伏尔加河下游的伊蒂建立了首都），并将其势力范围扩大到顿河流域以外的克里米亚以及伏尔加河、卡马河和第聂伯河流域的部分地区，在这个范围内，他们建立了对斯拉夫人的君主权。这些可萨人在某位可汗的主持之下，建立了一个各族人口的联盟，他们是罗斯人向第聂伯河中游推进过程中所经范围的主导力量，而且，基辅可能直到 10 世纪初还臣服于可萨人。一些讲突厥语的保加利亚居民皈依了伊斯兰教，他们定居在伏尔加河中游和卡马河下游地区，这里是几条贸易路线的交会处，900 年左右，他们形成了一个依附于可萨人的政治实体。因此，应该记住，从 8 世纪中叶开始向东欧挺进的斯堪的纳维亚人，只是影响欧洲大陆这部分地区移民的一个组成部分。这些斯堪的纳维亚人在沃尔霍夫河谷上游地区定居，首先遇到的主要是芬兰人，而此时，东斯拉夫人向今天的俄罗斯北部的迁徙还没有完成。在 8 世纪的时候，斯拉夫人本身也是东欧的新移民，因此，当斯堪的纳维亚人开始在此定居时，其实是两个移民运动的相遇。在南方，可萨汗国是维持贸易稳定的因素，但在 9 世纪上半叶受到了佩切涅格人和马扎尔人[①]的迁徙影响。罗斯人在外交上还必须直接（因为他们是关系网的一部分）或间接（通过其他民族）依靠拜占庭对定居在黑海和多瑙河以北的民族或对阿拉伯民族的积极外交，其中，伊本·法德兰一直游历到伏尔加河的保加利亚人定居点就是一个很好的证明。毋庸置疑，虽然来到东欧的斯堪的纳维亚人能够享受到某些技术（如金属加工、武器装备）给他们带来的优势，但由于他们强硬的政治手段，所以无法独自在东欧地区这个大熔炉中确立主导地位。东欧符合成为“中间地带”的条件，给竞争与合作留下了完全开放的空间，“竞合[②]”这一现代新造的词符合当时的情形，虽然这些竞合关系中的大部分我们还没能证实。

斯堪的纳维亚各集团在东欧开展活动的条件与西方有很大不同。这片被森林和沼泽覆盖的土地，乍一看没什么意思，尤其是与西欧的富国相比。这里没有组织有度的国家，也没有教会和城市，几乎没有通过掠夺获得物富的前景，但有很多机会获得财富：波罗的海琥珀、奴隶、毛皮，这些都可以换取其他商品和武器。罗斯的河流使人们可以进入拜占庭和阿拉伯世界，进入他们的商品销售市场，并获得他们的财富：珍贵的织物、黄金，特别是来自穆斯林－阿拉伯东方的白银。在 9 世纪和 10 世纪，现在的俄罗斯和乌克兰是迪拉姆主要的流通范围，人们在东欧和斯堪的纳维亚半岛找到了几万迪拉姆。随着这些钱开始流入东欧，斯堪的纳维亚人利用水路逐步向欧洲大陆内部推进，他们的目的是占领白银、毛皮和奴隶市场。贸易是他们在这一地区存在的主要原因。为了在这里致富，他们必须参

① 即匈牙利人。

② coopétition，coopération（合作）和 compétition（竞争）合成的新词。

与波罗的海—伏尔加航线上的贸易，可以的话最好是做到控制波罗的海—伏尔加航线。

23.2 罗斯人与瓦良格人

在后来成为了现代俄罗斯国家的领土上，最引人关注的其中一个事实是维京人的扩张导致了新身份的产生，在现代历史学中最有争议的表现之一是关于称呼的传播——罗斯人和瓦良格人，在斯堪的纳维亚移民的后裔融入东欧民族混合体的过程中，这些称呼成为了整个民族的名称。罗斯（Rhos 或 Rhous）这个称呼第一次出现，是在特鲁瓦的主教普鲁登斯的笔下，当时《圣伯丁年鉴》的作者记述了拜占庭皇帝狄奥菲洛（829—842 年）派来的使者于 839 年 5 月 18 日在英厄尔海姆被“虔诚者”路易接待的情形。

> 随着这个使团，狄奥菲洛也派了一些自称“罗斯”的人，这是他们民族的名字。他们的国王有可汗的头衔，据他们说，他们国王派他们来是为了表示友好。狄奥菲洛向皇帝祈求，希望皇帝能以他的仁慈，给予他们必要的许可和帮助，使他们能安全回家。这些人在君士坦丁堡来找他的路上，穿过了一些野蛮而可怕的蛮族地区，他不希望他们在回去的路上还要是同样的路，因为这将使他们陷入巨大的危险之中。当了解到他们的行踪的真正原因后，皇帝发现他们是苏翁族的人，他认为他们在他的王国里更可能是间谍，而不是和平和友谊的使者。

这个使团的外交背景没有让我们在这一步就停下来。我们发现它可能是拜占庭帝国和北欧之间一系列接触的一部分，这也是在齐斯、里伯和海泽比发现的三枚狄奥多西行政官员[①]印章所证明的。该人物还被证实是狄奥菲洛派去威尼斯（840 年）和洛泰尔国王（842 年）身边的使者，这都是为了对抗地中海的穆斯林威胁。对这个人物身份的辨认让人提出了这么一种假设：与拜占庭方面进行接触，是为了招募雇佣军或维京船队对抗穆斯林。《圣伯丁年谱》表明，

① 原文用的是“Patrikios”一词，即 patrician，意思是（古罗马的）统治阶层成员、贵族。

无论如何，不管他们访问拜占庭的原因、出发地（伊尔门－沃尔霍夫地区？）和选取的路线，罗斯人都源于斯堪的纳维亚人。

之后，罗斯人经常在阿拉伯和拜占庭的史料里被提及，而一些作者，例如10世纪克雷莫纳的柳特普朗，他们认同罗斯人其实等同于诺曼人。最后，应该补充的是，有一些阿拉伯资料清楚地将罗斯人与斯拉夫人区分开来，无论是从他们的服饰、生活方式，还是从他们的战争行为和商业活动来看，都可以把他们严格区分。“Rous”这个词的起源是有争议的，但现在大多数历史学家都认为它源于“Ruotsi”一词，这是一个芬兰语词汇，用于指代瑞典，据说它的形式可能是借用了古北欧语中“róa”一词（意思是“划船”），用以表示划船的人。因此，这个词最初应该是有技术和专业含义的，与从今天的瑞典乘船而来的斯堪的纳维亚人的活动有关，后来，这个词通过斯堪的纳维亚人和芬兰人之间早在维京时代之前就已有的接触，被用在了民族意义上，然后被斯拉夫人从芬兰人那里借用了。不过，“罗斯人”似乎并不指代整个斯堪的纳维亚人群体，而只是指在东欧游历和定居的精英、首领及以及他们的一众随从。比起具体的民族含义，“罗斯人”这个词似乎是为了区分出一个“民族－社会群体”，这个民族－社会群体与在后来成为今天俄罗斯的领土上活动的战士以及商人精英密切相关。此后，这些精英在东欧贸易路线上建立或控制了罗斯人扩张的基地，与土著（主要是斯拉夫人）保持着诸多联系，并逐渐采用了土著的语言和某些文化特征。“Rous”这个词可能首先指的是新兴的罗斯国精英，进而延伸到指代该国的所有居民，无论他们来自哪里，都是在罗斯王族的统治之下。在《罗斯－拜占庭条约》中，罗斯王公统治下的领土被称为“罗斯的土地”，而在10世纪中叶，《论帝国的统治》讲到了罗西亚，但我们无法在两者之间建立起完全等价的关系。对“罗斯人”认知的发展，被认为对斯堪的纳维亚精英融入多民族社会的国家具有重要意义，它似乎是新兴的罗斯国各族群聚集在一起的一个结构性因素。

在10世纪中，尽管这里与斯堪的纳维亚半岛保持着联系，但还是对以前就在该国定居的罗斯人和前来为罗斯王子或拜占庭皇帝服务的斯堪的纳维亚新移民群体进行了区分。后来出现了一个新词“varègue”（这个词有不同的词源，“誓言”是其中一个，又或者这是一个古北欧语单词，意思是“为外国首领服务而去国外寻求庇护的人”），用以称呼这些移民。它是由东斯拉夫人借来的，后来引入到阿拉伯文和希腊文中，在拜占庭世界里指代斯堪的纳维亚、罗斯及日耳曼出身的雇佣兵，为拜占庭皇帝服务，他们组成了一个精锐的军团——瓦良格卫队。“瓦良格人”代表着在时间上离现在更为接近的移民，这点与罗斯人有所不同。后来瓦良格人有了更普遍的含义，它被用来指代斯堪的纳维亚人，这也是人们在《往年纪事》中发现的它的含义之一，这本书将罗斯人也纳入在了其中，“就像其他人被称为瑞典人、诺曼人、盎格鲁人以及那些讲哥得兰语的人一样”。

23.3 罗斯国的形成

在东欧，斯堪的纳维亚人和斯拉夫人的移民人潮偶遇了。在芬兰世界这个大环境里，斯拉夫人和斯堪的纳维亚人保持着不同形式的经济和社会联系，在贸易中心和贸易路线上发生了多种经济和文化交流。斯堪的纳维亚人的成功，少不了与当地精英阶层进行接触和最起码的合作，并且需要他们融入这个环境。与欧洲其他地区（如法兰克王国）不同的是，斯堪的纳维亚人不必适应已有的国家和等级框架，在进程的最后，他们与斯拉夫精英、波罗的海精英和芬兰精英一起参与了罗斯社会和国家的构建，但该进程的时间表和各个阶段还有所争议。

第一个书面证据是《圣伯丁年鉴》，它开头记述道，在 839 年罗斯人有一个被称为 “chaganus”的首领，即“可汗”。这个头衔也出现在 871 年意大利的路易二世的一封（丢失了的）答复信中，信中皇帝巴西尔一世提到了三位“chagani”，他们分别是阿瓦尔人、可萨人和诺曼人的首领（人们很容易把罗斯人认作诺曼人）。有这么一份算得上是当代（约 870—880 年）的阿拉伯语证据，但它是靠后来的各种文本得以传播的，其中最早的是伊本·鲁斯塔的文本，他在 10 世纪初对罗斯人的描述中明确指出，“他们的君主拥有‘罗斯人的可汗’这样的头衔”。他形容他们是靠掠夺和抓捕斯拉夫人俘虏为生，然后把这些俘虏卖给可萨人和保加利亚人。文中还说：“罗斯人定居在一个被沼泽包围的半岛上。这个半岛，三天就能靠步行走完，由森林和泥沼组成。这里臭气弥漫，土壤十分湿润以至于会在脚下滑动。”我们很难精准地了解这个头衔对应的是什么形式的权力，尤其是，这种权力是否受到了汗国模式的启发，又或者说，它是否表现出了一种外来的，主要是拜占庭式的，对帝国以外民众权力组织的制度。830 年、

871—880 年之间，以拉多加 – 伊尔门地区（在留里克沃·格罗迪什切，而不是在旧拉多加）为中心，存在着一个罗斯汗国，这个说法已经被许多历史学家认可接受。该国的形成、范围和稳定程度我们不得而知，我们只知道它的可汗有能力派代表到拜占庭帝国进行外交活动。罗斯人有可能是在与可萨人的接触中受到了影响，他们调整了在东欧活动所必需的政治组织形式；也有可能是他们利用可萨人国家不稳定的时机，展示和宣告了自己的野心。无论如何，如果我们接受了“罗斯汗国”这个假设，那么，它表现出来的，是罗斯人在该国逐步定居过程中的一个新阶段，还展现了从一个非正式的机构到一个更有条理和等级的组织的过渡过程，之所以会形成这种更有条理和等级的组织，是为了满足与东方日渐频繁的沟通的需要，以及为了满足管理国内各族群（包括斯堪的纳维亚群体）的需要。和这个汗国处于同时代的是留里克沃·格罗迪什切中心的发展，它比旧拉多加具有更明显的军事和行政特征，如果我们相信《阿马斯特里斯的乔治的生活》里的证据的话，特别是 860 年对君士坦丁堡的围攻的证据，那么罗斯人和拜占庭人之间的第一次有据可查的交锋早在 9 世纪就发生了，还有 867 年左右罗斯的第一次皈依基督的尝试，这种对抗和转换都只是昙花一现，没有未来。在今天的俄罗斯西北部的几个遗址上发现的可以追溯到 860—870 年的地层，地层展现出了此地曾发生过剧烈政治动荡的迹象，人们把这与第一个罗斯汗国遭遇的危机和它的消失关联起来了，这个国家的传统借由《往年纪事》流传了下来，这些传统会把记忆保存，它会向北斯拉夫人诉说“把瓦良格人赶到海的那边，不要再向他们进贡”。

紧接着这个情节，《往年纪事》详述了著名的“召唤瓦良格人”的故事，这是在 6370 年（即 862 年）的条目下，讲述了留里克与他的兄弟西涅乌斯和特鲁渥分别在大诺夫哥罗德、别洛焦尔斯克和伊兹博尔斯克建国的情况。根据这本编年史，留里克在他的兄弟们死后，夺取了他们的财产，而他的其中两位波雅尔——阿斯克德和迪尔，则要求离开，他们要去君士坦丁堡，并最终在基辅定居了下来。后来，留里克死了（879 年），临终时他把小儿子伊戈尔托付给了亲属奥列格，结果奥列格夺取了斯摩棱斯克和基辅，并处死了阿斯克德和迪尔（882 年）。虽然这些情节被笼罩在传奇的光环下，但几乎可以肯定的是，9 世纪最后的几十年里，新的斯堪的纳维亚人群体来到这里，他们不仅在拉多加－伊尔门地区定居，而且在第聂伯河上游、伏尔加河上游和奥卡河上游地区定居，并一直延伸到第聂伯河中游地区。从10世纪初开始，他们成为了拜占庭帝国的伙伴，此时，沿着被称为“瓦良格通往希腊之路”进行的贸易变得更加频繁，而主要来自中亚的阿拉伯的新资金流也促进了东欧的贸易。罗斯人在第聂伯河中游定居，基辅成为留里克人的主要政治中心，罗斯人在那里定居的目的是利用与拜占庭帝国的贸易和从斯拉夫人口中征收贡赋。但要实现这些目标，还需要实施比北方更稳固的统治。

《往年纪事》围绕着王朝的连续性进行叙述，其中可以追溯到留里克王朝，它把留里克王朝的一众王公塑造成为罗斯国扩张、与君士坦丁堡保持关系以及整顿斯拉夫部落的主要主使者，如945年，伊戈尔大公被反抗他的德列夫利安人所杀，而他们后来被他的遗孀奥丽加残忍地镇压了。但基辅大公们并没有垄断“罗斯土地”的权力。911年和944年的条约以及讲述奥丽加作为她儿子斯维亚托斯拉夫的摄政王于957年访问君士坦丁堡的《仪式之书》，都展示了这些王公的权力是分散的，即使他们一起与基辅王公携手合作，共同进行某些战争性质的远征，但他们以自己的名义行事，代表着不同的中心。在整个10世纪的部分时间里，这些军事行动体现得更多的是不同伙伴之间利益联盟的结果，而不是基辅王公的单一意志。除了留里克王朝，几个斯堪的纳维亚裔的家族似乎在10世纪下半叶就已经在当地行使了王权，如波洛茨克的罗戈沃洛德和托洛夫的图里。由于没有在同一王公支持下的单一政治共同体，所以某些法律似乎只能管制部分罗斯人。在罗斯一方，911年的条约是“根据我国人民的法律和习惯”宣誓的，944年的条约几次提到“根据罗斯法律”解决或惩罚犯罪行为（第4、8、13条）。

随着奥丽加的改革（945–964年），权力架构进入了一个新阶段，特别是在税收方面。摄政王（指奥丽加）在大诺夫哥罗德设立了贡品征收点，这表明了她希望通过纠正暴力纳贡来缓和纳贡的人民之间的关系，还表明了她对简化贡金收集并改进纳贡管理的关切。皮埃尔·冈诺和亚历山大·拉夫罗夫认为，这是“世袭或统治权力概念的第一个标志”。然而，索贡巡行并没有被废除，它们是控制人口并提醒他们服从的一种手段，但纳贡也可以被看作一种凝聚力的要素，因为它们有助于在斯拉夫人和罗斯精英之间建立联系。奥丽加的国家在10世纪中叶之前就已经有基督徒了，而她个人的皈依行为，可能是以她于946年（更可能是在957年）到君士坦丁堡的旅行为契机，她的皈依标志了王朝信奉基督教的开端，最后整个王朝皈依基督教是在988年发生的，当时王朝处于她的孙子弗拉基米尔的统治之下。

10世纪下半叶，留里克王朝统治的加强是显而易见的，这从继承权的组织方式上就可以看出。海伦娜[①]（指前面的奥丽加）的摄政是统治者家族保留权力的能力的第一个表现，后来，斯维亚托斯拉夫（约964—972年）组织了权力的转移，开创了留里克王朝在国王生前便把王位授予儿子的传统。矛盾的是，他死后发生的危机印证了关于王朝定律的断言：这一定律在弗拉基米尔（980—1015年）和雅罗斯拉夫尔（1019—1054年）统治时期奏效了，虽然统治者家族的垄断地位并没有受到挑战，但家族内部的激烈斗争付出了代价。三叉戟或双叉戟形状的"留里克王朝标志"，是真正的"王朝身份的徽章"，它们会出现在两件物品上，其中一件是印玺，在斯维亚托斯拉夫统治时期，它成为了弗拉基米尔王子的标志，他用这个标志来装饰他在基辅建造的什一税教堂所用的砖块。但罗斯国并不是一个集中统一的实体，大诺夫哥罗德作为对该国西北部有影响力的权力中心，明显与基辅明显不同。

与此同时，留里克王朝的一众王公——首先是斯维亚托斯拉夫——进一步巩固和扩大了他们的统治，结束了可萨人的统治（964—965年），攻击依附于可萨人的百姓，并夺取了他们的主要城市萨克尔（在顿河上）和在伏尔加河口的伊蒂。罗斯人还攻击了在伏尔加河流域的保加利亚人和布尔塔斯人，但斯维亚托斯拉夫在试图向多瑙河和巴尔干方向强行拓展自己的势力范围时，却在拜占庭人手中遭遇惨败，在返回途中，他试图越过第聂伯激流时被佩切涅格人杀死。

23.4 皈依基督

皈依基督教很可能是政治选择的结果，目的是巩固王权的基础。拜占庭帝国的资料中提到一次改变罗斯人信仰的尝试，在867年左右派出了一些传教士，但对这第一次尝试的效果我们仍然知之甚少。罗斯人无疑将该地区斯拉夫民族的主要神灵放进了他们的神殿，特别是雷神佩伦和牛神沃洛斯，他们在订立

① 海伦娜：奥丽加受洗后得到的基督教名字，源自于当时拜占庭帝国皇后海伦娜·拉卡平娜的名字。

907 年、944 年和 971 年的条约时，是向着这些神灵起誓的。如果在罗斯国发现代表北欧神灵的小雕像和护身符（奥丁、托尔的锤子、武神……），这种器件的演变表明这些崇拜对象在逐渐世俗化，按照亚历山大·穆辛的说法，这还表明了应该把这个现象与“北欧异教的危机”联系起来，这次危机最终打开了基督教传播的大门。从 10 世纪中叶开始，在第聂伯河中游地区的大陵墓的坟墓里，人们发现了基督教物品，但要推断出死者的宗教信仰仍然非常困难。10 世纪的《罗斯 – 拜占庭条约》显示了基督教在该国的传播，虽然 907 年和 911 年的协议并没有提及基督教，但一些在 944 年条约中宣誓的罗斯使节是基督徒。几年后，摄政王奥丽加受洗，可能是她在君士坦丁堡（957 年）旅行时进行的，她收到的基督教名字是“海伦娜”，这也是她的教父君士坦丁七世的妻子的教名。当时，这纯粹是个人的皈依行为，并不涉及统治家族的皈依，因为奥丽加的儿子斯维亚托斯拉夫和他的随从打算保持信奉异教。当弗拉基米尔在 980 年左右掌权时，他经历了一场剧烈的王朝危机，之后他首先在基辅皇宫外的山上竖立了包括佩伦（闪电和雷神）在内的一众神像。《往年纪事》中所记述的事件有助于塑造这位统治者皈依前的负面形象，在他统治之初，他的形象是一个狂热崇拜偶像的和嗜血放荡的人物。除此之外，如果我们相信这一情节，那它也可以反映出他对加强自己权力的宗教基础的关切。过了几年，弗拉基米尔大约在 986—987 年会对宗教进行一次真正的调查，这也是根据《往年纪事》的记述，该书以两则教化性质的故事记述了这件事。其中一则讲的是弗拉基米尔听邻国来的使节解释自己的信仰，还讲了他听希腊人说话时表现出的兴趣。在第二则故事中，他听从领主的建议，派大使到国外调查，向他报告各个宗教的情况。在这里，又是采用希腊式礼节的基督教赢得了弗拉基米尔的支持，并在留里克王朝的宗教选择方案上起了决定性的作用。我们应该谨慎看待《往年纪事》的叙事，它把皈依基督教作为弗拉基米尔人生历史的高潮，这位罗斯大公的“宗教追求”似乎得到了阿拉伯史料的证实，而且与异教世界已知的宗教态度并不矛盾。不同宗教体系之间的竞争在其他场合也得到了证明，例如在《安斯凯尔生平》和科维的维杜金德记述的“蓝牙王”哈拉尔皈依基督教的情节中便出现过。在弗拉基米尔的例子里这种竞争有两个方面：首先这是异教的神和其他宗教（的神）之间的竞争，虽然前者在几年后就（在他心中）失去了神的资格（也许是在对抗伏尔加河流域的保加利亚人的行动失败之后），这就为弗拉基米尔要求进行的宗教调查提供了理由，而这也使得其他不同宗教之间也相互竞争。

几乎可以说是毫无疑问，弗拉基米尔的宗教选择是出于政治动机。他在经历了一场王朝危机后上台执政，他找人暗杀了自己的弟弟贾罗波尔克之后，在这样一个受到多种宗教影响（多神教、犹太教、拉丁或东方基督教、伊斯兰教）的国家里，《经书》中的各个宗教都可能加强他的神圣性，而他希望围绕着一个单一的宗教来巩固自己的权力。尽管罗斯国与拜占庭帝国有种种关系，但选择希腊基督教并不是一个必然达成的结果：摄政王奥丽加皈依后，她向奥托一世求助，这位日耳曼尼亚国王从特里尔派来了一个名叫阿达尔伯特的僧侣（他后来成了马格德堡的大主教），但他很快就打道回府了（962 年），什么目标都没达成。在 987—988 年，情况则有所不同。巴西尔二世（963—1025 年）的政权受到巴达斯·法卡斯和宗教执政官的威胁，处于危急关头的巴西尔二世在罗斯人的支持下，得以扭转局势。作为交换，他同意了弗拉基米尔和自己的妹妹安妮结婚。这次声名显赫的联姻加强了弗拉基米尔的地位，大约 30 年前，奥丽加曾遭到了拜占庭的拒绝，但这种联盟要求这位罗斯大公事先接受洗礼。洗礼（和婚礼）发在 987 年底或 988 年初，地点我们无法确定。

奥丽加的皈依是私人行为，弗拉基米尔的皈依与之不一样，他的受洗导致了罗斯国皈依。这位大公让人把他供奉的神像拿下来，并命令基辅的人民一起在第聂伯河接受洗礼。后来，他致力于通过建立教会机构和建造教堂来巩固基督教。从 988 年起，他就在基辅建造了一座献给他姐夫的守护神圣巴索的教堂，然后在拜占庭工匠的帮助下，他又建造了一座圣母教堂，后来被称为什一教堂[①]（因为王子决定把自己收入的十分之一献给这个教堂），这座教堂成了罗斯大公的第一座基督教墓地。998 年，基辅被君士坦丁堡教区树立为大主教府城市，后来雅罗斯拉夫尔在那里建立了一座献给圣索菲亚的新大教堂，以君士坦丁堡的圣索菲亚大教堂为原型。在梅泽堡的蒂特马尔所著的《编年史》（1018 年）的最后一个段落中，他将基辅描述为一座拥有 400 座教堂和 8 个市场的伟大城市，这些数字的象征意义是为了将这座城市理想化为一个新的基督教首府。在今天的俄罗斯

① 又称圣母升天教堂。

北部，大诺夫哥罗德也是一个重要的宗教中心，很快它就有了主教区（10世纪末），并拥有一座圣索菲亚大教堂，最初是按照传说的那样用木头建造的，后来，在11世纪中叶用石头建成。在1008年底或1009年初写给皇帝亨利二世的信中，库埃尔富尔特的布鲁诺讲述了他的罗斯之旅，在那里他受到弗拉基米尔长达一个月的接待，弗拉基米尔在试图劝阻他不要去给佩切涅格人传福音之后，陪他到了筑有防御工事的国家边境线。他赞美罗斯大公的伟大和财富，他没有质疑他的信仰，但如果说弗拉基米尔为确保传教士的安全而显得忧心，那是因为如果这位传教士客人死了将可能会使他不光彩，从而影响他的声誉。

23.5 文化交流

9—11世纪，罗斯国也是不同人口之间文化交流的地方，可以从书面证词、专有名词学、语言和考古发现中观察到这一点。一柄保存在俄罗斯国家历史博物馆的11世纪的小斧头说明了这种文化的融合，其来源并不明确（位于罗斯国东北部的弗拉基米尔－苏兹达尔地区，或伏尔加河中游地区的一个保加利亚人活动中心比利亚尔斯克）。用铁制作斧头属于游牧民族的传统，但它的装饰是灵厄里克风格，其他的装饰则反映了拜占庭带来的影响。B面的图案是一条被剑刺穿的龙，这是一个在维京世界中广为人知的绘画主题，指的是西格鲁德的屠龙传说，但同时这个图案也可能是因为基督教一些屠龙的圣人（如米迦勒、乔治或阿玛西亚的西奥多）而被熟知。另一面（A面）是一棵树，两边是两只鸟，同样属于北欧传奇主题，但也可以很容易地理解为两只孔雀簇拥着生命之树这个基督教象征。这一面还印有字母“A”，源于西里尔字母，反面可能印有另一个字母，但现在已经消失了。如果说对装饰的解读仍是一个悬而未决的问题，那么有没有可能是改编了斯堪的纳维亚半岛的主题，使之适用于传达基督教的信息呢？这个物件反映了一个具有象征意义的东西同时受到多种文化影响的现象，斧头往往被认为是权力的标志。

在旧拉多加地区9—10世纪的土层出土的主要房屋，显示了斯拉夫技术和斯堪的纳维亚技术的结合，而9世纪下半叶的一个青铜作坊则证明了当地尝试制作从斯堪的纳维亚进口或带来的物品。有一些吊饰据说来自格涅兹多沃，配以博勒风格的镂空装饰，在留里克沃·格罗迪什切也有生产。某些种类的斯堪的纳维亚物品在罗斯国境内继续发展，这证明了当地手工艺生产的风格和标志图案的连续性，而同时也证明了它们的适应性。斯拉夫－斯堪的纳维亚混血作品的传播被拿来与盎格鲁－斯堪的纳维亚艺术的产生过程相比较，并且，这种传播是维京人在欧洲东部的存在变得不那么明显时发生的。应该指出的是，这些文化创作过程不仅涉及斯堪的纳维亚制造的物品，它们还反映了罗斯人受到种种影响。10世纪时，大诺夫哥罗德地区的陶艺家复制了西斯拉夫工匠制作的陶器，这就促进了10世纪末和11世纪上半叶，罗斯北部（大诺夫哥罗德、普斯科夫）生产的新式陶器的发展。大诺夫哥罗德的女性服饰借鉴的是波罗的海、芬兰和斯拉夫的传统，而不是斯堪的纳维亚人的传统，从考古上看，斯堪的纳维亚传统要素在大诺夫哥罗德的存在要（比其他几个地区）少得多。拜占庭帝国的影响也是存在的，而且这些影响随着对希腊式基督教的信奉而得到加强。安娜·佩斯科娃展示了古代罗斯国早期基督教中最具代表性的物件之一——圣骨盒十字架和胸前佩戴的十字架——的起源。11世纪制造的十字架受到拜占庭风格的启发，这些风格在保加利亚王国被改造以适应当地，然后它们被传到了罗斯国，在罗斯国它们被赋予了与北欧艺术传统相关的新风格，例如，基督的外表发生了变化（基督被画上了胡子）。这种融合是在一些中心地区产生的，尤其是在大诺夫哥罗德，在这些地区，各种各样的影响发生交会融合，而且我们不排除，对于这种融合的产生，有一些斯堪的纳维亚工匠参与其中。

为了描述这一过程，亚历山大·穆辛把它称之为一种“双重同化”：“首先，8世纪—10世纪上半叶，斯堪的纳维亚人、斯拉夫人和芬兰人相互融入罗斯这一个‘民族－社会’群体中；其次，在10世纪末和11世纪，新来的罗斯人和斯堪的纳维亚人（更准确来说是瓦良格人）同化到了斯拉夫人的世界中。”详细来说，有必要根据几个变量来观察思考这个过程，这些变量往往是相互关联的，这就要求我们有必要摆脱赋予文化器物民族内涵这种做法，包括有形的和抽象的民族内涵。其中一个问题涉及到社会声望，这里所说的社会声望与物质文化的不同要素相关，以及与接触的人口的意识形态或宗教观念相关。罗斯国情况的独特性在于，从较长的时间周期来看，似乎没有一种文化能够在其范围内产生主导性的影响。斯堪的纳维亚文物出土较多的遗址（如留里克沃·格罗迪什切、格涅兹多沃),往往与罗斯大公[①]武装随从中的精英阶层有关,这些北欧元素与权力的联系,可能对这些器物在其他人口的精英之间的传播产生了一定影响。但很明显，这些精英同样也会借用草原民族和拜占庭世界的模式或习俗，以达到进行人群区分的目的，他们自身也是传播不同的文化影响的载体。在基辅皈依基督教前所建的一个大墓地(10世纪)里,第124号女性坟墓中有一对椭圆形的斯堪的纳维亚衿针,还有一些据说来自沃尔希尼(基辅西部)的耳环，两枚被做成吊坠的拜占庭钱币,一个经过锤锻和雕刻的银制十字架吊坠，这些器件都清楚地表明了，10世纪的罗斯受到的影响是多种多样的，这就为破解这位女性死者的宗教信仰留下了很大空间。切尼戈夫(乌克兰)的切尔纳亚莫吉拉土堆(坟堆)所处年代约为960年,它也见证了这种“器件的奇特的多样性，这其中，斯拉夫的物件，和斯堪的纳维亚的物件以及很可能是来自东方的可萨汗国的物件共存，（这）反映了罗斯国各民族在皈依前的交流的多样性和广泛性”。

另一个因素是存在于区域之间的差异，甚至是同一区域内的差异，这种差异不仅反映了斯堪的纳维亚人与他们所遇到的多民族环境之间的接触强度，还反映了那些愿意接受外来文化渗透的各种人口对他们文化的接受程度。此外，与维京世界的其他地区一样，城市文化的形成促进了新身份的产生，新兴的罗斯国的不同族群都把自己融入了这个新身份中。最后，这种文化融合的宗教因素不仅要从皈依基督教的角度来考虑，还要从以下角度考虑：波罗的海人、芬兰人和斯拉夫人的异教背景在这里相遇之后，导致了斯堪的纳维亚异教如何演变。同样，我们还必须考虑到其他一神教——犹太教和伊斯兰教——就在邻近，尽管它们似乎对罗斯的文化影响不大。可萨人已经皈依了犹太教，10世纪30年代一封致开罗的信证实了基辅有一个犹太社区的存在。同样，我们后面会再次提到伏尔加河流域的保加利亚人皈依了伊斯兰教，他们一直与阿拔斯王朝保持联系，在基辅和旧拉多加很可能存在着穆斯林商人。

文化作为介质的作用已经讨论过了，不必赘述。人们会想到精英阶层及其追随者、不同背景的商人、旅行者和使节（如伊本·法德兰；参加《俄罗斯－拜占庭条约》的代表团），还有女性，俄罗斯的情形和其他地方一样，女性是文化

① 基辅第一位大公。

传播的重要因素。整个10世纪，罗斯人要不就在拜占庭帝国的军队中服役，要不就是与之作战（克里特岛：910—911年，949年；叙利亚：954—955年；西西里：964—965年；保加利亚：967年），《罗斯－拜占庭条约》多次鼓励派兵。在这些条约签订之际，又或者是在奥丽加带着大批随从前往君士坦丁堡期间，罗斯和拜占庭还进行了大量的接触。在这些随从中，有三名翻译，其中一人专门为这位女王（指奥丽加）服务。使《论帝国的统治》的相关段落得以写成的情报收集人员很可能是一个懂双语（挪威语、斯拉夫语）的罗斯人，他可能对君士坦丁堡和大皇宫都有所了解。

这种文化同化得到最广泛认可的一个方面是语言和识字（如尼文字或西里尔文）。《论帝国的统治》大约写于948—952年，它表明了罗斯人是懂双语的，或至少其中一部分罗斯人是懂双语的。该书第九章描述了罗斯商人到君士坦丁堡的旅程，其材料来自一个或多个熟悉斯拉夫的实际情况和语言（包括日常语言的使用）的线人，而且很显然，这一个罗斯人或这群人中的一个罗斯人，能够用两种语言恰当地翻译出急流的名称。其他专门用斯拉夫语引述的地名，例如第聂伯河沿岸的中心城市（基辅除外，基辅保留了可萨语的名称），表明新移民把这个国家的地名据为已有了。10世纪的碑铭学资料表明，斯堪的纳维亚人对古罗斯语有一定的了解，但无法具体说明他们对该语言的掌握情况，而根据埃琳娜·梅尔尼科娃的说法，这种使用双语的情况可以追溯到10世纪的头25年。对生活在斯拉夫环境中的斯堪的纳维亚人来说，懂得斯拉夫语是有必要的，但这并不意味着放弃古北欧语，10世纪末或11世纪初的铭文显示，讲北欧语的人仍在进行如尼文认读。在10世纪中，人名学的变化是显而易见的。虽然，在911年的条约中提及的罗斯人（15个，与奥列格一起）主要是用斯堪的纳维亚名字（例如卡尔、埃内格尔德、鲁拉夫……），而在944年的条约里，斯拉夫人、波罗的海人和芬兰人的名字与北欧式的人名（仍占多数）在一起，包括留里克的家族在内，所有已知的成员迄今都有斯堪的纳维亚名字。伊戈尔和奥丽加的儿子出生于10世纪40年代初，被命名为斯维亚托斯拉夫，选择使用这么一个斯拉夫名字可能表明了王朝关系的重新定位，这样有利于地方之间的联系。这种起名模式的变化在10世纪下半叶得到了强化，该做法在王朝中比在罗斯大公的武装随从中更常见。从斯堪的纳维亚语起源的名字被斯拉夫语化（王室家族的奥列格、伊戈尔、奥丽加还有格勒布），这些名字进入了斯拉夫语人名学，并且不被看作是外国名字。在11世纪的过程中，我们保存下来的文字显示出如尼文拼写的退化，而用于抄写斯拉夫语的西里尔文字成为了主导。从10世纪末开始，关于钱币和印玺的传说都是西里尔文写成的，大约在同一时期，我们发现一些使用斯堪的纳维亚名字的人用这种文字刻写铭文。随着时间的推移，北欧后裔居民的斯拉夫化几乎完全实现，到11世纪末的时候基本完成，但在当今俄罗斯的农村或外围地区，一些北欧文化传统在11世纪末之后仍然在流传。语言接触并没有导致俄语对挪威语词汇的大规模借用，俄语对挪威语的借用现象仍然非常有限（15—20个词）。

伊本·法德兰在他的《旅途叙事》中，记述了他在伏尔加河流域的保加利亚人定居点的旅行（922年），其中有他对罗斯人的描述。关于这位哈里发派遣的特使（即伊本·法德兰）所描述的群体民族性是否应该被承认，人们对此议论纷纷。他的这些记述，尤其是他最多笔墨描述的一位罗斯首领葬礼，被认为与斯堪的纳维亚半岛的习俗有关，而且这些记述的文段极具代表性。但这个观点并没有得到一致认同，因为不同的分析可能会将所谓“斯堪的纳维亚式”的习俗和仪式与斯拉夫人甚至突厥人甚至阿尔泰人的文化混为一谈。用民族性来解释各种巧合这种做法还是棘手的，因为这些描述是由外部目击者记述报告的，而此时此刻罗斯这个“民族 - 社会”群体尚在形成中，正处于一种“两者之间”的中间状态，这种开放的状态使其可以接受各种文化的影响。

第24章 凯尔特土地上的维京族群：不一样的行动进程

斯堪的纳维亚人在爱尔兰和苏格兰的存在，呈现出了独有的特征和不同的场景。在爱尔兰，维京人的聚居地从空间上和社会上都仍然处于边缘位置。海博诺 - 斯堪的纳维亚人从来没有成功地在面积宽广的领土上定居，而是在一个实际上未经历过城市化的国家里建立了沿海飞地和城邦。虽然从9世纪中叶起，尤其是从10世纪下半叶开始，他们似乎越来越多地参与到爱尔兰的生活中，但他们从未真正被爱尔兰社会同化，尽管他们与土著居民有多种联系，但仍然是一个独立的社区，被该国的作者描述为“外国人”。苏格兰则呈现出对比鲜明的局面。在大陆北部的奥克尼群岛和设得兰群岛，斯堪的纳维亚化使该国早期的皮克特遗产大部分黯然失色。西部那些岛屿和群岛，如赫布里底群岛，则出现了融合斯堪的纳维亚元素和凯尔特元素的文化。

爱尔兰不是一个统一的王国，这里集合了一众充满竞争对立的领袖，那些部落（这个词既指一个群体，也指一处领地）的统治者拥有国王（rí）的称号。爱尔兰国王的拥护者之间的关系是复杂的，国王之间经常互相争斗，企图将自己的霸权强加于人。十几个王朝争夺爱尔兰五个主要省份（阿尔斯特、米斯、伦斯特、芒斯特、康纳特）的控制权，争夺岛上的最高统治权，获得至高统治权的人也就获得了“至尊王”的称号，但事实上，在 11 世纪之前这里都没有任何真正的稳定性可言。爱尔兰各派系之间的冲突和斗争总保持着半永久性的战争状态，而教会经常成为战争的受害者。维京时期爱尔兰的另一个主要特征是教会的重要性，尤其是修道院的重要性（如班戈、阿马、克朗麦克诺伊斯），它们不仅被视为宗教中心，而且被视为政治和经济中心。

当维京人在 8 世纪末开始突袭时，苏格兰还没形成一个政治实体，当时那里住着不同的人口（主要是凯尔特人）。那些皮克特人的部落占据了布列塔尼岛的北部，这里地处福斯湾北部（福特瑞日乌王国[①]历任国王都在此定居，这里属于马甲湾地区），皮克特人还占据了奥克尼群岛，可能还有设得兰群岛和赫布里底群岛的一部分。来自爱尔兰的司格提人建立了达尔里阿达王国，其中包括阿盖尔郡和内赫布里底群岛的一部分，这个王国是英伦三岛最负盛名的圣地之一，爱奥那修道院正在此地。西南部有以邓巴顿为中心的布列塔尼斯特拉斯克莱德王国（在今格拉斯哥一带）。加洛韦也有讲盖尔语的人口，还有一个来自诺森布里亚的盎格鲁族群，他们占据了苏格兰的东南部（福斯湾以南，今爱丁堡一带）。在 9 世纪和 10 世纪，由于斯堪的纳维亚人的突袭和定居，以及司格提人的扩张，在这两者的共同作用下，这里的政治地理环境完全改变了。在维京人的压力下，司格提人趁着皮克特人衰弱，将野心转向东方。从 9 世纪

① 福特瑞日乌王国：爱尔兰语史料记录的七个曾存在于历史上的皮克特王国中的一个。

中期开始，在他们的国王肯尼思一世（死于 858 年）的领导下，他们控制了皮克特人在大陆上的大部分领土。在此基础上，他们在 10 世纪还控制了斯特拉斯克莱德王国以及伯尼西亚王国的一部分土地。总的来说，这一时期见证了司格提王朝统治下的苏格兰的诞生。苏格兰的国王们与那些定居于爱尔兰和定居在群岛的斯堪的纳维亚人维持着一定的联系。937 年，他们支持都柏林的维京人去对抗约克。他们与奥克尼群岛上的斯堪的纳维亚伯爵建立了政治联系或者联姻关系。

24.1 维京人和爱尔兰人

斯堪的纳维亚人从未能征服或控制爱尔兰的大片地区，也没有真正融入爱尔兰社会。尽管随着时间的推移形成了多种关系，但两个社群并没有融合。维京人遭遇了与他们作战的爱尔兰人的敌视，而且这些爱尔兰人在对抗中多次取得重大的成功。斯堪的纳维亚人在与爱尔兰人的战争中无法取得决定性的胜利。和爱尔兰人一样，爱尔兰的维京人既不团结，也没有形成共同的阵线来对抗对手，他们经常互相争斗。此外，定居在都柏林的一众维京国王的野心更多的是集中在英格兰和苏格兰，而不是爱尔兰。他们不再对诺森布里亚抱有野心，这就使海博诺－斯堪的纳维亚人更多地融入了岛上的政治和经济生活，特别是在“凉鞋”奥拉夫（945—980 年）统治时期。

爱尔兰国王对斯堪的纳维亚人的态度各不相同。长久以来，这些国王中的大多数在面对斯堪的纳维亚人的时候都立场坚定。对他们来说，这不仅是一个保护他们统治下的人民的问题，与维京人的斗争也是为了使他们的权力合法化。战胜了他们共同的敌人，会促使他们中最强大的人在岛上建立起自己的霸主地位。然而，这种态度并非一成不变的。早从 9 世纪中叶起，爱尔兰国王就在政治斗争中使用了斯堪的纳维亚战士。后来，布赖恩·博鲁[①]的队伍里有来自利默里克的维京辅兵，这些维京战士在克朗塔夫战役（1014 年）中与他并肩作战，对抗奥克尼伯爵、都柏林人和伦斯特国王的军队这三方组成的联军。这些关系可能导致了一个正式联盟的形成。据爱尔兰史册记载，早在 850 年，挪威人就与爱尔兰国

① 布赖恩·博鲁：爱尔兰“至尊王”（1002—1014 年）一生的大部分时间都在与丹麦人和斯堪的纳维亚人作战。

王首次结盟。然而，这些协议仍然非常不稳定，因为爱尔兰人和斯堪的纳维亚人在政治上都不团结。但很快，这些岛国国王就明白了他们可以从维京人建立的城市中获利，以获得他们所需要的财富，无论是通过掠夺还是军事胜利后收缴贡品。1052年后（伦斯特国王迪尔梅德攻占都柏林），爱尔兰人的目的不再是与“异族”作战，也不再是从海博诺－斯堪的纳维亚的城邦中收缴贡品，而是直接掌控其人口流通和他们的活动。此后，爱尔兰的一众“至尊王”便控制了海博诺－斯堪的纳维亚城市。他们在这些城市里轮番安插效忠于自己的斯堪的纳维亚首领或爱尔兰王子，这些人往往是他们自己的儿子。

爱尔兰人和北欧人之间有着明显的交流迹象。通婚的现象很早就存在了，从9世纪起就有了。奥索里国王卡福尔（847—888年）招募了维京雇佣兵，而且把女儿们嫁给了他们。他的同辈及盟友都柏林国王“白王”奥拉夫娶了一位出身于强大的北乌伊尼尔王国的女子。后来，943年在英格兰受洗的“凉鞋”奥拉夫先后娶了两位基督教公主，一位是北乌伊尼尔国王的女儿，另一位是伦斯特国王的女儿戈姆芙拉，并给女儿取了一个明显带有基督教意味的盖尔语名字——“Ma é l Muire”（意为“玛丽的仆人”）。在塔拉战败后，他退隐到爱奥那修道院，次年（981年）在那里去世。他的遗孀可能嫁给了南乌伊尼尔王国的国王梅尔·塞克莱恩（他是多姆纳尔的儿子），后来又嫁给了芒斯特的国王布赖恩·博鲁。大概在同一时间，他的儿子“白胡子”西特里克娶了布赖恩·博鲁的女儿斯莱恩。芒斯特国王的这种联姻策略使他既巩固了自己在爱尔兰对手面前的地位，又加强了他对都柏林的影响，因为都柏林的年轻国王“白胡子”西特里克既是他的继子，又是他的女婿。这些婚姻联盟并不仅限于精英阶层，看来这种混合的婚姻并不是特例。虽然至少在1170年英格兰人入侵之前（及之后），海博诺－斯堪的纳维亚城市仍在使用古北欧语，但其实两种语言都在使用，有些人仍然在使用如尼文和欧甘文（古爱尔兰字母）来写悼文。物质文化之间的相互影响也是显而易见的。爱尔兰人的物品，如环形衿针或别针，对同类型的物件起到了启发作用，如在挪威和大不列颠的各种斯堪的纳维亚聚居区发现的不闭合环形胸针。斯堪的纳维亚的装饰图案和风格（尤其是灵厄里克和乌尔内斯的风格）在11世纪和12世纪的爱尔兰非常流行，它们被爱尔兰的艺术家改造为当地的产品，而且，还被用于装饰教堂的物品等。因此，从理论上说在爱尔兰出现了真正的海博诺－斯堪的纳维亚混合文化。早在9世纪50年代后半期，爱尔兰资料中就出现了一个“讲盖尔语的外国人”的群体，我们可以将其解读为采用盖尔文化和斯堪的纳维亚文化与生活方式的混合社区出现的早期迹象。然而，这种情形只发生在较有限的时间范围内（856—858年），在11世纪30年代，这种情形在不一样的背景下重新出现了，但此时它指的是苏格兰西南部的人口。

然而，我们不应该过高评价这些接触行为。盖尔语从古北欧语中借来的单词只存在于有限的领域中，数目约有50个，主要是船舶和航海词汇，还有一些关于战争、商业、城市生活和房屋的词语。起源于古北欧语的或受古北欧语影响的地名仍然很少[①]，并且局限于斯堪的纳维亚人定居地区的海岸。人们在都柏林发现了十几块如尼文字写成的铭文，其年代大概在950—1125年间，它们被刻在非常普通的物品和支撑物上（木头、骨头），可能是这个城市的工匠所做。然而，在都柏林之外，只发现了四块如尼石碑。在都柏林发现的10—11世纪的剑都是盎格鲁－撒克逊类型的，有的是进口的，有的是在当地仿制英格兰模型的。爱尔兰人生产的剑可能是模仿维京人的剑，但对这些器具的分析表明，技术并没有从一个社群迁移到另一个社群。爱尔兰艺术起初似乎没怎么将斯堪的纳维亚风格的装饰融入其中，这与我们观察到的10世纪在马恩岛和坎布里亚的情况相反；这些影响，可能通过英格兰南部传来，从11世纪起才开始变得明显，并且渐渐适应了爱尔兰人的喜好。

在爱尔兰的维京人是基督教社会的一部分，但他们的皈依历经了几代人的努力，至少在精英层面是这样。在都柏林的主要维京领导人都是在英格兰而非爱尔兰皈依的，而且这么做是出于政治因素，这包括了都柏林第一个公认的基督教国王“凉鞋”奥拉夫。也许是出于对斯堪的纳维亚人的敌意，爱尔兰的教会没有对岛上的维京人首领实施传教行动，也有可能是后者长期以来坚持要保留自己的宗教身份，以便更好地维护或加强自己的政治独立性。一旦皈依了基督教，海博诺－斯堪的纳维亚人更愿意与盎格鲁－撒克逊教会发展联系，而不是与爱尔兰的教会。海博诺－斯堪的纳维亚城市接受宗教机构的时间比较晚，直到1030年才在都柏林任命了一位主教，这位主教有一个爱尔兰名字——杜南，这也许是1028年“白

① 大约30个，例如Waterford [Ueða （r） + fjörðr]，意为“羊角形海峡”。

胡子”西特里克（他创建基督教大教堂）到罗马朝圣的结果。我们完全不能确定这是不是爱尔兰教会的倡议，这有可能是坎特伯雷教会，甚至可能是科隆教会的倡议。直到11世纪和12世纪之交，才在沃特福德（1096年）祝圣了一位主教（由坎特伯雷大主教祝圣），而利默里克第一位被证实的主教可以追溯到1107年左右。

尽管爱尔兰人和海博诺－斯堪的纳维亚人之间存在着互动，但他们仍然是两个截然不同的族群，海博诺－斯堪的纳维亚人并没有融入爱尔兰族群。按照奥利维尔·瓦伊伦的说法，其中一个原因在于爱尔兰的社会结构。在爱尔兰，个人首先从属于一个氏族，氏族成员承认一个共同的祖先，无论这个祖先是真实的还是虚构的。这种成员身份归属决定了他（她）对土地的所有权，决定了他（她）的地位，决定了他（她）对亲信的保护，同时，这种成员身份归属的制度也决定了国内的大家族对皇室（身份归属）有所要求。与爱尔兰公主结婚可以加强政治联盟，但从理论上讲，这样的联盟并没有带来任何与贵族地位有关的权利，这种联姻中的外国人处于比妻子低得多的地位，而妻子（作为女性）的地位本来就比当地男人低。然而，尽管这一因素可能是两个社群接触初期的一个障碍，但它并没有阻止通婚或其他形式的社会关系的形成，例如寄养，两个社群之间的寄养现象存在着充分的证据。

爱尔兰人和海博诺－斯堪的纳维亚人这两个族群都保留了不同的身份。一方面，爱尔兰人的身份认同感因与维京人进行战斗而得到巩固，并且在12世纪因爱尔兰国王过去反抗侵略者的斗争被神话化而得到进一步加强。在爱尔兰的史料中，国王的合法性是建立在他们能够重新组织国家力量对抗北方入侵者的基础上。另一方面，海博诺－斯堪的纳维亚城市中的精英们似乎长期以来都想保留某种特殊主义。如果直到1300年维京定居点的地名命名法被我们视作证据，那我们就会发现，上述这种对特殊主义的维护在1170年以后仍然根深蒂固。总而言之，虽然维京人迅速与爱尔兰人建立了各种关系，并且在某种程度上逐渐融入了岛上的政治、经济和文化生活，但这种融合不应该被过高估计。在许多方面，两个社区仍然泾渭分明。

24.2 马恩岛

在马恩岛上，维京人定居的一种可能的情形是，在最初阶段，岛上原有的居民被涌入的新来者侵袭，随后很快出现一段平静期，见证着两个社群共存。岛上发现的最古老的维京人墓地（9世纪末到10世纪初），特别是土丘（巴拉塔雷、巴拉多利），被移民们解读为权力的象征性展现，他们似乎也想通过葬礼仪式表达死者的威望和对异教的信仰。在巴拉多利的那个船葬墓很可能被一个土丘盖住了，这个船葬墓占据了一个基督教墓地的最高点，而这个基督教墓地里原有的坟墓因新建立殡葬纪念碑而遭到破坏，这或许表明了一种象征性地占有这个空间的意愿，并借此宣布自己是岛上的新主人，同时承认了这个地方的神圣性。一两代人之后，圣帕特里克岛皮尔城堡基督教墓地的八座坟墓呈现出了一幕融入基督教背景的"残余异教葬仪"场景，反映了岛上传统的墓葬布置。最引人注目的是"皮尔夫人"的墓葬，它异常奢华，其中没有发现斯堪的纳维亚的文物，也无法确定死者到底是来自移民家庭，还是以异教仪式下葬的基督徒土著。岛上发现的10世纪40年代以后的坟墓，再也没有一个是有物品陪葬的，而此时岛上那些石质纪念碑因为多了最早那批使用的十字架而显得与众不同。戴维·威尔逊根据在马恩岛收集到的数据，提出了这样一个过程：最初是掠夺阶段，接下来的阶段是在岛上各社群之间建立一种临时生活方式，一方面是基于（新来者的）实力，另一方面是由于（土著的）外部盟友的威胁。在不完全明确的情况下，所提出的模式是一个社群不能凌驾于另一个社群之上的共栖模式，在这种模式下，基督教可能是一个导致关系紧张的因素，后来基督教才成为一种工具，最终相当迅速地回过头来帮助解决了这些紧张的关系。岛上第一批有记录的移民的演变环境很可能促进了文化交流。9世纪末的墓葬向我们揭示了一些与爱尔兰沿海地区和欧洲大陆地区有长期接触或者已经在此定居的群体的存在。该岛的一些特点受到斯堪的纳维亚半岛的影响，包括在圣约翰的廷瓦尔德[①]举行的集会，这也是该岛现在的议会的起源。"Tynwald"一词的词源较晚才得到文本资料的证实（1237年），无可争议的是，它源自古北欧语（Thingvöllr，"集会的场地"），据说这个机构来自"庭"，在爱尔兰海沿岸地区有几个类似的机构。另一方面，曾经被视作挪威遗产的岛屿领土划分机制（三个马恩岛的行政区，其中包含两个或三个教区，这些教区本身又被细分为三区），似乎是在维京时期之前就已经存在的制度。

① Tynwald，这原是一个地名，后来冰岛议会一词直接以该地名命名。

岛上文化融合的最显著的表现之一是那些雕刻的纪念碑（约有70个，大部分可以追溯到10世纪），主要是上面的一些十字架，新移民和他们的后代从当地的传统中借鉴，同时他们也受到英格兰和爱尔兰北部地区的影响。这些纪念物的装饰采用了10世纪至11世纪初斯堪的纳维亚半岛的主要风格（博勒风格、稍罕见的耶灵风格、马门风格和灵厄里克风格），其中相当一部分（39座）是用如尼字母镌刻的，除了两座之外，其他的石碑都刻有如尼文而且是用来纪念某位故人的。这些纪念碑上提到的许多人物（死者、亲属或雕刻师）都用的是盖尔语的名字，而且他们已经融入了使用北欧人名字的家庭或社会关系中，这一事实有时被视作两个社群之间通婚的标志。此外，某些词语的拼写和碑文的文字也证明了语言的交流不仅在于命名时的借用现象，还表明了这一人群中部分人很可能具备双语能力。这些雕刻石碑中有一部分借用了基督教或北欧神话中的符号（奥丁、西古德），有时在同一块石头上，作者把它们并列放置，这样的做法很可能证明了有人使用异教图腾来传达基督教的信息。安德烈亚斯[①]的十字架（标号为安德烈亚斯128号）两边的两个主要场景，一边是基督背着一个十字架、一本书，周围有一条够不着他的蛇（可能是魔鬼的象征）和一条鱼（基督教的象征）；另一边是奥丁带着他的象征性物品（矛、乌鸦）在世界毁灭的时刻正在被斯堪的纳维亚神话中那只名叫芬里尔的狼吞下的场景。这个信息可以被解读为基督教战胜了原先的一众神灵。

24.3 苏格兰群岛

苏格兰北部和西部呈现出截然不同的情况，造成这种局面的原因，与其说是由于北方移民的规模大，不如说是因为斯堪的纳维亚人和盖尔人的共处方式以及他们如何就自己的地位和权力进行谈判。

在外赫布里底群岛，语言对地名和词汇的影响十分明显（在刘易斯岛，126个地名中有99个源自古北欧语），而在群岛南部的岛屿，这种影响却不大，但也还是比较重要的（占地名的30%—60%）。在赫布里底群岛发现的铭文表明，如尼符文的使用没有延续多久（直到13世纪），但它也反映出了斯堪的纳维亚

① 位于马恩岛。

人融入了群岛居民的凯尔特文化和基督教文化之中。赫布里底群岛的主要修道院和文化中心爱奥那在8世纪末和9世纪初，以及9世纪40年代和986年再次受到维京人的袭击。807年，社群中的大部分人逃到了爱尔兰的凯尔斯，圣哥伦巴的遗物被转移到了苏格兰。然而，宗教生活得以维持，爱奥那仍然是一个享有盛名的布道中心。岛上生产制作的雕塑见证了前维京时期的艺术传统的连续性，还见证了9—10世纪间的文化融合。一块10世纪的十字架或是石板碎片，它的装饰是斯堪的纳维亚风格的，图案展现的是一艘维京船和一个铁匠（可能是屠龙者西格鲁德杀掉恶龙法夫纳传说的一部分）。此外，在该岛遗址上，人们还发现了第二块经过雕刻的石块以及一处11世纪的如尼铭文。在巴拉岛的基尔巴，10世纪末或11世纪初竖立了一个十字架，它的装饰受到斯堪的纳维亚岛屿艺术的强烈影响，十字架上面有一处如尼铭文，其中的信息告诉了我们，资助建造这个十字架的人的（北欧语）名字叫瑟吉德。当我们观察住宅的时候，会发现这种传统文化的混合现象也普遍存在，在戴莫尔出土的长方形房屋与斯堪的纳维亚建筑相似，还有另外一些挖掘出来的物件也是如此，但建造墙壁的技术显示了前维京时期的传统特征。从被占领的基尔帕迪尔村落中挖掘出来的房屋来看，其形状也是斯堪的纳维亚类型的房屋（长，且呈方形，有中央炉膛），但使用了当地的建筑技术（房屋地面低于沙地表面50厘米，石墙等）。一些手工艺品，如陶瓷，也见证了斯堪的纳维亚群岛独有的物质文明。赫布里底群岛的基督教化进程记录不详。没有任何传教的尝试被证实，我们也没发现任何支配性的权威机构负责皈依一事——无论是世俗的机构还是教会的机构。在这里，基督教可能是由在当地有影响的男男女女，通过各种接触（婚姻、寄养、结盟、商贸、效忠）传播的。

在奥克尼群岛，斯堪的纳维亚人定居导致皮克特人的传统消失殆尽，他们的定居很可能导致留在此地的土著被挪威移民带来的文化和身份所同化。这使得一些专家坚持认为，斯堪的纳维亚人暴力地征服此地，一到岛上就消灭了凯尔特人。事实上，这种文化的消失并不是突然发生的，而且皮克特文化是否能在10世纪末以后续存下来也是个问题。奥克尼群岛的“斯堪的纳维亚化”几乎可以说是彻底的，该群岛99%的地名都是源自斯堪的纳维亚半岛的语言，当地的方言“诺恩语”源自古北欧语，这种方言一直被使用到16世纪，而且一直存活到18世纪（在1468年该群岛被正式移交给苏格兰王国后的3个世纪）。其中一个假设是，这之后是一个非正式占领阶段，在此期间，北欧人和皮克特人两个社群共存，这一时期，土著文化和机构被斯堪的纳维亚文化和机构所取代。至于皮克特人，他们不可能被完全消灭，他们存活下来的条件我们基本无从知晓。他们的文化消失殆尽（在奥克尼群岛比在设得兰群岛更剧烈突然），这表明土著的地位变得更加低微（被剥夺、被奴役），或者说表明了他们依附于占主导地位的北欧精英文化。

到了 10 世纪，奥克尼群岛已经成为一个强大的政治公国中心，它由一些斯堪的纳维亚伯爵统治。那些传奇故事（尤其是《奥克尼人萨迦》，这部传奇本身就源自《伯爵萨迦》（现已失传）和《挪威王列传》）所讲述的传统将执政王朝与挪威西部的一众莫尔伯爵联系了起来。它讲述了挪威国王“金发”哈拉尔如何向西攻击以奥克尼群岛和设得兰群岛为基地的维京海盗。这些海盗骚扰挪威的海岸，还夺取了赫布里底群岛和马恩岛。在“金发”哈拉尔远征归来后，据说他把奥克尼群岛和设得兰群岛托付给了罗格瓦尔德，他当时是莫尔的伯爵。之后罗格瓦尔德把这两个群岛托付给了他的兄弟西格鲁德，哈拉尔授予西格鲁德伯爵的称号。这个传说（这不是唯一一个关于奥克尼公国开端的传说）把 12 世纪的一些关注投射到了 9 世纪，但许多历史学家还是接受了这个传说。这些伯爵先是控制了奥克尼群岛，也许还有设得兰群岛，然后他们把野心转向了苏格兰（凯思内斯郡和萨瑟兰郡），可能早在“强者”西格鲁德一世[①]（大约死于 892）时这一切就开始了。“勇士”西格鲁德二世（大约 985—1014 年）在凯思内斯郡和萨瑟兰郡重新建立了伯爵的权威，他娶了苏格兰国王马尔科姆二世的女儿为妻，并且试图将自己的势力拓展到赫布里底群岛和爱尔兰。公国的鼎盛时期是在 11 世纪中叶，处于托尔芬大帝（约 1020—1065 年）的统治下，当时公国对苏格兰西部的斯堪的纳维亚定居点有相当大的权力。奥克尼群岛原则上处于挪威宗主国的管辖之下（根据《奥克尼人萨迦》，这种管辖是从维京人定居初期开始的，实际上可能要到 10 世纪末才开始），但凯思内斯郡和萨瑟兰郡则处于苏格兰王国的管辖之下。随着苏格兰人势力的扩大，两个王国之间的地位越来越难以维持。奥克尼群岛越来越明显地受到苏格兰的影响，最终，于 1468 年被割让给了苏格兰王国。在行政上，该公国的运作方式似乎与挪威相似。伯爵身边有一群军事精英，即“goeðingar”（意为“好

---

① “强者”西格鲁德一世，前文提及的罗格瓦尔德的兄弟，名义上是奥克尼群岛的第二位伯爵，实际上是这个群岛的王。

人”），他们充当参谋，指挥战舰，并在地方上担任行政和司法职务。而伯爵本人和挪威国王一样，身边有一支“hirð”（意为“武装随从”）。当地的“庭”充当了法院的角色。然而，这里存在挪威没有的行政划分（盎司地、便士地），也许是基于一个更古老的制度。

根据那些传奇故事里的说法，挪威国王奥拉夫·特里格维松于995年强制人们皈依基督。奥克尼伯爵“壮士”西格鲁德（他的母亲和妻子当时已经是基督徒）似乎出于政治上的权宜之计接受了皈依，后来据说他在克朗塔夫战役（1014年）中被杀时高举着乌鸦旗帜。奥克尼群岛在皮克特时期曾是一片基督教的土地，皮克特人对奥克尼群岛上的斯堪的纳维亚新居民的基督教化究竟产生了什么影响，这个问题引起了争论：斯堪的纳维亚语的一些地名（如papa或写作papar，意思是“牧师、僧侣”）可能表明基督教群体的存在，甚至还表明了斯堪的纳维亚人会使用凯尔特人的宗教场所，但其延续性没有考古学证据证实。另一方面，几乎可以肯定的是，在王朝正式皈依基督教之前的10世纪，人们已经在使用小教堂了，而且当时群岛的一些地主已经接受了基督教信仰。11世纪中叶，伯赛设立了一个主教，12世纪主教所在地被转移到了克瓦尔。

尽管如此，在奥克尼群岛上建立的王朝还是以《伯爵萨迦》中流传的那种独特的神话形式，颂扬了自身的北欧和异教起源。这个传奇把定居在北欧大地的福恩约特国王（传说中的北欧巨人国王）书写成了奥克尼群岛一众伯爵的神话先祖，借助了同样住在海边土地上的海神戈尔（诺尔的兄弟）的力量，这片土地成了后来的挪威。这个神话将奥克尼的一众伯爵植根于挪威的历史之前，并赋予了他们与挪威国王一样的光彩，从而使他们在这个王国的历史上占有特殊的地位。

第25章　适应过程的各个方面：以英格兰为例

丹麦法区指的是盎格鲁－撒克逊英格兰北部和东部的一些地区，在9世纪末维京大军成功之后，他们正是在上述这些地区定居的，海博诺－斯堪的纳维亚人定居的西北部（柴郡、坎布里亚郡、兰开夏）不属其中，尽管如今该地区有时也被纳入丹麦法区的现代定义中。它的名字来自古英语“Dena lagu”，意思是“丹麦人的法律”或“丹麦法律地区”。这个词（“on Deone lag”）只出现在了11世纪初埃塞尔雷德二世统治期间的两份法律汇编中，这两份汇编都是由约克大主教沃夫斯坦二世草拟的（约1002—1008年的《爱德华与古特仑和约》以及那份《VI埃塞尔雷德》的法典）。在11世纪和12世纪，这一地区覆盖了泰晤士河和蒂斯河之间的整个英格兰东部地区，这里的法律习惯与西撒克逊人（南部）和麦西亚人（西部）的不一样。它的名字（丹麦法区）突出了该地特殊的法律特征，而其根基据说是源自丹麦的做法。斯堪的纳维亚的印记在该地区的人名学和地名学中也特别明显，这里的很多名字都可以看出是基于斯堪的纳维亚词汇或斯堪的纳维亚人名学的。除了法律和名字之外，我们在其他一些方面也能看出丹麦法区的特殊，例如在行政划分层面（郡的划区，即百户区，在这里被称为小邑），在耕地划分层面（“海德”指一个农民家庭生存所必需的耕地面积，然后该划分单位被另一个单位“犁地”所取代），以及在社会身份层面（该地区存在着一类特殊的自由农民——农役租佃制度下的佃户）。时间来到当下，我们正在就这些特殊性进行探讨。

乍一看，根据那些从9世纪起就在这个地区定居的“丹麦人”的特点来定义丹麦法区是挺简单的。长期以来，主流史书（如弗兰克·史丹顿爵士的著作）都赞成斯堪的纳维亚移民对该国进行了大规模殖民这个说法。这些观点曾经受到了挑战，就像“种族范式”（指将某些文明特征归因于某个特定种群的做法）一样，这样的做法会导致人们给一些文化特征贴上“丹麦人”的标签，然而事实上这些文化特征的成因要比这复杂得多。我们应该记住，在维京大军征服英格兰北部和东部之后，在该国定居的大多数新移民似乎并不是直接来自斯堪的纳维亚半岛，而是来自欧洲大陆或爱尔兰的，他们在来到这里之前，已经受到了他们所经历的政治、经济、宗教和文化等各个层面的后天接触所带来的强烈影响。

25.1 政治同化

最初，在征服该地之后，丹麦人通过盎格鲁－撒克逊的一些王公、傀儡国王（或许他们被称为“受委托的国王”更为合适）进行统治，这些人中的一部分是来自与他们所推翻的国王相抗衡的家族。他们的作用仍然鲜为人知，但在召集顺民的行动中，他们所起的作用很可能是不容忽视的。此外他们很可能确保了必要的过渡阶段，使行政机制能够运作，以达到获取资源的目的，或者为今后的行动提供掩护及维持后方基地。这个做法可以在行政上保持对王国控制的连续性而不需要大量的军事投资，而且这种做法使得（丹麦人）几乎不需要与该地贵族阶层有任何的互动。

斯堪的纳维亚的首领们则直接控制了被征服的国家，就古特仑的例子而言，这一建制在 9 世纪 80 年代通过与威塞克斯王国的阿尔弗雷德大帝签订的条约得到了实现。该条约划定了两个国王分别统治的区域，从泰晤士河到乌斯河，直至华特令街（罗马的一条重要道路），对解决双方的争端做出了规定，最重要的是，为古特仑在东盎格利亚的权力得到承认奠定了法律基础。不过，丹麦法区在政治上从来没有统一过。这其中有三方实体，两个王国，东盎格利亚王国和约克王国[①]。在这两者之间，东麦西亚形成了某种城市联盟，即丹麦法区五城（林肯、诺丁汉、德比、莱斯特、斯坦福），在 10 世纪初它们成为了重要的权力中心。10 世纪的《盎格鲁－撒克逊纪事》在提到丹麦人时，仍然提到军队，好像军事组织便是斯堪的纳维亚人的统治特征。事实的确如此，尤其是在东盎格利亚和东米德兰兹（丹麦麦西亚），他们的社会似乎就是以坚固的城镇为中心组织起来的，每个城镇都有自己的军队。这表明，至少在这些地区，存在着一种去中心化的政治组织形式。

在英格兰定居的斯堪的纳维亚统治者试图利用当地政府的模式来建立自己的权威。古特仑接受了洗礼，有了新的名字“埃塞尔斯坦”，这是一个盎格鲁－撒克逊王室的名字，将他与曾统治东盎格利亚的家族和威塞克斯的阿尔弗雷德家族（其兄的名字是埃塞尔斯坦）联系在了一起，这么做可能源于古特仑希望被视为一个基督教和英格兰国王的心愿。虽说我们不知道是否其他人也采用了盎格鲁－撒克逊人的名字，但在他们铸造的钱币上，我们看到了他们的名字是用拉丁字母书写的。

事实上，维京国王和他们的盎格鲁－撒克逊前辈一样，发行钱币同样见证了他们权力。在此我们应该回顾一下，当时斯堪的纳维亚人此前在铸币方面没有

① 建立在古诺森布里亚的废墟上，其中只有北部（伯尼西亚王国）仍在盎格鲁－撒克逊的控制之下。

什么经验和实践，他们使用的货币是按重量计算的，至少在最初，丹麦法区内的某些地区的经济制度是通过混合两种用法来发挥作用的。然而，维京国王们很快就开始发行钱币了。他们有可能得益于在欧洲大陆（特别是在弗里斯兰）获得的经验，最重要的是，他们想以此方式效仿盎格鲁－撒克逊或加洛林王朝的一众国王。古特仑以他的洗礼名“埃塞尔斯坦”发行钱币，图案与阿尔弗雷德国王的钱币接近。一般说来，丹麦王国最初的货币发行都是模仿阿尔弗雷德国王发行的盎格鲁－撒克逊钱币，虽然有一些区别（例如重量），这也许是为了显示其独立性。后来又发展出一种更具原创性的钱币。从9世纪90年代中期开始，法兰克辅币丹尼尔在丹麦法区流通，银币上印有圣埃德蒙的传奇名字，以纪念在869年被丹麦人杀死的东盎格利亚国王。维京人将受害者视作圣人，他们态度的反转极有可能是出于政治动机：国家的新主人通过宣扬自己对殉难国王的崇拜，阻止了圣埃德蒙的形象被政权的反对者归为己用。在9世纪末10世纪初，约克国王发行的钱币灵感来自加洛林王朝的图案，有的带有与“圣彼得”传说相关的图案，有的则带有基督教的宗教符号（十字架）。带有基督教标志的钱币得以传播的原因可能是多种多样的，即为了获得居民的归顺，为了让西撒克逊人和法兰克人相信斯堪的纳维亚王国已经加入了基督教国家的共同体。有一点似乎是肯定的，基督教元素具有足够重要的地位，影响着钱币上的图案，宣传基督教信息在某种程度上是一种官方政策。此外，他们采用西欧钱币的标准也说明他们采取了盎格鲁－撒克逊的经济惯例，还表明了盎格鲁－丹麦统治者相当快就意识到了控制钱币铸造的重要性。

后来，又有其他类型的钱币出现了。在10世纪的第二个25年间，约克的海博诺－斯堪的纳维亚国王发行的钱币带有异教符号，如乌鸦、剑或雷神之锤（我们要记得，在919年夺取约克时，都柏林的王朝还是信仰异教的，但其中几位国王后来接受了洗礼）。这些钱币中，有一部分可能结合了基督教和异教的符号（例如，另一面是圣彼得的传说，一面是雷神的锤子），这使得对它们的解读非常困难，但这一事实确实表明了该国存在两种文化传统。某些符号（如凯尔特三位一体结、乌鸦、旗帜）既可以指代异教也可以指代基督教的形象，凯尔特的三位一体结被用来象征三位一体，乌鸦与奥丁有关，也与诺森布里亚的圣奥斯瓦尔德有关。另一方面，某些钱币，如海博诺－斯堪的纳维亚国王接管约克后不久，奥拉夫·古斯弗里特生（939—941 年）发行的乌鸦币，显然在传达某种意识形态信息，意在维护约克国王的权力独立于盎格鲁－撒克逊统治者。

英格兰人征服丹麦法区后，斯堪的纳维亚人并没有被赶走，一些地方领主可能被允许在新政权下保留自己的土地和地位，他们出现在 10 世纪 30 年代及其后的王室法令的证人名单中。威塞克斯的国王必须争取当地人的支持，他还要考虑到此前从未在其统治下的那些地区里，零星存在着想要独立的愿望。至此我们可以判断，这个折中方案起了作用，国王埃德加（957 年 /959—975 年）承认了丹麦法区的法律人格，他的宫廷座上宾里有一些斯堪的纳维亚大领主。后来，克努特大帝遵照盎格鲁－撒克逊的传统来治理国家，他的统治并没有导致在该国发生类似于诺曼底的威廉征服英格兰后发生的统治阶层的动荡剧变。

25.2 教会与皈依

与教会的关系对巩固斯堪的纳维亚新统治者的权力和获得居民对其权威的承认至关重要。早在 883 年，维京军队的领袖之一古斯雷德（另一个叫法是古斯弗里特）就是在林迪斯法恩的圣卡斯伯特社群的支持下，被承认为约克国王的（后迁至达勒姆郡内的切斯特勒斯特里特，995 年又迁至达勒姆），后来（895 年）他死后葬于约克大教堂内。约克国王有几次都利用了约克大主教的支持。大主教沃夫斯坦一世（931—952 年）与约克的最后几位维京国王多次合作，他在奥拉夫·古斯弗里特生（939—941 年）与丹麦法区五城的征战（940 年）中一路随同，并在与盎格鲁－撒克逊国王埃德蒙（939—946 年）的和平谈判中担任中间人的角色。后来，他支持约克的埃里克（947—948 年，然后是 952—954 年），这里的埃里克可能不是挪威国王“血斧”埃里克，长期以来两者被混为一谈，大主教沃夫斯坦一世支持约克的埃里克为控制国家而战斗。

我们并不清楚丹麦法区的“丹麦人”群体的皈依过程。首先，我们很难把握异教对维京人所定居的英格兰部分地区的影响。考古学证据仍然稀缺（雷普顿的异教墓葬、希斯伍德的火葬、托尔之锤，这些解读起来仍然很困难），而且这些证据不足以让人得出这个国家曾被异教精神所支配所的结论。不过，虽然没有什么直接证据表明异教习俗持续存在，但图画文献显示，皈依基督教之前的某些主题是盎格鲁－斯堪的纳维亚人所熟悉的。后来，朱迪斯·杰希提出以下意见：应将那些产生于英格兰的、为克努特大帝的宫廷或某些纪念碑制作的烫金作品(《赞美国王克努特之诗》《主人的随从之歌》)中，清晰可辨的异教主题定性为“文化上的异教”，它们仅仅是在艺术实践的框架内使用，（异教）信仰启发了他的创作，但是这并不代表他坚持（异教）信仰。在11世纪初，这些作品找到了足够多的受众，特别是在跟随克努特大帝和“高个子”托鲁克尔来到英格兰定居的人，这些受众能够明白这些作品的灵感来源。11世纪初，受约克大主教沃夫斯坦启发的两部法律文本（《爱德华和古特仑和约》《诺森布里亚祭司法》），后面这一部或许是受到他的继任者的启发，这些法律文本重申对异教习俗的谴责，但究竟是针对这种“文化上的异教”，还是针对被神职人员定性的真正的异教习俗，就更难说清了。但对异教习俗，在某种形式的纵容甚至是模仿面前，似乎存在着一种可能是真实的也可能是幻想出来的畏惧。

维京人定居在一个以基督徒为主的国家，许多人在来英格兰之前以及在英格兰征战的岁月中都接触过基督教。尽管教堂的基础设施遭到破坏，但它们并没有在各地消失。似乎有三种影响或者说是皈依的做法在起作用：斯堪的纳维亚首领们的皈依，这一种往往是外交协议的结果；基督教文化对新来者的影响；可能还有留在当地的神职人员持续进行的传教士活动，尽管我们对这最后一种情况知之甚少。

我们了解其中几个维京首领的皈依过程。在约克，国王古斯雷德（又称古斯弗里特）是圣卡斯伯特社群的恩人，他们帮助他称王，后来在895年，他死后被埋葬在大教堂里，这意味着至少在他生命的最后一刻，他是一个基督徒。有好几个维京首领的皈依是以与盎格鲁－撒克逊统治者达成协议为契机或者以此为交换条件，例如878年的古特仑。海博诺－斯堪的纳维亚王朝从919年开始统治约克，周围的盎格鲁－撒克逊国王等待着约克国王们进行洗礼，以此作为他们结盟的条件。埃塞尔斯坦（924—939年）很可能强行要求国王西特里克（921—927年）皈依，埃塞尔斯坦把自己的妹妹许配了给他。奥拉夫·西特里克松[①]应埃德蒙的要求(943年)接受了洗礼，同年他的堂兄罗格瓦尔德在盎格鲁－撒克逊宫廷被施予了按手礼。斯堪的纳维亚晚期的资料表明，“血斧”埃里克

① 即“凉鞋”奥拉夫。

也在英格兰皈依了（他的弟弟挪威国王“好人”哈康在盎格鲁－撒克逊国王埃塞尔斯坦的宫廷接受了洗礼，这里是哈康长大的地方）。在这个阶段，区域之间的差异可能已经存在：北方保持异教信仰的时间较长，与北方不同，丹麦属的麦西亚似乎在10世纪40年代初就已经完全皈依。按照莱斯利·艾布拉姆斯的说法，总的来说，丹麦法区的大部分斯堪的纳维亚人口大概是在失去政治独立之后皈依的。而另一些历史学家则认为，在10世纪中叶之前，出于各种原因，这一过程其实早已经开始了，这是为了使他们的权力比盎格鲁－撒克逊人的权力更具合法性，并获得当地教会的支持。约克的例子也提醒人们，这个过程不一定是线性的，因为这个城市已经落入伊瓦尔的后裔手中，而他们是异教徒，因此至少在精英层面上，有必要重新开始皈依。那些墓葬遗址表明，斯堪的纳维亚的做法很快就被放弃了：只有25至30个墓葬被认定为“斯堪的纳维亚式的”（这一点需要保留意见）。大多数情况下，这些都是孤立的坟墓，伴随着少量的物件。我们已知的墓葬例子有几个（尤其集中在坎布里亚），只有一个已知的案例是在英格尔比（德比郡）的希斯伍德的火葬墓地，它使用的时间很短。有些地区，如英格兰西北部（因此不在丹麦法区之内），似乎保留了较长时间的前基督教的习俗。但在大多数情况下，随着两种文化接触的加深，新来者似乎都采用了原来居民的文化。

教会的形势受到了深刻的影响。在北方，约克大主教团在新政权建立后仍然存在，而且我们发现其执任者与国家的新主人之间存在合作，哪怕这些新主人是异教徒。约克和林迪斯法恩在斯堪的纳维亚统治的地区里面仍然是充满活力的。亨伯以南的教会结构被深深地破坏了；从9世纪60年代到10世纪中叶，再也没有东盎格利亚主教的记录。一些教会群体被摧毁或被迫流亡。造成这种凄惨局面的原因，传统上一直归罪丹麦人，他们对主教的死亡或流放负有责任，又或者他们拒绝在空缺的席位上设立新的主教。也有人认为，威塞克斯的国王们可能在这些不愉快事件中起了一些作用，这更多的是出于政治考量（例如，为了防止丹麦国王在其控制的地区拥有可以加强统治力量的主教）。约翰·布莱尔还指出，那些已经成为重要的经济和战略中心的主教所在地，因为它们的成功反而成为了受害者，缘于它们激起了国王或那些世俗大公的贪欲。

从书面文献、雕刻的纪念碑和对某些当地圣人的崇拜中也可以看出，虽然各地区之间存在差异，但仍然存在着一些连续性的因素。许多教会在被入侵后幸存了下来，被遗弃并不一定是形容它们境况的最贴切的说法。它们得以死后重生，可能受到了定居在这个国家的斯堪的纳维亚首领的赞助，尽管他们有自己的信仰，但他们或许是希望教会的人能够在他们和基督徒之间以及他们和盎格鲁－撒克逊当局（西麦西亚、威塞克斯）之间发挥中间人的作用。10世纪下半叶，在地方领主的倡议下——无论这些领主出身于哪里，丹麦法区都出现了新的教区基金会，他们认为这是一个通过建造私人教堂来展示自己权力和财富的机会。10世纪期间，英格兰北部地区竖立起的十字架的数量之多，所体现的即使不是基督教的成功，也至少表明了该地区相当一部分盎格鲁－丹麦精英信仰基督的意愿。这同时表明了，受盎格鲁－撒克逊先例（在修道院所在之处竖立十字架）的启发，人们采用了新的纪念模式，这对建教堂或建造墓地围墙的个人而言是有利的。新移民显然很快就选择了他们的盎格鲁－撒克逊邻居所采用的埋葬方式，这也是他们融入他们所定居的社会的一种方式。一些带有斯堪的纳维亚血统的人员，最终进入了教会，并在那里成就了一番事业，如奥达，他是随乌巴和伊瓦尔的舰队而来的人的儿子（9世纪末），被某个名叫埃塞尔姆的人抚养长大，在941—958年间，他先是成为了拉姆斯伯里的主教，继而当上了坎特伯雷的大主教。从长远来看，基督教与其说是区分盎格鲁－撒克逊人和丹麦人的因素，不如说是促使他们融合的要素之一。

25.3 盎格鲁－斯堪的纳维亚文化和身份认同的形成

丹麦法区最突出的与众不同之处，很可能是它在法律的基础上构建了一种特殊的身份认同，另一个突出的不同之处是这里的盎格鲁－斯堪的纳维亚文化的生命力，这种文化生命力给这个地方留下了深刻的印记。

英语从古北欧语中借用了许多词汇（约900个），包括许多常见词汇，如丈夫（husband）、伙计（fellow）、刀子（knife）和窗户（window）。这些借用的词汇不仅涉及名词和动词，还涉及一些代词（“他们”，they；“他们”，them；“他们的”，their；可能还有“她”，she）、一些介词（“由”，by；“在”，at）以及一些副词。这些借用词汇的清单表明，盎格鲁－撒克逊人和北欧人之间的接触发生在社会的各个层面，其中包括用于指明一些日常事务的词汇。这个论据被人用来证明斯堪的纳维亚人曾对该国进行大规模殖民。然而，一种语言对另一种语言的影响还取决于其他因素，如说话人的地位，而且古英语和丹麦语相像可能促进了两种语言之间的彼此借鉴。两种语言之间很可能是可以相互理解的，使用古北欧语和使用盎格鲁－撒克逊语的人很可能可以相互交流。因此，晚期的盎格鲁－撒克逊英格兰应该是一个双语社会，但我们目前还不能确切地知道古北欧语究竟存续了多长时间以及使它得以存续的条件。尽管盎格鲁－斯堪的纳维亚版本的克里奥尔语的这个想法已被规限了，但仍有人提出存在一种盎格鲁－撒克逊人和斯堪的纳维亚人共用的交流媒介，这个交流媒介把古北欧语词汇与古英语词汇混合在一起。

斯堪的纳维亚半岛对英语法律术语的影响是明确的。英语中的“law”（法律）一词来源于斯堪的纳维亚语的“lagu”。其他法律术语，如“lahslit”（对违法行为的处罚）和“witword”（“协议”或更有可能是“为自己的案件辩护的权利”）是丹麦法区独有的术语。虽说丹麦法区的法律对词汇的影响是肯定的，但要确定它对斯堪的纳维亚法律实践的影响则要困难得多，一方面是因为没有当代的斯堪的纳维亚语法典，另一方面则是因为丹麦法区中遇到的许多斯堪的纳维亚法律术语在丹麦并没有对等的词汇。术语的不同可能会掩盖了做法和实践的相同。丹麦法区的特点是比英格兰其他地区的处罚更重，但这反映的更可能是丹麦法区的不同做法而不是斯堪的纳维亚的习惯做法。

根据几部法律的文本，包括一部被称为《IV 埃德加》的法律（这部法律可能写于 10 世纪 70 年代初），我们可以追踪到，10 世纪下半叶丹麦法区法律的特殊性显露了出来。国王承认他的“丹麦”臣民（指丹麦法区的所有居民，无论其出身于哪里）在法律应用上的特殊性。该文本也是第一部使用具有相当明显的斯堪的纳维亚特色术语的法典，其中包括“lagu”一词。因此，埃德加给予丹麦法区居民一定程度的法律自治权，希望与新近被盎格鲁－撒克逊国王征服的英格兰中部地区和诺森布里亚王国的民众之间建立起一种彼此妥协的关系，并且获得他们的支持和归顺。埃塞尔雷德二世于 997 年颁布的《旺塔奇法典》是针对丹麦法区五城的居民。这是首次，国王根据丹麦的法律，直接为某一个地区立法，而法律的文本则是由地方官员撰写的。自 7 世纪以来的盎格鲁－撒克逊法律中没有关注到的一些方面（如“收买”法律）以及深受古北欧语词汇影响的术语，在这部法律中，我们都发现了。这可能反映了国王想加强对丹麦法区整个地区的控制。《爱德华和古特仑和约》中所载的条款，实际上是由约克大主教沃夫斯坦二世在1002—1008年之间撰写的，这些条款也有助于在法律上承认丹麦发区，同时这也是丹麦法区第一次被提及（在关于在丹麦法区要支付的一次赔偿时提及）。事实上，盎格鲁－撒克逊的国王们宣布自己是丹麦法律的保证人并将该法律领地化，后来该区域被称为丹麦法区，这些国王的做法其实促进了某种独特的丹麦身份的形成。该法律既创造了 “丹麦”身份，也反映了“丹麦”身份。

盎格鲁－撒克逊人和斯堪的纳维亚人共同发展出了一种充满活力的盎格鲁－斯堪的纳维亚文化，其中的某些方面已经显现出来（例如语言领域）。斯堪的纳维亚的风格和物件被英格兰采用或因地改造，并在英格兰当地生产，在此后的日子里，这些物品会在英格兰经历独特的演变。盎格鲁－撒克逊人的器物都饰有具备斯堪的纳维亚元素的配件。在一些物件上，北欧的影响清晰可见，例如北欧钟、石十字架和弓背石（斯堪的纳维亚房屋形状的墓碑），而它们在斯堪的纳维亚都没有对应的物品。

那些雕刻的古迹文物可能是这种独特的文化最具代表性的表现，它们处于盎格鲁－撒克逊、凯尔特和斯堪的纳维亚传统的交会点。虽然刻有如尼符文的石碑在很早期就竖立起来了，但直到10世纪末，斯堪的纳维亚半岛才有真正的石刻传统（哥得兰岛除外）。而在不列颠群岛，情况则并非如此，在那里，这种石碑早已被证实存在，特别是放置在修道院和墓地的雕刻石碑。这一传统被丹麦法区的斯堪的纳维亚居民或盎格鲁－斯堪的纳维亚居民所接受并得到了相当大的发展，特别是殡葬用途的石碑。在约克郡，11世纪中叶以前的约500座雕刻石碑当中，有80%是属于维京时期的。这种程度的传播，在丹麦法区的其他地方也可以看到，这种现象，可以用赞助者，特别是非信教赞助者的倍增来解释，这种传播满足了当地新的地主精英的需求，他们在此找到了一种展现自己的权力和财富的方式。米德尔顿十字架（北约克郡）代表了一个战士，现在我们将其解读为坐在某种宝座或台上的领主，肩膀上方的两个球体体现的是座椅的上半部分；这个人戴着头盔，腰带上别着一把长刀，他被象征他的权力的武器（矛、斧、剑、盾）所包围着。

斯堪的纳维亚十字架的图样表明，丹麦法区和爱尔兰海地区（如马恩岛，英格兰西北部）之间的联系，同样的主题图案经常出现，这表明了存在一个共同的信仰和传统的基础。虽然大多数纪念碑是基督教的，但许多雕刻场景却是取材于斯堪的纳维亚文化所熟悉的神话或英雄故事的图案（屠龙者西格鲁德的传说，铁匠伏伦德，与奥丁相关的种种描绘，诸神黄昏的场景）。然而，这些异教场景的出现并不意味着基督教和教会的影响已经被异教所取代。某些场景，它们的数量相当有限，但可以被解读为基督教的教义以新移民熟悉的图像语言来呈现，至少是以换位思考的方式来沟通两个末世论的宇宙。约克郡的南伯纳姆的十字架上有一个屠龙者西格鲁德的形象，还有一个牧师拿着圣杯的形象，也许是为了把圣餐仪式和西格鲁德喝下巨龙法夫纳的血的放在一起类比（喝下龙血使西格鲁德听懂了小鸟们的话，让他了解了铁匠雷金要杀死他的计划）。在约克郡的利兹的十字架上，异教和基督教的图案也有类似的比照，一个图案描绘的是飞天铁匠伏伦德，另一个描绘的则是圣约翰，还有他的老鹰和一些天使。各个形象可以有多种解释：约克郡的柯克莱文顿纪念碑上雕刻着肩上有两只鸟的人物，我们据此可以将其理解为奥丁和他的乌鸦，也可以理解为受上帝智慧启发的圣战士。斯堪的纳维亚神话中诸神黄昏的场景出现在了几座雕塑上，这些雕塑分别位于戈斯福斯（坎布里亚郡）、斯基普威斯（约克郡）以及索克本（克利夫兰）。戈斯福斯的十字架同样结合了异教和基督教的传统。它的一面是耶稣受难像，我们在上面辨认出了朗基努斯和一个拿着杯子的女性形象，关于这个女性形象有多种解释，有的人将其解读为瓦尔基里[①]，有的人则将其解释为死亡的化身赫尔[②]。其他场景展示的都是一些神话里的情节，特别是诸神黄昏的情节。巨狼芬里尔被解开了镣铐去攻击奥丁；洛基被绑缚在毒蛇之下，而他的妻子（为他）收集毒蛇滴下的毒液；海姆达尔[③]是和他的矛以及号角一同被呈现的（在诸神黄昏的开端，他吹响了这个号角，以警告众神巨人在靠近，此后不久，海姆达尔和洛基杀死了对方）；还有正在抓捕尘世巨蟒的雷神托尔（他们双方最终都战死在了这场末日之战中）。这些画像中的一些主题，如铁匠伏伦德，可能是盎格鲁－撒克逊人所熟悉的，他们的文化

① 瓦尔基里：北欧神话中的女武神．

② 赫尔：北欧神话中的死亡女神。

③ 海姆达尔：北欧神话中彩虹桥的守护神，众神的守护者。

取自古老的英雄和神话背景，而基督教化尚未把这些背景给抹去。无论如何，这些纪念碑的资助者、制作纪念碑的工匠以及可能还包括一部分这些纪念碑的受众，都对这两种宗教体系有足够深的了解，因此，他们能够“翻译”出一种视觉语言，这种语言受到斯堪的纳维亚英雄和神话主题的启发，能够传递和散播基督教的信息。这样一来，一些北欧传统就可以适应新的基督教文化背景，或者说，不一定要借助于宗教的解释，就可以在新的环境中表达出这些资助者对传统的依恋。

弓背石是大不列颠－斯堪的纳维亚地区另一种特有的墓葬古迹。它们是长条形的石头材质的古迹建筑，以风格化的建筑形式呈现在世人面前，具有带脊的顶部和弧形的墙体，整体常常装饰着具有建筑风格的图案（顶部刻有瓦片的纹理；墙体刻有柴排的纹理）。许多弓背石还在两端装饰有动物形象，例如熊、狼和狗等。从10世纪开始，也许是920—970年，它们不属于斯堪的纳维亚人定居初始阶段那个时代，而是属于第二波移民的。这些古迹的分布高度集中在某些地区，主要是在北约克郡和坎布里亚郡（不在林肯郡和英格兰东部等地）：这个分布区域大致与受海博诺－斯堪的纳维亚影响的地区相吻合（请记住都柏林的维京国王们在919—954年的部分时间里在约克行使他们的权力）。这些文物古迹的起源有很多争议，因为无论是在大不列颠群岛还是在斯堪的纳维亚半岛，都没有直接的先例。它们代表了一种原创性的创造，是“中间地带物质文化的一个极具特点的例子”，在这里，不同的文化影响（动物装饰品、盎格鲁－撒克逊人的圣骨盒、斯堪的纳维亚风格的弧形墙房屋）混合在了一起。

在被克努特征服之后，另一个阶段开启了，盎格鲁－斯堪的纳维亚混合文化得以蓬勃发展，这是以国王和精英为载体的，这种文化同时也在丹麦法区以南的传统盎格鲁－撒克逊权力中心得到发展。当时的那位君主当然是以盎格鲁－撒克逊统治者的身份进行统治，并且努力地使彻迪克家族政权的延续性留下印记，他与约克大主教沃夫斯坦二世一起制定了盎格鲁－丹麦的妥协方案。但克努特也是行吟诗歌的主要资助者之一，很明显，他资助的或者是他接收的一些作品是在英格兰宫廷创作的，并且在君主及其随从面前被朗诵，这说明，在那里有一群能够理解和欣赏这些诗歌的听众。英格兰南部的那些中心城市，特别是温彻斯特和伦敦，也有斯堪的纳维亚工艺品、雕塑和装饰（灵厄里克风格）存在的证据。这些影响，在丹麦王朝结束（1042年）后仍在继续，尽管这些影响没有达到一个世纪前它们在该国北部曾有过的程度。

丹麦法区的身份构建是一个复杂的过程，不同的因素在其中发挥作用：征服的条件（先是被丹麦人征服，然后是被盎格鲁－撒克逊国王征服），一种适应国家传统的政治统治的建立，早期的区域（诺森布里亚、麦西亚和东盎格利亚）特征的持久性，土著和斯堪的纳维亚人口的共栖，精英的作用，盎格鲁－斯堪的纳维亚混合文化的出现，在丹麦法区这里我们可以感受到这种文化的活力和独创性。许多所谓的“丹麦”特征实际上是在10世纪形成的，是两个族群所经历的相互联系和共同经历（被威塞克斯国王征服、城市化等）的结果，另外，东盎格利亚人和诺森布里亚人的身份认同感在盎格鲁－撒克逊人那边的持续存在也不容小觑。

第26章　诺曼底：一次欧洲大陆的试验①

维京人后来建立了诺曼底公国，形成了一个持久的政治实体。其演变的突出特性之一，是诺曼底公国融入了法兰克王国的结构和政治利害关系中，其中诺曼底的一众王公迅速成为了有影响力的角色，介入了西法兰克精英之间的竞争。正如我们所看到的那样，关于斯堪的纳维亚遗产对诺曼底社会和国家的影响，历史学家的意见仍然存在分歧，但很可能，至少在我们目前的认知状况下，诺曼底并不具备诸如在英伦三岛部分地区或在罗斯地区所观察到的文化混合特性，以至于，在它是否属于以共享一套共同文化特性为特征的“维京散居地”这一问题上，人们可以合理地发出质疑。原因之一可能是法兰克精英的生活方式和政治组织的吸引力，这种吸引力足以抵消诺曼人对自身身份的表达，其实当诺曼底公国从10世纪末开始完全出现在光辉中时，它就足够强大了，它本来是建立在北欧文化展示基础上的。为了弄清这种情况，首先要谈一谈9世纪维京人在法兰克世界的经历。

① 为与在诺曼底公国建立之前的“诺曼人”相区分，在诺曼底公国建立之后采取了“诺曼底人”的译法。故在此章中会出现“诺曼人”与“诺曼底人”两种叫法。——译者注

26.1 先例

首先，我们应该记住，罗洛并不是第一个与加洛林君主缔结协议的诺曼领袖。维京首领的举荐和更迭（无论是否伴随着领土让与），在10世纪初，都不是一种创新，而是延续了“糊涂王”查理的先辈们设立的做法，他们在很多情况下利用了这些做法。这种做法或许可以追溯到查理曼大帝统治末期，807年，首次记录到了某位丹麦贵族的举荐行为——哈夫丹举荐了自己的儿子海明，海明似乎在弗里斯兰得到了一处封地，并受托与法兰克伯爵埃奇哈德一起保卫该地区，此二人后来都在837年为保卫瓦尔赫伦而死。9世纪也有类似的做法。在“虔诚者”路易的带领下，国王哈拉尔·克拉克来到法兰克王国，面对其他丹麦的王位竞争者的敌视，他向皇帝自荐。“虔诚者”路易是哈拉尔的教父，哈拉尔和家人于826年皈依了基督教，紧随这次皈依而来的，是他获得了吕斯特林根（弗里斯兰北部）的领地。他的儿子戈德弗里德和他的侄子哈拉尔和留里克也在帝国干出了一番事业。留里克虽然受洗较晚，但他可能是9世纪进入法兰克世界的斯堪的纳维亚统治者中最有权力和最有影响力的人。他在多雷斯塔德地区建立了自己的基业，他在弗里斯兰的部分地区占据了大约30年的时间，与法兰克统治者建立了密切的关系，是洛塔尔一世、“秃头”查理和“日耳曼人”路易的追随者。资料还记录了在“秃头”查理统治期间，这位法兰克国王在好些事件中确保了一众维京首领彼此中立或是彼此合作。在860—861年，“秃头”查理利用韦兰德指挥的索姆河的维京舰队，去对抗那些在塞纳河谷已定居数年的丹麦人。这一次，国王利用了一个斯堪的纳维亚中间人——安斯莱克，让他与去英格兰碰碰运气的韦兰德一伙进行谈判，在此期间国筹集了商定金额的钱来支付中间人提供的服务。韦兰德在完成任务后不久，向国王自荐，并皈依了基督教，后来他在一次斗殴中丧生了。十几年后（873年），国王与在昂热地区活动的一个团伙签订了条约：诺曼人被授予在卢瓦尔河的一个岛屿上定居和进行贸易，条件是他们在合理的期限内接受洗礼。这种伴随着协议而皈依基督教并定居的做法，似乎后来没有再继续。

很明显，这种做法虽然并不总是成功的，却将斯堪的纳维亚元素引入了法兰克的政治环境中，而且，使斯堪的纳维亚人成了法兰克政治阴谋的共谋者。882年，“胖子”查理与丹麦人戈德弗里德达成协议：维京人以查理为教父接受洗礼，而他本人在弗里斯兰得到相应的好处，再后来，他还得到了洛塔尔二世（洛塔林尼亚国王，于869年去世）的私生女吉斯拉的芳心。这场联姻让维京人首领第一次进入了加洛林家族。戈德弗里德与吉斯拉成了亲，他毫不迟疑地站到他的姐夫于格（洛塔林尼亚国王洛塔拉里二世的儿子）一方，也由此和法兰克王国的政治阴谋扯上了关系。这场风流韵事后来之所以充满了戏剧性，是因为戈德弗里德为自己参政（885年）以及在法兰克和弗里斯兰的精英中挑起矛盾而付出了生命的代价。

虽说与维京人达成协议可以归功于加洛林王朝统治者的政治常识，他们在很多情况下都认为这么做对他们有利，但这种做法从来都不是一致的。与斯堪的纳维亚海盗签订盟约的想法本身就经常引发尖锐的评论，会让人产生"这位君主很软弱"的印象，而且，人们对斯堪的纳维亚海盗是否会真诚地遵守承诺深表怀疑。897年，"糊涂王"查理面对着对手厄德国王，与在塞纳河谷活动的维京人首领洪德乌斯达成了协议。"糊涂王"查理把他带到面前后，他皈依了，在897年复活节当天，"糊涂王"查理成为了他的教父。兰斯的大主教福尔克得知他宠爱有加的查理与洪德乌斯联盟后，猛烈地攻击他。他甚至没有考虑到这个维京人已经接受过洗礼，就谴责"这种使基督教声名丧失和毁灭而接受（他们）的做法，这些异教的武器和可恶的条约"，后来他威胁把加洛林人逐出教会。因此，9世纪末，在《埃普特河畔圣克莱尔条约》之前，目前已知的最后一次斯堪的纳维亚首领被举荐和皈依的例子，揭示了人们对9世纪统治者常用做法深感不信任。

法兰克人和斯堪的纳维亚（尤其是丹麦）国王之间的外交关系至少在8世纪末就已经存在，双方的精英都参与了其中。法兰克国王能够利用与维京人领袖达成的协议，使他们从原本互相敌对变成彼此中立，甚至结成盟友。他们在与维京团伙的谈判中一再利用斯堪的纳维亚中间人。斯堪的纳维亚的首领往往来自丹麦王室，他们被安置在弗里斯兰，以法兰克国王的名义掌管部分国土，有时这种状态甚至长达数年。他们能够在法兰克世界的政治斗争中发挥作用，并与加洛林王朝的统治者保持密切的关系。但他们中的大多数人都保留了对原籍国（主要是丹麦）的政治野心。人们是否想过这里存在过殖民？长期以来，丹麦人在弗里斯兰留下的影响（对地区地名、法律、语言和社会结构的影响）很弱，这些都表明殖民并不存在。然而，20世纪90年代以来的考古发现（特别是在维灵恩的韦斯特克里夫出土的文物）重新引发了争论，最近对物件的分析突出了维京人和弗里斯兰人之间的互动。无论如何，并不存在“弗里斯兰诺曼”，最后一次尝试，即882—885年间戈德弗里德的尝试，以失败告终。

总而言之，当罗洛与“糊涂王”查理打交道时，法兰克当局与斯堪的纳维亚领袖之间采取妥协的做法已经由来已久，这将斯堪的纳维亚元素引进了法兰克王国的政坛。双方由此积累的相处经验虽不可否认，但不时仍会有疑虑和阻力。

26.2 诺曼底公国的建立

可以肯定的是，法兰克人和斯堪的纳维亚精英之间的接近，促进了诺曼人融入法兰克王国。罗洛的故事就说明了这一点。这个人催生了整个史诗文学和传奇文学，无论是拉丁文还是古北欧文，都很难从中剔除掉这个历史人物。诺曼底首领到底拥有的是挪威血统还是丹麦血统，一直是让人激烈争论的话题。虽然拥有挪威血统的说法现在被历史学家们看好（指来自莫尔家族的首领或来自韦斯特福勒王朝的首领），但用现代国籍来对他们进行身份鉴别是不合时宜的，再加上考虑到罗洛率领的部队包括可能来自维京世界不同地区的人，那么（无论结果是哪一个）就不足为奇了。罗洛不是一个刚从斯堪的纳维亚半岛来的野蛮领袖。最有可能的是，早在911年之前，他就开始了在法兰克王国的事业生涯，并借此与法兰克各界建立了亲属和联盟关系。他后来与波帕结合，后者的身世来历和两人的后代也引发了争论，因为历史学家在这里遇到了自相矛盾的论点和传说，然而这些论点和传说指向这么一个结论：她是一位来自法兰克贵族的女人，是桑利斯伯爵居伊的女儿，或者她是一位名叫贝朗热的王公的女儿。杜东确实将这位年轻的女性介绍为“出身于显赫的血统，是非常英勇的王公贝朗热的女儿”，他试图将其与那位已经被证实的贝朗热相提并论，这位贝朗热是892年的纽斯特里亚侯爵罗伯特的亲信。此人可能是“秃头”查理统治时期以来在纽斯特里亚的两支步兵之一的指挥官。如果我们接受这个假设，那么我们必须承认，这种情况下，在位的诺曼底首领终有一天也会坐到类似的位置，承担起“tutela regni”的职责，即守卫王国，这个做法的根据是918年的“糊涂王”查理的一份关于圣日耳曼德佩的文件中的条文——这是提及罗洛和他在纽斯特里亚定居的最古老的文件。最重要的是，当罗洛的权威在鲁昂得到“糊涂王”查理承认时，他其实已经部分融入法兰克世界了，这或许可以解释王国当局在911年做出的选择。这一点让我们想到了他在纽斯特里亚安家定居不仅是维京人扩张的结局或结果，还是法兰克世界自身历史的一个时间节点。911 年的事件中，关系到的不仅是解决维京问题，还有罗洛在西法兰克王国一众王公中的地位。王国的内部环境是了解诺曼底公国建立基础和早期发展的重要因素。这件事不仅关系到国王，而且关系到王国的其他大人物，首先关系到的就是纽斯特里亚的侯爵罗贝尔。

除了 918 年的文书以外，我们得知诺曼底公国的建立靠的是它建立后所写成的文本的记述，首先是《诺曼人历史》的作者圣康坦的杜东（该书当时是以《诺曼底第一代公爵的道德与行为》为题出版），该书是他在 9 世纪和 10 世纪之交写的，他在书中加上了《弗洛多德年鉴》提供的信息，这些信息始于 919 年，他在书里还加上了由同一作者在 10 世纪中叶写的《兰斯教会史》中的信息。杜东在一段绘声绘色的描述中，讲述了国王与诺曼人首领之间的对谈和埃普特河畔圣克莱“条约”（对这个“条约”是否有书面版本我们不得而知）。罗洛向“糊涂王”查理自荐，查理把女儿吉斯拉许配给了他，并且将埃普特河和大海之间的所有土地以及布列塔尼以“不动产和自由地”的方式授予了罗洛，这样他就可以靠它生活。之后的故事大家都知道了。罗洛拒绝在国王面前卑躬屈节，于是他派士兵去亲吻国王的脚，这一举动导致后来查理倒台。

杜东的文字引起了很多人的评论。疑点方面，如罗洛与吉斯拉的婚姻其实并不确定：911 年加洛林公主最多也就三四岁，故事的后续也暗示了这段结合从未完成。布列塔尼被出让也很难让人信服，除非我们认同下面这个说法：法兰克国王对这一片自己并不能控制的领土，他认可了罗洛对它的模糊君主权。面对最接近该事件的消息来源，杜东的所有证词都趋向于一个关键点，在一个（可能的）“条约”的框架内对法律形式的尊重，但这一切的前提是，我们承认弗洛多德在 925 年所写的此前与鲁昂的诺曼人缔结的条约指的就是 911 年的协议。罗洛的自荐行为，使他成为“糊涂王”查理的忠实追随者，但授予他的领土仍然处于“自由地和被拥有”的状态。这个表达已经被广泛地评论过了。它的意思是，这种特许权是永久且无条件的，即罗洛以永久产权和世袭产权的方式获得了诺曼底，而不是把这块领地看作一种封地或世袭地，也就是说，这其实是作为报酬而赠予一位诸侯的土地。作为鲁昂的新主人，罗洛是“糊涂王”查理的忠实追随者，而他也是唯一一个被法兰克王国承认的诺曼人首领。根据 918 年那份文件的条款，他承诺确保王国的守卫职责，抵御一切攻击，包括来自其他斯堪的纳维亚部落的攻击。《诺曼底第一代公爵的道德与行为》《弗洛多德年鉴》和《兰斯教会史》这几本书的信息使我们可以确定赐予罗洛的领地的大致范围：一整片沿海地区、鲁昂以及塞纳河两岸的一部分领土。只有两处界限是明确的：埃普特河，它把韦克桑划在了范围之外，另一处界限则是厄镇的城堡。918 年的那份文件还告诉了我们，赐予罗洛的领土里还包括塞纳河和厄尔省之间的一块土地，在玛德里区。这片领地西边的界限尚不明确。

诺曼底王公们遵守了埃普特河畔圣克莱的“协议”：911 年后，再也没有维京船队到塞纳河谷去攻打法兰克王国（即使偶尔发生这样的袭击，鲁昂伯爵们在和这些邻邦人的战斗中也能够召集斯堪的纳维亚盟友）。如果他们在分配给他们的领土范围之外的地方进行干预，那他们只是为了支持加罗林王朝的合法统治者，就像在 922 年“糊涂王”查理的政权被推翻时那样，他们并不是想要扩张领地范围。在鲁昂，罗洛和他的继任者是唯一被法兰克当局承认的诺曼底首领（并被赋予法律权力）。在 10 世纪，鲁昂的一众诺曼底伯爵确立了他们在整个鲁昂教区的权威。这种扩大化是分阶段进行的，924 年让出了贝桑（也许还有曼恩），933 年又让出了“位于海岸边的布列塔尼人的土地”，通常我们把这里所说的土地理解为科唐坦半岛和阿夫朗钦。这些让与土地的真实范围其实是存在争议的——可能最初这些土地的让与是相当正式的，前提是鲁昂伯爵在这些地区建立了他的权威。无论如何，至少在理查一世统治的后半段，似乎通过与鲁昂大主教的合作，公爵的权力在整个鲁昂省都会得到承认。诺曼底公国向西扩张绝非一个连续的、必然的过程。933 年“长剑”威廉[①]被赐予了土地，这可以理解为维尔以西的征服权。诺曼底王子很可能渴望统治布列塔尼人，他可能想要从他们那儿得到“公爵”的头衔，而且他知道如何为自己的利益赢得科唐坦半岛人和以前由法兰克国王在这一地区建立的军事组织的忠诚。他的死亡留下了一个空白，这个空白很快就被其他政治势力所填补——某个叫哈拉尔的维京首领可能是威廉一世为了征服科唐坦半岛而在该地区部署的，他可能计划在诺曼底西部划出一个公国，

① “长剑”威廉，即威廉一世，罗洛的儿子，诺曼底第二位统治者。

同时不惜支持年轻的理查一世[①]对抗国王路易四世[②]（945年）。954年，这一企图破产了——“法兰克公爵”于格大帝赶走了哈拉尔，在该地区建立了直接的权威。理查花了几年时间才获得诺曼底西部的最终控制权，这大概要到临近他统治的末期才会实现。

鲁昂的一众新主人从一开始就选择了融入法兰克世界，这一点从公爵王朝的成员们非常迅速地采用法兰克人的名字就可以看出。正如我们所看到的，罗洛已经是法兰克王国联盟和亲属关系网的一部分。他的继任者们采取了相同的做法：“长剑”威廉娶了尤特加德，她是韦尔芒杜瓦的赫伯特二世的女儿，赫伯特二世是法兰西王国最有权势的王公之一；他的妹妹格洛克（后来在鲁昂洗礼后改名为阿黛尔）嫁给了普瓦提埃伯爵“麻头发的”威廉三世。诺曼底并非与世隔绝，而是王国政治力量的一部分。“长剑”威廉也许是936年加洛林国王路易四世的复兴工匠之一，而且在942年他去世前不久还支持了王室事业。理查一世是于格·卡佩（他娶了卡佩的妹妹）的封臣和盟友，他帮助卡佩在987年成功掌权。这种有倾向性的做法并非总是毫无危险的：在诺曼底公国内部，人们可以料想到与斯堪的纳维亚首领们之间的紧张关系，因为这些斯堪的纳维亚首领很关心自己的自治权，人们也可以猜到，对向法兰克世界施行开放政策，诺曼底公爵们对这样的做法心怀敌意。在法兰克王国的政治游戏中，诺曼底一众王公也参与了它的阴谋和斗争：“长剑”威廉就是这样在佛兰德伯爵阿努尔夫的暗杀中丧命的；他的继任者理查一世（当时还是个孩子）在位的头几年，诺曼底公国受到了国王和王国几位王公的严重威胁。

26.3 公爵权力的建立

鲁昂的第一批公爵按照法兰克人的模式组织公国，并采用法兰克人的头衔（“伯爵”或“侯爵”，然后从1000年左右开始，采用“公爵”，但这个头衔从未完全取代其他两个头衔）。10世纪时的机构，因缺乏文书记录而不为人知，但到了10世纪末，文件多了起来，它们显示出，从法兰克君主制继承的机构和行政区域划分的连续性。加洛林王朝机构的这种稳固性不仅关系到鲁昂，也关系

① 理查一世，威廉一世的儿子。

② 路易四世：“糊涂王”查理的儿子。

到像科唐坦半岛这样的地区，长期以来，科唐坦半岛被认为大概算是一块先后交由布列塔尼人和斯堪的纳维亚人支配的领土。让·伊弗和吕西安·缪塞后来区分清了在诺曼公爵的权力中，哪些权力是基于法兰克人的做法，哪些权力是属于北欧人的遗产，结论是前者有压倒性的影响。而且，斯堪的纳维亚的法律和体制贡献尽管很少，但它们也被向下修正或引起了新的解读。例如，被称为“hamfara”（对持械袭击住宅的管辖）、“ullac”（流放，一般会同时没收财产）还有“varech”（无主财产处理）等一些公爵的习惯法就是这种情况，11 世纪中叶的诺曼底文件证实了这些习惯法。历史学家们讨论了这些习惯法的引入时间和方式以及它们在斯堪的纳维亚半岛的源头做法是什么，赫勒·沃格特最近着重指出了这种斯堪的纳维亚起源说的假设性。

很少有当代文献能够把握鲁昂最先几任伯爵的权力属性，一些通过钱币展现出来的证据表明，这些新的统治者很快就熟悉了他们从法兰克人那里得来的权力的形式及其表现。加洛林时期的与钱币相关的机构（鲁昂、巴耶、利雪的工场）似乎抵抗住了“维京风暴”，诺曼底时期发行的钱币属于法兰克传统。GDR 型钱币（即刻有“Dei Gratia Rex”字样的钱币；这是“秃头”查理在 864 年的货币改革中引入的钱币），带有“KAROLVS”花体字样，一直到 10 世纪下半叶都依然是在巴约铸造（但不清楚是由哪个机构铸造的，也不清楚这种铸造行为是否连续）。被仿制的还有“虔诚者”路易的“庙型”辅币（钱币上有一座庙宇），它代表了一个风格化的宗教建筑，它们可能是 920—940 年 /950 年在诺曼底东部发行的 . 这些钱币在法兰克王国已经停产很久了，但在 10 世纪初，它们在斯堪的纳维亚半岛仍然流通。值得一提的是，诺曼底公国的货币史反映了法兰克王国的政治演变过程。罗洛的继任者“长剑”威廉以他的名义发行了钱币，他是法国北部最早这么做的领地王公之一，因为当时皇权削弱了。在威廉死后，法兰克国王路易四世试图收复诺曼底时，他立即让人以自己的名义铸币，后来当理查一世恢复元气时，他也这样做了。显然，早期的诺曼底公爵们已经充分认识到金钱作为权力象征和宣传手段的作用。“长剑”威廉曾以布列塔尼公爵的头衔铸造了一款硬币，这样的做法可以支持他关于鲁昂和布列塔尼省西部的主张。带有加洛林王朝花体字母图案的钱币消失了，取而代之的是“庙型”钱币，这可能是由于诺曼人与“海外归来者”路易四世的矛盾所导致的，因为这个花体字母可以被认为是加洛林王朝的象征，而且，发行这种“庙型”硬币可能还具有一种身份认同的意义，因为这让人回想起与斯堪的纳维亚半岛的联系，在那里人们曾经用过这种钱币。尽管10世纪末之前，在斯堪的纳维亚半岛上钱币铸造时有时无，但使用这种钱币应该不是新近的创举。在欧洲大陆上，维京人在9世纪中叶代表法兰克国王管控多雷斯塔德时，可能已经学会了铸造钱币。从9世纪末起，到英格兰定居的丹麦人采用了盎格鲁－撒克逊的钱币模式，并通过几次钱币的发行，成功地传达了一种旨在使他们的统治合法化的信息。这些经历可能对定居在诺曼底的维京人产生了一些影响，尤其是有其他一些证据表明，在后来的鲁昂公国定居的人当中，有许多人显然是经不列颠群岛过境再到此地的。詹斯·克里斯蒂安·莫斯加德还认为，也许早在“长剑”威廉统治时期，就引入了一种翻新货币的制度，在这种制度下，王公每隔一段时间就推出一种新的货币，这种新货币是唯一被授权的支付手段，并且是以对他有利的汇率将旧货币换成新货币，他将得益于从中产生的利润，这样的一个制度表明了统治当局对货币铸造进行了严格的控制。

26.4 皈依和宗教生活的恢复

罗洛遵守了自己的承诺，在912年接受了洗礼。这个行为首先是具有政治意义的：皈依是法兰克当局为承认他在纽斯特里亚的地位而设定的条件之一；此外，该行为还有助于鲁昂的居民承认这位新主人，并且，这是获得教会支持的必要条件。罗洛的继任者“长剑”威廉似乎是一位狂热的基督徒，他的死（942年）被圣康坦的杜东以殉道的方式呈现给世人。

为数不多的文件，特别是914—922年的两封信件，表明诺曼人的皈依并不容易，同时也表明了法兰克教会，特别是兰斯教会参与在了其中。兰斯大主教埃尔韦应他在鲁昂的同事居伊的请求（居伊曾就处理新受洗者时应采取的做法向他咨询）向教皇约翰十世发问，并收集了一套典籍，提出了解决皈依问题的办法。我们没有埃尔韦给教皇的信，但我们保留了约翰十世的回信，这让我们可以还原大主教的信的内容。信中他首先回应了在面对新皈依的诺曼人时所展现出来的混乱——这里混乱很可能是指居伊。这些皈依的诺曼人毫不犹豫地重复受洗，即使已经接受过洗礼（和已经接受过重洗），皈依者也不会过基督徒的生活，而是回归异教：他们继续实施谋杀，并且从事异教活动，例如在宴会上吃掉祭祀神灵的动物的肉。此番景象，是一种流于表面的皈依，并没有使这些新来的人在接受基督信仰后，如预期那样态度发生改变。

教皇在对诺曼人的行为造成的混乱感到痛心疾首的同时，也呼吁人们给予宽容。如果过于严格地执行教规，确实有可能会把希望改变其信仰的人拒之门外。因此，约翰十世规定对他们诉诸更多的温柔，由此看出，他很现实，他关注他们从过着异教徒的生活到过着基督徒的生活这种转变意味着什么。教皇将这一使命的实施托付给了埃尔韦，因为作为诺曼人的邻居（兰斯的教会省与鲁昂的教会省相邻），他最能了解他们的行动，并能做好这次传教工作。埃尔韦只好说服居伊朝这个方向努力。他给居伊寄去了一本旨在促进传教工作的文本合集。前9章（共23章）是一些文件的选段，着重展现了那些圣徒在让人皈依时遇到困难后会如何表现。这其中的思想观点是，在传教士身上，劝人皈依需要一种对他人开放的态度，要相信当你想将一个残暴的生物转化为一个真正的基督徒时，上帝的恩典是有效的。其他章节则展现了教规传统如何在规定了严格的规则（特别是在忏悔方面）以打击各种错误过失的同时，也预见到了这些规则可以根据每个主教酌情处理特殊情况时变得柔和的情形。这些文集同时还指出了某些神职人员的疏忽，他们没有准备就匆匆给人洗礼。我们无法通过这些文件了解这些规定是如何施行的。看来，诺曼人的皈依是比较迅速的，即便在“长剑”威廉死后，异教有所复苏，但这很可能只是受到新来的异教移民的刺激，其影响也是有限的。

教会的等级制度受到了维京人入侵的严重影响，但没有证据表明，这种破坏和新移民定居造成了礼拜行为的长期中断。从一开始，诺曼底公国的王公们就可以指望的一点（而且是很重要的一点）是：大主教继续留在（或非常迅速地返回）鲁昂的主教府所在地。虽然证据不足，但很有可能是伯爵和鲁昂大主教之间有合作关系，他们共同争取各自在鲁昂的权力得到认可。教会等级制度的重建非常缓慢。杜东提到了10世纪30年代，在巴约有一个名叫希里库斯的主教，还有一个得到证实的10世纪中叶在埃夫勒的主教；但直到989—990年，此时理查一世的统治已经结束，该省的7个教府才全部建成。然而，重组主教席位和大教堂神职人员也是一项漫长的任务。库唐斯的主教于格（约990—1022年），在整个主教任期内居住在鲁昂，他的继任者在回到库唐斯之前，在圣洛定居。随着这次恢复，公爵确保加强了对主教职位的控制。因此在989年，理查一世在鲁昂的主教府安插了自己的儿子罗伯特。

修道生活的恢复也是困难重重的。侵略给修道院带来了沉重的打击：一些修道院被摧毁了，一些社群在流离中幸存了下来。在罗洛统治时期，鲁昂圣乌昂修道院得以重建。“长剑”威廉赞成在普瓦提埃僧侣的帮助下重建瑞米耶日修道院。但直到理查一世，特别是理查二世统治时期，该省修道院的恢复重建才真正开始，这些工作通常是在公国以外的宗教改革者的帮助下进行的，如布罗涅的热拉尔和他的弟子梅纳德，他们在10世纪中期为恢复丰泰内尔/圣旺德里耶的修道院生活做出了努力。

26.5 诺曼底身份的形成

当理查一世委托杜东撰写他的事迹时，诺曼底已经不可逆转地进入了西欧世界。即使斯堪的纳维亚半岛的影响似乎一直持续到11世纪20年代，但法兰克和基督教的模式已十分明确地被接受了。然而，这种文化适应性并没有得到一致的认同。《里歇尔的故事》一书写成时，杜东正着手开始写理查一世委托他写的事迹，而此时《里歇尔的故事》仍然传达着诺曼人的海盗形象——鲁昂的伯爵们被刻板地描述为“海盗公爵”或“海盗王公”。在诺曼底之外，直到过了一代人的时间，才有一位编年史家拉尔夫·格拉伯注意到诺曼人与西方文明的融合。在10世纪末，这种融合还有待证明：这就是杜东所做的，他书写了诺曼底公爵王朝的成功，这些王公们渐渐地集美德于一身，这些美德使罗洛的后裔成为了理想统治者的典范。然而，这些诺曼人并不是法兰克人，杜东所写的这部书的目的之一，就是要说明，虽然他们已经获得了文明的“证书”，但诺曼人还保留着一种区别于法兰克王国里其他民族的身份。

随着诺曼底公国融入法兰克人的阵营，这一身份的基本组成部分已经形成。我们可以从中提取四点：

> 民族要素，这一点有两个突出的方面。一方面，认为诺曼人和法兰克人一样，都有特洛伊人的血统：因此，诺曼人和法兰克人有着相同的根源；因此，只要诺曼人是基督徒，就可以和他们平等谈判。而另一方面，肯定了诺曼人是人口混合的结果——这些达西亚人或丹麦人出身的新移民占据了

一块处女地，那里原先的居民被清走了，但当他们的首领向其他人口发出号召、让他们来此地和平定居后，这片土地上又住满了人。

宗教要素，这部分的理念是：诺曼人在纽斯特里亚定居和他们的皈依是天命所归，神的旨意。

领土要素，这部分是基于这样的想法：诺曼底从一开始就与鲁昂教省的领土框架大体一致。

最后，政治和王朝要素，这使罗洛及其继承者在诺曼人的土地上的权力合法化。因此，他们可以自豪地宣扬自己的斯堪的纳维亚血统，但这些血统被置于基督教的、近乎神话的历史视野中。这些文学创作的传统主题取得了相当大的成功，从此不断影响着公国的史学创作。

诺曼人身份最完整的表达，采取了一种文学形式，借鉴了古典和中世纪的模式。这种表达是在诺曼人直接进入后加洛林时代的欧洲文明时产生的，在此他们已明确地融入了“法兰克”这一整体之中。但在诺曼底把它的斯堪的纳维亚过往作为历史的一页翻过去时，它的精英们才最鲜明地展现出了自身的诺曼底属性，即便这意味着要使用拉丁文化中最假装风雅的伎俩。这么一个双重运动，看似矛盾，但其实很容易理解。诺曼人越是不把自己与法兰克人区别开来（他们已经接受了法兰克人的文化特征、价值观念和生活方式），他们就越是倾向于通过建立一种身份来维护自己的差异性，从而使他们在基督教西方各民族的协调中占有特殊地位。从某种意义上说，民族同化是一种夸张的说法。从严格意义上说，民族同化的过程会导致对某个特定身份的噤声乃至否定，但这里的情况并非如此。这里确实是“融入”，其意义就如前面我们所理解的那样。其独特的特殊在于，这种特殊性保留了极少的斯堪的纳维亚元素，它的构建从法兰克世界的文化中借鉴了最好的技巧，这些技巧甚至包括利用群体身份归属（如起源于特洛伊）。

结 论

人们往往会把维京时代的终结，与被认为代表或象征着在 8 世纪发起的一场运动的高潮联系在一起。1041 年，伟大的旅行者英瓦尔进行了最后一次伟大的东征，从瑞典到“塞尔克兰”，即俄罗斯以外的东方阿拉伯地区。保存下来的约 26 块如尼符文石是为了纪念在远征中丧生的人，这也产生了一种叙事传统。1066 年经常被提及，因为相隔三周时间，就发生了两件具有相当大影响的事件，三位王子争夺英格兰的王位，每一位都与维京世界的历史息息相关。哈罗德·戈德温森国王出身于克努特大帝一手提拔起来的盎格鲁 - 丹麦家庭（他的母亲吉莎是克努特大帝的妹夫丹麦伯爵乌尔夫的妹妹），后来在斯坦福桥迎战挪威国王“无情者”哈拉尔的带兵入侵，“无情者”哈拉尔于 1066 年 9 月 25 日在此战败被杀。不久后，哈罗德·戈德温森在黑斯廷斯之战（1066 年 10 月 14 日）中，与诺曼底公爵威廉（“征服者”威廉一世，来自一个半世纪前由罗洛建立的王朝）对决时被杀。大量的英格兰人为了逃避被征服的命运都离开了，加入了瓦良格卫队，哈罗德的女儿威塞克斯的吉莎在丹麦宫廷避难，然后于 1072—1074 年嫁给了未来的基辅王子弗拉基米尔二世莫诺马赫。但我们能不能把威廉征服英格兰的事也算在维京运动中呢？诺曼人早已融入了法兰克世界，他们的公爵得到了教皇的支持，他的军队集结了来自佛兰德、布列塔尼、曼恩和阿基坦的大陆骑士。巴约的挂毯展示了以斯堪的纳维亚海军传统建造的诺曼底船只，但英格兰人面对的是使用大陆骑士作战模式的名为“法兰克”的战士，D 版本的《盎格鲁 - 撒克逊编年史》提醒我们，到头来还是“法国人”才是战场的主人。也许意义更大的是“无情者”哈拉尔的死亡——他是圣奥拉夫同父异母的兄弟、基辅王子“智者”雅罗斯拉夫尔的女婿；他的职业生涯使他一直驰骋于维京世界——从拜占庭战场到英格兰战场。1098 年，他的孙子“赤脚者”马格努斯三世（1093—1103 年）在苏格兰群岛和爱尔兰海发动了一场大规模的战役，某些人认为这场战役是维京人的最后一次壮举，战争的目的是让挪威成为该地区的宗主国。他掠夺了加洛韦和安格尔西，控制了赫布里底群岛和马恩岛，最后于1102—1103年在爱尔兰的第二次战役中丧生。

11世纪末和12世纪初也是十字军东征开始的时候，一众斯堪的纳维亚国王都不同程度地参与在了其中。丹麦的埃里克一世（1095—1103年）死于前往耶路撒冷的途中。挪威国王西格鲁德一世“去过耶路撒冷的”马格努松[①]（1103—1130年）于1108年启程前往圣地，根据《挪威王列传》的记载，此行有大约60艘船。他是欧洲一众国王中第一个承担并领导了十字军东征的，他的所有动机里，可能对宗教的热忱与想获得威望和财富的心愿同样迫切。有好几首吟唱诗（其中包括国王自己写的一些诗句段落）纪念了他在巴勒斯坦和拜占庭的游历经历。其中最为详细的，是“话多的哈尔多”的《西格鲁德前往圣地之诗》，该作品可与西格瓦特·索尔达松于此前一个世纪前创作的《维京征途里的奥拉夫·哈拉尔松》相媲美。它传达了一些概念和传播了一些画像（甚至参考了那些异教神话），这类画像很常见，但在此它的角度是颠倒的，它把斯堪的纳维亚人展现为基督的战士，与他们的“异教”敌人战斗，西格鲁德需要面对的是一些“卑鄙无耻的维京人”（在这里指的是穆斯林对手）。后来，在12世纪，那些丹麦国王在十字军东征中为他们在波罗的海南岸和东岸的扩张政策找到了理由，转而把枪头转向了温德斯[②]，因为教皇尤金三世在1147年给予在北欧与异教徒作战的人和为保卫耶路撒冷而作战的人同样的特权。

将某一具体事件与维京运动结束联系起来是虚幻的。前面的章节已经说明了在斯堪的纳维亚半岛和维京人定居的领地上，宗教和文化的深刻变革，或许我们应该在这些变革里寻找维京时代的尾声。在《汉堡大主教史》第四册末尾，不来梅的亚当提出了他的看法：

> 看看那些异常凶残的丹麦人、挪威人和瑞典人，用圣格雷瓜尔的话说，他们“从前只知道像野蛮人一样咬牙切齿，但现在早已为上帝的荣耀唱起了哈利路亚”！看看这群海盗的后代，他们曾经在高卢和日耳曼埋下荒凉，而如今他们却平和地撤回到了自己的边界线内，他们和使徒说：“我们只是路

① 马格努松：取自父名，来源于Magnus，含义是“马格努斯之子”。
② 温德斯：指西斯拉夫人。

过而已，但我们正在寻找未来的城市。”又或者他们会说：“我相信耶和华，我将会在活人之地看到耶和华的恩德良善。”看看他们那险恶不祥的故乡，看看他们对偶像的崇拜把我们拒之门外，他们的崇拜“就像阿尔忒弥斯的祭坛一样血腥”！他们现在已经从这片荒野的野性中剥离出来，争相欢迎各地的传教士。看看吧，恶魔的祭坛一旦被砍掉，各地的教会是如何兴起，又是如何在各地的教会中，以合唱的方式，敬拜基督之名。当然，“至高者的右手已经改变”①，全能之神的话语流传得如此迅速，以至于“太阳从初升到下落，从北方到南方”，主的名都得到了赞美，而且“无不口称耶稣基督为主，使荣耀归于父神”②，它与圣灵同在，活在世上，世代为王，直到永远。阿门。

作者通过大量引用教皇格雷瓜尔一世（他是最先向盎格鲁－撒克逊人传教的）的话以及《圣经》（《诗篇》《使徒书信》）和古典文本（《路加》）中的文字，将消极和积极的形象叠加在一起，定义了对他们的两种表述。在第一种表述里，他所描述的民族，是由他们信仰的异教、自身的野蛮和造成的蹂躏所定义的。而在第二种表述里，作者展现了他们歌颂神的荣耀、在境内和平生活、争夺神的布道者、大量兴建教会以及敬拜基督之名的形象。亚当的文本证明了，在 11 世纪最后四分之一的时间节点上，斯堪的纳维亚坚定地立足于基督教世界。很可能这里稍显乐观了，因为我们知道异教并没有从各地消失，尤其是在瑞典，它所表现出来的信心也是为了颂扬曾在北方努力传播基督教信仰的不来梅－汉堡教会。文章首先强调了基督教的成功，承认了他们的生活方式发生了改变（从海盗行径到“在其边界线内”平和地生活，或许暗指基督教的巩固），从“野蛮”到另一种与基督教生活相符的状态以及身份的改变。

（《汉堡大主教史》）第四册中的其他段落也表明，他们对北大西洋进行探索、定居和皈依之后，视野变得更加开阔。此前，“科顿地图”是 11 世纪第二个 25 年的时候在英格兰制作的世界地图，插在杂文中，据推测与《希腊道里志》①有关（其拉丁文译本是由普里西辛根据古希腊学者德尼斯版本的《希腊道里志》翻译而成），它对以不列颠群岛为中心的欧洲进行了比较详细的描绘。该地图整合出了一个术

① 又译为《希腊志》或《游记》。

语合集，该合集不仅源于古代的地理知识，而且还来自更新近的认知，就像 9 世纪末《奥罗修斯古英语史》的编纂者所做的那样。它被认为是目前为止已知的第一张描绘了斯堪的纳维亚半岛及其附近一小块土地的地图，这一小块土地在文献中被称为“neronorroen”，这很可能是指挪威。冰岛（地图上写的是“Island”）和两个未命名的岛屿，或许指的是设得兰群岛和法罗群岛，它们也出现在了地图上，与挪威和大不列颠位置相对接近，似乎是为了更好地突出这些地区之间的联系。根据伊尔米利·瓦尔顿的说法，这一幅中世纪地图可能由此传递出基督教的意识形态信息，“挪威、冰岛和其他北大西洋岛屿的皈依影响了这些地区之间的重新组合，并使它们象征性地接近英格兰”。在维京时期，有人居住的世界[①]的边缘和新信奉基督信仰的国家（距该手稿完成的时间之后不久）由此与基督教世界相连。

关于北欧和斯堪的纳维亚人的新表述已经出现，尽管在现实中它们的变化很缓慢。受盎格鲁 - 撒克逊原型所启发而产生的传说，或从中世纪早期上古故事中继承的传说，为斯堪的纳维亚人提供了神话传说中的祖先，在丹麦尤其如此（古丹麦历史学家萨克索·格拉玛提库斯）。而在冰岛 - 挪威的传统中，人们通过找回那些融入了人类历史中的古神，或者借助“神话即历史论”的观点（如古早历史上的那些国王或那些有声望的大家族的先祖），来找到自己的祖先。维京时期为其他形式的记忆建构提供了内容物，从 12 世纪第二个 25 年开始，从这些记忆建构中产生了与古北欧语和拉丁语文学相关的不朽著作。维京人的时代作为文化记忆被历史学家带到了其顶峰，这个时代会继续活在人们的集体想象中。

① 原文用的是基督教用语 oïkoumène，指的是有人居住的地方。

图书在版编目（CIP）数据

北极帝国 / (法) 皮埃尔·鲍杜安著；朱贤哲，李双燕译．-- 北京：中国画报出版社，2022.10
ISBN 978-7-5146-2066-5

Ⅰ．①北… Ⅱ．①皮… ②朱… ③李… Ⅲ．①北欧－中世纪史－通俗读物 Ⅳ．① K530.9

中国版本图书馆 CIP 数据核字 (2021) 第 257846 号

北京市版权局著作权合同登记号：图字 01-2022-5411

北极帝国

[法] 皮埃尔·鲍杜安 著；朱贤哲 李双燕 译

出 版 人：方允仲
责任编辑：程新蕾 张爱卿
责任印制：焦 洋

出版发行：中国画报出版社
地 址：中国北京市海淀区车公庄西路 33 号 邮编：100048
发 行 部：010-88417360 010-68414683（传真）
总编室兼传真：010-88417359 版权部：010-88417359

开 本：16 开（787mm × 1092mm）
印 张：26
字 数：426 千字
版 次：2022 年 10 月第 1 版 2022 年 10 月第 1 次印刷
印 刷：运河（唐山）印务有限公司
书 号：ISBN 978-7-5146-2066-5
定 价：78.00 元